国家教育部人文社会科学研究规划基金资助（批准号09YJA63063）
国家“985”哲学社会科学创新平台——南京大学经济发展与转型中心资助

管理会计实践发展与展望

——创新方法在中国企业的应用调查与分析

熊焰韧　苏文兵　张朝宓　著

中国财政经济出版社

图书在版编目（CIP）数据

管理会计实践发展与展望：创新方法在中国企业的应用调查与分析/熊焰韧，苏文兵，张朝宓著．—北京：中国财政经济出版社，2013.6

ISBN 978-7-5095-4542-3

Ⅰ．①管…　Ⅱ．①熊…②苏…③张…　Ⅲ．①管理会计-研究-中国
Ⅳ．①F234.3

中国版本图书馆CIP数据核字（2013）第114741号

责任编辑：吕小军　　　　责任校对：徐艳丽
封面设计：思梵星尚　　　　版式设计：董生平

中国财政经济出版社出版

URL：http：//www.cfeph.cn

E-mail：cfeph@cfeph.cn

社址：北京市海淀区阜成路甲28号　邮政编码：100142

营销中心电话：88190406　北京财经书店电话：64033436　84041336

北京富生印刷厂印刷　各地新华书店经销

787×1092毫米　16开　29印张　529 000字

2013年6月第1版　2013年6月北京第1次印刷

定价：58.00元

ISBN 978-7-5095-4542-3/F·3682

（图书出现印装问题，本社负责调换）

本社质量投诉电话：010-88190744

反盗版举报热线:88190492、88190446

前言

20世纪后期，随着东亚以及欧洲经济的崛起和信息技术的发展，经济全球化和信息化的浪潮改变着世界的面貌，也推动着管理理念的变革和管理工具的创新。作为管理和会计融合的领域，管理会计实践与研究也呈现出空前的繁荣景象。诸多管理会计理念、管理系统设计在世界各国作用日益明显，类似的管理思想和系统设计，如全面质量管理（TQC）、适时制（JIT）、标杆法（Benchmarking）、作业成本法（ABC）、作业成本管理（ABM）、生命周期成本（LCC）、目标成本（TC）、平衡记分卡（BSC）在几乎所有的工业化、后工业化世界中找到越来越多的立足之地（Granlund、M. & K. Lukka，1998①）。正如国际会计师联合会（International Federation of Accountants，1998②）和管理会计师协会（Institute of Management Accountants，1999③）的文件所指出的那样："过去20年已经见证了管理会计实践相当显著的变化，管理会计从传统的强调面向财务的决策分析和预算控制，发展到包含更多战略的方法，强调识别、计量和管理影响股东价值的关键性财务和运行的动因。""类似的发展出现在管理会计研究中，预算和财务控制技术的经验研究正在让位于有关各种'新'技术（如作业成本法、平衡计分卡、战略会计和控制系统、业绩指标的经济价值等）的新的研究。"（Ittner，C. D.，& D. F. Larcker，2001④）

近20年来，我国管理和会计领域的学者不断把最新的国际研究成果介绍进来，不少企业也开始尝试管理会计创新的实践，在学术性和实践性的期刊上都经常能看到相关的文章和报道。不过，关于我国管理会计创新实践的详细调查却不多见，因此创新的管理会计工具和方法在我国企业实践的情况，一直缺

---

① Granlund，M. & K. Lukka . 1998. It's a Small World of Management Accounting Practice. Journal of Management Accounting Research，10：154 - 171.

② International Federation of Accountants. 1998. International Management Accounting Practice Statement：Management Accounting Concepts. International Federation of Accountants，New York. 参见 Ittner，C. D.，& D. F. Larcker（2001）.

③ Institute of Management Accountants. 1999. Counting More，Counting Less. Transformations in the Management Accounting Profession. IMA Publications，Montvale，NJ. 参见 Ittner，C. D.，& D. F. Larcker（2001）.

④ Ittner，C. D.，& D. F. Larcker. 2001. Assessing empirical research in managerial accounting：a value-based management perspective. Journal of Accounting and Economics 32：349 - 410.

少系统而全面的调查资料。

然而，21世纪初爆发的安然等公司丑闻将会计学界的注意力吸引到财务报告和内部控制领域，20世纪后期管理会计研究的兴旺景象似乎戛然而止[①]。与此同时，对作业成本法、平衡计分卡以及预算管理等西方发达国家起源的管理方法的批评声音也不断传入我国。这对于正在融入国际经济大家庭的中国企业管理者来说，难免有些困惑，那些刚刚被"炒热"、企业正在开始或准备实施的创新方法究竟有没有用呢[②]？

芬兰学者 Kari Lukka 和 Markus Granlund（2002[③]）在讨论会计发展过程时曾说："过程的开始是从某个地方撞击其核心思想，启动它的出现，构造它的初始版本，尝试去推销这个新理论或概念给相关的受众。若是管理理论或概念的情况（如 ABC），这第一阶段引起最初的真实世界的实施。第二阶段包括对新理论或概念的进一步分析（如它的组织含义），以便深刻地描述、理解和解释它。第三阶段，或迟或早，这种新的理论或概念会逐渐被看作一个更基础性评价的靶子，在这个过程中，这种理论或概念会被放进更广泛的组织和社会环境，以便剖析和评判它反映的核心价值以及它真正提倡的目标。"

这样看创新的出现、发展及批评可能会心态平和很多：既不要盲目追风，也不要盲目否定。也就是说，热潮过后，或许正好给了管理会计学者一个冷静盘点和思考的时机。

也是机缘巧合，我因一个学生的实验研究论文请教美国圣地亚哥大学周齐武教授，进而有幸拜读了周先生有关作业成本法、平衡计分卡、客户会计等主题的一系列文章，受其思想启发和鼓励指导，我们在南京大学会计与财务研究院杨雄胜教授支持下，组成课题组对中国境内大中型企业的中高层管理者和财会人员进行了《企业管理会计创新的现状与趋势》的调查。在问卷设计和数据分析的过程中得到周先生的许多指点，但因难以达到其希望的水准，所以周老师不肯与我们联合署名[④]，恭敬不如从命，我们只好心存感激与惭愧了。

我们所做的这个中国管理会计创新实践的调查研究，探索了我国企业采纳和实施作业成本法、平衡计分卡、战略成本管理、客户会计等创新理念和方法的情况、动机和效果，为认识和理解这一领域的变化和发展趋势，提供了第一

---

① 如杨继良将 ABC 的发展分为兴起（1988—1994年）、高潮（1995—1999年）、冷静（2000—2004年）三个阶段，参见杨继良："国外作业成本法推行情况的调查综述"，《会计研究》2005年第7期，第81—85页。

② 参见王斌：《公司预算管理研究》，中国财政经济出版社2006年版，第213页。

③ Lukka, K., & M. Granlund. 2002. The fragmented communication structure within the accounting academia: the case of activity-based costing research genres. Accounting, Organizations and Society: 165 - 190.

④ 本书中只有两篇文章，因为我们用了周老师设计的调查条目，所以他同意和我们联合署名。

手的资料。

这个研究虽然样本范围有限，很多问题的设计比较粗糙，理论上的探讨也比较肤浅，不过还是取得了一些可喜的成果。例如，我们发现国际上流行的管理会计创新理念和工具，在我国得到相当广泛的传播，并且被一些企业采用（如作业成本法的基本理念和方法就有四分之一左右的企业接受并运用）；更可喜的是采纳创新管理思想和方法的企业行为比较合理，如采纳作业成本法和客户会计的企业的成本结构与需求理论预期比较一致。另外，我们还发现采纳创新管理会计理念和方法的企业有较好的管理效果，如采纳作业成本法的企业在常规或非常规决策中有更多的成本信息应用，采纳平衡计分卡的企业有更好的组织协调和激励作用等等。这些结果显然对我国的管理会计研究有新的贡献。在研究过程中我们还对相关问题进行了文献整理和思考，在这里也把心得一并奉上，与志同道合的朋友们分享。

我们的调查研究得以进行，必须感谢那些为我们提供调查反馈的热心的企业界同行，没有他们从百忙中抽空给我们填写问卷，我们的研究就成为“无米之炊”。同时要特别提到的是参与我们发放和收集问卷的众多校友，我们无法一一列举他们的名字，但是我们不会忘记他们对母校和老师的全力支持，我们无法答谢他们，唯有用更加努力的工作为我们共同的母校增光添彩。

在数据录入、整理和分析的阶段，常家瑛、李运、林慧苗、吕麟俊、莫迁、仇秋菊、盛春艳、王亮亮、魏爱利、叶青、张吉翔、张思磊以及曹林凤（以姓氏笔划为序）等同学做了大量工作，有些文章发表时列示了他们的姓名，也有人做了很多基础性工作，但是并没有姓名出现在作者表中，在此我们也一并表示感谢。另外，书稿校对中还得到梁迎弟、郑元慕、陈聪聪、许佳和吕晶晶等同学的帮助，在此也表示感谢。

在研究过程中，部分成果已在一些学术期刊上发表，这些刊物包括《会计研究》、《北京工商大学学报》、《兰州商学院学报》、《山西财经大学学报》、《立信会计学院学报》等，另外我们还得到林文雄老师帮助，有两篇文章发表在 *Journal of Cost Management* 上，我们对这些学术刊物和编辑的赏识表示感谢。

最后，我们的研究得以专著形式出版，要感谢国家985哲学社会科学创新平台——南京大学经济发展与转型研究中心的资助，以及中国财政经济出版社和编辑的辛勤工作。

当然，目前的这个研究成果只能算是填补空白，遗留的问题比解答的问题更多，需要今后更多学者继续调查和研究，希望我们能起到抛砖引玉的作用。

中国正越来越成为世界政治经济舞台上不可忽略的成员，中国的现状、成功经验与缺陷都日益引起国际社会的兴趣，我们随意检索一下就不难在国际性的刊物上找到有关中国的文章，可惜在管理会计领域出自内地学者之手的比例不高。中国正处在巨大的变革中，为我们提供了广阔的研究空间，研究中国现象，思考中国问题，内地学者应该有更大的贡献。经济制度和管理方法的演变，受到政治、历史、社会、文化诸多方面的影响和制约，我国学者研究我国的经济和管理问题，有近水楼台之便；同时研究我国经济和管理发展的进程和规律，特别是研究我国管理会计实践的状况和规律，也是我们义不容辞的责任。我们愿与同行们一起，为中国管理会计学术和实践的发展作出我们不懈的努力。

张朝宓

2013 年 3 月 30 日

目 录

第一章

总体情况分析

本书通过问卷调查了解战略成本管理、作业成本管理和平衡计分卡等先进管理会计方法在我国企业的应用状况及发展趋势，调查发现先进管理会计方法的理念正在逐渐被企业所接受，我国企业的管理会计实践正在不断发展，但是，先进管理会计方法的应用还相当有限。随着我国企业管理会计实践的发展，企业界产生了应用先进管理会计方法的需求，但如何将先进管理会计方法与我国企业的实践相结合，目前仍缺乏足够的理论指导。

第一节

调查背景

中国经济的发展引起国际社会普遍关注，学者们不仅关注我国经济改革的进程，而且关注中国企业管理与会计的发展状况。为全面了解中国会计的状况，南京大学会计学系 1999 年 10 月进行了“中国企业会计实况调查”，以问卷调查为起点，深入研究中国企业管理会计实况。鉴于当时中国企业的状况，主要调查了传统管理会计方法在国内企业的应用。

20 世纪 80 年代以来，管理会计领域出现了很多先进的方法。如伊特内尔和拉克尔（Ittner & Larcker，2001）所说：“过去二十年，管理会计实践发生了显著变化。相应地，90 年代以来的管理会计研究中也出现了类似的发展，预算和财务控制等经验研究正让位于作业成本法、平衡计分卡、战略会计和控制系统、经济价值业绩计量等有关‘新’技术的研究。”这些崭新的研究主题不仅在会计领域，而且在经济管理领域都产生了相当的影响。尽管对这些方法的评价褒贬不一，但这些方法在争论与置疑中不断地传播。卡普兰获得2006年度管理会计终身贡献奖时指出：虽然作业成本法和平衡计分卡应用成本昂贵，但事实证明它们创造的价值远超过其成本。未来的研究方向是怎样更有效、更简便地使用它们（Kaplan，2006）。

改革开放30多年的进程中，中国如同一个巨大的试验场，以不可逆转的姿态向商业社会转轨，中国企业管理在探索中不断前行。毋庸置疑，中国要赶超西方，中国企业要融入国际经济，先进管理会计方法的应用是不可或缺的。

近年来，我国会计学术界大量介绍西方先进管理会计方法，推动中国管理会计实践的发展。然而，管理会计先进方法在实务界的应用情况到底如何，迄今为止尚未有一个较为全面的资料，这在一定程度上阻碍了对中国管理会计问题作出有针对性的研究，理论与实务脱节的现象在管理会计领域表现得尤为突出。

在这一背景下，南京大学会计学系课题组进行了“中国企业管理会计创新现状与趋势”调查。根据西方发达国家最近10年管理会计方法创新的动向，以及中国企业提升自己竞争力和参与国际竞争的现实需要，课题组选择战略成本管理、作业成本管理、平衡计分卡三种方法作为本次调查的主要内容，试图借此对管理会计先进方法在中国企业的应用现状作出初步判断，为提升中国企业的管理水平提出有针对性的建议。

第二节 问卷设计与样本分布

本调查对象定位于公司高层，尤其是财务主管和骨干。问题主要集中在三个方面：（1）管理会计创新方法的核心理念是否为企业所接受？（2）管理会计创新方法是否为企业所应用？（3）管理会计创新方法应用效果如何？这三个方面是管理会计理论界与实务界共同关心的问题，也是研究中国管理会计实践状况必须面对、不容回避的问题。

在问卷设计阶段，我们发现尽管有些企业没有全面实施战略成本管理、作业成本法、平衡记分卡等先进管理会计方法，但是在成本管理、成本核算、业绩评价中的革新已经体现出这些先进管理会计方法的理念。因此，我们试图凝练出先进管理会计方法的核心理念，在问卷设计中通过“旁敲侧击”的问题，观察这些核心理念是否为中国企业所接受。

战略成本管理在进行成本管理的同时关注企业在市场中的竞争地位，并借助成本管理，使企业更有效地适应其持续变化的外部环境（Shank & Govindarajan，1983）。战略成本管理的核心理念在于将成本管理与企业竞争战略有机地结合起来。作业成本法依据不同成本动因分配成本，追根溯源找出导致成本发生的真正原因，确定其责任归属，并且通过消除不增加价值的作业达到成本最优化（Kaplan，1998）。作业成本管理的核心理念在于追踪成本动因，扩大成本分配范围，不断优化价值链。平衡记分卡由财务、顾客、内部经营过程、学习和成长四方面组成，兼顾战略与战术、长期和短期目标、财务和非财务衡量方法等方面，其核心理念在于将战略层层落实，真正实现股东、客户、员工利益的协调统一。

第三节 问卷分析

本次调查共发出问卷800余份，收到问卷257份。东南部沿海171个样本；东北部27个样本；中西部20个样本；地区不详3个样本。其中上市公司（含内地上市和境外上市）样本数46；外资企业（含合资和境外独资企业）样本数63；民营企业（在上市类计数的不重复）样本数41；国有非上市公司样本数71。调查对象主要为企业的高层管理人员，在所在企业平均工作年限10年以上。本次调查中等规模的企业居多。本问卷重点调查先进管理会计方法的应用情况，内容包括受重视程度、应用程度及普及程度，以全面了解中国管理会计实践。根据问卷调查有效信息，主要从战略成本管理、作业成本法和平衡计分卡三方面分析。

一、战略成本管理

（一）市场竞争状况分析

本部分有效问卷221份，要求受访问者从价格成本、质量技术、客户服务和设计创新四方面评价市场竞争形势（用0—6衡量，0表示几乎没有竞争，6表示竞争程度很激烈），如表1-1。

表1-1 企业市场竞争状况描述性统计

分值＼项目	成本价格		质量技术		客户服务		设计创新	
	频数	百分比	频数	百分比	频数	百分比	频数	百分比
0	10	4.5	10	4.5	11	5.0	20	9.0
1	19	8.6	17	7.7	24	10.9	31	14.0
2	18	8.1	23	10.4	15	6.8	33	14.9
3	33	14.9	24	10.9	43	19.5	34	15.4
4	29	13.1	40	18.1	34	15.4	25	11.3
5	44	19.9	47	21.3	35	15.8	21	9.5
6	30	13.6	21	9.5	20	9.0	15	6.8
平均数（标准差）	3.661（1.784）		3.604（1.714）		3.374（1.725）		2.760（1.791）	

总体来看，我国企业目前在价格成本方面竞争最为激烈，其次是质量技术和客户服务，而设计创新的竞争相对较弱。但不同地区、不同规模、不同行业、不同产权性质的企业所面临的市场环境不尽相同。方差分析发现：

设计创新方面，不同地区的企业差异明显（F值3.681，P值0.027），东南沿海地区的竞争更为激烈。价格和成本竞争方面，不同规模的企业之间有较大差异（F值2.320，P值0.077），其中，小型企业的均值为3.154，中型为3.969，大型为3.509，特大型为4.192。质量技术竞争方面，传统行业与高科技行业差异显著（F值7.145，P值0.008），其中传统行业的平均得分为3.340，高科技行业4.250。

制造业与非制造业在价格成本、质量技术和客户服务的竞争程度方面有明显差异（见表1-2），其中制造业在价格成本和质量技术方面的竞争更为激烈，而非制造业则更为重视客户服务。

表1-2 制造业与非制造业竞争重点

分类＼项目	价格成本			质量技术			客户服务		
	均值	F值	P值	均值	F值	P值	均值	F值	P值
非制造业	3.333	4.374	0.038	3.203	7.082	0.008	3.824	8.883	0.003
制造业	3.889			3.880			3.065		

综上所述，我国企业市场竞争的重点主要集中在价格成本和质量技术上。具体而言，东南部沿海地区企业的竞争重点主要为创新设计；大规模企业则定位于价格成本；民营企业最重视设计创新的竞争；高科技行业更加注重产品的质量技术；而制造业企业则偏重产品的价格成本以及质量技术，非制造业倾向于客户服务的竞争。

（二）企业战略重点

参照波特的战略理论，我们将企业的战略重点细分为创新、质量、客户、成本、市场和人才等六个方面：（1）创新产品，强调技术的先进性、设计的新颖性；（2）追求质量，避免退货、返工等质量问题；（3）客户为中心，强调客户服务，重视客户满意度；（4）降低成本，减少消耗，提高盈利性；（5）提高市场占有率，扩展新领域和新市场；（6）人才为中心，吸引、培养、留住人才。用1—6排序打分，结果见表1－3。

表1－3　企业战略重点选择的样本描述性统计

项目 / 分值	创新		质量		客户		成本		市场		人才	
	频数	百分比	频数	百分比	频数	百分比	频数	百分比	频数	百分比	频数	百分比
1	40	18.1	29	13.1	18	8.1	20	9.0	31	14.0	44	19.9
2	36	16.3	39	17.6	27	12.2	21	9.5	20	9.0	35	15.8
3	25	11.3	32	14.5	28	12.7	31	14.0	28	12.7	34	15.4
4	28	12.7	26	11.8	37	16.7	38	17.2	33	14.9	31	14.0
5	26	11.8	33	14.9	27	12.2	33	14.9	40	18.1	32	14.5
6	25	11.3	24	10.9	46	20.8	43	19.5	36	16.3	12	5.4
均值（标准差）	3.217（1.744）		3.366（1.665）		3.907（1.670）		3.925（1.642）		3.739（1.728）		3.043（1.598）	

由表1－3可见，成本和客户的平均得分较高，而人才和创新的得分较低，表明降低产品成本和提高服务质量是我国企业当前的战略核心，而创新和人才的重要性相对降低。具体来看，各战略在不同地区、规模、产权以及行业之间存在较大差异，见表1－4。

表 1-4 企业竞争战略选择显著性差异

战略	类型（F值/P值）	具体差异（均值）	
创新	产权差异（3.485/0.017） 行业差异（4.828/0.029）	上市公司（2.474） 民营企业（3.400） 非制造业（2.878）	外资企业（3.607） 国有企业（3.232） 制造业（3.453）
质量	行业差异（8.227/0.005）	非制造业（2.946）	制造业（3.651）
客户	规模差异（2.301/0.079） 行业差异（25.857/0.000）	小规模（3.385） 较大规模（4.052） 非制造业（4.622）	中等规模（4.108） 特大规模（3.320） 制造业（3.422）
成本	地区差异（2.651/0.073） 规模差异（2.451/0.065）	东南部沿海（3.785） 中西部（4.706） 中等规模（3.761） 特大规模（4.654）	东北部（4.136） 小规模（3.556） 较大规模（4.000）
市场	产权差异（3.514/0.016）	上市公司（4.325） 民营企业（3.161）	外资企业（3.466） 国有企业（3.915）

由表 1-4 可见，不同地区的企业之间的战略差异主要表现在成本方面，中西部的企业最重视成本因素，其次是东北部。相对而言，东南沿海地区企业的成本重要性最低。

从规模来看，不同规模的企业在客户战略和成本战略方面差异明显，其中客户在企业战略中的地位与企业规模呈倒 U 形，中型企业最重视客户，小型和大型的企业重视程度相对降低，规模越大的企业越重视成本。制造业企业更为重视创新活动和产品质量，而非制造业企业更加关心客户服务。外资企业最重视产品创新，而上市公司更关心市场占领。

（三）成本信息使用状况

为了解成本信息在企业相关决策中发挥的作用，我们从存货管理、定价决策、生产决策、预算编制、投资决策、招投标、业绩评价、报酬制定等八个方面评价成本信息的使用情况，结果见表 1-5（0 表示不使用，1 表示偶尔使用，3 表示经常使用，5 表示常规性使用）。

表 1-5 显示，总体上样本企业目前在预算编制、产品定价和业绩评价方面使用成本信息较多，而在产量、薪酬、招标和投资等决策方面使用成本信息相对较少。但不同地区、规模、行业的企业之间成本信息的使用情况有所不同，方差分析发现：(1) 在定价决策方面，不同地区企业使用成本信息的状况有显著差

异（F值3.388，P值0.036），其中东南部沿海地区企业（均值3.671）在产品定价决策中使用成本信息的频率最高；制造企业比非制造企业更多使用成本信息进行定价决策（见表1-6）。（2）在预算决策中，企业规模越大，预算决策中使用成本信息越多；同时，传统行业与高科技行业在预算决策中成本信息的使用程度也有明显差异（F=3.284，P=0.072），其中传统行业的均值为4.060，高科技行业为3.585，表明成本信息对传统行业的预算编制影响更大。（3）在招标决策中，制造业与非制造业使用成本信息的频率也有明显不同（F=4.218，P=0.041），其中非制造业在招标时使用成本信息明显更多。

表1-5　　企业对成本信息使用的样本描述性统计

项目 分值	存货		定价		产量		预算		投资		招标		评价		报酬	
	频数	百分比	频数	百分比	频数	百分比	频数	百分比	频数	百分比	频数	百分比	频数	百分比	频数	百分比
0	18	8.1	14	6.3	38	17.2	6	2.7	13	5.9	28	12.7	9	4.1	28	12.7
1	25	11.3	23	10.4	34	15.4	22	10.0	42	19.0	39	17.6	24	10.9	37	16.7
3	92	41.6	74	33.5	73	33.0	67	30.3	85	38.5	64	29.0	76	34.4	76	34.4
5	69	31.2	97	43.9	56	25.3	114	51.6	58	26.2	67	30.3	98	44.3	59	26.7
均值 （标准差）	3.167 （1.619）		3.510 （1.633）		2.652 （1.841）		3.794 （1.497）		2.965 （1.620）		2.859 （1.847）		3.585 （1.555）		2.800 （1.776）	

表1-6　　制造业与非制造业对比

项目 分类	定价			产量			预算			招标		
	均值	F值	P值	均值	F值	P值	均值	F值	P值	均值	F值	P值
非制造业	3.197	4.452	0.036	2.307	4.274	0.040	4.104	5.324	0.022	3.197	4.218	0.041
制造业	3.689			2.857			3.614			2.648		

表1-7显示了与3年前相比成本信息在各项决策中作用的变化，1表示比3年前用得少，2表示使用数量基本没有变化，3表示比3年前用得多。

表1-7　　企业3年内成本信息使用增量的样本描述性统计

项目 分值	存货		定价		产量		预算		投资		招标		评价		报酬	
	频数	百分比	频数	百分比	频数	百分比	频数	百分比	频数	百分比	频数	百分比	频数	百分比	频数	百分比
1	10	4.5	6	2.7	4	1.8	7	3.2	9	4.1	12	5.4	2	0.9	5	2.3
2	69	31.2	63	28.5	76	34.4	65	29.4	66	29.9	78	35.3	68	30.8	82	37.1
3	123	55.7	134	60.6	117	52.9	134	60.6	121	54.8	107	48.4	135	61.1	112	50.7
均值 （标准差）	2.559 （0.589）		2.631 （0.542）		2.574 （0.535）		2.617 （0.553）		2.571 （0.582）		2.482 （0.611）		2.649 （0.499）		2.538 （0.548）	

由表 1－7 看出，总体上成本信息近 3 年在企业各项决策中的使用频率均有所增加，但方差分析发现，不同类型企业有所不同：（1）近年来成本信息在不同地区企业的预算编制和投资决策方面的使用变化存在差异，编制预算方面（F＝4.195，P＝0.016），东北部的使用变化（均值 2.333）明显低于东南部（2.656）和中西部（2.684）；投资决策方面（F＝3.482，P＝0.033），东北部的使用变化（均值 2.292）却明显高于东南部（2.607）和中西部（2.684）。（2）制造业与非制造业企业在存货管理、定价决策两方面近年来成本信息的使用变化有明显差异；存货管理方面（F＝6.131，P＝0.014），制造业的变化（均值为 2.636）明显超过非制造业（2.425）；定价决策方面（F＝5.282，P＝0.023），制造业（均值 2.695）也超过非制造业（均值 2.514）。

二、作业成本管理

本次问卷调查旨在了解作业成本法在国内企业的普及率、应用程度以及推广趋势，探索有利于中国制造业成本核算和管理的道路。实收样本 257 份，选择其中 133 份制造业样本和 88 份非制造企业样本（共 221 份），依据地区、规模和行业分布划分子样本。

（一）成本结构对制造企业运用作业成本法的影响

为了解成本结构对作业成本法应用的可能影响，我们从制造费用和期间费用两个方面调查了企业的共同费用在企业整个价值链中的比例，见表 1－8。方差分析发现制造费用和期间费用在不同行业间有明显差异，其中制造业的期间费用比非制造业低 16%，高科技行业制造费用比传统行业高 4%。

表 1－8　企业共同费用占企业价值链的比重

	均值	中位数	方差	最小值	最大值
制造费用	0.09	0.07	0.01	0.00	0.70
期间费用	0.39	0.37	0.07	0.00	1.00

统计分析发现，制造费用比例不同的企业，作业成本法应用程度没有明显差异，但期间费用比例不同的企业存在显著不同，见表 1－9。

表 1－9 显示，最近 3 年，期间费用比例高的企业在增加制造费用的分配比例、增加期间费用分配到产品的比重、扩大作业成本的计算范围等方面比期间费用比例低的企业有明显增加。

表 1-9 期间费用比例与 ABC 运用程度

问　题	期间费用比例	均值	标准差	T 值（P 值）
为准确反映不同产品的成本消耗，您所在企业分配制造费用是采用多个分配基础	低	0.32	0.47	1.133
	高	0.40	0.49	(0.289)
在内部管理决策时，您所在企业将期间费用分配到产品	低	0.35	0.48	1.367
	高	0.43	0.50	(0.244)
您所在企业采用作业成本法计算产品成本	低	0.29	0.46	0.005
	高	0.28	0.45	(0.942)
在最近 3 年中，您所在企业的制造费用分配基础在数量上有明显增加	低	1.98	1.76	11.063
	高	2.84	1.73	(0.001)
在最近 3 年中，您所在企业明显增加期间费用分配到产品的比重，计算“完全成本”为内部管理决策服务	低	2.33	2.12	4.811
	高	2.99	1.95	(0.030)
在最近 3 年您所在企业明显扩大了作业成本计算范围	低	1.89	2.04	6.324
	高	2.66	2.00	(0.013)

（二）行业对作业成本法应用的影响

为了解作业成本法应用程度是否与行业有关，从两个角度进行研究：一是将企业划分为制造业和非制造业两部分；二是将制造业划分为高科技企业和传统企业，见表 1-10。

表 1-10 行业对 ABC 运用的影响

问　题	制造业与非制造业			传统企业与高科技企业		
	制造[a]	非制造[a]	差异[b]	传统[a]	高科技[a]	差异[b]
为准确反映不同产品的成本消耗，您所在企业在分配制造费用是采用多个分配基础	0.35 (0.48)	0.37 (0.49)	0.06 (0.80)	0.33 (0.47)	0.42 (0.50)	0.49 (0.61)
在内部管理决策时，您所在企业将期间费用分配到产品	0.38 (0.49)	0.41 (0.50)	0.15 (0.70)	0.36 (0.48)	0.53 (0.50)	2.32 (0.10)
您所在企业采用作业成本法计算产品成本	0.28 (0.45)	0.28 (0.45)	0.00 (0.99)	0.28 (0.45)	0.38 (0.49)	2.05 (0.13)
最近 3 年，您所在企业的制造费用分配基础在数量上有明显增加	2.43 (1.84)	2.22 (1.75)	0.61 (0.44)	2.02 (1.72)	3.23 (1.85)	7.44 (0.00)

续表

问题	制造业与非制造业			传统企业与高科技企业		
	制造[a]	非制造[a]	差异[b]	传统[a]	高科技[a]	差异[b]
最近3年，您所在企业明显增加期间费用分配到产品的比重，计算“完全成本”为内部管理决策服务	2.56 (2.08)	2.85 (2.00)	0.93 (0.34)	2.48 (1.98)	3.58 (1.99)	5.89 (0.00)
最近3年您所在企业明显扩大了作业成本计算范围	2.18 (2.03)	2.31 (2.05)	0.17 (0.68)	2.14 (2.06)	2.88 (2.03)	2.92 (0.06)

注：a：均值（标准差）；b：T值（P值）。

表1－10显示，作业成本理念和方法在我国制造业与非制造业的使用状况和发展趋势均无明显差异，作业成本法在我国高科技企业与传统企业之间的应用状况也无显著不同，但在高科技企业与传统企业间的应用发展趋势上存在显著差异，近年来高科技企业采用作业成本法的程度比传统行业企业增幅明显更大。

另外，我们还从企业规模、所处地区角度对作业成本法的应用进行了方差分析，发现不同规模、不同地区的企业当前使用ABC的程度以及近3年的变化均无明显不同。

综上所述，我国国内采用作业成本法核算产品成本的企业并不多，但是作业成本管理的理念已被较多企业所接受、采纳，最近3年还在不断推广。成本结构是影响国内企业采纳作业成本法的重要因素。值得注意的是，制造费用比例的高低似乎并未影响作业成本法的推行，与国外文献形成鲜明对照。不同行业采用作业成本法的状况差别较大，高科技行业最近3年明显提高制造费用、期间费用分配比重而且推进作业成本法的应用，传统行业大都停留在3年前的水平。

三、平衡计分卡

平衡计分卡作为一种创新型的管理工具，近年来积累了丰富的实践资料（Bible et al，2006）。本次调查旨在了解平衡计分卡理念为中国企业所吸收和采纳的情况。

（一）评价指标

为了解我国企业业绩评价指标的构成，我们从10个方面进行调查，见表

1－11。

表1－11 评价指标选择

业绩评价方法	均值[a]	标准差	认同率[b]
依据财务业绩	3.97	1.525	63.8%
注重客户和市场	3.36	1.636	49.8%
看重内部运行	3.44	1.404	49.3%
注重学习和创新	2.73	1.583	30.8%
非财务指标的改善有助于改善财务指标	3.53	1.435	55.5%
局部业绩改善有助于改善整体业绩	3.46	1.431	50.7%
主客观指标结合	3.89	1.534	62.7%
战略实施通过业绩指标反馈	3.95	1.485	66.5 %
业绩考核依据内外部信息反馈	3.61	1.685	54.5%

注：a：用0—6表示各调查项目与企业的相符程度，0表示完全不相符，6表示符合的程度很高。

b：为得分是4、5、6的企业数占样本数的比例。

表1－11显示，我国企业目前在业绩评价中最为重视财务指标，其次是客户和内部运行，而对组织学习和创新的重视程度相对较低；大多数企业将主客观指标相结合，并努力通过业绩评价指标体现企业的发展战略；多数企业的业绩考核既依据内部信息，又依据外部信息；一半多受访者认为非财务指标的改善有助于改善财务指标，局部的业绩改善有助于改善整体业绩。总体来看，平衡计分卡的理念与方法已被我国多数企业接受。

（二）评价效果

从降低成本、提高盈利等12个方面对业绩评价效果进行调查，结果如表1－12。

表1－12 业绩评价效果

效　果	均值[a]	标准差	认同率[b]
降低成本	3.45	1.503	51.6
提高盈利	3.80	1.414	59.5
激励员工努力	3.64	1.430	54.7
帮助下级理解战略	3.41	1.482	48.1

续表

效　果	均值[a]	标准差	认同率[b]
提高员工满意度	2.92	1.445	31.9
避免关键员工流失	2.91	1.640	38.6
激励创新	3.27	1.486	41.9
促进合作	2.95	1.374	32.4
引起冲突	2.10	1.484	18.6
短期行为	2.96	1.635	41.1
评价目标形同虚设	1.59	1.653	14.8
弄虚作假	2.39	1.741	26.0

注：a：用0—6表示各调查项目与企业的相符程度，0表示完全不相符，6表示符合的程度很高。

b：为得分是4、5、6的企业数占样本数的比例。

表1－12显示，人们认为业绩评价给企业带来的最大好处是"提高利润"，这主要是因为业绩评价有助于激励员工、降低成本、帮助下级理解企业战略，但在提高员工满意度、避免关键员工流失和促进合作等方面的效果尚不明显。与此同时，业绩评价也给企业带来一定的负面影响，如引起冲突、弄虚作假，尤其值得注意的是，业绩评价的压力造成较高比例的短期行为。

为了解财务评价指标和非财务评价指标的使用程度对评价效果的影响，分别对依据财务指标和非财务指标的评价效果进行了方差分析，结果见表1－13、表1－14。

表1－13　　评价效果差异分析（依据财务业绩[a]）

	1		2		3		方差分析	
	均值	标准差	均值	标准差	均值	标准差	F值	P值
降低成本	2.75	1.74	3.50	1.37	3.59	1.45	4.22	0.02
提高盈利	3.06	1.52	3.73	1.37	4.00	1.35	6.08	0.00
激励员工	3.00	1.51	3.68	1.29	3.76	1.43	3.73	0.03
理解战略	2.66	1.66	3.65	1.33	3.51	1.44	5.23	0.01
激励创新	2.69	1.47	3.39	1.59	3.37	1.44	2.99	0.05
促进合作	2.90	1.33	3.35	1.19	3.50	1.17	3.13	0.05

注：a：依据财务指标的相符程度为0、1、2的赋值为1，相符为3的赋值为2，相符程度为4、5、6的赋值为3。

表 1－13 显示，依据财务指标评价业绩有利于降低成本、提高盈利、激励员工、帮助下级理解企业战略、促进部门合作及员工协调，但在避免关键员工流失和增加员工满意度及归属感方面效果不明显。可见，总体而言，传统财务指标在业绩评价体系中发挥着积极作用。

表 1－14　　评价效果的差异分析（依据非财务业绩[a]）

	1		2		3		方差分析	
	均值	标准差	均值	标准差	均值	标准差	F 值	P 值
降低成本	2.91	1.73	3.42	1.19	3.99	1.38	9.70	0.00
提高盈利	3.33	1.69	3.70	1.06	4.33	1.24	9.97	0.00
激励员工	2.94	1.65	3.55	1.13	4.40	1.03	22.68	0.00
理解战略	2.80	1.78	3.24	1.10	4.19	1.12	19.40	0.00
增进员工满意	2.24	1.47	2.81	1.08	3.70	1.36	22.22	0.00
避免员工流失	2.30	1.71	2.83	1.37	3.58	1.56	12.22	0.00
激励创新	2.61	1.65	3.25	1.19	3.94	1.27	16.43	0.00
促进合作	2.93	1.22	3.36	0.95	3.86	1.27	11.23	0.00

注：a：依据各非财务财务指标的平均数，平均数在 0—2.5 的赋值为 1，在 2.6—3.5 的赋值为 2，3.6—6 的赋值为 3。

表 1－14 显示，随着非财务评价指标的增加，其业绩评价效果的正面影响在降低成本、提高盈利、激励员工、促进合作等各方面都得到不断增强，从而表明非财务指标是业绩评价中不可或缺的重要因素。

第四节
结　语

我们欣慰地发现，伴随着中国经济的崛起，先进管理会计方法的理念正在不断被中国企业所接受，中国企业的管理会计实践水平正在不断提升。

战略成本管理的运用还相当有限。企业对外部竞争环境以及竞争对手认识参差不齐，成本信息使用的频率远远没有达到常规性，甚至不少企业连经常性都未达到。成本信息使用较多的领域为定价决策、预算编制和业绩评价，成本信息的决策相关性还有待提高。

作业成本管理理念已经被不少企业所吸收采纳，但采用作业成本法核算成本的企业并不多。成本结构是影响国内企业采纳作业成本法的重要因素。值得注意的是，制造费用比例的高低不构成影响作业成本法推行的主要因素，这与国外文献形成较为鲜明的对照。

平衡记分卡的理念正在不断融入我国企业业绩评价系统，而财务指标仍然占据主要地位。总体而言，业绩评价体系对学习和创新方面的指标不够重视，在增进员工满意度和归属感、避免关键员工流失、激励创新和避免短期行为方面，业绩评价的效果不尽如人意。

我们在调查访谈中发现，如何有效地将先进管理会计方法本土化是实务界普遍关心、同时需要迫切解决的问题。遗憾的是，理论界对此的重视程度远远不够。

正如卡普兰所云："管理会计研究和教学要想有所建树，其研究成果必须在现行的组织系统中得到广泛应用，或者至少部分研究成果能够在管理实践中得到成功应用，这样才能使管理会计学科具备一定的竞争力，获得应有的地位（Kaplan，2006）。"我们相信，伴随着中国改革开放 30 多年来经济的腾飞，中国管理会计研究大发展时代即将开启！

本章参考文献

1. Bible, L., Kerr, S., and Zanini, M. 2006. The Balanced Scorecard: Here and Back. *Management Accounting Quarterly*, Summer, 7 (4).

2. Ferrara, William L. 2007. Worthy of Continued Discussion and Effort – Even after Forty Years of Trying. *Journal of Management Accounting Research*, 19: 171 – 180.

3. Ittner, C. D., and Larcker, D. F. 2001. Assessing empirical research in managerial accounting: a value-based management perspective. *Journal of Accounting and Economics*, 32: 349 – 410.

4. Kiani, R., and Sangeladji, M. 2003. An empirical study about the use of the ABC/ABM models by some of the Fortune 500 largest industrial corporations in the USA [J]. *Journal of American Academy of Business*, Sep.

5. Lawson, R., Stratton, W., and Hatch, T. 2006. Score carding Goes Global. *Strategic Finance*, March.

6. Shank, J. K., and Govindarajan, V. 1983. Strategy Cost Management: The New Tools For Competitve Advantage. New York: Free Press.

7. Robert S. Kaplan, Anthony A. Atkinson. 1998. Advanced Management Accounting Third Edition, Prentice – Hall.

8. Speckbacher. 2003. A descriptive analysis on the implementation of BSC in German – speaking counties. *Management Accounting Research*.

9. 南京大学课题组：《中国企业实况调查》，东北财经大学出版社2002年版。

10. 杨继良："国外作业成本法推行情况的调查综述"，《会计研究》2005年第7期。

11. 张朝宓、熊焰韧：《当代管理会计研究》，北京大学出版社2006年版。

第二章

作业成本法应用调查

第一节

作业成本法在全球的应用状况

本章通过分析世界各国的作业成本法（ABC）文献资料，对照南京大学对221家中国企业的最新调查数据，观察发现：ABC正在向非制造业扩展，并与其他管理工具逐渐融合，由一种成本计算方法演变为一个对企业更有价值的管理工具。虽然近年来ABC的普及率有所下降，但并非意味着ABC将要消失，而是意味着实务界对ABC的态度由最初的盲从转向理性。

一、导　　言

在过去的20年中，作业成本法（ABC）经历了过山车似的高潮和低谷，当前正处于进退两难之地。在各种管理创新工具层出不穷的今天，有人怀疑它是否仅仅代表了一种即将过时的时尚？比如，1999年对英国1000家最大的企业和2004年对美国医疗行业进行的调查结论显示，ABC的采用和实施率呈下降趋势，对此应作何解释？有人质疑，既然ABC被证明好处很多，为何至今仍然未被更多的企业所采用（Cohen，2005）？还有学者认为，ABC之所以至今未如预期的那样成功，是因为其本身对企业没有足够的吸引力。本章试图通过分析文献资料和最新的调查数据来寻找答案。本章的分析资料来自两个方面：一是1994—2006年间世界各国作业成本法（ABC）有关的调查报告及相关文献资料；二是南京大学于2006年对221家中国企业的最新调查数据。

需要指出的是，我们所指的作业成本法是广义的而非狭义的。只要是企业采用多个基础分配间接费用特别是制造费用，均被视为采用了作业成本法，而不严格要求按每一作业分配其相关费用。

二、研究背景和基础

（一）ABC发展的历史回顾

今天的作业成本法实践建立在历史的基础之上，回答今天的质疑或许不得不回顾它辉煌的过去。

琼斯和达格戴尔（Jones, T. C., & D. Dugdale）2002年曾发表了一篇有关ABC发展过程的文章①，文章提供的大量数据资料，使得我们有机会对ABC的发展史得到一个比较全面的观察。

作业成本法的兴起可以追溯到20世纪80年代，在ABC诞生的前夜，卡普兰1985年在管理会计领域进行了一份实地研究，他选择了一组创新公司，希望会发现新的会计系统，然而事实却令人失望。1986年，他对此做出了四个方面的解释：（1）缺乏充足的理论模型；（2）以计算机为基础的会计系统的盛行；（3）偏重于财务会计；（4）最高管理层忽视改进管理会计信息系统提供的信息相关性的要求（GOSSELIN, 1997）。

但随后一年，由库帕、约翰孙和卡普兰提出的三个著名案例（Schrader Bellows Group（SB），John Deere Component Works（JD），Weyerhaeuser）标志着作业成本法的实践被发现。

几乎与卡普兰等学者寻找创新成本计算工具同时，1985年开始，由CAM－I（计算机辅助制造国际：美国某些行业组织、大的职业会计公司和政府机构联合赞助的一个研究开发组织）和NAA（美国国家会计师联合会）联合发起成本系统研究，1986年发起组织代表和大学学者建立了CAM－I成本管理系统的项目组，目标是计算重要的经营作业运行时消耗的资源成本。

20世纪80年代末ABC开始步入了系统化阶段，掀起了第一次浪潮。同它相关的管理思想开始传播。不过，人们也对其有不同的关注点：库帕和卡普兰当时集中关注的是更准确的成本计量，约翰逊则更关注的是形成成本的作业管理，而CAM－I的着眼点是“通过业绩评价改进运行”。

20世纪90年代初则是一个对ABC充满挑战、反思和不断改进的时代。哈

① 参见张朝宓、熊焰韧：《当代管理会计研究》，北京大学出版社2006年版。

佛的学者们开始提出修正的ABC。之后ABC进入了稳定和普及阶段，此时有关其应用和实践的文献不断涌现，业界也有很多企业宣称正在使用ABC系统或正考虑采用ABC。紧随管理创新工具的发展，ABC与ABM（作业成本管理）被越来越多的管理咨询公司提及和推荐，此时的ABC仿佛成了时尚的代名词。

据有关学者统计，美国ProQuest文献库从1988年到2004年底逐年收录内容中带有ABC一词的文章的篇数，第一年只有两篇，而1995年到1999年是高潮，1997年达到488篇，最近几年则渐趋于冷静，2004年为243篇（杨继良，2005）。

20世纪90年代后期以来，随着实践经验的积累，不断传出ABC失败被放弃的消息，批评的声音变得越来越响。人们开始怀疑这个管理工具是否只是昙花一现，质疑ABC的采用只是一时的流行。ABC将如何发展，成为理论界和实务界都很关心的问题。

（二）国外ABC实践调查资料

为了了解作业成本法从高度热潮变冷的过程和当前的真实状况，我们尽所能搜集查阅了从1995年到2006年间世界各地关于ABC的实践调查报告①，其中一些主要文献列于表2-1。

表2-1　国内外ABC实践调查文献一览（1995—2006年）

调查报告发表时间（年）	作　者	调查方法（实际调查时间）	有效反馈数量/总体数量	有效反馈率	调查所在国家（地区）
1995	Anderson	实地调查（1986—1993年）	通用汽车公司		美国
1995	Shields	邮寄问卷调查	143（反馈数量）	N/A	美国
1995	Swenson	电话调查	25个制造企业 60位受访者		美国
1995	Innes and Mitchell	邮寄问卷调查（1994年）	251/1000	25.1%	英国
1997	Gosselin	邮寄问卷调查	161/415	39%	加拿大

① 国外实践文献主要来源于以下几个杂志：（1）Strategic Finance（2000-2006）；（2）Cost Management（2000-2006）；（3）Management Accounting Quarterly（2000-2006）。

续表

调查报告发表时间（年）	作 者	调查方法（实际调查时间）	有效反馈数量/总体数量	有效反馈率	调查所在国家（地区）
1997*	Bjornenak and Trond	邮寄问卷调查	N/A	N/A	挪威
1997	Foster and Swenson	邮寄问卷调查和实地调查	166/750	22%	美国
1998*	Krumwiede	邮寄问卷调查	N/A	N/A	N/A
1999	Anderson and Young	实地调查	两家汽车公司 21个工厂		美国
1999	Teemu Malmi	邮寄问卷调查，实地调查和文献查找	分行业计算： 1. 机械工程及电子技术业：287/690 2. 食品和饮料业：71/173 3. 化学：75/182 4. 林业：57/195	1. 41.8% 2. 41% 3. 41.2% 4. 29%	芬兰
2000	朱云，陈工孟	邮寄问卷调查（1999年）	90/810	11%	中国香港
2000	Innes, Mitchell and Sinclair	邮寄问卷调查（1999年）	228/1000	22.8%	英国
2005	Lawson	邮寄问卷调查（1994—2004年）	52/358	14.5%	美国
2005	Cohen, Venieris and Kaimenaki	邮寄问卷调查（2003年）	170/570 88/170（前后进行了两次调查）	31.1% 49.7%	希腊
2006	Maelah and Ibrahim	邮寄问卷调查和实地调查	108/1257	8.59%	马来西亚

注：加*号的文献来源于其他文献的转述，我们没有查到原作。

本书涉及的国外ABC实践状况的比较研究主要来源于8份不同国家和地区的调查报告，这些调查报告按时间分布来看是从1994年到2006年，其中经历了高峰期（如1995—1997年），之后又趋于冷静。从地区分布来看，这8份报告涉及的企业所在的国家来自欧洲、北美和亚洲，而这些国家的整体经济状况和地区发展程度也有不同程度的差别，这也为我们的研究提供了一个广阔的视野。

通过对这些文献资料的收集整理，我们希望从中发现 ABC 在国内外企业最新的实践状况和发展趋势。

（三）中国企业 ABC 应用调查资料

中国作为世界经济的重要成员，其发展已经引起广泛的关注。我们希望把中国的管理实践放在国际比较的大环境中观察。我们课题组这次进行调查的主要目的是了解中国企业管理创新的现状和变动趋势①，作业成本法的实践是其中重要的组成部分。调查前后进行了 5 个月，共收到反馈的调查表 257 份，我们对样本进行筛选，去掉一些明显规模太小的公司②后，最终有效样本数为 221 个③。

三、ABC 的实践现状

由于 ABC 从诞生、经历高峰期到进入稳定期，学术界和企业界对于 ABC 的看法有很多争论，围绕 ABC 究竟是不是一个已经或即将过时的工具，我们查阅了国外关于 ABC 实践的近期调查报告，得到的印象是：ABC 的重点已经从成本计算方法向管理工具转变，这个过程体现在它正在从传统制造业逐渐向其他行业扩展，而其他行业应用 ABC 在很大程度上是将它用作一个可以进行过程改进和业绩评价的工具；同时，它正在与越来越多的其他管理工具和方法相结合，以适应企业多方面的需求。而在中国，越来越多的证据支持 ABC 的推广应用正成为一种趋势。发现与 3 年前相比，它的基本理念已经得到更多的应用。

---

① 问卷设计从 2006 年 2 月初开始讨论，到 4 月底定稿，其中经历了近 3 个月的时间，在问卷设计的过程中，除了研究参与者进行不断地讨论和修订之外，我们还到企业征求资深的总会计师对问卷内容和问题表述以及措辞术语的意见，另外还请实务工作者尝试填写问卷，观察他们对问题的看法和理解偏差。

② 筛选标准为年销售额小于 1 亿元人民币，同时雇员少于 100 人的公司。

③ 由于我们的资源限制，我们的样本结构可能存在以下偏差：第一，由于我们的学生来源、毕业生去向和研究者关系网络的限制，使得我们样本的地区结构有偏；第二，由于我们的问卷中有一部分涉及制造成本的结构，因此在寻找调查样本时有选择制造业企业的偏好，同时可能由于关系资源的限制，使得我们样本的行业结构也是有偏的；另外由于样本进入的难易程度不同，我们的样本企业总体上看规模偏小。

（一）ABC 的采用率

表 2-2 ABC 的总体采用率总结（1994—2006 年）

调查报告发表时间（年）	调查时间（年）	作者	采用 ABC 的企业数量/有效反馈	ABC 的总体采用率（Adoption rate）	调查来自国家
1995	1994	Innes and Mitchell	49/251	19.5%	英国
1997	N/A	Gosselin	77/161	47.8%	加拿大
1999	1995 1996	Teemu Malmi	107/459	23.3%	芬兰
2000	1999	Innes, Mitchell and Sinclair	31/177	17.5%	英国
2005	2004	Lawson	2004：5/36 （1994：7/44）	2004：14% （1994：16%）	美国
2005	2003	Cohen, Venieris and Kaimenaki	36/88	40.9%	希腊
2006	N/A	Maelah and Ibrahim	39/108	36.11%	马来西亚
2006	2006	南京大学本课题组	52/191	27.2%	中国

表 2-2 报告了我们所能找到的关于 ABC 采用率的调查资料，并按照时间顺序排列它们。虽然美国和英国的调查显示，随着时间的推延，ABC 的采用率略呈下降趋势，但是从世界各国的报告看，并不能得到趋势变动规律的印象，因为它们报告调查的国家、行业和企业性质存在较大的差异性，不同文献的采用率数字本身并不具有可比性。我们只能从对芬兰的 4 个行业的调查（Teemu Malmi，1999）中，看到 10 年来 ABC 在芬兰发展的较为详细的数据（表 2-3 和图 2-1）。

表 2-3 ABC 的采用企业数目表（芬兰报告：1986—1995 年）

年 份	1986	1987	1988	1989	1990	1991	1992	1993	1994	1995
采用 ABC 的企业数目	3	3	3	4	6	15	18	18	18	13

由图 2-1 我们可以看出，截至 1995 年，ABC 在芬兰 4 个行业的发展经历了兴起、高峰和下降的过程。大家关心的是：当它从高峰降下来以后，它的走

势会如何，是走向稳定，还是走向消亡？

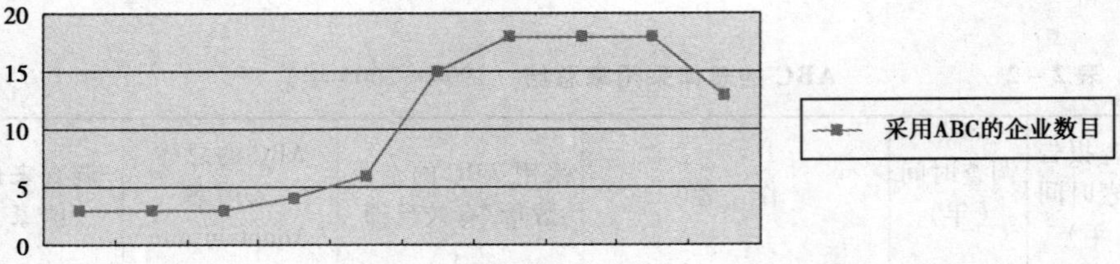

图 2－1　在芬兰进行的调查报告中采用 ABC 的企业数目（1986—1995 年）

仅依靠这些报告的数据，我们几乎无法回答上述问题。但是根据中国企业的调查，我们发现不同企业对于是否采用了 ABC，其概念的含义并不一致。在不同的概念定义下，采用率数据肯定是无法比较的。

我们的问卷采用了三个问题①，了解企业运用作业成本法（广义）的状况。第一个问题是关于成本分配是否采用多样化的成本动因，第二个问题是关于企业是否把制造成本之外的那些成本项目分配到成本对象，这两个问题如果有肯定的答复，都表示该企业突破了传统成本会计的规则，进行了成本计算的创新，这些创新符合作业成本法的基本原理。第三个问题直接关于是否采用了作业成本法。表2－4描述了样本企业对这些问题的回答情况。

表 2－4　　　　中国企业成本核算方法

产品成本核算方法	样本数	与本企业情况相符合（程度计分 4—6）	
		样本数	占反馈者百分比
为准确反映不同产品的成本耗费，采用多个分配基础分配制造费用	203	72	35%
在内部管理决策将期间费用（如研发费用、财务费用、广告费、仓储费等）分配到产品	205	80	39%
采用作业成本法计算产品成本	191	52	27%

从表 2－4 中不难看出，在中国企业的调查中，认同自己采用了作业成本法的样本量占反馈样本的比重为 27%，而实际成本核算中使用多成本动因和非制造费用项目分配的样本企业比重都高于这个数字。

① 要求反馈者对于命题符合自己企业情况的程度作 0—6 范围内的计分。

同时，我们还对近3年企业成本核算方法的变化情况进行了调查，也是3个问题（表2-5）。数据显示，在我国，有相当比例的企业在近3年中增加了对作业成本法原理和方法的运用。这个情况和在希腊及马来西亚进行调查的结果有些相似，这或许表明作业成本法的理念和方法近年来正在发展中国家得到进一步传播。

表2-5 中国企业成本核算方法的变化

产品成本核算方法	样本数	与本企业情况相符合（程度计分4—6）	
		样本数	占反馈者百分比
在过去3年中，您所在企业的制造费用分配基础在数量上有明显增加	204	61	30%
在过去3年中，您所在企业明显增加期间费用分配到产品的比重，为内部管理决策服务	204	70	34%
在过去3年您所在企业明显扩大了作业成本法计算范围	191	56	29%

不过上述数据也提示我们，无论如何，单靠采用率来判断作业成本法是否得到应用是很不够的。我们必须仔细观察现实企业成本信息的获取和运用状况。

（二）ABC应用的行业扩展

作业成本法最初是从解决产品制造行业的间接制造费用分配问题开始提出的，在我国早期的推广项目也主要针对多品种的制造企业。不过最近国外调查中报告的ABC应用行业除制造业外，还涉及金融业、零售业、医疗行业、林业、电子机械工程业等，这与本次调查的情况也比较吻合。

1. 制造业与非制造业的采用率比较

虽然我们采用的调查报告的时间、国家和行业不同，ABC采用率的大小不具有可比性，但我们却可以从图2-2中发现一个大体一致的趋势：即ABC在总体行业的采用率基本与制造业非常类似，甚至略高于制造业的采用率。我们认为，这实际上显示了ABC运用从制造业向其他行业同步扩散的信息（见表2-6）。

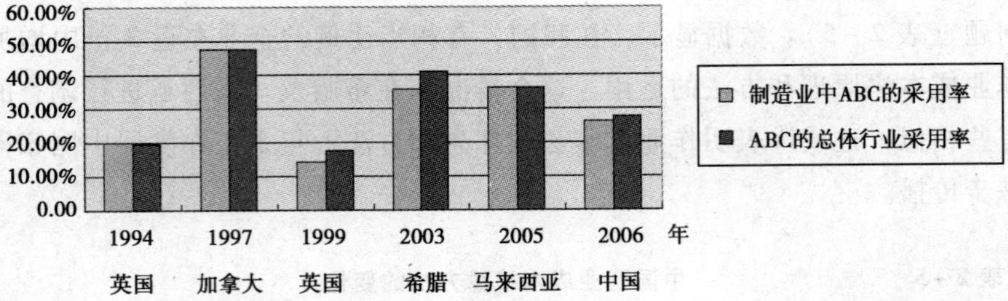

图 2－2　ABC 在制造行业和整体行业采用率的对比

表 2－6　　制造业与非制造业 ABC 的应用率比较

调查报告发表时间（年）	作　者	ABC 的总体采用率	制造业具体情况（分行业或其他说明）	制造业中 ABC 的采用率	来自国家
1995	Innes and Mitchell	19.5%	制造业列在 TIMES 1000 中的企业	19.8%	英国
1997	Gosselin	47.8%	制造业列在 Financial Post CanCorp's CD－ROM 中的企业	47.8%	加拿大
2000	Innes & Sinclair	17.5%	制造业列在 TIMES 1000 中的企业	14.3%	英国
2005	Cohen & Kaimenaki	40.9%	领先企业（以员工人数和销售额作为标准）	35.7%	希腊
2006	Maelah & Ibrahim	36.11%	1. 消费品制造企业 2. 工业品制造企业	36.11%	马来西亚
2006	南京大学本课题组	27.2%	包括食品，纺织，木材家具，化工，电子等 13 个制造品在内的制造行业	26.12%	中国

在某些调查报告（Innes and Mitchell，1995；Innes，Mitchell and Sinclair，2000；Cohen，Venieris and Kaimenaki，2005）中还可以看到制造业和非制造业样本的进一步比较（图 2－3），我们依稀看到，随着时间的推延，非制造业运用作业成本法的比例有超越制造业的趋势。

为什么从制造业发源的成本方法会在非制造业得到传播，我们推测是因为 ABC 在实践的过程中逐渐从成本计算方法转变为成本管理方法，拓宽了它的运用范围。因此我们继续观察 ABC 在实践中运用的目的和作用的变化。

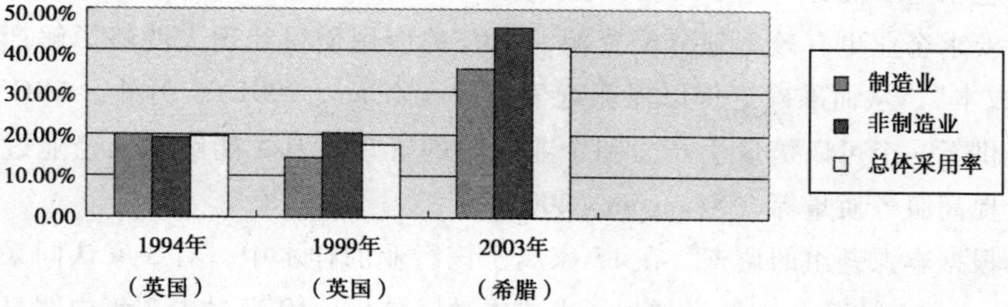

图 2-3 国外报告非制造业和制造业 ABC 采用率的对比

2. 作业成本法在非制造业运用的情况

大量最新的案例显示，ABC 实践已经从传统起源的制造业传播开来，进入到其他各种行业。下面对其中一些资料作简要的介绍。

(1) 医疗行业。在对美国医疗行业进行调查的报告结果显示，1994—2004 年 ABC 的应用比例有下降趋势（从 16% 到 14%），但这篇报告也揭示在一些长期采用 ABC 的企业中，有 66.7% 使用超过 3 年。同时，使用的领域也不限于成本计算，例如，2004 年有 17.24% 的企业回答应用作业分析来帮助管理增值和非增值作业（1994 年这个比例是 2.2%）。

根据 2005 年英国一家医疗企业的实地调查报告（Arnaboldi, Lapsley, 2005），该医疗中心采用 ABC 来帮助进行品种和服务类型决策，增强企业有效利用经济资源的意识。

(2) 批发和零售业。根据 2003 年希腊的调查，其零售企业的 ABC 采用率为 30.8%。中国的调查显示，流通和零售行业（有 15 家样本）只有 2 家使用（13.33%），但有 7 家企业披露在近 3 年明显增加了将期间费用分配到产品的比例。在这些企业中，有 85.7% 表示将其成本信息用于产量和品种决策，有 71% 还将成本信息较多地用于预算、定价决策和存货管理方面。这显示了 ABC 在进入零售业后，实际上发挥了管理上的职能。

(3) 金融业。金融行业是应用 ABC 最好的非制造行业之一，在英国 1999 年对 1000 家最大企业和 60 家金融企业的调查报告中，ABC 在该行业的采用率高达 40.7%，这个比例远远高于同期 ABC 的总体行业采用率和制造业的采用率。文献资料显示，ABC 在该行业用来：①分析客户和各分支机构的盈利性；②应用于招投标管理；③应用于未来客户定价；④作为战略评价工具，决定放款业务种类；⑤应用于作业分析和过程持续改进。尽管有学者（Byerly, 2003）提到 ABC 在金融行业转变为 ABM（作业管理工具）是一个比较困难的过程，我们仍然可以从时间的线索中找到其逐渐转变的痕迹。

(4) 信息技术业。信息技术业相对于其他行业来说是近年来的新兴行业，主要包括电子商务、电子工程和软件业等。根据国外的文献，日益激烈的竞争环境要求企业更有效率地分配资源，ABC 的应用使得经理人能够了解产品的“全成本”，从而准确定价以保持竞争优势（Zeller，2001）。另外，ABC 为 IT 业提供了一个可以衡量生产力和企业效率的管理工具，能够帮助企业过程改进，提高服务质量等（Neumann，2004）。

根据本课题组的调查，在 15 家属于该行业的样本中，有 3 家认同采用了 ABC，6 家过去 3 年内明显增加了多成本动因分析，10 家过去 3 年内明显增加了将期间费用分配到产品的比重；同时，这些企业中有 80% 表示过去 3 年内增加了成本信息在定价决策中的使用，60% 增加了在预算管理、业绩评价和确定报酬中的成本信息使用。

（5）公益行业。公益行业主要指包括公用医疗服务、图书馆和非政府组织等在内的公用设施行业。由于 ABC 可以准确地提供服务和活动的成本信息，进而可以作为业绩评价的工具，受到了香港非政府组织的重视和应用（Ping Chou Ip，2003）。另外，英国牛津大学图书馆服务机构（OULS）需要向社会公众和利益相关者公布其资源使用情况及各个图书馆之间的资源使用效率，于是采用了 ABC 作为成本管理和评价的工具（Heaney，2004）。由此，我们发现，ABC 在公益行业的发展主要是用于改进资源分配效率和进行业绩评价，进而满足社会正在发展的责任披露的要求，这时的 ABC 已经从仅仅提供成本信息的角色中走出来，在帮助组织管理，提高组织效率方面作出了更大的贡献。

综上所述，在世界范围内，ABC 目前的实践状况是其正在从传统的制造行业中走出来，顺应社会和其他各个行业的需求，随着时间的发展在非制造业，包括医疗行业、批发零售业、金融业、信息技术业和公益行业中等逐渐传播，并在一些国家取得了良好的应用效果，有着积极的进一步发展的趋势。因此，如果仅从局限于某些地区或行业的调查报告中 ABC 采用率的下降来断定 ABC 已经过时或正在消逝，是不够客观或全面的。

（三）ABC 实践的目标——从成本计算到成本管理

ABC 能否得到实践者的认同，取决于他们使用 ABC 的目的与其感受的效果之间的比较。在 ABC 发展的初期，它是作为一种可以提供更为精确的产品成本信息的工具提出的，但是很快，它就更多地在支持管理方面表现出效果。丹尼尔·斯文森（D. Swenson，1995）和迈克尔·谢尔茨（Shields, M. D.，1995）对有 ABC 经历的企业进行了系统实施情况的调查，都发现实施企业感受的从 ABC 实施中获益的重点在变化。实施 ABC 最初的目标是提供更加精确的产品成本信息，而后期的目标包括运用产品成本和作业过程的成本信息、改善战略性决策、非日常性产品决策和日常运行决策（如定价以及产品组合决策）以及成本控制。

Krumwiede、K. R. & S. L Charles（2006）报告了美国管理会计协会对当前公司运用哪些管理会计工具的调查，该调查收集了大约300家美国制造业和非制造业公司的样本（表2－7）。调查发现，反馈者对ABC/ABM的运用程度得分很低，但是产品盈利性分析和客户盈利性分析的得分很高。其实熟悉上述两种管理工具的人都知道，它们的核心技术是作业分析与成本动因分析，这正是作业成本法的核心之所在。所以我们推测，严格意义上的作业成本计算运用程度虽然不高，但是，作业分析和成本动因分析已经在企业中深入人心，成为管理的常规手段。

表2－7 各种管理会计工具的使用程度

［计分范围是从1（最低）到7（最高）］

成本会计实践	总体	制造业	非制造业
产品盈利能力分析	5.18	5.30	4.71
客户盈利能力分析	4.39	4.45	4.18
目标成本会计	3.55	3.63	3.29
闲置生产能力的估计成本会计	2.98	3.03	2.81
ABC/ABM	2.75	2.70	2.87

我们在Strategic Finance（Apr，2002）上看到一个案例，介绍一家名称为Reichhold的跨国大型制造企业在采用ABC后，将其提供的更为准确的成本信息用于产品品种决策和盈利分析，经过5年的发展，从一个以生产为导向，以部门职能为架构的企业转变成了一个以客户为中心，以团队为基础的企业。这个企业将实施ABC的过程看作一个不断学习和改进的过程，并认为ABC有效地帮助公司改善了生产能力管理、产品周期管理和产品定价决策等管理方式和效果。

在中国企业ABC实践的调查中我们也看到了有关的证据。在使用ABC方法或原理的企业，成本信息在管理领域有更多的运用（表2－8）；而近3年更多使用ABC方法或原理的企业，成本信息在更多的管理领域有更多的运用（表2－9）。这表明，在中国的企业，ABC实践提高了成本信息的管理功效，也就是说ABC在中国企业正是作为管理工具在发挥作用。

表 2-8　　中国企业是否采用 ABC 与运用成本信息目标的关联

成本信息使用领域	严格采用 ABC		未采用		F 统计量（p 值）
	样本数	均值（标准差）	样本数	均值（标准差）	
定价决策	49	4.04（1.29）	137	3.34（1.716）	6.871（0.009）
产量品种决策	47	3.15（1.628）	132	2.44（1.859）	5.376（0.022）
成本信息使用领域	运用多成本动因		未采用		F 统计量（p 值）
	样本数	均值（标准差）	样本数	均值（标准差）	
定价决策	70	3.76（1.408）	128	3.33（1.726）	3.169（0.077）
产量品种决策	69	3.14（1.629）	122	2.34（1.884）	8.753（0.003）
招投标决策	68	3.29（1.813）	120	2.64（1.814）	5.618（0.019）
决定报酬	67	3.21（1.581）	122	2.63（1.837）	4.708（0.031）

表 2-9　　中国企业近 3 年采用 ABC 的变化与运用成本信息目标的关联

成本信息使用领域	增加采用 ABC		未增加		F 统计量（p 值）
	样本数	均值（标准差）	样本数	均值（标准差）	
存货管理	52	3.62（1.223）	131	2.89（1.699）	7.948（0.005）
	运用更多成本动因		未增加		F 统计量（p 值）
	样本数	均值（标准差）	样本数	均值（标准差）	
存货管理	60	3.50（1.396）	136	2.98（1.675）	4.457（0.036）
定价决策	60	3.80（1.56）	139	3.35（1.646）	3.196（0.075）
产量品种决策	58	2.97（1.777）	134	2.49（1.838）	2.734（0.100）
业绩评价	60	3.87（1.523）	138	3.43（1.547）	3.289（0.071）
决定报酬	60	3.22（1.617）	130	2.66（1.807）	4.134（0.043）
	更多分配期间费用		未增加		F 统计量（p 值）
	样本数	均值（标准差）	样本数	均值（标准差）	
定价决策	67	3.85（1.588）	132	3.30（1.625）	5.126（0.025）
产量品种决策	64	3.08（1.655）	128	2.41（1.876）	5.769（0.017）
预算管理	68	4.07（1.396）	132	3.70（1.493）	2.982（0.088）
投资决策	67	3.24（1.568）	123	2.75（1.638）	4.014（0.047）
招投标决策	65	3.26（1.865）	124	2.69（1.80）	4.144（0.043）
业绩评价	68	3.85（1.438）	130	3.42（1.589）	3.610（0.059）

（四）ABC与其他管理工具的融合

在ABC出现伊始，铺天盖地的宣传认为它可以取代传统的成本会计和各种被认为过时的管理方法，提供最好的成本核算与成本管理的工具。曾几何时，被否定的命运又落到ABC的头上，出现了关于ABC是否过时的争论，一些学者认为它可能被其他工具所取代，比如平衡计分卡或是标杆法（Benchmarking）等等。

最近的文献资料发现了ABC正在实践中与其他管理方法相融合的信息（表2-10），我们相信，这可能才是它的必由之路。也就是说，任何创新的工具和方法，不管它有多少超越其他工具的优点和功能，最终都不可能成为放之四海而皆准的万能工具，它只能和其他各种有效工具融合在一起，共同为组织的管理目标服务。

表2-10　　ABC运用的案例与调查报告

序号	发表时间（年）	方法名称	用　途	发表杂志	报告者
1	2004	AMP	帮助管理企业经营，改进企业业绩	*Strategic Finance*	Anderson 等
2	2004	TOC + ABC	服务于市场决策，管理生产能力	*Cost Management*	Baxendale 和 Raju
3	2004	EP + ABC	定价和产品品种决策	*Cost Management*	Emblemsvag
4	2003—2005	GPK + ABC	帮助长短期决策	*Strategic Finance*	IMA
5	2005	ABLCC	预测未来企业面临的风险和成本	*Strategic Finance*	Cote，Emblemsvag
6	2005	最优化 + ABC	立足于未来市场预测，改善企业利润	*Management Accounting Quarterly*	Baxendale，Gupta 和 Raju
7	2006	新的成本对象的选择	准确定价，提高小企业议价能力	*Management Accounting Quarterly*	Baxendale，Gupta 和 Raju

具体方法和情况介绍如下：

（1）作业管理项目（AMP）。Anderson 等在2004年报道了可口可乐公司、联邦储蓄银行（USAA's Federal Saving Bank）和 Butch Camp 实施作业管理项目（AMP）——包括作业成本法 ABC、以作业为基础的预算管理 ABB 和作业管理 ABM 的情况。透过这些管理工具提供的信息，管理人员从数字中看到真实的企业运营状况，而且企业业绩得到改善。另外，很多实施了 AMP 的组织利用网络实时分析处理系统来帮助分析相应的信息，为实时决策提供了很大的帮助。

（2）TOC（Theory of constraints）与 ABC 的综合应用。Baxendale 和 Raju（2004）提到 ABC 和 TOC 方法的综合运用，因为 ABC 提供的成本信息容易导致管理人员可能会决定停产某种利润显示为亏损的产品，同样，由于 ABC 可以用货币价值衡量未充分利用的生产能力，也可能导致管理人员忽视市场的需求致力于去除它，从而消除了其作为企业增产缓冲器的作用。而 TOC 和 ABC 方法结合应用，就能够帮助管理人员更加谨慎地综合企业内部情况和外部市场需求，来进行最佳的产品品种决策。

（3）经济利润值（Economic profit）与 ABC 的综合应用。经济利润值 EP 和 ABC 方法的结合应用是 Emblemsvag 在 2004 年谈到一家汽车零件制造商需要更加准确地对其产品定价时所提到的一种在企业实践的方法（EP = 收入 - 运营成本和费用 - 税 - 资本成本）。不同产品或服务消耗的资本成本可能是不同的，在采用标准的 ABC 方法计算产品成本时，会忽略不同资本成本消耗对产品成本的扭曲，如果将 EP 和 ABC 结合，企业能够看到产品在计算了资本成本和税之后的成本，从而能够针对市场进行更准确的定价以及产品品种决策。

（4）ABC 和 GPK。GPK（Grenz plan kosternrechnung）是德国自二战以后广泛运用的成本管理工具，据美国 IMA（Institute of management accountants）组织 2003—2005 年对 GPK 实践情况进行的调查，GPK 在德国已经成功运用超过了 40 年。在 IMA 向大家介绍 GPK 时，对该方法在美国的应用掀起了很多讨论，其中之一便是探讨将 GPK 和 ABC 结合运用的可能性和优势，于是 RCA（一种结合了 GPK 的因素和 ABC 的核算方式的应用方法）得到了更多的关注，在 IMA 芝加哥的年会上，学者们专门辩论了 GPK、ABC 和 RCA 各自的优越性（Larry White，2004）。

（5）以作业为基础的生命周期成本法（Activity - Based Life - Cycle Costing）。以作业为基础的生命周期成本法是 Emblemsvag 在他的一本新著中提到的结合了 ABC 和 Monte Carlo Methods 来管理企业面临的未来风险和不确定性的方法（Cote，2005）。这个方法目前已经在一些企业中得到了应用，Monte Carlo 分析用来评价未来风险对企业的冲击，而两者融合后很显著地改进了对企业现金流量的管理，同时能够更好地预测未来企业面临的风险和将会消耗的成本。

（6）最优选择模型（Optimization）和 ABC 的综合应用。ABC 提供的成本信息没有考虑未来市场的发展和企业限制因素，将最优选择模型引入之后，企业将在一种未来预测的市场容量的基础上分析产品利润，从而寻找出在未来市场状况下能给企业带来利润最大化的产品或服务，最后作出决策。当然，这个方法的采用并不能百分之百地保证企业未来就能够达到利润最大化，因为对市场发展的预测并不完全准确，不过它的提出使 ABC 的应用决策具有了前瞻性。

（7）新的成本对象的选择——来自 ABC 自身的创新。2006 年，Baxendale、Gupta 和 Raju 根据各企业实习项目小组在小企业中参与实施运营战略和市场战略的经验，提出了选择 ABC 新的成本对象的方法。小企业在市场中的议价能力比较弱，所以根据 ABC 提供的信息，没有利润的产品或服务要想通过提高产品价格来赚取利润是基本不可行的。于是，项目小组将企业的产品和相应的支持服务整合起来作为一个成本对象，比如在一星期之内要投递的油画，利用企业特有的服务来获取市场空间，从而计算这一类产品的成本以定价，提高了小企业的议价能力，赢得更多的发展机会。

从以上我们通过收集文献获得的关于 ABC 最新的发展情况来看，关心 ABC 在业界应用的学者和实践者们正在探讨 ABC 越来越多的新用途，不仅它自身在被不断地发展和创新（包括 ABB、ABM、成本对象的选择等），同时也正在结合其他方法的优越之处，期望为企业创造更多的价值，使企业不仅能够立足于现在，也能更好地预测未来，特别是在帮助企业作出市场决策、增加企业利润方面作出了贡献。企业有意识地采用和改进 ABC，这表明此时企业对于 ABC 的采用已经更加谨慎，是一种理性选择行为。

四、影响 ABC 采用的因素

当实施 ABC 不再作为一种时尚，选择使用或者继续使用 ABC 一定存在合适的理由，ABC 的采用率一定幅度的下降未必是一个坏消息。事实上不是所有的企业在应用了 ABC 之后都获得了预想中的收益，在 ABC 的非采用者当中，就有一部分是曾经应用了 ABC 之后决定拒绝再使用的企业。Innes（2000）、Gosselin（1997）、Malmi（1999）等众多学者都曾经探索过企业不采用 ABC 的原因和组织方面影响 ABC 实施的因素。

因此，我们希望进一步观察不同的企业特征和不同的实施方法对 ABC 实施的影响。

(一) 企业背景和特征的影响

1. 成本结构对采用 ABC 的影响

ABC 最初的理论认为，非产量动因引起的间接费用比例越高的企业越可能通过应用 ABC 获益，因为传统的成本方法在间接费用比例高的企业更容易扭曲产品成本，而 ABC 恰好能弥补传统成本方法的不足。

不过该理论在实践中存在不同的检验结果。1995—1996 年在芬兰企业和 2003 年在希腊进行的调查结果，成本结构对于 ABC 采用的影响并不显著。

从我们课题组 2006 年对 ABC 在中国企业调查的情况看来，制造费用比例对于制造业企业采用 ABC 的影响并不显著，但是期间费用比例对全体企业样本却有显著性的影响，尤其是近 3 年来更多使用多成本动因分配成本和更多使用作业成本法的样本与没有明显变化的样本相比，期间费用在总成本中的平均比重显著较高①。这在一定程度上反映了更合理认识成本消耗规律的需要与作业成本法原理的运用相关联。

2. 规模差异对采用 ABC 的影响

对于 ABC 在不同规模企业采用的差异存在一定的争议，一般认为规模越大的企业采用 ABC 的比例越高。1994 年对英国 1000 家最大企业的调查和 1995—1996 年对芬兰四个行业的企业调查发现，规模的大小对于 ABC 的采用是有显著影响的，即规模越大的企业采用率一般越高。该结论也被其他一些学者所支持。

但是，2003 年对希腊三个行业的调查显示，规模的大小对 ABC 的应用没有显著影响。

本课题组的中国调查结果也没有显示企业规模与采用 ABC 有显著关联，不过如果把企业销售规模按照大小分为四类，可以看到 ABC 采用率的综合得分值以及多成本动因采用、更多采用作业成本法等问题的分值都有上升的迹象，也就是说，平均来看规模较大的企业有可能更多地运用作业成本法的方法和思想。这很可能是因为规模较大的组织拥有较多的人力和财力资源，能够支持创新管理工具时的资源需要。

3. 行业特征对采用 ABC 的影响

过去的认识是制造行业更为适合使用作业成本法，但是本研究前面提及的中外证据已经显示，这种行业的差异已经不复存在。因为现在所说的作业成本法不再是狭义的成本计算工具，而是一个管理工具。

---

① 详见熊焰韧等：《作业成本法原理在中国企业运用的调查》(working paper)。

不过本课题组的调查显示，中国高新技术行业[①]应用ABC的平均程度要高于传统行业（表2-11）。这或许显示高科技行业在理念上对创新工具更容易接受，也可能是高科技行业员工的知识水平较高，具备创新所需的人力资源。

表2-11　　中国高科技行业和传统行业应用ABC的差异表[②]

高科技行业与传统行业		均值	方差	F值	Sig.
在内部管理决策时，您所在企业将期间费用分配到产品	传统行业	0.3604	0.233	2.319	0.101
	高科技行业	0.5349	0.255		
您所在企业采用作业成本法计算产品成本	传统行业	0.2816	0.204	2.045	0.132
	高科技行业	0.3750	0.240		
在过去的3年内，您所在企业制造费用的分配基础在数量上明显增加	传统行业	2.0182	2.954	7.435	0.001
	高科技行业	3.2326	3.421		
在过去的3年内，您所在企业明显增加了将期间费用分配到产品中的比重，为内部管理决策服务	传统行业	2.4818	3.903	5.892	0.003
	高科技行业	3.5814	3.963		
在过去3年您所在企业明显扩大了作业成本的计算范围	传统行业	2.1359	4.256	2.916	0.057
	高科技行业	2.8750	4.112		

4. 企业竞争状况和战略对采用ABC的影响

ABC早期的产生和发展理论显示，如果企业处于竞争激烈的市场中，企业对于成本信息准确度要求就会比较高，因为更加准确的产品和服务定价决定了企业的利润来源。所以，处于竞争激烈环境中的企业应该更多采用ABC。

从我们收集的文献来看，这个结论存在争议。比如，Shields（1995）对143家企业的调查、Maelah & Ibrahim（2006）对马来西亚制造业的调查、Gosselin（1997）对加拿大制造业的调查结果都认为竞争激烈的环境显著提高了企业采用ABC的比例，但是2003年对希腊三个行业的调查以及其他学者以前进行的调查（Anderson and Young1999，Bjornenak1997）却没有发现竞争环境和

① 我们将制造业中的电子、设备、医药等行业，以及非制造业中的信息服务行业归为高科技行业，制造业中的其他行业（食品、纺织、木材、造纸、石化、金属、其他）归为传统行业。

② 反馈企业根据情况从0—6进行打分，0表示完全不符合或没有变化，6是完全符合或变化很大。另外，在分析时将前两个问题的打分重新归类，0—3分为一档，赋值为0，表示没有采用新的方法和思想；4—6分为一档，赋值为1，表示采用了新的方法和思想。

战略对 ABC 的采用有显著影响。

本课题组的调查结果也没有发现企业所处的竞争状况对 ABC 的采用率存在显著影响，但是具有不同战略优先的样本对于采用 ABC 的程度判断有显著差异。表 2-12 显示，采用质量战略、成本战略和人才战略的样本公司采用 ABC 的比例更高。但是战略与采用率之间的联系似乎并不容易作简单的解释。

表 2-12　中国企业的优先战略对 ABC 采用率（得分 4—6 为采用取值为 1，否则为 0）的影响

	优先战略（排序为 1 的项目）						F 统计量（p 值）
	创新	质量	客户	成本	市场	人才	
样本数	22	23	37	37	27	9	2.332 (0.045)
均值	0.18	0.478	0.243	0.405	0.148	0.4444	
标准差	0.39	0.51	0.43	0.49	0.36	0.53	

（二）具体实施层面的因素对采用 ABC 的影响

资料显示，在很多声称不采用 ABC 的企业或是采用过 ABC 之后拒绝再采用的企业中都存在具体的实施层面的问题。其中高级管理层的支持和投入是最大的影响因素，此外，对现有会计系统的满意度、员工的理解和支持、作业成本库的复杂程度等等因素在某种程度上也决定了 ABC 是否能够成功地在企业中实施。

根据现有收集的文献，我们对于企业遇到的这些具体实施层面的问题做了简要归纳整理（表 2-13）。

表 2-13　实施 ABC 过程中的具体问题

影响 ABC 实施层面的具体问题	报告来源
1. 是否有高级管理层的支持	Shields（1995），Innes（2000），Lawson（2005），Cohen（2005），Maelah（2006）
2. 企业能否认为承受实施 ABC 的成本	Innes（1995），Lawson（2005），Innes（2000），Cohen（2005）
3. 对现有会计系统的满意度	Innes（1995），Lawson（2005），Cohen（2005）

续表

影响 ABC 实施层面的具体问题	报告来源
4. 是否进行培训	Shields（1995），Maelah（2006）
5. 是否有技术资源的支持（比如软件的类型等）	Innes（2000），Lawson（2005）
6. 是否得到员工的配合和支持	Shields（1995），Cohen（2005）
7. 企业是否拥有足够的知识来实施 ABC	Cohen（2005）
8. 是否能收集到足够的数据支持 ABC 的应用	Lawson（2005）
9. 是否难以识别成本动因和划分成本库	Lawson（2005）
10. 企业文化是否支持组织变革来实施 ABC	Cohen（2005）
11. 是否将 ABC 的实施和业绩评价挂钩	Maelah（2006）

五、结论及对 ABC 应用前景的思考

通过对国内外关于 ABC 实践状况文献的收集和分析以及本课题组 2006 年对中国企业的调查，我们观察了近年来 ABC 的国际实践情况。目前，ABC 不仅在制造企业中，而且在其他行业包括金融业、批发零售业、信息技术业和公益行业等中也发展起来，更多的行业正在尝试使用这种新的管理工具。在不同行业的企业中运用它时，有调查显示了一些不同的发展现状和趋势，我们不能简单地从 ABC 采用率的上升或是下降来判断它的未来发展，而是需要透过这些数字的背后，来发掘它是否有继续生存的空间。

我们认为 ABC 目前在企业的采用已经不能用时尚和流行的力量解释，经过 20 年的发展，ABC 已经进入了冷静期（而这或许也恰好解释了为何在一些国家企业的调查显示 ABC 实施率在上升的同时，另外一些国家的 ABC 实施率却在下降）。同 2003 年在希腊进行调查报告的作者的观点一致，我们认为现在企业采用 ABC 的目的是出于企业本身的管理需要，而不是对时尚的追求。我们可以从前面对制造业和非制造业的分析中看到，目前企业实施 ABC，更多的是用作企业产品定价、品种决策、生产能力管理、产品周期管理、分析客户盈利性、消除非增值作业、过程改进、业绩评价和责任披露等方面，已经远远地从产品成本计算的基础应用发展起来，而且企业正在将它和其他的管理方法结合或对它进行自身创新的应用。ABC 正在越来越多地为企业的管理作出贡献，逐渐成为一个企业十分有用的常规性管理工具。我们无法预测正在被不断改进和创新的 ABC 将来会被称为怎样的名字，这并不重要，但是我们看到它

的理念正在逐渐渗透进企业的日常经营中（比如增加企业制造费用的分配基础，增加将期间费用分配到产品中的比例，消除非增值作业等等），它的发展历程告诉我们，现在已经从最初的时尚和狂热中走了出来，成为企业的理性选择。

同时，通过对国外 ABC 实践调查文献的研究，我们注意到 ABC 在不同国家的采用率有不同的发展趋势，这也是很多学者正非常关注的问题。我们从调查结果中可以看到：2003 年对希腊三个行业、2006 年报告的对马来西亚制造业和 2006 年我们对中国企业的调查结果显示 ABC 的采用和实施正处于积极上升的趋势，而在 1999 年对英国 1000 家最大企业的调查和 2004 年对美国医疗行业的调查报告中，ABC 的采用率是下降的。产生这两种不同趋势的原因，我们认为，可能是近年来 ABC 从早期狂热的时尚中退出，进入冷静期后成为企业的理性选择，这样在一些国家的企业中 ABC 采用率回落是可以得到解释的。我们也可以从前面发现，采用了 ABC 的企业更多是倾向于继续长期采用，而采用后退出或不采用的企业可能是由于先前对企业本身情况不甚了解，只是属于盲目追赶时尚而采用 ABC 或是在实施阶段出现了问题。

另外，我们通过比较各国企业 ABC 实践的文献资料，发现企业特征在对 ABC 的影响上，可以总结为行业、规模、成本结构、竞争状况、战略、组织结构、产品结构和资源限制等等这些方面，但是都存在不同的争论。因为不同样本的差异性比较大，而且各国文献调查结果的检验结果不一，所以我们对此无法得出一致的结论，但是我们却可以从这些不同的因素产生的对不同企业采用 ABC 的影响中，发现能够揭示为何 ABC 在一些企业中得到更多关注的原因。同时，我们报告了在 2006 年对中国企业的调查结果：企业的行业性质、成本结构、竞争状况和战略会显著影响 ABC 在中国企业中的实施。除此之外，我们也发现，在各个国家不同企业进行的调查报告中，对于 ABC 实施层面的问题的看法比较统一，其中高层管理人员的支持和推动几乎成为 ABC 在企业实施成功与否的关键，所以我们认为 ABC 今后的发展其实很大程度上也依赖于管理人员对它的认识：是否意识到它是一个值得企业投资的管理工具。

总之，种种迹象表明，ABC 已经经过高潮和低谷，进入理性运行的时期，各种组织可能根据自己的发展需要和拥有的资源，选择自己所需要的管理工具，而 ABC 已经成为可供选择的众多有效管理工具中的一个重要成员。

第二节
作业成本法在我国制造业的应用状况

我们通过对国内133家制造企业运用作业成本法的现状调查，通过分析作业成本法在国内制造企业的运用状况，发现作业成本法在国内采用虽不多，但作业管理的理念已被企业所吸收；我们探索了成本结构、行业、地区、规模及产权结构等因素与制造企业采用作业成本法之间的关系，发现成本结构与行业是影响我国制造业作业成本法运用程度的主要因素。

作业成本法（ABC）自20世纪30年代提出，80年代由美国哈佛大学学者库柏和罗伯特·卡普兰等人归纳总结并广为流传，打破了管理会计长期沉寂的局面，被称之为成本会计的一项革命性的变革。

中国管理会计学界在引进、推广管理会计方法上做了大量的工作，20世纪90年代开始引入作业成本法。作业成本法一直未能在企业广泛推行，面临对其褒贬不一的评价。

本次问卷调查旨在了解作业成本法在国内企业的普及率、应用程度以及其推广趋势，希望通过这次调查能够使学术界与实务界清楚了解作业成本法在国内企业运用的优越性及局限性，探索出一条有利于中国制造业成本核算和管理的道路。相信我们的调查结果不但能够为理论研究提供依据，同时也会对实务界进行成本核算和管理有所帮助。

一、ABC应用情况

此次问卷调查实收样本一共257份，其中制造业企业134家，调查作业成本法在中国的使用状况时仅选择制造行业的134份样本作为分析依据，这134份问卷中涉及作业成本法6项状态描述反馈有效问卷为133份，这133家企业依据地区、规模和行业分布划分为子样本。

在调查中，我们让被试者就如下六个问题进行打分：（1）为准确反映不同产品的成本消耗，您所在企业在分配制造费用时采用多个分配基础；（2）最近3年，您所在企业的制造费用分配基础在数量上有明显增加；（3）内部管理决策时，您所在企业将期间费用（如研发费用、财务费用、广告费用、仓储费用等）分配到产品；（4）最近3年，您所在企业明显增加期间按费用分配到产品的比重，计算“完全成本”为内部管理决策服务；（5）您所在企业采用作业成本法计算产品成本；（6）最近3年，您所在企业明显扩大了作业成本计算范围。反馈者被要求对以上描述符合自己所在企业状况的程度给予0—6的计分，其中0分表示完全不符合或没有变化，6分表示符合的程度很高或变化很大。

表2－14　样本回答整体状况

	问题1	问题2	问题3	问题4	问题5	问题6
回答样本量	132	133	133	132	127	127
均值	2.4924	2.4286	2.6090	2.5606	2.0394	2.1811
方差	4.328	3.368	5.058	4.309	4.117	4.118

从表2－14可以看出，国内使用作业成本法核算产品成本的企业并不是很多。具体而言，企业内部管理决策时，“是否将期间费用分配到产品”该问题的回答分值最高，其次是对“制造费用采用多动因分配”，最后才是“企业采用作业成本法状况的分值”，并且在最近3年中企业在这三方面的提高程度也是“增加期间费用分配到产品的比例”的分值最高，“扩大作业成本法核算范围”的分值最低。由此可见有一部分企业在分配其制造费用时采用了多动因分配，也将期间费用分配到产品成本，即国内一部分企业已经吸收了作业成本管理的一些理念，在回答问题5时并不认为本企业采用了作业成本法。这6题的具体回答情况可见表2－15。

表2－15　各类问题认同程度的反馈出现频率（%）

认同程度 / 问题	0	1	2	3	4	5	6	合计
问题1（%）	24.2	18.9	7.6	14.4	12.9	11.4	10.6	100
问题2（%）	20.3	17.3	13.5	17.3	15.8	11.3	4.5	100
问题3（%）	29.3	11.3	10.5	10.5	9.0	15.0	14.3	100
问题4（%）	25.8	12.1	9.8	19.7	7.6	15.2	9.8	100
问题5（%）	37.8	13.4	3.9	17.3	14.2	6.3	7.1	100
问题6（%）	34.6	11.0	7.9	17.3	13.4	8.7	7.1	100

问题1有35%的样本选择了3分以上，即该部分企业在分配制造费用时采用多基础分配的程度较高，32%的样本在问题2的回答上选择了3分以上，即该部分企业在最近3年中较大幅度增加了制造费用的分配基础。在两个问题的回答上打分在2分以下的企业占样本的40%左右。该结果显示国内较多企业在对制造费用的分配上吸收了作业成本法多基础分配制造费用这一理念。

问题3的回答显示近40%的样本企业在内部决策时，将期间费用分配到产品成本，有33%的样本企业在最近3年较大幅度增加了期间费用分配到产品的比重；而不将或很少将“期间费用分配到产品”的企业及在“最近3年基本未提高期间费用分配比重”的企业（打分在2分以下）占总样本的40%左右。该结果显示国内较多企业在期间费用分配方面也吸收了作业成本法的理念。

从问题5和问题6的回答可以看出使用作业成本法核算成本的企业要比采用多基础分配制造费用和分配期间费用至产品成本的企业少，仅占总样本的28%，并且在问题6的回答中打分在3分以上的企业也仅达到总样本的29%，这两个比例均未达到30%。可见国内较多地运用作业成本法进行成本核算的企业相对而言还是比较少的，在近3年里明显扩大了作业成本计算范围的企业也比较少。

综上所述，采用多基础分配制造费用与期间费用分配到产品成本的企业占总样本的比例要高于采用作业成本法的企业占总样本的比例，通过观察样本的回答情况发现，产生这一现象的原因在于样本总体中部分样本企业仅采用了多基础分配制造费用，部分企业仅将期间费用分配到产品成本，这两部分样本在回答问题5时会认为自己并没有采用作业成本法。从问题2、问题4、问题6的回答也可以看出企业扩大作业成本计算范围的趋势虽然略差于增加制造费用分配基础的趋势和增加分配至产品成本的期间费用比例的趋势，但整体相差不大，可见目前国内企业采用作业成本法处于一个上升的趋势。

二、成本结构对制造企业运用作业成本法的影响

作业成本依据成本动因分配成本，拓展了成本核算的范围，优化了业绩评价尺度，提供了比较准确的成本信息，使管理当局对整个价值流程（从研究开发到售后服务）的成本加以计划与控制。

从作业成本法与传统成本核算方法的区别及作业成本法的具体操作可以得出这样一个结论：制造费用占制造成本比例越高的企业越适合采用作业成本法，间接费用占价值链比例越高的企业越适合采用作业成本法核算产品成本，

但此次调查的结果显示我国企业运用作业成本法的状况并不是完全符合这一结论。

在该部分用于分析的有效样本一共120份（有部分企业在问卷中未告知其价值链中各费用所占比例），分别从企业的制造费用比例、期间费用比例以及间接费用比例的多少三个方面分析样本企业运用作业成本法的程度与其成本结构的关系。

数据分析方法：（1）以制造费用、期间费用以及间接费用比例的中位数为界限，对样本企业做一个简单的分类：制造费用比例高于0.0964的企业为高，其他为低制造费用企业，根据企业期间费用及间接费用也作类似划分。（2）将问题1、问题3、问题5的打分重新归类，0—3分为一档赋值为0，4—6分为一档赋值为1，表示对作业成本方法和原理的认同与否。（3）以制造费用、期间费用以及间接费用比例为因子，对这6道题的打分进行方差分析，之后又对其进行了两独立样本的非参数检验（Mann - Whitney u检验）。（4）该部分以制造企业为研究对象，仅对样本总体中133家制造企业进行分析。

样本企业的制造费用、期间费用以及间接费用在企业价值链中的所占比例如表2-16所示。

表2-16　样本制造费用、期间费用、间接费用占价值链比例概况

	均值	中位数	标准差	最小值	最大值
制造费用	0.125	0.096	0.103	0.009	0.704
期间费用	0.389	0.355	0.238	0.016	0.900
间接费用	0.514	0.508	0.233	0.037	0.940

表2-17　不同地区企业制造费用、期间费用、间接费用占价值链比例比较

	东南部沿海	东北部	中西部	F值	P值
制造费用	0.119	0.100	0.194	2.629	0.054
期间费用	0.413	0.319	0.327	1.384	0.251
间接费用	0.532	0.419	0.522	1.204	0.311

表2-17显示，不同地区的企业制造费用占价值链比例有着明显差异，中西部地区制造费用比例较高，比东南部沿海和东北部地区企业分别高出7.5%和9.4%。期间费用与间接费用在地区之间虽不存在明显的差异，从费用比例

的均值还是可以看出东北部地区企业两项数据比东南部沿海、中西部地区企业稍低。

表 2-18 不同规模企业制造费用、期间费用、间接费用占价值链比例比较

	小规模	中等规模	较大规模	特大规模	F 值	P 值
制造费用	0.132	0.129	0.122	0.116	0.091	0.985
期间费用	0.369	0.405	0.438	0.159	4.025	0.004
间接费用	0.501	0.533	0.560	0.274	4.365	0.003

表 2-18 显示，不同规模企业之间期间费用占价值链比例有着显著的差异，特大规模企业期间费用比例均值明显低于其他三类企业，比小规模企业、中等规模企业、较大规模企业依次低出 21、25、28 个百分点。间接费用在不同规模企业间的分布与期间费用类似。

表 2-19 不同产权结构企业制造费用、期间费用、间接费用占价值链比例比较

	上市公司	外资企业	民营企业	其他	F 值	P 值
制造费用	0.125	0.136	0.121	0.113	0.292	0.831
期间费用	0.295	0.460	0.409	0.348	2.810	0.043
间接费用	0.420	0.595	0.530	0.461	3.610	0.016

表 2-19 显示，期间费用与间接费用在不同产权结构的企业之间有着明显的差异，上市公司的两项比例明显低于其他两类企业，其中期间费用比例低于外资企业 16.5%，民营企业 11.4%；间接费用比例低于外资企业 17.5%，民营企业 11%。

表 2-20 不同行业企业制造费用、期间费用、间接费用占价值链比例比较

	传统行业	高科技行业	F 值	P 值
制造费用	0.111	0.132	0.827	0.366
期间费用	0.466	0.356	3.828	0.054
间接费用	0.577	0.488	2.452	0.122

表 2-20 显示，期间费用在传统行业与高科技行业企业之间有着明显差

异，传统行业企业这一比例明显高出高科技行业企业10个百分点。

（一）制造费用的高低对制造企业运用作业成本法的影响

表2-21 制造费用比例对ABC运用的影响

问题	制造费用比例	均值	标准差	F值	P值
问题1：为准确反映不同产品的成本消耗，您所在企业在分配制造费用时采用多个分配基础	低	0.379	0.489	0.348	0.707
	高	0.339	0.477		
问题2：在最近3年中，您所在企业的制造费用分配基础在数量上有明显增加	低	2.655	1.831	1.204	0.303
	高	2.350	1.802		
问题5：您所在企业采用作业成本法计算产品成本	低	0.250	0.437	0.959	0.386
	高	0.328	0.473		
问题6：在最近3年您所在企业明显扩大了作业成本计算范围	低	2.321	1.992	1.372	0.257
	高	2.241	2.105		

虽然制造费用所占比例高低不是影响作业成本法应用的主要因素，但比较问题5的两个均值还是可以看出制造费用比例高的企业比比例低的企业更多采用作业成本法；问题6的回答显示“在最近3年中企业扩大作业成本计算范围”的程度在制造费用比例高的企业与比例低的企业之间几乎没有差异，两者的均值相差很小。问题1、问题2、问题5、问题6的具体打分情况见表2-22与表2-23。

表2-22 问题1问题5的认同程度分析

问题	制造费用比例	问题认同程度分析（样本回答比例%）	
		0	1
问题1	低	62.1	37.9
	高	66.1	33.9
问题5	低	75.0	25.0
	高	67.2	32.8

表 2－23 问题 2 与问题 6 的认同程度分析

问题	制造费用比例	问题认同程度分析（样本回答比例%）						
		0	1	2	3	4	5	6
问题 2	低	13.8	20.7	12.1	19.0	13.8	15.5	5.2
	高	23.3	13.3	15.0	16.7	20.0	8.3	3.3
问题 6	低	28.6	12.5	10.7	19.6	10.7	10.7	7.1
	高	34.5	12.1	6.9	13.8	15.5	8.6	8.6

从问题 6 的打分可以看出，制造费用比例高的企业近些年扩大作业成本计算范围的程度要略高于低制造费用的企业（打分高于 3 分的样本比例，制造费用比例高的样本达到 32.7%，制造费用比例低的样本仅 27.5%）。在此基础上，对两类样本分布进行了 u 检验，结论与一维方差分析的结果一致，两类样本的回答不存在显著差异，分析结果见表 2－24。

表 2－24 制造费用高低对 ABC 运用的非参数检验 (Mann－Whitney u Test)

问题	制造费用比例	样本量	Mean Rank	Z 值	P 值
问题 1	低	58	60.190	(0.453)	0.651
	高	59	57.831		
问题 2	低	58	62.362	(0.905)	0.365
	高	60	56.733		
问题 5	低	56	55.250	(0.909)	0.363
	高	58	59.672		
问题 6	低	56	58.313	(0.264)	0.792
	高	58	56.716		

（二）期间费用的高低对制造企业运用作业成本法的影响

表 2－25 期间费用比例对 ABC 运用的影响

问　题	制造费用比例	均值	标准差	F 值	P 值
问题 1：为准确反映不同产品的成本消耗，您所在企业在分配制造费用时采用多个分配基础	低	0.356	0.483	0.247	0.781
	高	0.362	0.485		

续表

问　题	制造费用比例	均值	标准差	F值	P值
问题2：在最近3年中，您所在企业的制造费用分配基础在数量上有明显增加	低	1.949	1.756	6.629	0.002
	高	3.051	1.716		
问题3：在内部管理决策时，您所在企业将期间费用（如研发费用、财务费用、广告费用、仓储费用等）分配到产品	低	0.356	0.483	0.928	0.398
	高	0.441	0.501		
问题4：在最近3年中，您所在企业明显增加期间按费用分配到产品的比重，计算"完全成本"为内部管理决策服务	低	2.271	2.164	1.431	0.243
	高	2.898	1.927		
问题5：您所在企业采用作业成本法计算产品成本	低	0.246	0.434	1.080	0.343
	高	0.333	0.476		
问题6：在最近3年您所在企业明显扩大了作业成本计算范围	低	1.754	1.948	5.550	0.005
	高	2.807	2.013		

表2-25显示，最近3年，期间费用比例高的企业正在不断增加制造费用分配基础、扩大作业成本计算范围，问题2的回答，期间费用比例高的企业均值为3.051，比期间费用比例低的企业高1.102，问题6结果与问题2相似，期间费用比例高的企业回答均值高出比例低的企业1.053。

表2-26　　　问题1、问题3与问题5的认同程度分析

问题	制造费用比例	问题认同程度分析（样本回答比例%）	
		0	1
问题1	低	64.4	35.6
	高	63.8	36.2
问题3	低	64.4	35.6
	高	55.9	44.1
问题5	低	75.4	24.6
	高	66.7	33.3

表 2－27　　问题 2、问题 4 与问题 6 的认同程度分析

问题	期间费用比例	问题认同程度分析（样本回答比例%）						
		0	1	2	3	4	5	6
问题 2	低	28.8	23.7	6.8	13.6	18.6	8.5	0
	高	8.5	10.2	20.3	22.0	15.3	15.3	8.5
问题 4	低	35.6	11.9	5.1	15.3	10.2	13.6	8.5
	高	13.6	13.6	16.9	20.3	6.8	18.6	10.2
问题 6	低	43.9	14.0	3.5	14.0	14.0	7.0	3.5
	高	19.3	10.5	14.0	19.3	12.3	12.3	12.3

表 2－26 与表 2－27 是 6 道问题的具体回答情况。表 2－26 显示，期间费用比例高的企业有 44.1% 将期间费用分配到产品，而期间费用比例低的企业该比例仅有 35.6%，同样，在采用作业成本法核算产品成本方面，前者的比例高达 33.3%，比后者高出 8.7%。表 2－27 列示了最近 3 年企业扩大制造费用分配基础，增加期间费用分配比例以及推行作业成本法的趋势，期间费用比例高的企业有 23.8% 极大程度上增加了制造费用的分配基础（问题 1 打分为 5 和 6 的样本），18.7% 几乎没有增加（打分为 0 和 1），而期间费用比例较低的企业明显增加制造费用分配基础的仅占 8.5%，而几乎没有增加该基础的企业占样本比例却高达 52.5%。问题 6 的回答情况与问题 2 类似，打分在 4 分以上的样本比例在期间费用比例高的样本中达到 24.6%，打分在 0—1 分的比例为 29.8%，但在期间费用比例低的样本中前者比例为 10.5%，后者比例高达 57.9%，可以推定在最近 3 年中期间费用比例低的企业大都没有推行作业成本法。问题 4 的回答显示：扩大期间分配比例的在期间费用比例高的企业与比例低的企业之间并不存在显著差异，期间费用比例高的企业其扩大趋势略高于比例低的企业。

表 2－28　　期间费用高低对 ABC 运用的非参数检验（Mann－Whitney u Test）

问题	期间费用比例	样本量	Mean Rank	Z 值	P 值
问题 1	低	59	58.822	(0.069)	0.945
	高	58	59.181		
问题 2	低	59	49.517	(3.212)	0.001
	高	59	69.483		

续表

问题	期间费用比例	样本量	Mean Rank	Z 值	P 值
问题 3	低	59	57.000	(0.936)	0.349
	高	59	62.000		
问题 4	低	59	54.051	(1.756)	0.079
	高	59	64.949		
问题 5	低	57	55.000	(1.028)	0.304
	高	57	60.000		
问题 6	低	57	49.079	(2.780)	0.005
	高	57	65.921		

表 2－28 是对制造费用比例低的企业与比例高的企业两类样本 6 道问题回答分布的分析，结果显示：问题 2、问题 4 以及问题 6 的打分情况，两组样本之间存在显著差异（P 值分别为 0.001、0.079、0.005），制造费用比例低的企业在问题 2 的回答中，有超过 50% 的样本打分为 0 和 1，制造费用比例高的企业该比例仅为 18.7%，而打分超过 4 分的样本比例却达到 23.8%，比制造费用比例低的企业高出 15.3%，问题 4 与问题 6 的回答与此类似。

上述的分析结果与我们所知的理论是一致的，即企业的期间费用比例越高越适合采用作业成本法核算产品成本。

（三）间接费用的高低对制造企业运用作业成本法的影响

表 2－29　　间接费用比例对 ABC 运用的影响

问　题	制造费用比例	均值	标准差	F 值	P 值
问题 5：您所在企业采用作业成本法计算产品成本	低	1.86	2.14	0.959	0.386
	高	2.38	1.95		
问题 6：在最近 3 年您所在企业明显扩大了作业成本计算范围	低	1.96	2.04	2.754	0.068
	高	2.59	2.02		

表 2－29 是对企业间接费用比例对作业成本法运用影响的分析，结果显示：最近 3 年，间接费用比例高的企业较多采用作业成本法，不过间接费用比例高低与当前采用作业成本法之间没有通过显著性检验。虽然如此，从表

2－30还是可以看出间接费用比例高的企业采用作业成本法计算产品成本的样本比例要高于间接费用比例低的企业。

表 2－30　　问题 5 的认同程度分析

问题	间接费用比例	问题认同程度分析（样本回答比例%）	
		0	1
问题 5	低	75.0	25.0
	高	67.2	32.8

表 2－31　　问题 6 认同程度的认同程度分析

问题	期间费用比例	问题认同程度分析（样本回答比例%）						
		0	1	2	3	4	5	6
问题 6	低	39.3	14.3	5.4	12.5	14.3	8.9	5.4
	高	24.1	10.3	12.1	20.7	12.1	10.3	10.3

表 2－31 显示，间接费用比例高的企业更多地推行作业成本法。扩大作业成本计算范围（分值 4 以上）的样本比例在间接费用比例高的企业样本中达到 20.6%，而在比例低的企业样本中仅有 14.3%，相反的是基本没有扩大作业成本计算范围（分值 2 以下）的样本比例前者为 34.4%，后者却达到 53.6%。

表 2－32　　间接费用高低对 ABC 运用的非参数检验
(Mann－Whitney u Test)

问题	间接费用比例	样本量	Mean Rank	Z 值	P 值
问题 5	低	56	55.250	(0.909)	0.363
	高	58	59.672		
问题 6	低	56	52.455	(1.636)	0.102
	高	58	62.371		

表 2－32 列示了对问题 5 和问题 6 回答结果 u 检验的结果，与表2－29 基本一致。因此可以认定，成本结构是影响国内企业采用作业成本法的主要因素，间接费用比例较高的企业正在更多地采用作业成本法。

三、其他因素对制造企业运用作业成本法的影响

不同地区、规模及隶属行业的企业往往在其管理、经营方式、成本核算等方面有着显著性的差异。为了解中国企业使用作业成本法的状况以及影响因素，我们分别从企业隶属行业、所在地区以及规模大小三个方面分别分析不同类型企业作业成本法的使用状况以及在最近3年中扩大使用范围的程度。数据分析方法：一维方差分析、两独立样本的参数检验以及两独立样本的非参数检验（Mann－Whitney u 检验）。该部分的研究样本为205家，涵盖了制造业与非制造业。

（一）行业对运用作业成本法的差异分析

1. 制造行业与非制造行业对运用作业成本法的差异分析

作业成本法的优点在于将间接费用的分配由统一分配改为由若干个具有同质成本动因的成本库分别进行分配。现代制造业间接费用（制造费用/期间费用）占企业价值链的比重较高，采用作业成本法可精确地核算产品成本，更加准确地反映产品和作业对企业资源的消耗。然而根据样本分析的结果发现，我国制造企业与非制造企业在多基础分配制造费用、将期间费用分配至产品成本以及采用作业成本法方面均没有显著差异，并且较为意外的是非制造企业的打分均值要高于制造企业。表2－33显示，非制造企业均值高于制造企业，问题1高出0.018，问题3高出0.034，问题4高出0.328，问题5高出0.005，问题6高出0.163，仅在最近3年增加制造费用分配基础的回答中，制造企业比非制造企业打分均值高出0.207。表2－34与表2－35是6道问题的具体回答情况。

表2－36针对制造企业与非制造企业两组样本进行了 Mann－Whitney u 检验，结果与表2－33相似，两类样本的回答分布也并不存在显著差异。

表2－33　　制造行业对ABC运用的影响

制造行业与非制造行业		打分均值	标准差	F值	P值
问题1：为准确反映不同产品的成本消耗，您所在企业在分配制造费用采用多个分配基础	非制造业	0.366	0.485	0.063	0.803
	制造业	0.348	0.478		

续表

制造行业与非制造行业		打分均值	标准差	F 值	P 值
问题 2：在最近 3 年中，您所在企业的制造费用分配基础在数量上有明显增加	非制造业	2.222	1.754	0.609	0.436
	制造业	2.429	1.835		
问题 3：在内部管理决策时，您所在企业将期间费用（如研发费用、财务费用、广告费用、仓储费用等）分配到产品	非制造业	0.417	0.496	0.214	0.644
	制造业	0.383	0.488		
问题 4：在最近 3 年中，您所在企业明显增加期间按费用分配到产品的比重，计算“完全成本”为内部管理决策服务	非制造业	2.889	1.983	1.202	0.274
	制造业	2.561	2.076		
问题 5：您所在企业采用作业成本法计算产品成本	非制造业	0.281	0.453	0.007	0.935
	制造业	0.276	0.449		
问题 6：在最近 3 年您所在企业明显扩大了作业成本计算范围	非制造业	2.344	2.049	0.272	0.603
	制造业	2.181	2.029		

表 2-34　问题 1、问题 3 与问题 5 认同程度的具体分析

问题	行业分类	问题认同程度分析（样本回答比例%）	
		0	1
问题 1	非制造业	63.4	36.6
	制造业	65.2	34.8
问题 3	非制造业	58.3	41.7
	制造业	61.7	38.3
问题 5	非制造业	71.9	28.1
	制造业	72.4	27.6

表 2-35　　问题 2、问题 4 与问题 6 认同程度的具体分析

问题	行业分类	问题认同程度分析（样本回答比例%）						
		0	1	2	3	4	5	6
问题 2	非制造业	22.2	22.2	6.9	20.8	16.7	9.7	1.4
	制造业	20.3	17.3	13.5	17.3	15.8	11.3	4.5
问题 4	非制造业	20.8	5.6	12.5	22.2	12.5	16.7	9.7
	制造业	25.8	12.1	9.8	19.7	7.6	15.2	9.8
问题 6	非制造业	28.1	12.5	17.2	10.9	9.4	14.1	7.8
	制造业	29.6	8.5	15.5	9.9	14.1	16.9	5.6

表 2-36　　制造行业与否对 ABC 运用的非参数检验
(Mann - Whitney u Test)

问　题	行业分类	样本量	Mean Rank	Z 值	P 值
问题 1	非制造业	71	103.169	(0.251)	0.802
	制造业	132	101.371		
问题 2	非制造业	72	99.056	(0.711)	0.477
	制造业	133	105.135		
问题 3	非制造业	72	105.208	(0.463)	0.643
	制造业	133	101.805		
问题 4	非制造业	72	108.444	(1.079)	0.281
	制造业	132	99.258		
问题 5	非制造业	64	96.359	(0.082)	0.934
	制造业	127	95.819		
问题 6	非制造业	64	99.156	(0.573)	0.567
	制造业	127	94.409		

对制造企业与非制造企业的分析与我们的预期相反，这一现象有两种可能的解释：

（1）样本选择的影响。从表 2-36 可以看出，前 4 个问题的回答中，非制造业的样本总量为制造业样本总量的 60%，后两个问题的回答这一比例不到 50%，并且制造业的样本超过 70% 分布在东南部沿海地区，分析结果可能受到地区因素的干扰。

（2）作业成本法运用过程中程序复杂，制造企业在信息化、技术化方面水平较低，因此不太愿意采用这一方法。

2. 高科技行业与传统行业运用作业成本法的差异分析

高科技企业善于吸收先进的管理理念，本次调查试图回答作业成本法在高科技企业的应用是否明显高于传统企业。通过对样本进行分析我们发现我国高科技企业与传统企业分配制造费用和期间费用的状况存在显著差异，高科技企业明显更多地吸收了作业成本法的理念。表2－37显示，高科技企业均值高于传统企业，问题1至问题6的回答分别高出0.086、1.215、0.171、1.076、0.091、0.718，其中在问题2、问题3、问题4以及问题6的回答上存在显著差异（P值分别是0.000、0.054、0.003、0.063）。

表2－37 **高科技行业对ABC运用的影响**

高科技行业与传统行业		打分均值	标准差	F值	P值
问题1：为准确反映不同产品的成本消耗，您所在企业在分配制造费用时采用多个分配基础	传统行业	0.333	0.474	0.967	0.327
	高科技行业	0.419	0.499		
问题2：在最近3年中，您所在企业的制造费用分配基础在数量上有明显增加	传统行业	2.018	1.719	14.784	0.000
	高科技行业	3.233	1.850		
问题3：在内部管理决策时，您所在企业将期间费用（如研发费用、财务费用、广告费用、仓储费用等）分配到产品	传统行业	0.364	0.483	3.787	0.054
	高科技行业	0.535	0.505		
问题4：在最近3年中，您所在企业明显增加期间按费用分配到产品的比重，计算“完全成本”为内部管理决策服务	传统行业	2.505	1.970	9.157	0.003
	高科技行业	3.581	1.991		
问题5：您所在企业采用作业成本法计算产品成本	传统行业	0.284	0.453	1.098	0.297
	高科技行业	0.375	0.490		
问题6：在最近3年您所在企业明显扩大了作业成本计算范围	传统行业	2.157	2.062	3.517	0.063
	高科技行业	2.875	2.028		

表 2－38 问题 1、问题 3 与问题 5 认同程度的具体分析

问题	行业分类	问题认同程度分析（样本回答比例%）	
		0	1
问题 1	传统行业	66.7	33.3
	高科技行业	58.1	41.9
问题 3	传统行业	63.6	36.4
	高科技行业	46.5	53.5
问题 5	传统行业	71.6	28.4
	高科技行业	62.5	37.5

表 2－39 问题 2、问题 4 与问题 6 认同程度的具体分析

问题	行业分类	问题认同程度分析（样本回答比例%）						
		0	1	2	3	4	5	6
问题 2	传统行业	25.5	21.8	11.8	19.1	11.8	8.2	1.8
	高科技行业	11.6	14.0	2.3	18.6	27.9	16.3	9.3
问题 4	传统行业	24.8	9.2	15.6	21.1	8.3	12.8	8.3
	高科技行业	14.0	7.0	2.3	18.6	16.3	25.6	16.3
问题 6	传统行业	33.3	13.7	12.7	10.8	10.8	10.8	7.8
	高科技行业	17.5	12.5	12.5	20.0	10.0	15.0	12.5

表 2－38 及表 2－39 对所有问题进行了具体分析，在企业多基础分配制造费用、期间费用分配以及采用作业成本法核算产品成本方面，不管是现状还是最近 3 年的发展趋势，结果显示高科技行业要优先于传统行业。这一结果与国内一些学者的观念一致，高科技行业产品多样化程度高，而且产品的生命周期短、更新快，为实行作业成本法提供了有利条件。表2－40通过采用 u 检验对两组样本的打分分布进行分析，结果与上述分析一致。

表 2－40 高科技行业与否对 ABC 运用的非参数检验（Mann－Whitney u Test）

问题	高科技行业与传统行业	样本量	Mean Rank	Z 值	P 值
问题 1	传统行业	108	74.167	(0.983)	0.325
	高科技行业	43	80.605		

续表

问题	高科技行业与传统行业	样本量	Mean Rank	Z 值	P 值
问题 2	传统行业	110	69.018	(3.620)	0.000
	高科技行业	43	97.419		
问题 3	传统行业	110	73.318	(1.928)	0.054
	高科技行业	43	86.419		
问题 4	传统行业	109	69.821	(3.020)	0.003
	高科技行业	43	93.430		
问题 5	传统行业	102	69.686	(1.047)	0.295
	高科技行业	40	76.125		
问题 6	传统行业	102	67.387	(1.936)	0.053
	高科技行业	40	81.988		

综上分析，行业因素影响了作业成本法的运用，这一影响虽没有体现在制造业与非制造业的区分上，但实实在在从高科技行业与传统行业角度反映出来。

（二）地区对制造企业运用作业成本法的影响

普遍认为，作业成本法作为一种先进的管理控制方法，在经济发达地区应用较多，经济欠发达地区应用较少，表 2-41 列示了地区因素对我国企业作业成本法运用的影响，虽然其分析结果显示不同地区企业运用作业成本法的状况并不存在显著差异，但从下文进行的两独立样本 t 检验可以看出，这一观点与部分企业的实际状况并不一致。

表 2-41　　地区因素对 ABC 运用的影响

问题	F 值	P 值	均值（标准差）		
			东南部沿海	东北部	中西部
问题 1：为准确反映不同产品的成本消耗，您所在企业在分配制造费用时采用多个分配基础	1.986	0.140	0.325 (0.470)	0.346 (0.485)	0.550 (0.510)

续表

问　题	F值	P值	均值（标准差）		
			东南部沿海	东北部	中西部
问题2：在最近3年中，您所在企业的制造费用分配基础在数量上有明显增加	0.378	0.686	2.381 (1.733)	2.111 (2.082)	2.550 (1.959)
问题3：在内部管理决策时，您所在企业将期间费用（如研发费用、财务费用、广告费用、仓储费用等）分配到产品	0.719	0.488	0.419 (0.495)	0.296 (0.465)	0.400 (0.503)
问题4：在最近3年中，您所在企业明显增加期间按费用分配到产品的比重，计算"完全成本"为内部管理决策服务	1.979	0.141	2.852 (1.967)	2.192 (2.209)	2.150 (2.277)
问题5：您所在企业采用作业成本法计算产品成本	0.426	0.654	0.281 (0.451)	0.208 (0.415)	0.333 (0.485)
问题6：在最近3年您所在企业明显扩大了作业成本计算范围	1.118	0.329	2.363 (1.993)	1.875 (2.328)	1.778 (1.957)

各地区均值显示：中西部企业更多地采用多基础分配制造费用，东南部沿海企业则较多地将期间费用分配至产品成本，而东北部企业在制造费用与期间费用的分配方面均运用较少。中西部地区和东南部沿海地区企业较多采用作业成本法。最近3年中，东南部沿海地区实施作业成本法的企业扩大作业成本计算范围的趋势较为明显。表2-42与表2-43列示了6道问题的具体回答情况，虽然不同地区企业的回答存在差异，但这些差异在统计上均不显著。

表2-42　　问题1、问题3与问题5认同程度的具体分析

问题	地区分类	问题认同程度分析（样本回答比例%）	
		0	1
问题1	东南部沿海	67.5	32.5
	东北部	65.4	34.6
	中西部	45.0	55.0

续表

问题	地区分类	问题认同程度分析（样本回答比例%）	
		0	1
问题3	东南部沿海	58.1	41.9
	东北部	70.4	29.6
	中西部	60.0	40.0
问题5	东南部沿海	71.9	28.1
	东北部	79.2	20.8
	中西部	66.7	33.3

表2－43　　问题2、问题4与问题6认同程度的具体分析

问题	地区分类	问题认同程度分析（样本回答比例%）						
		0	1	2	3	4	5	6
问题2	东南部沿海	19.4	18.7	10.3	21.9	18.1	9.0	2.6
	东北部	29.6	25.9	3.7	11.1	11.1	11.1	7.4
	中西部	20.0	10.0	30.0	5.0	10.0	20.0	5.0
问题4	东南部沿海	19.4	9.0	12.3	22.6	8.4	20.0	8.4
	东北部	42.3	3.8	3.8	19.2	15.4	3.8	11.5
	中西部	30.0	25.0	10.0	10.0	5.0	0.0	20.0
问题6	东南部沿海	29.5	9.6	12.3	17.1	13.7	11.0	6.8
	东北部	45.8	16.7	4.2	8.3	0.0	12.5	12.5
	中西部	38.9	16.7	11.1	11.1	11.1	5.6	5.6

基于对三地区样本一维方差分析的结果，文中又对三地区样本进行了两两分析，分别是：东南部沿海—东北部、东南部沿海—中西部、中西部—东北部。

1. 东南部沿海与东北部企业运用作业成本法情况分析

表2－44　　两地区比较（Independent－Samples T Test）

问题	地区分类	均值	标准差	t值	P值
问题1	东南部沿海	0.325	0.470	－0.215	0.682
	东北部	0.346	0.485		

续表

问题	地区分类	均值	标准差	t 值	P 值
问题 2	东南部沿海	2.381	1.733	0.636	0.071
	东北部	2.111	2.082		
问题 3	东南部沿海	0.419	0.495	1.256	0.001
	东北部	0.296	0.465		
问题 4	东南部沿海	2.852	1.967	1.554	0.159
	东北部	2.192	2.209		
问题 5	东南部沿海	0.281	0.451	0.738	0.102
	东北部	0.208	0.415		
问题 6	东南部沿海	2.363	1.993	1.085	0.215
	东北部	1.875	2.328		

表 2－45　　　　地区区别对 ABC 运用的非参数检验
（Mann－Whitney u Test）

问题	地区分类	样本量	Mean Rank	Z 值	P 值
问题 1	东南部沿海	154	90.221	(0.215)	0.830
	东北部	26	92.154		
问题 2	东南部沿海	155	92.861	(0.849)	0.396
	东北部	27	83.685		
问题 3	东南部沿海	155	93.161	(1.201)	0.230
	东北部	27	81.963		
问题 4	东南部沿海	155	93.368	(1.508)	0.131
	东北部	26	76.885		
问题 5	东南部沿海	146	86.370	(0.739)	0.460
	东北部	24	80.208		
问题 6	东南部沿海	146	87.332	(1.223)	0.221
	东北部	24	74.354		

表 2－45 显示，东南部沿海与东北部地区企业在多基础分配制造费用、将期间费用分配至产品成本以及采用作业成本法核算产品成本方面，两组样本的打分分布并不存在显著差异，但从表 2－44 还是可以看出：在最近 3 年增加制

造费用分配基础、分配期间费用以及运用作业成本法方面，两组样本的打分均值还是存在明显差异的，在问题2、问题3、问题5的打分中，东南部沿海地区企业打分均值要高于东北部地区企业，分别高出0.27、0.125、0.073。虽然问题4与问题6的分析结果并不显著，但也可看出东南部沿海地区在最近3年扩大期间费用分配以及扩大作业成本法核算范围的力度要强于东北部地区（打分高于3的样本比例，问题4中东南部沿海为36.8%，而东北部为30.7%；问题6中前者为31.5%，后者为25%，见表2-43）。这一结论与我们问卷调查前的预期部分吻合，东南部沿海是我国经济较为发达的地区，比其他地区更容易了解并接受作业成本法的理念。

2. 东南部沿海与中西部企业运用作业成本法情况分析

表2-46　两地区比较（Independent - Samples T Test）

问题	地区分类	均值	标准差	t值	P值
问题1	东南部沿海	0.325	0.470	-1.998	0.130
	中西部	0.550	0.510		
问题2	东南部沿海	2.381	1.733	-0.405	0.477
	中西部	2.550	1.959		
问题3	东南部沿海	0.419	0.495	0.164	0.721
	中西部	0.400	0.503		
问题4	东南部沿海	2.852	1.967	1.474	0.335
	中西部	2.150	2.277		
问题5	东南部沿海	0.281	0.451	-0.462	0.405
	中西部	0.333	0.485		
问题6	东南部沿海	2.363	1.993	1.178	0.674
	中西部	1.778	1.957		

表2-47　地区区别对ABC运用的非参数检验（Mann - Whitney u Test）

问题	地区分类	样本量	Mean Rank	Z值	P值
问题1	东南部沿海	154	85.247	(1.981)	0.048
	中西部	20	104.850		
问题2	东南部沿海	155	87.561	(0.324)	0.746
	中西部	20	91.400		

续表

问题	地区分类	样本量	Mean Rank	Z值	P值
问题3	东南部沿海	155	88.194	(0.165)	0.869
	中西部	20	86.500		
问题4	东南部沿海	155	89.990	(1.468)	0.142
	中西部	20	72.575		
问题5	东南部沿海	146	82.027	(0.463)	0.643
	中西部	18	86.333		
问题6	东南部沿海	146	83.990	(1.167)	0.243
	中西部	18	70.417		

表2－46与表2－47是对东南部沿海与中西部地区企业的分析，结果显示，仅就问题1的回答，两地区样本分布存在显著差异（u检验P值为0.048），其他方面均无明显区别。结合表2－42与表2－43可见，东南部沿海地区样本企业超过2/3并未对制造费用进行多基础分配，而在中西部地区该比例不到1/2。问题2与问题5的打分与问题1一致，东南部沿海地区的打分均值略低于中西部，但两地区差异并不显著。换言之，目前在多基础分配制造费用以及采用作业成本法核算产品成本方面，中西部地区企业稍先于东南部沿海地区的企业；而在分配期间费用的现状方面，两地区企业几乎没有差别（问题3的均值之差仅为0.019）；至于最近3年扩大期间费用分配以及作业成本法使用范围方面，东南部沿海地区的推行力度稍强于中西部地区。

这一结论与我们所认为的经济发达地区作业成本法运用更为广泛的观点相违背，可能的解释是所选择的中西部地区样本中有80%为制造业，而制造业企业会较多地采用多基础分配制造费用；在对近3年作业成本法的推广方面，经济的发达程度可能对其产生了一定的正面影响。

3. 东北部与中西部企业运用作业成本法情况分析

表2－48　　两地区比较（Independent－Samples T Test）

问题	地区分类	均值	标准差	t值	P值
问题1	东北部	0.346	0.485	(1.38)	0.232
	中西部	0.550	0.510		
问题2	东北部	2.111	2.082	(0.73)	0.529
	中西部	2.550	1.959		

续表

问题	地区分类	均值	标准差	t 值	P 值
问题 3	东北部	0.296	0.465	(0.73)	0.184
	中西部	0.400	0.503		
问题 4	东北部	2.192	2.209	0.06	0.833
	中西部	2.150	2.277		
问题 5	东北部	0.208	0.415	(0.88)	0.090
	中西部	0.333	0.485		
问题 6	东北部	1.875	2.328	0.14	0.268
	中西部	1.778	1.957		

表 2-49　地区区别对 ABC 运用的非参数检验
(Mann-Whitney u Test)

问题	地区分类	样本量	Mean Rank	Z 值	P 值
问题 1	东北部	26	21.462	(1.367)	0.171
	中西部	20	26.150		
问题 2	东北部	27	22.500	(0.886)	0.376
	中西部	20	26.025		
问题 3	东北部	27	22.963	(0.734)	0.463
	中西部	20	25.400		
问题 4	东北部	26	23.327	(0.103)	0.918
	中西部	20	23.725		
问题 5	东北部	24	20.375	(0.901)	0.368
	中西部	18	23.000		
问题 6	东北部	24	21.313	(0.120)	0.905
	中西部	18	21.750		

表 2-48 与表 2-49 是对东北部与中西部地区企业运用作业成本法状况的分析，结果显示，两样本企业在采用作业成本法核算产品成本的现状方面存在显著差异，中西部比东北部地区企业更多地采用作业成本法（问题 5 的打分均值相差 0.125，P 值为 0.090）。而就最近 3 年企业扩大期间费用分配与作业成本法使用范围的回答，两地区样本差别很小。此外，在目前多基础分配制造费用、将期间费用分配至产品成本以及最近 3 年增加制造费用分配基础方面，

差异虽不显著，但都可观察出中西部地区的打分均值要高于东北部地区（问题1、问题2、问题3的打分均值分别高出0.204、0.439、0.104）。这一现象可能是受到东北部地区企业运营特征的影响。东北部地区是我国重工业集聚地，也是新中国成立后的工业发展基地，一直受国家政策的统一调控，计划经济的一些思想根深蒂固，因此，对于作业成本法理念的吸收与运用相对缓慢。

综观上述分析，地区因素并不是影响我国企业作业成本法运用的重要因素，但在地区之间还是稍有差别。东南部沿海地区经济较为发达，因而较多采用作业成本法；东北部地区是重工业发展基地，受计划经济思想的影响，对作业成本法的吸收程度略低；中西部地区由于制造行业较多，对作业成本法的一些思想（如多基础分配制造费用）有所吸收。

（三）规模因素对制造企业作业成本法运用的影响

普遍认为，大规模企业产品种类多，作业环节多，实施作业成本法的动机更强。基于这一观点，我们对规模因素对作业成本法运用的影响进行了分析。

表2－50　规模因素对ABC运用的影响

问题	F值	P值	均值（标准差）			
			小规模	中等规模	较大规模	特大规模
问题1：为准确反映不同产品的成本消耗，您所在企业在分配制造费用时采用多个分配基础	0.560	0.642	0.353（0.485）	0.314（0.468）	0.333（0.475）	0.448（0.506）
问题2：在最近3年中，您所在企业的制造费用分配基础在数量上有明显增加	0.865	0.460	2.343（1.626）	2.200（1.807）	2.656（1.896）	2.172（1.774）
问题3：在内部管理决策时，您所在企业将期间费用（如研发费用、财务费用、广告费用、仓储费用等）分配到产品	0.784	0.504	0.286（0.458）	0.414（0.496）	0.438（0.500）	0.379（0.494）
问题4：在最近3年中，您所在企业明显增加期间按费用分配到产品的比重，计算“完全成本”为内部管理决策服务	0.366	0.778	2.571（1.883）	2.729（1.992）	2.844（2.110）	2.393（2.200）

续表

问题	F值	P值	均值（标准差）			
			小规模	中等规模	较大规模	特大规模
问题5：您所在企业采用作业成本法计算产品成本	0.966	0.410	0.281 (0.457)	0.212 (0.412)	0.283 (0.454)	0.385 (0.496)
问题6：在最近3年您所在企业明显扩大了作业成本计算范围	0.303	0.823	1.938 (1.848)	2.227 (2.125)	2.317 (2.151)	2.385 (1.813)

从表2－50可以看出不同规模的企业在多基础分配制造费用、期间费用分配以及作业成本运用方面均不存在显著差异，这也就意味着规模并不是影响我国企业作业成本法运用的重要因素。虽然如此，在不同规模的企业之间各问题的打分还是稍有差别。特大规模的企业在多基础分配制造费用以及作业成本法的运用与推广方面比其他三类企业先行一步（特大规模企业问题1的打分均值高于小规模企业0.095、中等规模企业0.134、较大规模企业0.115；问题5分别高出0.104、0.173、0.102；问题6分别高出0.447、0.158、0.068）；而在期间费用分配以及最近3年增加制造费用分配基础以及期间费用分配比重方面，较大规模的企业领先于其他企业（问题2中较大规模企业比小规模企业、中等规模企业、特大规模企业打分均值分别高出0.313、0.456、0.484；问题3的打分均值分别高出0.152、0.024、0.059；问题4的打分均值分别高出0.273、0.115、0.451）。由此可见，在作业成本理念的吸收与运用方面，大规模企业虽与小规模企业、中等规模企业没有显著差异，但还是稍领先于其他企业的。表2－51与表2－52列示了相关问题的具体回答情况。

表2－51　问题1、问题3与问题5认同程度的具体分析

问题	规模分类	问题认同程度分析（样本回答比例%）	
		0	1
问题1	小规模企业	64.7	35.3
	中等规模企业	68.6	31.4
	较大规模企业	66.7	33.3
	特大规模企业	55.2	44.8

续表

问题	规模分类	问题认同程度分析（样本回答比例%）	
		0	1
问题 3	小规模企业	71.4	28.6
	中等规模企业	58.6	41.4
	较大规模企业	56.3	43.8
	特大规模企业	62.1	37.9
问题 5	小规模企业	71.9	28.1
	中等规模企业	78.8	21.2
	较大规模企业	71.7	28.3
	特大规模企业	61.5	38.5

表 2-52　问题 2、问题 4 与问题 6 认同程度的具体分析

问题	规模分类	问题认同程度分析（样本回答比例%）						
		0	1	2	3	4	5	6
问题 2	小规模企业	17.1	17.1	14.3	28.6	14.3	5.7	2.9
	中等规模企业	22.9	22.9	7.1	21.4	14.3	7.1	4.3
	较大规模企业	18.8	14.1	14.1	15.6	15.6	17.2	4.7
	特大规模企业	20.7	27.6	10.3	6.9	24.1	10.3	0.0
问题 4	小规模企业	17.1	14.3	20.0	20.0	8.6	11.4	8.6
	中等规模企业	20.0	14.3	7.1	24.3	8.6	17.1	8.6
	较大规模企业	25.0	4.7	12.5	17.2	10.9	18.8	10.9
	特大规模企业	35.7	7.1	3.6	21.4	10.7	10.7	10.7
问题 6	小规模企业	34.4	12.5	12.5	21.9	6.3	9.4	3.1
	中等规模企业	34.8	10.6	10.6	13.6	12.1	7.6	10.6
	较大规模企业	33.3	11.7	11.7	8.3	10.0	18.3	6.7
	特大规模企业	23.1	15.4	7.7	19.2	26.9	3.8	3.8

与地区因素对作业成本法运用情况的分析类似，在对总样本进行一维方差分析的基础上，我们分别对不同规模的企业进行两两分析。

1. 小规模企业与中等规模企业运用作业成本法情况分析

表 2-53 两规模企业比较（Independent-Samples T Test）

问题	规模企业分类	均值	标准差	t 值	P 值
问题 1	小规模企业	0.353	0.485	0.391	0.455
	中等规模企业	0.314	0.468		
问题 2	小规模企业	2.343	1.626	0.395	0.213
	中等规模企业	2.200	1.807		
问题 3	小规模企业	0.286	0.458	(1.318)	0.006
	中等规模企业	0.414	0.496		
问题 4	小规模企业	2.571	1.883	(0.388)	0.543
	中等规模企业	2.729	1.992		
问题 5	小规模企业	0.281	0.457	0.752	0.153
	中等规模企业	0.212	0.412		
问题 6	小规模企业	1.938	1.848	(0.659)	0.167
	中等规模企业	2.227	2.125		

表 2-54 规模区别对 ABC 运用的非参数检验（Mann-Whitney u Test）

问题	规模企业比较	样本量	Mean Rank	Z 值	P 值
问题 1	小规模企业	34	53.853	(0.392)	0.695
	中等规模企业	70	51.843		
问题 2	小规模企业	35	54.914	(0.464)	0.643
	中等规模企业	70	52.043		
问题 3	小规模企业	35	48.500	(1.279)	0.201
	中等规模企业	70	55.250		
问题 4	小规模企业	35	51.286	(0.414)	0.679
	中等规模企业	70	53.857		
问题 5	小规模企业	32	51.781	(0.753)	0.451
	中等规模企业	66	48.394		
问题 6	小规模企业	32	47.406	(0.521)	0.602
	中等规模企业	66	50.515		

表 2-53 与表 2-54 针对小规模企业与中等规模企业样本进行了比较，结

果显示仅在期间费用分配现状方面，两类企业存在显著差异，中等规模的企业打分均值高出小规模企业0.128分，但两类样本的打分分布并不存在显著差异。最近3年企业增加期间费用分配比例以及扩大作业成本法运用范围两方面，小规模企业与中等规模企业不存在显著差异，但结合表2-52可以看出，较大程度增加期间费用分配比重（打分高于4分）的样本中，中等规模企业样本比例达到25.7%，而小规模企业样本比例仅20%，与此类似，较大程度扩大作业成本计算范围的样本中，中等规模企业样本比例达到18.2%，比小规模企业比例高出5.7%。与我们预期不一致的是，在目前多基础分配制造费用以及运用作业成本法方面，小规模企业的运用力度要强于中等规模企业（问题1与问题5的打分均值，小规模企业分别高出中等规模企业0.039、0.069）。

2. 小规模企业与较大规模企业运用作业成本法情况分析

表2-55　两规模企业比较（Independent - Samples T Test）

问题	规模分类	均值	标准差	t值	P值
问题1	小规模企业	0.353	0.485	0.193	0.707
	较大规模企业	0.333	0.475		
问题2	小规模企业	2.343	1.626	(0.825)	0.134
	较大规模企业	2.656	1.896		
问题3	小规模企业	0.286	0.458	(1.525)	0.002
	较大规模企业	0.438	0.500		
问题4	小规模企业	2.571	1.883	(0.637)	0.268
	较大规模企业	2.844	2.110		
问题5	小规模企业	0.281	0.457	(0.021)	0.967
	较大规模企业	0.283	0.454		
问题6	小规模企业	1.938	1.848	(0.884)	0.081
	较大规模企业	2.317	2.151		

表2-56　规模区别对ABC运用的非参数检验（Mann - Whitney u Test）

问题	规模分类	样本量	Mean Rank	Z值	P值
问题1	小规模企业	34	49.618	(0.193)	0.847
	较大规模企业	63	48.667		

续表

问题	规模分类	样本量	Mean Rank	Z值	P值
问题2	小规模企业	35	46.886	(0.808)	0.419
	较大规模企业	64	51.703		
问题3	小规模企业	35	45.143	(1.477)	0.140
	较大规模企业	64	52.656		
问题4	小规模企业	35	47.543	(0.638)	0.523
	较大规模企业	64	51.344		
问题5	小规模企业	32	46.438	(0.021)	0.983
	较大规模企业	60	46.533		
问题6	小规模企业	32	43.844	(0.714)	0.475
	较大规模企业	60	47.917		

表2-55与表2-56列示了小规模企业与较大规模企业在作业成本法运用方面的具体状况。分析结果表明最近3年较大规模企业推行作业成本法相关理念的趋势较为明显，结合表2-52的具体分析可以看出，较大规模企业在问题2、问题4、问题6中打分高于3分的样本比例分别为37.5%、40.6%、35%，而小规模企业在3道问题中的同一比例仅为22.9%、28.6%、18.8%，其中在扩大作业成本法计算范围方面两类样本的差别尤为显著（P值为0.081），较大规模企业对问题6的打分均值比小规模企业高出0.375。目前两类企业运用作业成本法的状况基本一致（问题5中两类样本的均值差仅为0.002）。与表2-53的结果类似的是，在多基础分配制造费用方面，小规模企业比较大规模企业的运用力度要稍强（问题1小规模企业打分均值为0.353，高出较大规模企业0.02分）。

3. 小规模企业与特大规模企业运用作业成本法情况分析

表2-57　两规模企业比较（Independent-Samples T Test）

问题	规模分类	均值	标准差	t值	P值
问题1	小规模企业	0.353	0.485	(0.762)	0.181
	特大规模企业	0.448	0.506		
问题2	小规模企业	2.343	1.626	0.401	0.284
	特大规模企业	2.172	1.774		

续表

问题	规模分类	均值	标准差	t 值	P 值
问题 3	小规模企业	0.286	0.458	(0.785)	0.138
	特大规模企业	0.379	0.494		
问题 4	小规模企业	2.571	1.883	0.347	0.143
	特大规模企业	2.393	2.200		
问题 5	小规模企业	0.281	0.457	(0.825)	0.123
	特大规模企业	0.385	0.496		
问题 6	小规模企业	1.938	1.848	(0.924)	0.934
	特大规模企业	2.385	1.813		

表 2－57 与表 2－58 对小规模企业与特大规模企业两类样本进行了分析，结果显示小规模企业与特大规模企业不论是在作业成本法理念运用现状还是最近 3 年的推广程度方面差异均不显著。但从两类样本的打分均值可以看出，特大规模企业在吸收并推广作业成本法方面较小规模企业先行一步，仅最近 3 年增加制造费用分配基础方面小规模企业略优于特大规模企业，3 年中几乎没有增加制造费用分配基础（打分为 0 和 1 分）的样本比例，小规模企业为 34.2%，而特大规模企业高达 48.3%，约占该类样本的 1/2。

表 2－58　　规模区别对 ABC 运用的非参数检验 (Mann－Whitney u Test)

问题	规模分类	样本量	Mean Rank	Z 值	P 值
问题 1	小规模企业	34	30.618	(0.765)	0.444
	特大规模企业	29	33.621		
问题 2	小规模企业	35	33.200	(0.336)	0.737
	特大规模企业	29	31.655		
问题 3	小规模企业	35	31.143	(0.788)	0.431
	特大规模企业	29	34.138		
问题 4	小规模企业	35	32.843	(0.415)	0.678
	特大规模企业	28	30.946		
问题 5	小规模企业	32	28.156	(0.827)	0.408
	特大规模企业	26	31.154		
问题 6	小规模企业	32	27.453	(1.046)	0.296
	特大规模企业	26	32.019		

4. 中等规模企业与较大规模企业运用作业成本法情况分析

表 2-59 两规模企业比较（Independent - Samples T Test）

问题	规模分类	均值	标准差	t 值	P 值
问题 1	中等规模企业	0.314	0.468	(0.233)	0.643
	较大规模企业	0.333	0.475		
问题 2	中等规模企业	2.200	1.807	(1.426)	0.677
	较大规模企业	2.656	1.896		
问题 3	中等规模企业	0.414	0.496	(0.270)	0.597
	较大规模企业	0.438	0.500		
问题 4	中等规模企业	2.729	1.992	(0.325)	0.524
	较大规模企业	2.844	2.110		
问题 5	中等规模企业	0.212	0.412	(0.918)	0.068
	较大规模企业	0.283	0.454		
问题 6	中等规模企业	2.227	2.125	(0.234)	0.708
	较大规模企业	2.317	2.151		

表 2-60 规模区别对 ABC 运用的非参数检验（Mann - Whitney u Test）

问题	规模分类	样本量	Mean Rank	Z 值	P 值
问题 1	中等规模企业	70	66.400	(0.234)	0.815
	较大规模企业	63	67.667		
问题 2	中等规模企业	70	63.036	(1.412)	0.158
	较大规模企业	64	72.383		
问题 3	中等规模企业	70	66.757	(0.270)	0.787
	较大规模企业	64	68.313		
问题 4	中等规模企业	70	66.621	(0.278)	0.781
	较大规模企业	64	68.461		
问题 5	中等规模企业	66	61.364	(0.923)	0.356
	较大规模企业	60	65.850		
问题 6	中等规模企业	66	62.758	(0.245)	0.806
	较大规模企业	60	64.317		

表2－59与表2－60分析了中等规模企业与较大规模企业运用作业成本法的差异。数据显示，目前采用作业成本法核算成本方面，两样本存在显著差异（P值为0.068），其中较大规模企业的运用程度要明显高于中等规模企业，前者采用了作业成本法的样本比例为28.3%，后者为21.2%。在多基础分配制造费用、期间费用分配至产品成本以及最近3年对作业成本法理念的推广方面，两类样本稍有差异，但并不显著。从表2－60中的打分均值可以看出，较大规模企业领先于中等规模企业，问题1、问题2、问题3、问题4、问题6的打分均值，较大规模企业分别为0.333、2.656、0.438、2.834、2.317，比中等规模企业分别高出0.019、0.456、0.024、0.115、0.090，这一结论与我们的预期一致。

5. 中等规模企业与特大规模企业运用作业成本法情况分析

表2－61　两规模企业比较（Independent－Samples T Test）

问题	规模分类	均值	标准差	t值	P值
问题1	中等规模企业	0.314	0.468	(1.225)	0.056
	特大规模企业	0.448	0.506		
问题2	中等规模企业	2.200	1.807	0.070	0.994
	特大规模企业	2.172	1.774		
问题3	中等规模企业	0.414	0.496	0.320	0.498
	特大规模企业	0.379	0.494		
问题4	中等规模企业	2.729	1.992	0.731	0.282
	特大规模企业	2.393	2.200		
问题5	中等规模企业	0.212	0.412	(1.572)	0.005
	特大规模企业	0.385	0.496		
问题6	中等规模企业	2.227	2.125	(0.333)	0.216
	特大规模企业	2.385	1.813		

表2－61与表2－62对中等规模企业与特大规模企业两类样本进行了分析，结果显示，两类样本在多基础分配制造费用以及采用作业成本法核算产品成本的现状方面存在显著差异（问题1与问题5的P值分别为0.056、0.005），表2－62中非参数检验的结果更是显示了在采用作业成本法核算产品成本方面，两样本分布存在显著差异（u检验的P值为0.092）。结合表2－51，特大规模企业采用多基础分配制造费用的样本比例为44.8%，而中等

规模企业该比例仅为31.4%，特大规模企业运用作业成本法的样本比例为38.5%，而中等规模企业仅为21.2%。但值得注意的是，两规模企业在期间费用分配至产品成本现状以及最近3年增加期间费用分配比例方面的分析结果与我们的预期相反，中等规模企业对问题3与问题4的打分均值要高于特大规模企业，前者高出了0.035，后者高出了0.363。

表 2-62 规模区别对ABC运用的非参数检验 (Mann-Whitney u Test)

问题	规模分类	样本量	Mean Rank	Z值	P值
问题1	中等规模企业	70	48.057	(1.263)	0.207
	特大规模企业	29	54.690		
问题2	中等规模企业	70	49.857	(0.078)	0.938
	特大规模企业	29	50.345		
问题3	中等规模企业	70	50.507	(0.321)	0.748
	特大规模企业	29	48.776		
问题4	中等规模企业	70	50.907	(0.788)	0.430
	特大规模企业	28	45.982		
问题5	中等规模企业	66	44.258	(1.687)	0.092
	特大规模企业	26	52.192		
问题6	中等规模企业	66	45.583	(0.536)	0.592
	特大规模企业	26	48.827		

6. 较大规模企业与特大规模企业运用作业成本法情况分析

表 2-63 两规模企业比较 (Independent-Samples T Test)

问题	规模分类	均值	标准差	t值	P值
问题1	较大规模企业	0.333	0.475	(1.031)	0.100
	特大规模企业	0.448	0.506		
问题2	较大规模企业	2.656	1.896	1.163	0.739
	特大规模企业	2.172	1.774		
问题3	较大规模企业	0.438	0.500	0.522	0.261
	特大规模企业	0.379	0.494		

续表

问题	规模分类	均值	标准差	t 值	P 值
问题 4	较大规模企业	2.844	2.110	0.931	0.581
	特大规模企业	2.393	2.200		
问题 5	较大规模企业	0.283	0.454	(0.923)	0.108
	特大规模企业	0.385	0.496		
问题 6	较大规模企业	2.317	2.151	(0.141)	0.110
	特大规模企业	2.385	1.813		

表 2－64　　　　规模区别对 ABC 运用的非参数检验
(Mann－Whitney u Test)

问题	规模分类	样本量	Mean Rank	Z 值	P 值
问题 1	较大规模企业	63	44.833	(1.055)	0.291
	特大规模企业	29	50.121		
问题 2	较大规模企业	64	49.063	(1.110)	0.267
	特大规模企业	29	42.448		
问题 3	较大规模企业	64	47.844	(0.524)	0.600
	特大规模企业	29	45.138		
问题 4	较大规模企业	64	48.125	(0.899)	0.369
	特大规模企业	28	42.786		
问题 5	较大规模企业	60	42.183	(0.924)	0.355
	特大规模企业	26	46.538		
问题 6	较大规模企业	60	43.167	(0.192)	0.848
	特大规模企业	26	44.269		

表 2－63 与表 2－64 显示：较大规模企业与特大规模企业在多基础分配制造费用方面存在显著差异（两样本 t 检验的 P 值为 0.100），较大规模企业多基础分配制造费用的样本比例为 33.3%，而特大规模企业该比例高达 44.8%。同样，特大规模企业对作业成本法的运用要多于较大规模企业（问题 5 的打分均值，较大规模企业为 0.283，而特大规模企业为 0.385），虽然差异并不显著。期间费用分配状况的分析结果与上述中等规模企业与特大规模企业的分析结果一致，规模小的企业反而更多地将期间费用分配至产品成本，并且在最近 3 年逐渐增加分配比重。

上述分析结果，有些符合我们的预期，规模越大的企业越多地采用作业成本法核算产品成本，小企业可能受到规模、资金等方面的限制，较少采用作业成本法，但对作业成本管理的理念还是有所吸收的，如小规模企业在多基础分配制造费用方面要明显领先于中等规模企业与较大规模企业，而期间费用分配方面，中等规模企业要多于较大规模企业与特大规模企业。可见，规模是影响企业作业成本法运用的一个重要因素。当然，也有部分分析结果与我们的预期相反，可能的解释是本次选择的样本中，特大规模企业期间费用与间接费用占价值链的比例显著小于其他规模的企业，成本结构因素干扰了分析结果。

（四）产权结构因素对制造企业作业成本法运用的影响

企业的产权结构与企业的管理层设置以及管理理念密切相关，会对企业的成本核算理念产生影响。通常认为，外资企业会比国内企业更早接触并接受国际上的先进管理思想，可能会更多地采用作业成本法。因而，在此将样本分为上市公司、外资企业和民营企业，对其进行分析。

表 2－65　　产权结构因素对 ABC 运用的影响

问题	F值	P值	均值（标准差）		
			上司公司	外资企业	民营企业
问题1：为准确反映不同产品的成本消耗，您所在企业在分配制造费用时采用多个分配基础	1.642	0.197	0.478 (0.505)	0.304 (0.464)	0.375 (0.490)
问题2：在最近3年中，您所在企业的制造费用分配基础在数量上有明显增加	1.017	0.364	2.217 (1.908)	2.263 (1.664)	2.725 (1.935)
问题3：在内部管理决策时，您所在企业将期间费用（如研发费用、财务费用、广告费用、仓储费用等）分配到产品	1.027	0.361	0.304 (0.465)	0.439 (0.501)	0.350 (0.483)
问题4：在最近3年中，您所在企业明显增加期间按费用分配到产品的比重，计算“完全成本”为内部管理决策服务	1.107	0.333	2.200 (2.180)	2.702 (1.945)	2.775 (1.847)

续表

问 题	F值	P值	均值（标准差）		
			上司公司	外资企业	民营企业
问题5：您所在企业采用作业成本法计算产品成本	2.031	0.135	0.195 （0.401）	0.357 （0.483）	0.211 （0.413）
问题6：在最近3年您所在企业明显扩大了作业成本计算范围	1.004	0.369	1.902 （1.934）	2.429 （1.877）	2.395 （2.021）

表2-65显示，上市公司、外资企业以及民营企业在作业成本法的运用与推广方面并不存在显著差异，但三类企业之间还是稍有差别的。表2-66与表2-67对调查问题进行了具体分析。就现状而言，上市公司更多地采用多基础分配制造费用，其样本比例达到47.8%，比外资企业、民营企业的样本比例分别高出17.4%、10.3%；外资企业则更多地将期间费用分配至产品成本并采用作业成本法核算成本（问题3的打分均值，外资企业高出上市公司0.135，高出民营企业0.089；问题5的打分均值，前者高出0.162，后者高出0.146）。在最近3年作业成本理念推行方面，则是民营企业的力度较大（问题2与问题4的打分均值均高于其他两类企业，问题6虽略低于外资企业，但差距甚微）。

同样，与地区因素与规模因素的分析一致，在对总样本进行一维方差分析的基础上分别对不同产权结构企业的样本进行了两两分析。

表2-66　　问题1、问题3与问题5认同程度的具体分析

问题	产权结构分类	问题认同程度分析（样本回答比例%）	
		0	1
问题1	上市公司	52.2	47.8
	外资企业	69.6	30.4
	民营企业	62.5	37.5
问题3	上市公司	69.6	30.4
	外资企业	56.1	43.9
	民营企业	65.0	35.0
问题5	上市公司	80.5	19.5
	外资企业	64.3	35.7
	民营企业	78.9	21.1

表 2-67　　问题 2 与问题 4 样本具体回答情况

问题	产权结构分类	问题认同程度分析（样本回答比例%）						
		0	1	2	3	4	5	6
问题 2	上市公司	26.1	19.6	13.0	6.5	19.6	13.0	2.2
	外资企业	19.3	19.3	12.3	26.3	12.3	8.8	1.8
	民营企业	17.5	17.5	7.5	17.5	20.0	12.5	7.5
问题 4	上市公司	40.0	4.4	8.9	20.0	6.7	8.9	11.1
	外资企业	17.5	15.8	10.5	24.6	7.0	15.8	8.8
	民营企业	15.0	12.5	17.5	20.0	10.0	20.0	5.0
问题 6	上市公司	34.1	17.1	14.6	12.2	9.8	4.9	7.3
	外资企业	25.0	12.5	7.1	25.0	14.3	12.5	3.6
	民营企业	28.9	7.9	18.4	10.5	13.2	15.8	5.3

1. 上市公司与外资企业运用作业成本法情况分析

表 2-68　　两类产权结构企业比较（Independent - Samples T Test）

问题	产权结构分类	均值	标准差	t 值	P 值
问题 1	上市公司	0.478	0.505	1.803	0.006
	外资企业	0.304	0.464		
问题 2	上市公司	2.217	1.908	(0.130)	0.116
	外资企业	2.263	1.664		
问题 3	上市公司	0.304	0.465	(1.407)	0.009
	外资企业	0.439	0.501		
问题 4	上市公司	2.200	2.180	(1.226)	0.194
	外资企业	2.702	1.945		
问题 5	上市公司	0.195	0.401	(1.800)	0.000
	外资企业	0.357	0.483		
问题 6	上市公司	1.902	1.934	(1.346)	0.899
	外资企业	2.429	1.877		

表 2-69 产权结构区别对 ABC 运用的非参数检验（Mann-Whitney u Test）

问题	产权结构分类	样本量	Mean Rank	Z 值	P 值
问题 1	上市公司	46	56.391	(1.798)	0.072
	外资企业	56	47.482		
问题 2	上市公司	46	51.370	(0.195)	0.845
	外资企业	57	52.509		
问题 3	上市公司	46	48.174	(1.390)	0.165
	外资企业	57	55.088		
问题 4	上市公司	45	47.011	(1.388)	0.165
	外资企业	57	55.044		
问题 5	上市公司	41	44.463	(1.731)	0.084
	外资企业	56	52.321		
问题 6	上市公司	41	44.329	(1.426)	0.154
	外资企业	46	56.391		

表 2-68 与表 2-69 对上市公司与外资企业进行了比较。检验结果显示：不论是作业成本理念的吸收运用还是作业成本法的运用方面，两类公司之间均存在显著差异（问题 1、问题 3、问题 5 的 t 检验 P 值分别为 0.006、0.009、0.000，对样本分布进行的 u 检验结果也与之一致）。其中，上市公司在多基础分配制造费用方面多于外资企业，其样本中有近一半的样本企业目前采用多基础分配制造费用，而外资企业该比例不到1/3；在期间费用分配至产品成本以及采用作业成本法核算产品成本两方面，外资企业比上市公司先行一步，对问题 3 的回答，有 43.9% 的外资企业将期间费用分配至产品成本，而上市公司该比例仅为 30.4%，对问题 5 的回答，有 35.7% 的外资企业采用作业成本法核算成本，而上市公司该比例只有 19.5%。至于最近 3 年企业推行作业成本理念方面，外资企业与上市公司之间并不存在显著差异，但从表 2-68 中还是可以看出外资企业的推行力度稍强于上市公司，问题 2、问题 4、问题 6 的打分均值，外资企业分别高出上市公司 0.046、0.502、0.437。两表的分析结果与我们的预期基本一致，外资企业能更早地接触并吸收国际上先进的理念，并付诸于实践，因此在作业成本法理念的吸收与运用方面较多。

2. 上市公司与民营企业运用作业成本法情况分析

表 2-70 两类产权结构企业比较（Independent-Samples T Test）

问题	产权结构分类	均值	标准差	t 值	P 值
问题 1	上市公司	0.478	0.505	0.959	0.103
	民营企业	0.375	0.490		
问题 2	上市公司	2.217	1.908	(1.223)	0.903
	民营企业	2.725	1.935		
问题 3	上市公司	0.304	0.465	(0.446)	0.381
	民营企业	0.350	0.483		
问题 4	上市公司	2.200	2.180	(1.303)	0.108
	民营企业	2.775	1.847		
问题 5	上市公司	0.195	0.401	(0.168)	0.738
	民营企业	0.211	0.413		
问题 6	上市公司	1.902	1.934	(1.106)	0.525
	民营企业	2.395	2.021		

表 2-71 产权结构区别对 ABC 运用的非参数检验（Mann-Whitney u Test）

问题	产权结构分类	样本量	Mean Rank	Z 值	P 值
问题 1	上市公司	46	45.565	(0.959)	0.338
	民营企业	40	41.125		
问题 2	上市公司	46	40.641	(1.156)	0.248
	民营企业	40	46.788		
问题 3	上市公司	46	42.587	(0.448)	0.654
	民营企业	40	44.550		
问题 4	上市公司	45	39.489	(1.418)	0.156
	民营企业	40	46.950		
问题 5	上市公司	41	39.707	(0.169)	0.866
	民营企业	38	40.316		
问题 6	上市公司	41	37.378	(1.078)	0.281
	民营企业	38	42.829		

表 2-70 与表 2-71 对上市公司与民营企业在作业成本法理念的吸收运用方面进行了分析，结果表明两类样本之间并不存在显著差异。从表 2-70 的均

值可以看出，在多基础分配制造费用的现状方面，上市公司比民营企业运用得多，问题 1 的打分均值，上市公司高出民营企业 0.103。但在期间费用分配至产品成本以及采用作业成本法核算产品成本两方面，民营企业要多于上市公司，并且最近 3 年的发展趋势，民营企业在各方面均要略先于上市公司。问题 2、问题 3、问题 4、问题 5、问题 6 的打分均值中，民营企业分别高出上市公司：0.508、0.046、0.575、0.016、0.493。这一结果与我们的预期有所出入，我们认为，上市公司在信息化、自动化方面存在优势，可以解决作业成本法数据处理繁杂等问题，因此凭借此类有利条件，上市公司更愿意采用作业成本法。出现这一分析结果的原因可能是上市公司采用作业成本法受到其他方面的制约，例如上市公司必须接受注册会计师审计并披露年报等。虽然作业成本法能真实、准确地反映产品成本，但作业动因或资源动因的确认与选择在很大程度上是由企业的工作人员决定的，其可比性以及可验证性不高，因此在某种程度上说作业成本法的运用对注册会计师提出了挑战，如果注册会计师不能对作业成本法提供的销售成本提供无保留意见，上市公司则不愿意采用作业成本法。

3. 外资企业与民营企业运用作业成本法情况分析

表 2－72　两类产权结构企业比较（Independent－Samples T Test）

问题	产权结构分类	均值	标准差	t 值	P 值
问题 1	外资企业	0.304	0.464	(0.726)	0.170
	民营企业	0.375	0.490		
问题 2	外资企业	2.263	1.664	(1.258)	0.190
	民营企业	2.725	1.935		
问题 3	外资企业	0.439	0.501	0.876	0.084
	民营企业	0.350	0.483		
问题 4	外资企业	2.702	1.945	(0.186)	0.682
	民营企业	2.775	1.847		
问题 5	外资企业	0.357	0.483	1.575	0.002
	民营企业	0.211	0.413		
问题 6	外资企业	2.429	1.877	0.083	0.541
	民营企业	2.395	2.021		

表 2－73 产权结构区别对 ABC 运用的非参数检验 (Mann－Whitney u Test)

问题	产权结构分类	样本量	Mean Rank	Z 值	P 值
问题 1	外资企业	56	47.071	(0.728)	0.467
	民营企业	40	50.500		
问题 2	外资企业	57	46.140	(1.213)	0.225
	民营企业	40	53.075		
问题 3	外资企业	57	50.772	(0.872)	0.383
	民营企业	40	46.475		
问题 4	外资企业	57	48.553	(0.190)	0.850
	民营企业	40	49.638		
问题 5	外资企业	56	50.286	(1.517)	0.129
	民营企业	38	43.395		
问题 6	外资企业	56	47.813	(0.137)	0.891
	民营企业	38	47.039		

表 2－72 与表 2－73 对民营企业与外资企业运用作业成本法的状况进行了分析。结果显示，在将期间费用分配至产品成本以及采用作业成本法计算产品成本方面，两类企业之间存在着显著差异，外资企业样本中有 43.9% 的企业将期间费用分配至产品成本，有 35.7% 的企业采用作业成本法核算产品成本，而在民营企业前者比例为 35%，后者比例为 21.1%。至于最近 3 年两类企业推广作业成本法的趋势，不管是 t 检验还是 u 检验，两类企业均不存在显著差异。但从两类样本的打分均值可以看出两者之间还是稍有差异，就作业成本法某些思想的推广，民营企业的力度要稍强于外资企业（问题 2 和问题 4 的打分均值，外资企业分别为 2.263、2.702，民营企业分别为 2.725、2.775）；但就扩大作业成本法计算范围而言，外资企业则强于民营企业（问题 6 的打分均值外资企业要高出民营企业 0.034）。总体而言，民营企业在作业成本法运用方面起步稍落后于外资企业，但这并不意味着民营企业没有发现作业成本法的优越之处，近期内，民营企业也在不断地吸收新的思想，逐渐采用作业成本法。

综上所述，上市公司、外资企业以及民营企业三类样本中，外资企业对作业成本法理念的吸收与运用要早于其他两类公司；民营企业虽起步稍晚，但其发展趋势较强；上市公司在推行作业成本法方面虽占据着有利条件，但可能是受到其他因素如注册会计师审计的影响，其吸收运用作业成本法稍落后于其他两类企业。

（五）结论

通过对国内 205 家企业作业成本法运用状况的调查，我们可以得出以下结论：

（1）我国国内采用作业成本法核算产品成本的制造企业并不多，但是作业成本管理的理念如对制造费用采用多基础分配和将企业的期间费用（如研发费用、财务费用、广告费用、仓储费用等）分配至产品成本等已经被较多的企业所吸收采纳，这些理念最近3年正在不断推广。

（2）成本结构是影响国内制造企业采纳作业成本法的重要因素，期间费用与间接费用比例较高的企业较多采用作业成本法，并且最近3年不断推进作业成本法的应用，但值得注意的是，制造费用比例的高低似乎并未影响作业成本法的推行。

（3）不同行业的企业采用作业成本法的状况差别较大：高科技行业最近3年明显提高制造费用、期间费用分配比重而且推进作业成本法的应用，而传统行业大都停留在3年前的水平。

（4）地区、规模和产权结构因素并未明显影响作业成本法的推行，但不同地区、不同规模以及不同产权结构的企业推行作业成本法还是有所区别。按地区分，东南部沿海地区与中西部地区企业采用作业成本法要多于东北部地区企业；按规模分，大企业较多采用作业成本法，小企业可能是受到规模、资金等方面的限制，较少采用作业成本法，但也吸收了作业成本法的一些思想；按产权结构分，外资企业较多采用作业成本法，民营企业虽当前采用作业成本法的企业较少，但其推广的力度很强，有后来居上的趋势。

（5）目前国际上作业成本法的运用呈现下降的趋势，就我国国内企业而言，应结合企业自身的生产流程和经营环境特点，适当地运用作业管理理念，并不一定要按部就班地套用某种模式，整体采用作业成本法。

第三节 影响我国企业实施ABC的主要因素

目前，国内对作业成本法（ABC）的研究主要集中于它的普及程度和具体做法，而对企业是否采用ABC及其应用程度受到哪些因素的影响关注不多。我们采用实证方法对中国企业采用ABC的影响因素进行了研究。研究发现，我国企业是否采用 ABC 以及 ABC 的应用程度，受到企业规模、管理体制、竞争程度和成本结构四因素的显著影响，而与所属行业和公司战略关系不大。企业规模越大、公司权力越集中、制造费用占产品成本的比重越高的企业越有可能采用 ABC，并且其应用程度也越高；但市场竞争越激烈的企业，却越不愿意采用 ABC，其应用程度也越低。

一、引　言

作业成本法（ABC）自 1987 年诞生以来，在全球掀起了 ABC 的普及和研究热潮。起初，人们主要关注实施 ABC 的具体方法和应用路径，后来则转移到 ABC 应用的趋势变化以及影响因素上。Kevin（2004）等认为，企业的规模和文化会对企业是否采用作业分析（AA）和作业成本分析（ACA）产生影响，而决定企业是否采用作业成本法（ABC）的因素是信息的决策有用性、以结果为导向的企业文化和管理控制的严格程度。Trond Bjørnenak（1997）发现，产品的成本结构、产品的多样性对企业是否采用 ABC 有较大影响，而现有成本信息系统和市场竞争程度的影响不大。Ruhanita（2006）等对马来西亚企业采用 ABC 方法的调查发现，企业中决策的有用性、组织的支持和内部计量三个因素对企业是否采用 ABC 有显著影响，而成本、信息技术的使用、培训、学习和成长四个因素则几乎没有影响。

20 世纪 90 年代以来，ABC 在我国也受到了越来越多的关注。然而，我国学界目前对 ABC 的研究还主要通过案例或调查的形式，集中于 ABC 在我国企业的具体做法和普及程度。虽然也有少数学者从环境角度对 ABC 的应用情况进行了分析，指出 ABC 适用于剩余生产能力较小的企业，而不适用于所有企业，在现代化制造企业应用 ABC 的条件更为成熟一些（颜丽，2003）；ABC 需要全员参与，要求企业的员工素质不能太参差不齐（张娆，2002 年）。但是，这些研究多是规范研究，缺少实证分析。为此，南京大学会计学系近期开展了《中国企业管理会计创新的现状与趋势》专项调查，旨在了解 ABC、平衡计分卡等管理会计创新工具在我国企业的应用现状。我们试图利用本次调查结果，采用实证方法，对我国企业是否采用 ABC 以及这种方法在我国企业的应用程度受到哪些因素的影响进行探讨，期望能对我国企业决定是否实施 ABC、如何提高 ABC 的实施效果提供帮助。

二、文献与假设

企业实施 ABC 需要具备一定条件，受到多个因素的共同影响。不同规模、不同行业、不同企业战略、不同组织结构、不同经营目标甚至是不同企业文化，都会对企业是否适合采用 ABC 产生影响（Douglass Cagwin 和 Marinus J. Bouwman，2002）。同时，只有在适当条件下，ABC 才能更加有效地发挥作用。Copper 和 Kaplan（1991）认为，ABC 有效性的发挥只有在以下条件下才能实现：规模较大的企业、先进的作业信息技术、高度激烈的竞争环境、复杂的制造过程、制造性企业、相对重要的成本分析和相对少的企业内部交易。结合国外研究成果和中国企业的管理实践，本节拟从企业规模、成本结构、管理体制、公司战略和竞争程度等五个方面来考察它们对中国企业采用 ABC 的影响程度，并在此基础上提出若干待检验的假设。

（一）企业规模

众多研究成果表明，企业规模是影响企业是否采用 ABC 的一个重要因素（Ask. Ax，1992；Dury. Tayles，1994；Sweeting，1993）。Innes 和 Mitchell 1994 年对英国企业的调查发现，19.5% 的被调查企业采用了 ABC，其中 25.6% 的大型企业采用了这种方法；1999 年他们的再次调查发现，实施 ABC 的企业数量减少了，采用比例降至 17.5%，但是大型企业采用 ABC 的比例却提高到 32.8%。企业规模之所以影响 ABC 的采用，一方面是因为大企业拥有更为强大的沟通渠道和完善的基础设施，且对信息的需求更为强烈，所以他们比小企业对 ABC 更感兴趣；另一方面是因为实施 ABC 需要耗费大量资源，其效益与投入资源成正比，投入越多，获得的收益可能越大（Mooris & Chenhall，1994）；小型企业由于不具备雄厚的财力支持，很难建立一个高成本的作业管理系统并维持运转，因而出于成本效益考虑，一般不会采用这一昂贵的管理方法。相对而言，大型企业具有更强的支持能力。所以，许多未能成功实施 ABC 的企业深有体会：“它们（ABC）超过了原先的预算，准备工作超过了原先预计的时间，计算机等软件设施不能提供足够的技术支持……ABC 太费时间和资源了”（Sandra Cohen，George Venieris & Efrosini Kaimenaki，2005）。因此，我们假设：

假设 1：企业规模与是否采用 ABC 及其采用程度正相关。规模愈大的企业，愈有可能采用 ABC 法，其费用分配的基础愈多。

（二）成本结构

传统成本计算方法是在传统生产方式下产生并发展起来的，它是与传统产品的成本计算、管理相适应的。因为在传统的产品成本结构中，直接成本占总成本的比重较大。所以，传统成本计算方法只是在间接费用项目较少、间接费用在产品总成本中所占比重较小、对成本管理的要求不高的情况下可行。如在20世纪初，制造费用所占比重仅10%左右（李宏健，1998）。而随着高新技术的发展和普及，电脑辅助设计（CAD）、辅助制造（CAM）等计算机技术的采用，生产自动化大大提高，产品成本结构发生了很大变化，直接成本比重越来越小，间接成本在产品总成本的比重大大提高。如20世纪80年代间接费用在生产成本所占的比重，美国为35%，日本为26%；而在电子与机器行业，日本企业高达50%—60%，美国企业高达70%—75%（王光远，1994）。当制造费用在产品成本中所占的比重大大提高以后，无论是从提高产品成本计算的准确性，还是从提高成本控制的有效性看，都要求把成本核算的工作重点放在制造费用上，对制造费用的核算作革命性变革。因为如果某产品的成本被低估，则可能导致该产品表面上盈利，而实际上亏损；相反，若某产品的成本被高估，则可能使企业丧失降价销售的机会。

同时，随着社会需求的日益多样化，产品的多样化程度不断提高，要求企业更为精确地计算资源消耗，为产品组合、销售定价和管理决策提供更为准确的成本信息，ABC就是适应这一时代需要的产物。所以正如Cooper和Kaplan（1988）所说，产品制造费用的大幅上升推动了ABC的诞生。Cooper（1988）和Innes、Mitchell（1994）也认为，制造费用的高比例是企业采用ABC的主要因素；如果企业发现其现有的成本系统可能会扭曲产品成本，就有可能采用新的成本核算系统（Noreen，1991）。国外众多ABC研究成果的对象都是自动化、JIT等复杂生产环境下的制造企业（如汽车制造业），因为相对于其他行业而言，制造企业的共同费用、间接成本比例明显更高，合理地分配成本、提高成本信息准确性的重要性更加突出。因此我们假设：

假设2：制造费用比重与企业是否采用ABC及其采用程度正相关。产品成本中制造费用所占比例愈高的企业，愈有可能采用ABC，其费用分配的基础愈多。

（三）管理体制

企业的管理体制也会影响作业成本法的实施。比较TOM、JIT、ABC、BPR、流程再造几种管理创新方法，都可以归集为适合自上而下的管理模式，这就意味着集权型企业在采用创新的管理方法时更有优势。Maurice Gosselin（1997）调查发现，ABC 更容易在层级化、官僚化高的组织中予以实施；采用 ABC 的企业，其组织的集权化、正式化程度更高，且在采用 ABC 后，集权化、正式化程度越高的企业更能够始终如一地贯彻下去。这是因为 ABC 是一项战略行为，实施 ABC 不仅会冲击企业的成本核算系统，而且会对企业的管理方式、评价体系、信息系统等带来挑战，这是一项复杂而昂贵的企业再造工程，需要大量的资源支持和人员参与，需要协调各部门之间的关系，因此需要企业高层的强力介入，只有在高层领导的大力支持下才能成功。所以，相对于分权制企业而言，集权制企业更有动力、更有能力、也更容易实施 ABC。William D. J. Cotton、Susan M. Jackman 和 Richard A. Brown（2003）对英国和新西兰企业的调查表明，企业高层的强力支持对能否成功实施 ABC 有显著影响，所以 ABC 多在集权型企业中得到采用；而在分权型企业中，其决策往往难以统一意见，基层人员很难从整体和宏观上把握 ABC 的实施对企业长远发展是否有利，因而实施 ABC 的难度较大、阻力较多。我国企业也是如此，成功实施 ABC 的企业往往将其作为"一把手"工程。因此，我们假设：

假设 3：管理体制与企业是否采用 ABC 及其采用程度密切相关。集权程度愈高的企业，愈有可能采用 ABC，其费用分配的基础愈多。

（四）企业战略

企业战略在管理创新过程中也起着关键作用。根据企业产品和市场定位的变化频度，企业战略可以分为进攻型、防守型、分析型和反应型四种。Maurice Gosselin（1997）研究发现，与防守型企业（即采取成本领先战略的企业）相比较，进攻型企业（即采取技术创新战略的企业）采用作业管理的动机较强。Simons（1987、1990）发现，在一个大企业内部，进攻型事业部比防守型事业部更倾向于采用新型的成本核算系统，如 ABC。这是因为进攻型企业面对的环境一般更加不确定，因而需要更加有效的管理方法，更加准确的成本信息，采用作业成本法往往成为必然选择。所以，我们假设：

假设 4：公司战略与企业是否采用 ABC 及其采用程度密切相关。实施进攻型战略的企业，采用 ABC 的可能性更大，其费用分配的基础更多。

（五）竞争程度

市场竞争不仅影响企业的经济效益，而且影响企业的创新意识。在激烈的竞争环境中，企业为了生存和发展，就必须提高快速反应能力，在这种情况下，管理者对信息的要求一般更高，需要财务人员提供及时、准确、全面的财务信息特别是成本信息，以便为企业的各项经营决策提供服务，因而这种企业更有可能采用能够提供及时、准确、详细成本信息的ABC；相反，在没有竞争的环境中，企业管理者的信息意识、成本意识较为淡薄，因而对采用ABC的兴趣不大。因此我们假设：

假设5：市场竞争程度与企业是否采用ABC及其采用程度正相关。市场竞争愈激烈的企业，愈有可能采用ABC，其费用分配的基础愈多。

三、研究设计

（一）样本选择

本次调查限于中国境内的大中型企业。调查共发放问卷807份，回收、审核、筛选后得到有效问卷221份，回收率27.4%。样本企业遍布江苏、上海、浙江、广东、福建、辽宁、北京、天津、山东、陕西、山西、湖南、江西、湖北、河南、安徽等省、市，分布于制造业、建筑业、交通运输业、金融、房地产、公共事业等13个行业，其中有79家（36%）大型企业（销售额不低于10亿元）、32家（14%）中型企业（销售额5亿—9.99亿元）和110家（50%）小型企业（5亿元以下）。受访者中，23.58%为企业的高级财务管理人员，16.04%为其他高级管理人员，38.21%为中级财务管理人员，22.17%为其他人员。他们在本单位平均工作已有8.8年，其中10.90%的人在现有岗位上工作不到2年，24.17%的人2—4年，25.12%的人5—9年，27.96%的人10—19年，11.85%的人在20年以上。这些特征表明，从总体上看，受访者应当能够较为全面、准确地了解和掌握本企业的情况。

（二）回归模型及指标测量

为检验上述各假设，我们构建了如下回归分析模型：

模型1：$$Y_1=\frac{\exp(b_0+b_1X_1+b_2X_2+b_3X_3+b_4X_4+b_5X_5+b_6X_6)}{1+\exp(b_0+b_1X_1+b_2X_2+b_3X_3+b_4X_4+b_5X_5+b_6X_6)}$$

此模型为Logistic方程，用于研究企业是否采用ABC受到哪些因素的影响。其中：

Y_1表示企业是否采用ABC，采用者取值为1，否则为0。是否采用，根据调查表“为了准确反映不同产品的成本耗费，您所在企业制造费用分配采用多个基础”的调查结果来判断，其值大于3的，视为采用ABC，赋值为1，否则为0。

X_1为企业规模，用企业职工人数的自然对数表示。

X_2 为行业类型，是二值变量，1 表示制造业，0 为非制造业，它为控制变量。

X_3 为市场竞争程度，该变量用调查问卷中的三个问题“总体上看，企业所在的市场产品供不应求”、“本企业没有明显的竞争对手/竞争对手相对较弱”、“市场竞争虽然激烈，本企业尚能应付”来度量，由受访者判断，在 0—6 之间进行选择，取 6 减去它们的均值来反映市场竞争程度，值越大，表示市场竞争越激烈。

X_4 为管理体制，为二值变量，根据调查项目“企业战略的确定和实施”的决策权来源确定，若该项决策权来自政府或上级公司，则属于集权型企业，赋值为 1，否则为 0。

X_5 为战略类型，用调查项目“创新产品，强调技术的先进性、设计的新颖性”、“提高市场占有率，扩展新领域和新市场”在公司六项战略重点中的排序值的均值来反映，值越大，表明企业的创新型越强。

X_6 为制造费用占产品成本的比重，其值越高，表明间接费用越高，企业采用 ABC 的必要性越强。

模型 2：$Y_2 = \alpha_0 + \alpha_1 X_1 + \alpha_2 X_2 + \alpha_3 X_3 + \alpha_4 X_4 + \mu$

该模型用于分析哪些因素对 ABC 使用的相似性有显著影响。其中，Y_2 为 ABC 使用的相似性，用 0—6 间的数值表示，用“为了准确反映不同产品的成本耗费，您所在企业制造费用分配采用多个基础”的调查结果来反映，0 表示间接费用分配方法与 ABC 没有任何相同之处，6 表示与 ABC 很相似，值愈大，表明企业分配间接费用的方法与 ABC 愈相似。解释变量与模型 1 相同。

四、实证结果

（一）描述性统计

本次调查中，为了解 ABC 在我国企业的应用状况，我们要求受访者对本企业的产品成本核算方法，从“为了准确反映不同产品的成本耗费，您所在企业制造费用分配采用多个基础”、“在过去 3 年您所在企业的制造成本分配基础指标个数有明显增加”、“在内部管理决策时，你所在企业将期间费用（如研发费用、财务费用、广告费、仓储费等）分配到产品”、“在过去 3 年您所在企业明显增加了制造成本之外的期间费用分配到产品的比重，以便计算‘全成本’”、“在过去 3 年您所在企业明显增加了作业成本计算范围”等方面进行描述，用 0—6 之间的某个数字表达符合的程度，0 表示完全不符合或没有变化，6 表示符合的程度很高或变化很大，结果如表 2－74 所示。

表 2－74　　描述性统计

	0		1		2		3		4		5		6		均值	标准差
	频数	频率	频数	频率	频数	频率	频数	频率	频数	频率	频数	频率	频数	频率		
制造费用分配采用多个基础	53	26.11%	31	15.27%	21	10.34%	26	12.81%	27	13.30%	27	13.30%	18	8.87%	2.47	2.07
过去3年制造成本分配基础明显增加	43	20.98%	39	19.02%	23	11.22%	38	18.54%	33	16.10%	22	10.73%	7	3.41%	2.36	1.81
过去3年作业成本计算范围明显增加	63	32.81%	22	11.46%	21	10.94%	29	15.10%	23	11.98%	20	10.42%	14	7.29%	2.22	2.03
过去3年期间费用分配到产品的比重明显增加	50	24.39%	20	9.76%	22	10.73%	42	20.49%	19	9.27%	32	15.61%	20	9.76%	2.66	2.05

之所以采用这种调查方式来了解 ABC 的应用程度，是因为我们担心受访者不熟悉 ABC 的内涵。

由表 2－74 的统计结果可以看出，我国企业目前采用 ABC 的情况不容乐观。在“制造费用分配采用多个基础”项目，平均得分只有 2.47 分，约有 52% 的企业得分在均分 3 分以下；真正采用多个分配基础，能得 6 分的企业只占样本数的 8.87%。

不过从动态来看，最近 3 年来样本企业无论是在制造费用的分配基础数量上，还是在作业成本的计算范围上，以及将期间费用分配至产品的比重上，都比过去有较大幅度的提高，三者得分在 3 分以上的企业数分别是 62、67 和 71 家，各占样本数的 30.24%、29.69%、34.64%，表明约有 30% 的企业近 3 年在应用 ABC 上有所进步。与此同时，不可忽视的是还有众多企业近年来在 ABC 使用上没有多大进展，其中有 20.98% 的企业在“过去 3 年制造成本分配基础明显增加”项目上得分为零，32.81% 的企业在“过去 3 年作业成本计算范围明显增加”项目上的得分为零，24.39% 的企业在“过去 3 年期间费用分配到产品的比重明显增加”的得分为零，说明近 3 年这些企业在应用 ABC 上几乎没有进步。

为了解哪些因素对企业采用 ABC 与否以及相似程度产生影响，我们对有关变量进行了相关分析（如 2－75 所示）。

表 2－75　　相关分析

	Mean	Std.	Y_2	X_1	X_2	X_3	X_4	X_5	X_6
采用 ABC 与否（Y_1）	0.33	0.47	0.19**	0.15**	−0.02	−0.19**	0.19*	0.10	0.17**
ABC 采用程度（Y_2）	2.27	2.09	1.00	0.07	0.09	−0.21***	0.09	0.01	0.12*
企业规模（X_1）	6.61	1.42	0.07	1.00	0.19**	−0.05	0.07	−0.01	−0.08
行业类型（X_2）	0.61	0.49	0.09	0.19*	1.00	−0.08	0.09	−0.12**	−0.06
市场竞争程度（X_3）	3.01	1.05	−0.21***	−0.05	−0.08	1.00	0.05	0.00	−0.08
管理体制（X_4）	0.21	0.41	0.09	0.07	0.09	0.05	1.00	−0.05	−0.02
战略类型（X_5）	2.92	1.59	0.01	−0.01	−0.12*	0.00	−0.05	1.00	0.07
制造费用比例（X_6）	21.50	13.89	0.12*	−0.08	−0.06	−0.08	−0.02	0.07	1.00

从表 2－75 可以看出，企业是否采用 ABC 与企业规模（X_1）、管理体制（X_4）、制造费用比例（X_6）等因素存在明显的正相关关系，与市场竞争程度（X_3）负相关，而与行业类型（X_2）、公司的战略类型（X_5）关系不大；企业费用分配与 ABC 的相似程度与制造费用比例（X_6）正相关，与市场竞争程度（X_3）负相关，与企业规模（X_1）、行业类型（X_2）、管理体制（X_3）、战略类型（X_5）关系不大。

（二）逻辑回归

为了解我国企业是否采用 ABC 受到哪些因素的影响，对模型 1 进行 Logistic 回归，结果如表 2－76 所示。

表 2－76　Logistic 回归

	Expected sign	B	Wald	Sig.
Constant		－1.7439	2.1028	0.1470
企业规模	＋	0.2200	2.6846	0.1013⁺
行业类型	＋	－0.3800	0.6333	0.4261
市场竞争程度	＋	－0.3794	4.5837	0.0323**
管理体制	＋	0.9698	5.1556	0.0232**
战略类型	＋	0.1339	1.4843	0.2231
制造费用比例	＋	0.0239	3.5121	0.0609*

$R^2=0.1490$，$\chi^2=17.7497^{***}$

注：* 表示在 0.1 水平上显著，** 表示在 5% 水平上显著，*** 表示为 1% 的水平上显著。以下各表相同。

从表 2－76 可以看出，我国企业是否采用 ABC 法，受到市场竞争程度、管理体制和制造费用占产品成本的比例三个因素的显著影响，另外还受到企业规模的一定影响，而行业类型和战略类型的影响不明显。其中：

管理体制和制造费用占产品成本的比例两因素对 ABC 采用与否有显著的正面影响，表明企业的集权化程度越高，制造费用占产品成本的比例越高，企业采用 ABC 的可能性越大，从而验证了假设 2 和假设 3。之所以集权制企业更可能采用 ABC 法，是因为在集权制下，企业高层对战略决策及其实施拥有绝对控制权，从而容易达成一致意见。像 ABC 这样需要耗费大量成本，而经济效益需要在较长时间内才能显现出来的战略性决策，就需要管理者从企业的实际出发，综合考虑企业规模、发展战略等因素，在对企业作出全面考察和评估的基础上作出判断和决策。在集权制度下，高层管理者比基层人员拥有的信息更全面、眼光更长远，因而更能从战略高度看清 ABC 的短期成本和长期收益之间的关系，从而作出战略决策；相反，在分权体制下，各分部拥有较多的自主权，虽然这样有利于调动各方的积极性，但不利于企业的战略决策和实施。

企业规模对 ABC 的采用与否也有较为明显的影响，且其符号与预期一致，假设 1 得到验证，表明企业规模越大，采用 ABC 的可能性越高。之所以中小企业采用 ABC 法的比例相对较低，一方面是因为中小企业的规模较小、实力较弱，一般难以支持复杂而昂贵的 ABC 系统的采用和维护；另一方面由于中小企业的产品相对较少，利用简单的管理系统和人员自身的能力就能进行有效的管理，因而采用 ABC 的动力没有大型企业强烈。

市场竞争程度虽对 ABC 采用与否有显著影响，但其回归系数为负，与预期不符，假设 5 只是得到部分验证。之所以市场竞争程度越高，反而采用 ABC 的可能性越小，可能是由于我们当前还处于市场经济初期，竞争越激烈的行业，其市场化程度往往越高，利润率一般较低，因而无力采用需要较多投入的 ABC；相反，目前我国竞争不太激烈的行业，其市场垄断性一般较强、利润丰厚，因而拥有足够的实力可以从事 ABC 这类需要较多投入的管理创新活动。

战略类型的影响虽然不显著，但其回归系数的符号与预期相符，表明相对于防守型企业而言，实施进攻型战略的企业更有可能采用 ABC。

行业类型的影响既不显著，其回归系数为负，也与预期相反。这可能与我国制造业多是老企业、非制造业多是新企业有关。因为无论是在创新意愿、创新文化、创新能力方面，还是了解新知识、掌握新知识、运用新知识的能力方面，老企业都要比新企业差些；相反，我国的非制造业多是新兴行业，其员工素质相对较高，创新意愿和能力普遍更强，因而更有可能率先采用诸如 ABC 这类创新的管理方法。

（三）线性回归

对模型 2 进行线性回归，结果如表 2 – 77 所示。

由表 2 – 77 可以看出，与模型 1 的回归结果类似，我国企业间接费用分配基础的多少，也受到企业规模、市场竞争程度、管理体制和制造费用占产品成本的比例四个因素的显著影响，而受行业类型和战略类型的影响不明显。其中：

表 2-77 线性回归

	Expected sign	Beta	S. E.	T	Sig.	Tolerance
Constant		1.1117	1.0511	1.0577	0.2919	
企业规模	+	0.2576	0.1205	2.1372	0.0342 **	0.9771
行业类型	+	-0.3078	0.4203	-0.7323	0.4652	0.9581
市场竞争程度	+	-0.3513	0.1499	-2.3441	0.0204 **	0.9800
管理体制	+	0.7190	0.3922	1.8332	0.0688 *	0.9721
战略类型	+	0.1265	0.0963	1.3136	0.1910	0.9825
制造费用比例	+	0.0239	0.0114	2.0930	0.0381 **	0.9889

$R^2=0.1207$，$\overline{R}^2=0.0848$，$F=3.3635$，$p=0.0039$ ***

企业规模、管理体制、制造费用比例的系数为正，与预期一致，表明这三个因素对我国企业间接费用分配方法与ABC的相似性有显著的正面影响，规模越大、采用集权化管理、制造费用比例愈高的企业，采用的分配基础愈多，其间接费用的分配方法与ABC愈接近。这是因为规模愈大的企业，其产品种类一般更多，间接费用的构成愈复杂，因而愈需要细化分配基础；在管理体制上，集权制企业的费用分配基础应比分权制的企业更少，之所以我国集权制企业的费用分配基础反而更多，可能与ABC多在我国的集权制企业中应用有关；而制造费用比例愈高的企业，之所以采用的费用分配基础愈多，是因为制造费用比例愈高，愈需要对间接费用进行准确分配，否则产品成本的准确性愈差，不利于企业的经营决策。

市场竞争程度的系数为负，与预期相反，表明在我国，市场竞争程度愈低的企业，其间接费用分配基础反而愈多。其原因可能是因为我国竞争程度愈低的行业多是垄断性行业，规模一般较大、利润率较高，其管理信息系统通常更为先进，能够提供全面、及时、详尽的作业信息。

战略类型的系数虽不显著，但其符号与预期相符，表明实施进攻型战略的企业，其间接费用的分配基础比防守型企业要多，这既与进攻型战略企业的创新意识有关，又与这类企业一般更加重视成本信息有关，它们需要在经营决策过程中得到更为准确、详尽的成本信息的支持。

行业类型对费用分配基础的多少没有显著影响，但回归系数为负，与预期相反，表明虽然目前我国制造业和非制造业企业在费用分配基础的多少上没有显著差异，但非制造业企业的分配基础还是相对多一些，这可能与我国非制造业多为新兴行业，员工更年轻，创新能力和创新意识更强烈有关。

五、结论

本节通过对我国221家企业的实证方法研究发现：市场竞争程度、管理体制和制造费用占产品成本的比例三因素对我国企业是否采用ABC以及间接费用分配基础的多少均有显著影响，而企业规模对是否采用ABC有一定影响，对间接费用分配基础的多少有明显影响，但行业类型和战略类型的影响均不显著。其中，集权管理体制、制造费用比例、企业规模大小三因素对ABC的采用及其应用程度有着显著的正面影响，而外部市场竞争程度的影响却是负面的。可见，我国企业是否实施ABC以及实施效果目前除了受到企业内部管理体制这一主观因素影响外，约束还主要来自包括规模、竞争和产品成本结构等客观因素。

第四节

作业成本法在我国企业应用的理论解释

作业成本法（ABC）提出后曾在世界各地轰动一时，在我国也同样如此。不过近年来这股热潮已经退去，那么是否还有企业在应用ABC的理念和方法呢？其动因何在？效果如何？

埃博拉汉姆森将企业决定采纳某种创新的动因归为效能选择、被动选择、追求时尚和社会流行四种。本节在此基础上将企业采纳ABC的动因区分为主动或被动、需求拉动或供给推动，并试图观察它们对我国企业采纳ABC行为的解释力，以及采纳ABC对企业成本信息应用的影响。调查结果显示，近三分之一的我国企业不同程度地采纳了ABC，其动因既有需求的拉动，也有供给的推动，但被动选择的预期没有得到支持。另外，研究还发现，ABC的采纳程度与成本信息的使用程度显著正相关，表明我国企业采纳ABC多为理性选择，从而对企业管理产生了积极作用。

一、导　言

关于管理会计理论和实践的研究在20世纪后期取得了重大进展，其中作业成本法（ABC）是这一时期的主要成果之一（International Federation of Accountants 1998；Institute of Management Accountants 1999；Ittner，Larcker2001）。自库珀（Cooper）和卡普兰（Kaplan）1988 年提出 ABC 后，一时间，“学术界和实务界对 ABC 表现出极大兴趣，出了很多成果”（Gosselin 1997），卡普兰因而获得 2006 年度美国会计学会“管理会计终身贡献奖”（Luft，2006）。但是“专业机构和学者的调查显示，ABC 的扩散过程并不如想象的那般强烈”（Gosselin 1997）。尤其是进入 21 世纪以来，关于作业成本法的讨论更是明显降温（Jones，Dugdale，2002；杨继良，2005）。这就难免引起一些疑虑：作业成本法过时了吗？曾经的繁荣景象仅仅是昙花一现吗？采用 ABC 的企业真的仅仅是为了跟风赶时髦，而现在又都抛弃了 ABC 吗？

作业成本法在我国也曾有过广泛传播，涌现了大量有关“作业成本法”和“作业成本管理”的研究成果，其中包括一些来自企业实践的调查和经验介绍（如欧佩玉、王平心，2000；铁路运输企业应用案例研究课题组，2001；胡奕明，2001；南京大学会计系课题组，2001；潘飞等，2006）。那么，现在情况如何呢？本节借助“南京大学课题组对中国企业管理会计创新实践问卷调查”[①] 的资料，对作业成本法在我国企业的实践进行观察，以探讨我国企业采纳 ABC 的行为究竟是主动的还是被动的，理性的还是盲从的。我们认为，如果这种采纳是自主的且理性的，能够给企业带来好处，有利于企业的经营决策，那么 ABC 也就有了生命力和生存的土壤；反之，如果是盲从跟风或被动应付，不能给企业带来好处，那么 ABC 终将消亡。

由于本文试图观察 Abrahamson（1991）框架中多种理论对创新扩散的解释力，因此没有提出可供检验的单一假设，而是结合不同理论提出了一系列的研究预期，然后利用调查数据对这些预期进行验证。研究发现，我国企业应用 ABC 既有需求的拉动，也有供给的推动，但被动选择的预期没有得到支持；并且 ABC 的采纳程度与成本信息的使用程度显著正相关，从而表明我国企业采纳 ABC 更多的是出于理性选择，而非被动选择。因此我们认为，在更为先进的成本核算体系出现之前，ABC 不会消失。希望研究结果能为成本管理创新研究与企业实践提供一些新线索。

---

① 该项调查是在南京大学会计学系杨雄胜教授和美国圣地亚哥州立大学周齐武教授倡导和支持下进行的，特此致谢，但文责自负。

二、文献回顾

（一）作业成本法实践的定义与衡量

关于作业成本法的实践、动因与效果，国外已有研究，但结果各不相同（Al－Omiri & Drury，2007）。Innes 和 Mitchell 1995 年报告英国企业 ABC 的采用率为 19.5%，而 2000 年（Innes，Mitchell，Sinclair）这个指标是 17.5%；同时期加拿大是 47.8%（Gosselin 1997），芬兰是 23.3%（Malmi，1999）。1994 年美国为 16%，2005 年为 14%（Lawson），而 Cohen、Venieris 和 Kaimenaki（2005）报告 2005 年该比率为 40.9%。2006 年马来西亚为 36.1%（Maelah，Ibrahim 2006）。

虽然造成不同调查结果各异的原因有很多，但其中一个重要原因是作业成本法实践概念本身具有多义性。除了"采纳（adoption）"行为的定义是"局部应用"还是"广泛应用"，是"已经实施"还是"计划实施"等存在歧义之外，作业成本法本身的含义也非常复杂，从最初强调变动成本计算，到两阶段分配资源消耗，再到四种作业层级的划分，以及区别使用的和获得的资源成本，然后是作业成本的十字模型和作业成本管理（Jones，Dugdale. 2002），还有新近提出的时间驱动的作业成本法（Kaplan 2006），等等，作业成本法的理论和方法在传播、实践和争论中不断得到修正，形成了不同的理论和方法体系。这样，作业成本法的应用就有了不同的衡量标准，导致在不同标准下得到的 ABC 调查结果失去了可比性，且差异可能很大。

由于作业成本法实践本身具有不同内涵，因此，计量企业是否采纳 ABC 及其应用范围、应用程度也就成为难题。早期的研究者通常通过"是否采纳（adoption）或实施（implement）ABC"之类的简单问题来反映 ABC 在企业的实施情况（Al－Omiri、Drury，2007；Ittner、Lanen、Larcker，2002）；后来一些学者在研究中设法表现 ABC 实践的实质性内涵（Gosselin，1997；Al－Omiri、Drury，2007）。但由于 ABC 在企业的应用情况受到 ABC 实践概念界定的影响，不同的衡量标准会得出不同的调查结果，因此，我们认为，ABC 在企业的应用比例本身并不很重要，只要 ABC 在企业实践中显著地存在，其动因和效果就具有研究价值。

我们认为，尽管作业成本法的概念在不断地发展和变化，但是作为对传统成本计算和成本管理的变革，其本质的理念和方法表现在两个方面：一是多动因分配成本，这是对以产量或工时为成本分配基础传统的变革；二是对非制造成本的分配，将作业、职能部门、供应商以及客户纳入了成本计算范围，这是对以产品为唯一成本计算对象传统的超越。因此，本书将“多动因作为成本分配基础”和将“期间费用分配到成本对象”视为应用ABC理念和方法的象征，抛弃传统“是或否”的判断方式，采用不严格的“相符程度”来衡量ABC在企业的应用程度，以反映我国企业对传统成本会计系统的主要变革。调查中，为避免单一问题可能带来的判断误差，我们使用了六个问题来了解企业的成本分配状况，并据此判断ABC在企业的应用情况。我们认为，只要这些问题没有受到否决，就表明该企业在一定程度上突破了传统会计理念的约束，进行了成本计算和成本管理的创新，这些创新符合ABC的精髓和实质。

（二）创新传播的研究流派

为解释ABC这种创新的管理工具在我国企业应用的动因，我们需要寻求一定的理论支持。关于创新传播的研究目前主要有以下不同流派及视角：

1. 创新传播有益假定和权变研究

创新传播的主流观点持有赞成创新的倾向（proinnovation biases），认为创新对采纳者有益，有利于提高创新采纳者的经济效益。在经济发达国家，快速的创新活动推动了经济的持续增长。埃博拉汉姆森（Abrahamson，1991）认为这体现了二战以后美国经济学主流的高度实用性。无疑，这种赞成创新的偏好推动了创新及其传播的研究，因此，研究者需要发现在怎样的环境条件下创新会得到采纳和传播，这样，权变理论就为研究提供了基础性的支撑。早期的创新研究明显表现了权变理论的影响，众多学者在研究管理会计创新时对其影响因素和适用环境进行了研究（如Covaleski，1996；Ittner、Larcker，1998；Ittner等，1997；Said等，2003；Ittner & Larcher，2002；Hoque、James，2000；Ittner等，2002），有的还将国家因素纳入考察范围（如Libby、Waterhouse，1996；Anderson、Lanen，1999；O'Connor等，2004；Williams、Seaman，2001）。

不过，权变研究也一直受到批评。一是因为考虑的影响因素总不完备，常被批评疏忽了某些重要因素；二是因为在不同情况下权变研究的结论往往不一致，这既有样本和变量构造的原因，也有权变因素组合模式和概念界定的原因，不同的数据来源、不同的变量测量方式、不同的影响因素组合模式，以及概念内涵的不同界定，使不同的研究结果失去了可比性和可积累性（Gerdin、Greve，2004）。

2. 创新传播的效果质疑和社会影响研究

近年来，经济学、管理学、会计学和金融学等诸多领域的研究受到社会学和心理学的影响，这种影响也表现在创新传播研究中。

埃里克·埃博拉汉姆森（Abrahamson，1991）认为，主流的创新有益观有一个基本假定，即组织能够理性选择，它有两个前提条件：一是组织能够自主选择是否采纳某项创新；二是组织有确定的目标，并能确保该项创新能够有利于组织目标的实现。但在现实中，这两个前提条件并不总是成立，因而并非所有创新选择都是理性的。例如，当外部组织（如规则制定者、咨询公司、大众媒体）能够左右企业决策时，他们可能出于某种动机（如政绩或为获得可观的咨询费）而迫使企业放弃某项有效的管理技术，或采纳某项无效的管理技术。另外，当组织目标不明确、创新的有效性高度不确定时，也难以进行理性选择。这就是两种所谓的“反假定”情形。为此，埃博拉汉姆森（1991）从社会影响角度将组织接受或拒绝某项创新的可能原因概括为四种：效能选择观（efficient - choice）、被动选择观（forced - selection）、时尚观（fad）和流行观（fashion）。四者的区别如表 2 - 78 所示。其中，效能选择观和被动选择观都是在某项创新的有效性确定条件下发生的创新采纳行为，不同之处是效能选择观认为创新采纳行为是企业自主、理性选择的结果，而被动选择观认为它是外部组织影响的结果；相反，时尚观和流行观都认为创新采纳是在某项创新的有效性高度不确定条件下所发生的模仿行为，两者的不同之处在于企业是否拥有采纳的自主决策权，其中时尚观强调创新采纳是企业自主决策的结果，而流行观认为创新采纳是受外部组织影响的结果。显然，后三种观点都与创新有益观不同。

表 2 - 78　　接受或拒绝创新的四种解释

		模仿角度	
		无模仿推动 传播或放弃	模仿推动 传播或抛弃
决定因素	企业自主决定采纳或放弃	效能选择观	时尚观
	企业外的组织决定采纳或放弃	被动选择观	流行观

3. 创新传播的需求与供给研究

琼 · L. 罗福特（Luft 1997）认为，卡普兰对管理会计的历史评价受到钱德勒（Chandler，1977）的强烈影响，对管理会计发展的解释过于强调需求的影响。罗福特认为，解释管理会计的发展，不仅要从需求角度，而且要从供给角度进行分析，这些供给包括能否得到实践需要的成本与效益相匹配的信息，创新的实践（技术和工具）本身是否存在，管理者能否得到创新的思想供给，等等。

实际上，早在 1991 年，蒂姆 · 墨尔米（Malmi，1999）在研究作业成本法在芬兰企业的传播新动因时就引入了需求、供给和时间等因素。他认为，组织的模仿行为除了受到自身的需求影响外，在很大程度上还受到创新成果的供给的影响，这些供给包括咨询公司的推介、学术界的研讨、文章和课程、软件产品的提供，以及率先采纳创新的组织的示范作用和经验介绍等，它们都对组织的模仿行为起到推动作用。当然，如果组织模仿的供给来源于早期的学术界和咨询界的影响，则这种行为可以用时尚观来解释；而如果模仿行为出现较晚，主要受到先期采纳者的影响，则可以用流行观来解释。

（三）本节的理论基础

尽管创新传播的社会影响研究是从质疑创新有益观开始的，但我们认为，他们之间并非完全排斥、互不相容。首先，从传播动因上看，在埃博拉汉姆森（1991）提出的四种创新传播观中，效能选择观与创新有益观的思想相同，都是指企业能够根据自己的内外环境特征，理性地选择最有效的管理方法，这也是权变研究的立场。因此，如果我们观察到接受创新的企业特征符合理性选择的条件，就可以推测企业行为符合效能选择观；如果不符，则可以推测企业选择创新的行为可能受到其他社会因素的影响。另外，从传播效果上看，虽然多数人对出于流行或时尚目的接受创新的行为持否定态度，认为它会损害企业的经济业绩，但是埃博拉汉姆森（1991）认为也可能对企业有利。例如，若某项创新能让企业看起来更具创造力，则可能使企业更具吸引力，更容易吸引客户和筹集资金；也可能引导经理者将精力集中到那些被长期忽视的问题和解决方案上，从而有利于企业的长远发展。可见，无论是从动因还是效果角度看，创新社会观和创新有益观都有相容的可能。而在创新社会观的各种解释中，我们认为效能选择解释与供需观的需求拉动解释大体相同，时尚和流行解释与供给推动解释基本吻合。相对而言，只有被动选择观较为复杂。这是因为效能选择观和需求拉动观的共同之处都是企业自主决策的结果；而出于时尚而采纳创新的行为一般出现在创新应用早期，主要受学术界和咨询界的影响；出于流行而采纳创新的行为一般出现在创新应用晚期，主要受先期应用企业的示范影响和成功感染，显然这两种行为都可用供应观来概括，加之我们的调查资料没有提供足够区分流行观和时尚观的数据，难以对时尚和流行加以区分，因此，本文综合上述各创新流派的观点，试图从效能选择、被动选择和创新供应三个方面来对创新传播的影响因素进行归类，观察它们对我国企业采用 ABC 的影响，以及采用 ABC 对企业决策的影响，以便从理论上解释创新在我国企业的传播动因。

三、研究框架与理论预期

本节通过调查企业 ABC 实践及其动因和效果，寻找对我国 ABC 实践的理论解释。

（一）采纳作业成本法的动因解释

1. 效能选择观解释

效能选择观认为在目标明确、创新有效性确定条件下，企业会选择有助于其目标实现的创新。因此按照这一观点，若某企业采用了 ABC，则表明该企业的某些特征与 ABC 的适应条件相吻合。我们知道，ABC 产生于间接成本在制造成本和总成本中比重上升以及成本动因多样化环境中（Kaplan、Atkinson，1998；Horngren 等，2002）；此外，公司战略和竞争环境也是 ABC 形成的主要影响因素 Cooper（1988）。因此，我们认为从效能选择观角度看，影响企业是否采用 ABC 的因素主要有：

（1）成本结构。由于 ABC 的基本功能是更加准确地向产品分配间接成本，因此 ABC 采用与否与间接成本的比例大小密切相关。人们普遍认为，产品制造费用的大幅上升推动了 ABC 的诞生（Cooper、Kaplan，1988；Noreen、Soderstrom，1994；Innes、Mitchell，1997）。挪威学者 Bjørnenak（1997）调查发现，采用和不采用 ABC 的企业在成本结构上有显著差异，采用 ABC 的企业，其间接成本比例明显更高。因此我们预期：成本结构中间接成本比例较高的企业，可以从 ABC 的使用中获得更为有用的信息，因此更可能采用 ABC。

（2）公司战略。戈瑟林（Gosselin，1997）通过问卷调查发现，进攻型企业（即采取技术创新战略的企业）比防御型企业（即采取成本领先战略的企业）更多采用作业管理的理念和方法。Simons（1987，1990）发现，在一个大企业内部，进攻型事业部比防守型事业部更倾向于采用新型的成本核算系统，如 ABC。这是因为进攻型企业面对的环境一般更加不确定，因而需要更加有效的管理方法和更加准确的成本信息，采用作业成本法往往成为必然选择。所以我们预期：实施进攻型战略的企业，采用 ABC 的可能性更大，应用程度更高。

（3）市场竞争。市场竞争不仅影响企业的经济效益，而且影响企业的创新意识。在激烈的竞争环境中，企业为了生存和发展，就必须提高快速反应能力，在这种情况下，管理者对信息的要求一般更高，需要财务人员提供及时、准确、全面的财务信息特别是成本信息，以便为企业的各项经营决策提供服务，因而这种企业更有可能采用能够提供及时、准确、详细成本信息的ABC；相反，在没有竞争的环境中，企业管理者的信息意识、成本意识较为淡薄，因而对采用ABC的兴趣不大。因此我们预期：市场竞争愈激烈的企业，愈有可能采用ABC，应用程度也愈高。

2. 被动选择观解释

"被动选择观"与"效能选择观"的主要区别在于企业是否拥有创新选择的决定权。Abrahamson（1991）认为，有众多组织（如政府管理部门、社会监管部门和工会）拥有足够力量左右管理技术是否在企业中传播，在这些力量的影响下企业只能被动地接受某种创新。也就是说，这些采用创新的企业并不都是因为某项创新适合于自己，能够给企业带来好处，而是受到了外部的强大压力。目前在我国，像作业成本法这类创新工具是否采用，虽然很多企业可能不会受到来自政府管理部门、社会监管部门和工会的社会压力，但往往会受到母公司或上级公司的影响。戈瑟林（Gosselin，1997）在加拿大调查发现，组织结构对创新传播有重要影响，管理层次愈多，权力愈集中，管理愈规范的企业，对管理创新愈重视，实施管理创新愈容易。因此我们推测，如果集权管理对ABC的采用有正面影响，则表明这些企业采用ABC的动因符合"被动选择观"的理论预期。

3. 供给观解释

根据Abrahamson（1991）的观点，时尚观与流行观都受到模仿力量的影响。蒂姆·墨尔米（Malmi，1999）认为，组织的模仿行为可能是因为供应方对创新的推广，包括咨询公司的推介、学术界的研讨、文章和课程、软件产品的提供，也可能是因为已用企业的示范效应和经验介绍的影响。我们将流行观和时尚观用模仿行为来概括，并主要从供应层面来判断这种行为动机的出现。

（1）企业规模。以往有不少调查关注企业规模对ABC采纳行为的影响。如Malmi（1999）调查发现，规模愈大的企业，采纳ABC的可能性愈高。他用流行观解释这种现象，认为之所以大企业更可能采用ABC，是因为它们拥有的资源更充沛、支持更有力。由于我们使用的资料来源于近期的调查，此时ABC已经通过学术界和咨询界在中国得到了广泛传播，因此我们推测：如果某些企业比其他企业拥有更多的人、财、物资源，同时采用ABC的程度更高，则表明它们可能因为有足够的资源用于模仿创新。

（2）行业特征。行业特征包括是否为制造业以及是否为高科技企业等。企业所属行业对采纳ABC影响的解释比较复杂，以往研究中的看法也多有不同。

由于ABC的产生首先是用于准确计量产品的制造成本，因此可以合理地推测制造行业企业会比非制造业企业更多使用 ABC。但也有学者认为，由于 ABC 最初用于制造行业，因而有更多的学习典范，所以，如果制造行业更多使用 ABC，可能更多的是出于模仿目的，而非效能选择。另一方面，非制造行业通常有更高的间接成本比例，如果非制造行业更多采用 ABC，也可能说明它们的决策更符合“效能选择观”。

类似地，高科技行业的间接成本比例一般较高，且可能面对更加激烈的市场竞争，因此，若该行业更多采用 ABC，则可以解释其决策更多出于效能选择。但是高科技企业通常拥有更高素质的人力资本，也可以用资源供给的优势解释。

综上所述，我们试图从采纳 ABC 的企业特征中观察其可能的选择动机，从而检验各种解释理论。如果有不止一种理论得到支持，则意味着这些解释并非是排他的。

（二）作业成本法的应用效果解释

很多批评创新模仿的观点认为，追求时尚和流行对组织会造成伤害；而创新的效能选择解释显然坚持创新有益观。我们希望通过采纳 ABC 的企业所获得的不同效果来对相关理论进行验证。

福斯特和斯文森（Foster、Swenson，1997）将 ABC 应用效果的计量指标归纳为四类：（1）决策中成本信息的使用范围。作业成本系统提供的信息在管理中的应用范围愈广，说明该系统实施愈成功。（2）作业成本系统的信息使用是否改变管理者的决策行动。如果导致决策变化，则表明系统成功，否则不成功。（3）作业成本系统的实施是否改善了企业的财务业绩。它可以通过系统实施前后直接收入与成本的比较来反映。（4）经营者对系统是否成功或满意程度的评价。

在早期的 ABC 应用效果研究中，有学者采用第四种指标即主观感受的方法，通过被调查者对 ABC 系统实施是否“成功”或“满意程度”的反馈来计量 ABC 系统的实施效果（Mcgowan、Klammer，1997），但是以后的很多学者往往采用多种方法衡量 ABC 系统的效果（如 Swenson，1995）。采用直接的财务指标衡量作业成本法应用效果的研究相对较少，最著名的可能是在美国《会计研究杂志》发表的《ABC 与制造业业绩的关系》（Ittner 等，2002），不过作者通过严谨而复杂的检验之后发现，ABC 的使用对投资回报率等财务指标的影响并不显著。由于本研究依据的调查没有取得样本企业的财务业绩资料，因而我们无法采用这种方法来评价 ABC 应用对企业财务的影响；同时，调查中，我们也没有采用直接询问“效果”或“满意度”的做法，以避免对单一问题纯主观判断的计量误差。为计量 ABC 的使用效果，我们采用了福斯特和斯文森（Foster、Swenson，1997）所说的第一种方法，即将成本信息的有用性作为成本系统改进效果的计量指标，观察成本信息在企业管理中的作用。

我们认为，虽然 ABC 理念与方法的传播与个别学者的学术影响力有关，但不可否认也有其历史必然性。从德国的弹性边际成本法（GPK：Grenz Plan kostenrechnung，Paul，2003）、资源消耗成本法（RCA：Resource consumption accounting，Clinton，Keys，2002），到法国的 Georges Perrin method（Alcouffe 等，2007），以及 CAM - I 提出的 Activity Accounting（Jones、Dugdale，2002），都是人们长期以来在成本管理实践中不断探索的结果。因此可以说，实务界的现实需求，学术界的理论供给，加上咨询业、软件业和传媒业的推波助澜，才使得 ABC 受到那样的举世关注。如果 ABC 理念和方法的诞生顺应了时代发展的需要和可能，那么它在实践中就会产生积极的作用和效果。因此我们预期，作业成本法的采用会提高成本信息在管理和决策中的有用性，扩大其应用范围。

四、变量构成和样本分布

（一）数据采集

为了解管理会计创新方法在我国企业的应用，南京大学会计学系课题组近期组织了一次专项调查。在正式调查之前，调查量表交南京两家大型企业的总会计师试填，根据他们的反馈意见对调查量表做了部分修正。调查主要是在南京大学商学院会计学系、MBA 和 EMBA 的校友中展开。我们将问卷通过信件和电子邮件的方式寄给各校友，请大家交由本单位的一名中层或高层管理者匿名填写、返回。我们共向校友随机发出 805 份问卷，并在发出问卷的半月后，通过电话和 Email 方式与每位受访者进行联系，询问他们是否收到问卷并作出回答，一个月内回收问卷 257 份，回收率为 31.93%，剔除信息严重缺失的 36 分，有效样本 221 分。

（二）样本分布

样本企业主要集中在东部沿海地区（包括江苏、上海、浙江、广东、福建，171 家），东北部地区（辽宁、北京、天津、山东，27 家），中西部（陕西、山西、湖南、江西、湖北、河南、安徽，20 家），另有 3 家未注明所在地区。样本企业中，134 家为制造业，其他为非制造业。其中，20.81% 为上市公司（含内地上市和境外上市），28.51% 为三资企业，18.55% 为非上市民营企业，32.13%为其他企业。受访者中，22.62%为企业高层管理者，15.38%为高级财务人员，36.65%为中级财务人员，21.27%为其他管理人员，4.07%未注明。其中，26.24%工作5年以下，26.70%在6—10年，28.05%在11—15年，15.38%在16年以上，3.62%未注明。

（三）变量测量

1. 因变量

本书旨在考察作业成本法的应用程度以及成本信息的使用程度，因此因变量包括两个方面：

（1）作业成本法应用程度。调查中，我们使用六个条目来了解ABC在企业的应用情况：①计算产品成本时，您所在企业制造费用分配采用多个基础；②在过去3年您所在企业的制造成本分配基础指标个数有明显增加；③在内部管理决策时，您所在企业将期间费用（如研发费用、财务费用、广告费、仓储费等）分配到产品；④在过去3年，您所在企业明显增加了制造成本之外的期间费用分配到产品的比重，以便计算“全成本”；⑤您所在企业采用作业成本法计算产品成本；⑥在过去3年，您所在企业明显扩大了作业成本计算范围。由受访者在1—6之间选择一个最能反映本企业实际状况的数值（1表示完全不符，6表示完全相符）。通过因子分析（varimax旋转），得到两个负荷大于1的因子（2.859、1.138），分别命名为“多动因成本分配”和“期间费用分配”，两因子分别主要包含条目①、②、⑤、⑥和条目③、④，前四项整合的cronbach's $\alpha=0.834$，后两项的pearson相关系数为0.653（$p=0.000$）；分别对前四项和后两项的观测值进行简单算术平均，作为这两个因子的得分。于是，样本企业的作业成本法应用情况分布如表2-79所示。

表2-79　作业成本法应用程度的样本分布

ABC应用程度	5.1—6	4.1—5	3.1—4	2.1—3	1.1—2	0.1—1	0
期间费用分配	9.05%	13.12%	14.93%	12.67%	10.86%	6.33%	27.15%
多动因分配	1.36%	8.14%	21.27%	18.10%	16.29%	15.38%	19.46%

由表2-79可见，实践中重视期间费用分配和多动因成本分配的样本企业都有相当的比例，分别有37%和31%的企业平均得分在3以上。也就是说，无论是从期间费用分配，还是从多动因分配角度看，目前我国约有30%以上的企业在较高程度上采用了ABC的理念和方法，实现了成本计算和管理的创

新。

（2）成本信息的使用程度。成本信息的使用程度可以通过成本信息在企业有关决策中的使用状况来反映。调查中，我们要求受访者就成本信息在本企业八项活动中的使用频度及近3年来的改善情况进行评判。八项活动包括：存货管理、定价决策、产量品种决策、编制预算、投资决策、招投标、业绩评价、确定报酬等。使用频率分为“不使用”、“偶尔用”、“经常使用”、“常规性使用”几种类型，分别计分为0、1、3、5；改善情况是成本信息在上述八个方面的应用“比3年前少”、“没有变化”、“比3年前多”，分别计分为1、2、3。我们认为，ABC的“经常使用”、“常规性使用”、应用“比3年前多”在一定程度上反映成本信息在企业的有关决策中发挥了良好作用，使用愈多，意味着成本信息的作用愈大。

对使用频率八项调查结果进行因子分析，得到三个负载大于1的因子（2.872、1.323、1.066），它们分别包含“存货管理”、“定价决策”、“产量品种决策”三项，“编制预算”、“投资决策”、“招投标”三项，以及“业绩评价”、“确定报酬”两项。对相应调查项目的观测值进行简单算术平均，得到三个因子的得分，三因子分别命名为“常规使用”（cronbach's $\alpha=0.6826$）、“预测使用”（cronbach's $\alpha=0.662$）和“评价使用”（pearson 相关系数 = 0.469（$p=0.000$））。

对八项改善情况进行因子分析，得到两个负载大于1的因子（3.705、1.096），分别包含“产量品种决策”、“投资决策”、“招投标”、“业绩评价”、“确定报酬”五项和“存货管理”、“定价决策”、“编制预算”三项。采用算术平均数来计量这两个因子，分别命名为“非常规决策变化”（cronbach's $\alpha=0.8712$）和“常规决策变化”（cronbach's $\alpha=0.7475$）。

再将上述五个因子的得分值进行简单算术平均，整合为“成本信息综合应用效果”（cronbach's $\alpha=0.9098$），依此反映样本成本信息的使用程度，于是样本企业分布如表2-80所示。

表2-80　　成本信息使用程度的样本分布

成本信息的使用程度		4.1—5	3.1—4	2.1—3	1.1—2	0.1—1	0
使用频率	常规使用	25.34%	18.55%	26.70%	14.93%	5.88%	8.60%
	预测性使用	27.15%	14.48%	29.41%	15.38%	7.24%	6.33%
	评价性使用	21.27%	17.65%	31.22%	10.41%	10.86%	8.60%
	小　计	24.59%	16.89%	29.11%	13.57%	7.99%	7.84%

续表

成本信息的使用程度		4.1—5	3.1—4	2.1—3	1.1—2	0.1—1	0
近期改善	非常规决策变化	0.00	0.00	70.14%	22.17%	1.81%	5.88%
	常规决策变化	0.00	0.00	73.76%	17.19%	3.17%	5.88%
	小 计	0.00	0.00	71.95%	19.68%	2.49%	5.88%
成本信息综合使用效果		14.75%	10.14%	46.25%	16.02%	5.79%	7.06%

由表2-80可见，成本信息在样本企业的各种管理决策活动中的使用频率较高，但近3年的变化不明显，间接表明成本信息在企业决策中发挥了一定作用。

2. 解释变量

（1）成本结构。本书从两个角度考察企业的成本结构：①制造费用占制造成本的比例（仅为制造业），用来反映产品的成本结构；②管理、研发、营销配送和客户服务等间接费用占企业总成本的比重，用来反映企业的成本费用结构。样本企业的成本结构分布如表2-81所示。

表2-81　　成本结构的样本分布

成本结构	<20%	20%—39%	40%—59%	60%—79%	>80%	均值
制造费用比例	4.05%	20.23%	24.28%	23.12%	28.32%	55.88%
间接费用比例	41.18%	18.10%	17.65%	13.57%	9.50%	26.70%

（2）市场竞争程度。调查中，我们采用"总体上看本企业所在市场供不应求"、"本企业没有明显的竞争对手或对手实力较弱"、"竞争压力威胁企业生存"、"市场竞争虽然激烈，本企业尚能应对"四个项目来反映企业的市场竞争程度，因子分析后得到两个负载大于1（1.464、1.057）的因子，第一因子包含前三项（第三项的符号与前两项相反），被命名为"竞争压力"因子，第二因子包含第四项，因程度中庸而被舍弃。将前两项得分反转后，与第三项合并简单算术平均，用来计量"竞争压力"因子。竞争程度的样本分布见表2-82。

（3）公司战略。问卷有六个关于战略重点的条目和四个关于竞争重点的条目①，因子分析后得到5个负载大于1的因子，其中第一因子和第二因子可以概括为创新战略和成本战略②，其他因子则表现为各项战略的混合，因特征不明显而被舍去。公司战略的样本分布见表2-82。

表2-82　竞争程度和公司战略的样本分布

指　标	5.1—6	4.1—5	3.1—4	2.1—3	1.1—2	0—1
竞争压力	9.50%	18.55%	30.32%	24.43%	14.03%	3.17%
成本战略	16.74%	18.55%	17.19%	17.19%	25.79%	4.52%
创新战略	5.88%	14.48%	22.17%	23.08%	15.84%	18.55%

（4）授权程度。调查中，授权程度根据"高层任用"、"中层任用"、"员工任用"、"经营"、"评价"以及"战略决策"等的决策权来源划分，来源包括"政府或组织部门"、"上级公司"、"本公司董事会"、"本公司管理层"、"基层领导或职代会"，并分别赋值0、1、2、3、4。若某一项目有多选，则以高分值为准。对六个授权变量进行因子分析，得到两个负荷大于1（1.81、1.09）的因子，分别命名为"重要管理授权"和"一般人事授权"，两因子分别包括"高层任用授权"、"经营授权"、"评价授权"、"战略决策授权"四项和"中层任用授权"和"员工任用授权"两项，前四项的cronbach's $\alpha = 0.627$，后两项的pearson相关系数0.202（p值0.003），分别对前四项和后两项的观测值进行简单算术平均，作为这两个因子的得分，于是按两因子大小的样本分布如表2-83所示。

表2-83　授权程度的样本分布

授权程度	3.1—4	2.1—3	1.1—2	0.1—1	0
重大管理授权	9.05%	66.52%	21.72%	2.71%	0.00
一般人事授权	8.14%	79.19%	10.41%	1.81%	0.45%

① 包括：（1）创新产品，强调技术的先进性、设计的新颖性；（2）追求质量，避免退货、返工等质量问题；（3）客户为中心，强调客户服务，重视客户满意度；（4）降低成本，减少消耗，提高盈利性；（5）提高市场占有率，扩展新领域和新市场；（6）人才为中心，吸引、培养、留住人才。（7）价格和成本方面，（8）质量和技术方面，（9）客户服务方面，（10）独特的设计创新。其中，（1）—（6）用来反映战略重点，（7）—（10）用来反映竞争重点。

② 创新战略因子包括（1）、（8）、（9）、（10）四项，其整合的cronbach's $\alpha = 0.7727$，用这四项得分的简单算术平均数来计量"创新战略"；（4）、（7）两项用来反映战略重点，其pearson相关系数0.397（p值0.000），用这两项的简单算术平均数来计量"成本战略"。

由表 2 - 83 可知，样本企业的主要权力集中于公司董事会或经理层，但上级公司对重要管理活动拥有较多的决策权。

（5）企业规模。对企业的销售额与雇员人数分别取自然对数并求和，四舍五入后取整，得到规模变量，取值范围在 2—17。

（6）制造行业。样本企业属于制造业的，取值为 1，其他行业取值为 0。

（7）高科技行业。样本企业属于信息技术行业（IT）、制造业中的机械设备、医药、电子等行业的，定义为具有高科技行业特征，取值为 1，其他行业取值为 0。

3. 控制变量

（1）财务人员。受访者为高级或中级财务人员的，取值为 1，其他岗位的取值为 0。

（2）高层管理者。受访者为高级管理人员或高级财务人员的，取值为 1，其他岗位的取值为 0。

（3）其他控制变量。检验中还采用了产权属性变量，包括上市公司、外资企业、民营企业；地区属性变量，分为东南部、东北部和中西部。

五、统计检验结果

（一）ABC 法应用程度检验

我们将效能选择观预期的成本结构变量（制造费用比例和间接费用比例）、竞争压力变量和战略变量（创新战略和成本战略），被动选择观预期的授权变量（重大授权和一般人事授权），模仿观预期的规模变量、行业变量，以及产权有关的控制变量（上市公司、外资企业、民营企业），地区控制变量（东南部、东北部、中西部）和受访者身份控制变量（财务人员、高管人员）引入关于作业成本法应用的回归模型，采用 backward 法逐步分别对“多动因分配成本”和“期间费用分配”进行回归，结果见表 2 - 84。

由表 2 - 84 可见，我国企业多动因成本分配程度显著受到制造费用比例、间接费用比例和企业规模的影响，且在高科技企业的应用程度更高；而期间费用的分配程度则受到间接费用比例的显著影响，并在高科技企业的应用程度更高，在上市公司较低。显然，成本结构和高科技企业的检验结果支持效能选择理论，企业规模的检验结果支持模拟理论，而上市公司因素的负向影响难以解释。也就是说，ABC 在中国企业的应用程度在相当程度上支持效能选择理论，并部分支持模仿理论，但不支持被动选择理论。

表 2-84　**ABC 法应用程度的回归分析**

因变量 / 自变量	多动因分配成本 系数	多动因分配成本 t值（p值）	期间费用分配 系数	期间费用分配 t值（p值）
制造费用比例	2.072***	3.089（0.002）		
间接费用比例	1.067***	2.984（0.003）	1.354***	2.899（0.004）
企业规模	0.071**	2.068（0.04）	0.075	1.584（0.115）
高科技企业	0.835***	3.316（0.001）	1.058***	3.219（0.001）
民营企业	0.397	1.543（0.124）		
上市公司			-0.676**	-1.975（0.05）
Ad. R^2	0.128		0.08	
F值（p值）	7.181（0.000）		5.58（0.000）	

注：显著性水平符号*表示10%，**表示5%，***表示1%。

（二）成本信息的使用程度

将上述两个ABC应用程度因子变量及有关控制变量分别代入六个关于成本信息的使用程度因子变量的回归方程中，检验结果如表2-85所示。

表 2-85　**成本信息使用程度的回归分析**

（无控制变量，括号内为t值）

	信息使用综合计量	常规使用成本信息	预测使用成本信息	评价使用成本信息	常规决策变化	非常规决策变化
期间费用分配	0.058 （1.657*）	0.022 （0.396）	0.13 （2.32**）	0.076 （1.256）	0.038 （1.259）	0.026 （0.853）
多动因分配	0.137 （3.06***）	0.256 （3.61***）	0.102 （1.445）	0.191 （2.48**）	0.074 （1.96*）	0.058 （1.494）
ad R^2	0.089	0.075	0.055	0.055	0.039	0.017
F统计（p值）	11.763*** （0.000）	9.978*** （0.000）	7.418*** （0.001）	7.445*** （0.001）	5.417*** （0.005）	2.905* （0.057）

注：显著性水平符号*表示10%，**表示5%，***表示1%。

由表2-85可知，总体来看，成本信息的使用程度与ABC的应用程度之间存在显著的正相关关系，表明ABC的应用对成本信息的使用有明显的促进作用，即ABC应用程度愈高，在企业管理的有关决策活动中成本信息的使用程度愈高。不过，从成本信息使用程度五个具体因子的回归结果来看，虽然ABC应用程度的两个因子对成本信息使用程度的五个因子均有正面的促进作用，但它们对五个因子的影响程度不同。其中，“多动因分配”因子对成本信息在“常规使用”、“评价使用”和“常规决策”的使用程度具有明显的正面影响；而“期间费用分配”因子却只对成本信息在“预测使用”中的使用程度具有显著影响，表明“多动因分配”理念和方法接受程度更高的企业，在常规性使用成本信息（存货管理、定价决策、产量品种决策等）和评价（业绩评价、确定报酬等）方面有更多的贡献；而将“期间费用分配”到更多成本对象，有助于成本信息的预测性使用（编制预算、投资决策、招投标等）。应用程度的两个因子对成本信息在“非常规决策”中的使用程度均无显著影响。

为检验上述回归结果的稳定性，我们还将其他解释变量和控制变量加入到上述六个关于成本信息使用程度的回归方程中，采用backward法进行逐步回归，结果如表2-86所示。

表2-86　成本信息使用程度的回归分析（有控制变量）

	信息使用综合计量	常规使用成本信息	预测使用成本信息	评价使用成本信息	常规决策变化	非常规决策变化
多动因分配	0.085 (1.89*)	0.2 (3.23***)		0.156 (2.01**)		
期间费用分配	0.073 (2.12**)		0.161 (3.37***)	0.083 (1.355)	0.057 (2.28**)	0.042 (1.673*)
制造费用比例	1.161 (2.83***)	2.293 (3.51***)	1.838 (2.18**)		1.318 (3.94***)	0.831 (1.85*)
企业规模			0.084 (2.56**)			
制造行业			-0.642 (-2.16**)			0.235 (1.673*)
外资企业	-0.397 (-2.97***)	-0.506 (-2.29**)		-0.385 (-1.65*)	-0.38 (-3.38***)	-0.303 (-2.66***)
民营企业			0.523 (2.16**)			

续表

	信息使用综合计量	常规使用成本信息	预测使用成本信息	评价使用成本信息	常规决策变化	非常规决策变化
东部地区		0.453 (1.97**)	-0.457 (-1.97**)			
财务人员	0.197 (1.65*)					0.199 (1.88*)
高管人员			0.399 (2.06**)			
Ad R^2	0.132	0.123	0.114	0.05	0.104	0.112
F统计 (p值)	7.41 (0.000)	8.408 (0.000)	4.888 (0.001)	4.738 (0.003)	9.129 (0.005)	6.342 (0.057)

注：(1) 表格内为回归系数，括号内为t值。

(2) 显著性水平符号*表示10%，**表示5%，***表示1%。

由表2-86可见，成本信息的使用程度与ABC的应用程度依然呈现显著的正向关系，说明总体上看ABC的应用对企业更好地利用成本信息进行管理和决策确实起到了正面的积极作用。另外，制造费用比例的回归系数显著为正，表明生产成本中的制造费用比例愈高，成本信息在决策中愈被经常使用。这一结果支持了创新有益观和效能选择解释。

六、小　结

我们旨在研究ABC这一管理会计创新方法在我国企业的应用动因。研究发现，ABC在我国企业的应用程度受到成本结构、企业规模以及是否为高科技企业三个因素的显著影响，并且这些影响均是正向的，即企业总成本中间接费用的比例愈高（包括生产成本中的制造费用）、企业规模愈大，ABC的应用程度愈高；高科技企业应用ABC的程度显著高于其他企业。具体来看，多动因成本的分配程度受到制造费用比例、间接费用比例、企业规模和高科技行业四个因素的显著影响；而期间费用的分配程度则明显受到间接费用比例和高科技行业两个因素的影响。这些结论表明ABC在我国企业的应用实践在很大程度上支持效能选择理论解释，并部分支持模仿理论或者供给推动的解释，而不支持被动选择理论的解释。

另外，研究还发现，成本信息在我国企业决策中的使用程度与 ABC 的应用程度正向相关：ABC 的应用程度愈高，成本信息在企业有关决策中的使用程度愈高，也就意味着成本信息发挥的作用愈大，这进一步支持了效能选择理论，表明采纳 ABC 的我国企业除了部分由于供给资源充沛而可能模仿创新外，主要还是由于自主理性选择的结果，而非外力强迫所致。我们认为，这正是 ABC 的生命力所在，它使我们相信，在更先进的成本核算体系出现之前，ABC 一定会根植于企业实践的土壤中，顽强地生存下去。

那么，为什么近期关于 ABC 的讨论明显降温呢？我们认为，主要是因为经过近 20 年的传播，ABC 已逐渐为世人所熟悉，并成为许多成本会计或管理会计教材的组成部分，以及有关职业培训的内容之一，热潮过后是冷却，这是所有新知识到旧知识演进的自然规律，这可从近年来“知识经济”、“新经济”等理论的冷热变化中找到答案。我们认为，这种冷却只是意味着 ABC 不再时尚，但并不表明 ABC 已经过时。实际上，现有关于 ABC 的大量文献都是知识介绍性的，尤其是在 ABC 出现的初期，这一现象更为明显。而在 20 年后的今天，这种介绍性的文章显然已经过时，不再时尚，没了市场。现在，人们对 ABC 的关注已由最初的理论学习转向了实际应用，关注者也不再是最初的时尚追随者和普通大众，剩下的只是少数对 ABC 真正感兴趣的研究者和实践者。我们相信，只要采纳 ABC 能够给企业带来好处，能够提高企业的管理和决策效果，那么 ABC 虽然可能会从多数学者的研究视野中消失，但一定不会从某些企业的实践中消亡。令人欣慰的是我们研究发现，近三分之一的样本企业采纳 ABC，主要还是出于效能选择，所以我们认为，ABC 没有消亡，也不会消亡。

另外，我们通过调查还发现：

第一，相当多样本企业的间接成本比例较高。调查发现，在样本企业的总成本中，管理、研发、营销配送和客户服务等间接费用所占的比例平均为 26.70%，其中 41.18% 的企业这一比例在 20% 以下，但有 20.07% 的企业超过 60%；在制造业企业的产品成本中，制造费用所占的比例平均为 55.88%，其中 28.32% 的企业这一比例超过了 80%，51.44% 的企业高于 60%。这些数据表明，间接成本在样本企业的总成本及产品成本中（包括制造费用及其他间接费用）占有较高比例，这一部分费用分配的准确程度将对企业的相关经营管理决策产生直接影响，因此，当前我国企业有必要在成本核算中引入更为准确的费用分配方法及核算体系，采纳 ABC 对于这些企业应该是一个正确的选择。

第二，ABC 在样本企业已有一定程度的应用。调查发现，30.77% 的样本企业在对期间费用实行多动因分配上的得分高于 3 分（取值 1—6 分），37. 10% 的企业在对制造费用实行多动因分配上的得分高于 3 分。这表明，我国目前有近三分之一的企业在分配间接费用时一定程度上采用了 ABC 的理念和方法。戈瑟林（Gosselin，1997）曾根据对组织产生变动的影响程度，将作为组织创新活动的“作业管理（activity management，AM）”分为三个层次：作业分析（activity analysis，AA）、作业成本分析（activity cost analysis，ACA）和作业成本计算（activity - based costing，ABC）。作业成本法的本质是对传统成本计算和成本管理的变革，实践中我们未必一定要用严格的 ABC 程序取代成本核算，而是应当根据各个企业的管理需要采用适合自己的成本信息获取方法，这样才能达到最佳效果。

第三，成本信息在企业决策中发挥了一定作用。调查发现，41. 48% 的样本企业在存货管理、定价决策、产量品种决策、编制预算、投资决策、招投标、业绩评价、确定报酬等 8 项活动中使用成本信息的得分超过 3 分（取值 0—5），71. 95% 的企业在这 8 项活动中比 3 年前更多地使用成本信息的得分高于 2 分（取值 1—3），这些都表明成本信息在样本企业的有关决策活动中发挥了一定作用。

第四，ABC 的应用程度对成本信息的决策支持作用有正面影响。由表 2 - 85和表 2 - 86 的回归结果可见，多动因分配和间接费用分配都对成本信息的使用程度有显著的正向影响，说明 ABC 的应用程度愈高，成本信息的使用程度愈大。这是因为 ABC 的应用程度愈高，提供的成本信息愈详细、愈准确，与决策愈相关，因而愈能满足决策需要。因此，扩大 ABC 的应用范围，深化 ABC 的应用程度，是提高成本信息应用价值的重要途径。当然，从实证结果看，ABC 的应用程度还受到企业规模、行业属性和成本结构等客观因素的影响。这就是说，ABC 可能并不适合于所有行业、所有企业，因此在决定是否采纳 ABC 时既要考虑领导态度等主观条件，更要从企业的实际情况出发，尊重客观规律，不能一哄而上。

本书的创新之处在于通过实证方法分析 ABC 在中国企业的应用动因，并得出了效能选择的研究结果。这一结果让我们在 ABC 的讨论由热转冷过程中看到了 ABC 的生存希望。

本书的另一创新之处是采用应用程度而非采纳与否来衡量 ABC 在企业的应用状况。我们认为，这可能更加符合企业实践的实际情况。因为任何企业可能都难以严格按照 ABC 理论所要求的对所有费用均按不同的动因进行归集和分配。我们认为，只要企业采用了多动因的分配方法，只要费用分配基础比过去增加了，那么就可认为该企业在一定程度上应用了 ABC，而不能否定它的应用，尽管其应用可能还是局部的、粗糙的、初步的。这样做的好处：一是能够吸引更多的企业关注 ABC 乃至应用 ABC，而不必对全面实施 ABC 所必须具备的种种条件望而生畏，可以从小事做起、从局部做起、从简单做起，待条件成熟时再逐渐扩大应用范围，提高应用程度；二是能够提高人们对 ABC 的信心。过去，人们通常采用“是否采纳（adoption）或实施（implement）ABC”之类的简单问题来了解 ABC 在企业的实施情况（如 Ittner 等人，2002；Al - Omiri、Drury，2007），这可能是 ABC 普及率不高的一个重要原因，相反，如果采用本书的“应用程度”来衡量，其要求就要比“是或否”更宽松，ABC 在企业的使用率就会更高，就可消除人们对 ABC 是否过时了的担心。另外，我们还采用多指标方法来衡量 ABC 在企业的应用情况，以避免单一指标可能带来的偏差。

当然，我们的研究也存在一些不足：一是由于样本不是随机获取的，因而无法确认研究结论能否推广到中国的所有企业；二是每家公司仅依赖单个受访者，难以确保其看法能够准确反映企业的实际情况；三是问卷并非专门为 ABC 应用而设计，调查涉及的内容较多，因而调查内容不够深入。因此，日后的进一步研究可以考虑从更大的区域和行业范围内随机抽取更多样本，并增加每个样本公司的受访人数。另外，也可考虑采用其他数据收集方法，如访谈、案例研究等；引入其他变量，如经营环境、企业绩效、应用时间、成本库数、资源动因数、成本动因数等。

本章参考文献

1. Abrahamson，E. 1991. Managerial Fads and Fashions：The Diffusion and Rejection of Innovations. *The Academy of Management Review*，16（3）：586 - 612.

2. Afrawal，P. S.，Zabihollah Rezaee，Hong，S. Pak. 2006. Continuous Improvement：An Activity - Based Model. *Management Accounting Quarterly*，Spring.

3. Alcouffe，S.，N. Berland and Y. Levant. 2008. Actor - networks and the diffusion of management accounting innovations：A comparative study. *Management Accounting Research 19*（March）：1 - 17.

4. Al - Omiri，M.，and C. Drury. 2007. A survey of factors influencing the choice of product costing systems in UK organizations. *Management Accounting Research*，18：399 - 424.

5. Anderson，B.，C. E. Davis，Elizabeth B. Davis，Mick，Twomey. 2004. How To Create An Activity Management Program That Lasts. *Strategic Finance*，Feb.

6. Anderson, S. W. 1995. A framework for assessing cost management system changes: the case of activity based costing implementation at general motors, 1986 - 1993. *Journal of management accounting research*, 7: 1 - 51.

7. Anderson, S. W. and W. N. Lanen, 1999. Economic transition, strategy and the evolution of management accounting practices: the case of India. *Accounting, Organizations and Society* 24 (5 - 6): 379 - 412.

8. Arnaboldi, M., I. Lapsley. 2005. Activity Based Costing in Healthcare: A UK Case Study. *Research in Healthcare Financial Management*; 10: 61 - 75.

9. Ask, U., and Ax, C. 1992. Trends in the Development of Product Costing Practices and Techniques—A Survey of the Swedish Manufacturing Industry, FE - rapport: 333, Department of Business Administration, Gothenburg School of Economics and Commercial Law.

10. Baxendale, J. S., M. Gupta, P. S. Raju. 2005. Profit Enhancement Using an ABC Model. *Management Accounting Quarterly*, Winter.

11. Baxendale, J. S., P. S. Raju. 2004. Using ABC To Enhance Throughput Accounting: A Strategic Perspective. *Cost Management*, Jan/Feb.

12. Baxendale, J. S., P. S. Raju, Mahesh, Gupta. 2006. The Selection of Actionable Cost Objects for an Activity - Based Costing System. *Management Accounting Quarterly*, Spring.

13. Bjørnenak, T. 1997. Diffusion and accounting: the case of ABC in Norway. *Management Accounting Research* (8): 3 - 17.

14. Blocher, E., B. Wong, Christopher, T. McKittrick. 2002. Making bottom - up ABC work at Reichhold, Inc.. *Strategic Finance*, Apr.

15. Byerly, D., E. Revell, Stan, Davis. 2003. Benefits of activity - based costing in the financial services industry. *Cost Management*, Nov/Dec.

16. Chandler, A. 1977. The visible hand: the managerial revolution in American Business. Cambridge, MA: Harvard Business School Press. (中译本, 重武译王铁生校, 商务印书馆 1987 年第 1 版).

17. ChiuIp, P., P. W. Li, Joseph, S., W. Yau. 2003. Application of Activity Based Costing (ABC): The case of a non - government organization. *International Journal of Management*, Sep.

18. Clinton, B. D. and D. E. Keys. 2002. Resource consumption accounting: The next generation of cost management system. *Focus Magazinee* (5): 1 - 6.

19. Cohen, S., G. Venieris, & E.. Kaimenaki. 2005. ABC: adopters, sup-

porters, deniers and unawares, *Managerial Auditing Journal* 20 (9): 981 - 1000.

20. Colin, Drury, and Mike, Tayles. 1995. Issues arising from surveys of management accounting practice. *Management Accounting Research*, 6 (3): 267 - 280.

21. Cooper, R ., 1988. The Rise Of Activity-Based Costing—Part Two: When Do I Need an Activity-Based Cost System, *Journal of Cost Management*, 2 (3): 41-48.

22. Cooper, R. , & R. Kaplan. . 1988. How cost accounting distorts product costs. *Management Accountin*, 69 (10): 20-27.

23. Côté, J. 2005. Activity-Based Life-Cycle Costing. *Strategic Finance*, Sep.

24. Covaleski, M. A. , M. W. Dirsmith, S. Samuel. 1996. Managerial accounting research: the contributions of organisational and sociological theories. *Journal of Management Accounting Research* (8): 1-35.

25. Douglass, Cagwin, and Marinus, J. Bouwman. 2002. The association between activity-based costing and improvement in financial performance, *Management Accounting Research*, 13: 1 - 39.

26. Emblemsvåg, J. 2004. Activity-Based Costing and Economic Profit: Why, What, and How. *Cost Management*, Jul/Aug.

27. Eric, Noreen, Eric, Noreen, and Naomi, Soderstrom. 1994. Are overhead costs strictly proportional to activity? Evidence from hospital departments. *Journal of Accounting and Economics*, 17 (1): 255 -278.

28. Foster, G. , and D. W. Swenson. 1997. Measuring the success of activity - based cost management and its determinants. *Journal of Management Accounting Research*, 9: 109-141.

29. Friedl, G. , H. Küpper, Burkhard, Pedell. 2005. Relevance Added: Combining ABC with German Cost Accounting. *Strategic Finance*, Jun.

30. George, Foster, Dan, W. Swenson. 1997. Measuring the Success of Activity-Based Cost Management and Its Determinants. *Journal of Management Accounting Research*, 9: 109 -141.

31. Gerdin, J. & J. Greve, 2004. Forms of contingency fit in management accounting research—a critical review. *Accounting, Organizations and Society*. 29 (3): 303 -326.

32. Gosselin, M. 1997. The Effect of Strategy And Organizational Structrue On the Adoption And Implementation Of Activity-Based Costing. *Accounting, Organizat-*

fons and Soclefy, 22 (2): 105 – 122.

33. Gunasekaran. 1999. Activity Based Costing In Small and Medium Enterprises. *Computers & Industrial Engineering*, 37: 407 – 411.

34. Heaney, M. 2004. Easy as ABC? Activity–based costing in Oxford University Library Services. *The Bottom Line.*

35. Hoque, Z. and W. James, 2000, Linking Balanced Scorecard Measures to Size and Market Factors: Impact on Organizational Performance, *Journal of Management Accounting Research.* (12): 1 – 17.

36. Horngren, C. T., G. L. Sundem and W. O. Stratton. 2002. Introduction to Management Accounting (12 ed.) Prentice – Hall, Inc.

37. Innes, J. and F. Mitchell. 1995. A survey of activity–based costing in the UK's largest companies. *Management Accounting Research*, 6 (6): 137 – 154.

38. Innes, J. & F. Mitchell. 1997. Survey research on activity–based costing: a reply to Dugdal and Jones. *Management Accounting Research*, (8) 2: 241 – 249.

39. Innes, J., F. Mitchell, D. Sinclair. 2000. Activity based costing in the UK's largest companies: a comparison of 1994 and 1999 survey results. *Management Accounting Research* 11 (3): 349 – 362.

40. Institute of Management Accountants. 1999. Counting More, Counting Less. Transformations in the Management Accounting Profession. IMA Publications, Montvale, NJ.

41. International Federation of Accountants. 1998. International Management Accounting Practice Statement: Management Accounting Concepts. International Federation of Accountants, New York.

42. Ittner C. D. and D. F. Larcker. 1998. Are nonfinancial measures leading ndicators of financial performance? An analysis of customer satisfaction. *Journal of Accounting Research*, 36: 1 – 35.

43. Ittner, C. D. and D. F. Larcker. 2002. Determinants of performance measure choice in worker incentive plans. *Journal of Labor Economics.* 20 (2): 59 – 91.

44. Ittner, C. D., D. F. Larcker, and M. V. Rajan. 1997. The Choice of Performance Measures in Annual Bonus Contracts. *The Accounting Review*, 72 (2): 231 – 255.

45. Ittner, C. D., W. N. Lanen, and D. F. Larcker. 2002. The association between ABC and manufacturing performance. *Journal of Accounting Research*, 40 (3): 711 – 726.

46. John, Innes, Falconer, Mitchell, and Donald, Sinclair. 2000. Activity - based costing in the U. K. 's largest companies: a comparison of 1994 and 1999 survey results. *Management Accounting Research*, 11 (3): 349 - 362.

47. Jones, T. C., and D. Dugdale. 2002. The ABC bandwagon and the juggernaut of modernity. Accounting. *Organization and Society*, 1: 121 - 163.

48. Kaplan, R. S. and A. A. Atkinson. 1998. Advanced management accounting (3 ed.). Prentice Hall, Inc.

49. Kaplan, R. S. 2006. The Competitive Advantage of Management Accounting. *Journal of Management Accounting Research*, 18: 127 - 135.

50. Kevin, M. Baird, Graeme, L. Harrison, Robert, C. Reeve. 2004. Adoption of Activity Management Practices: A Note on the Extent of Adoption and the Influence of Organizational and Cultural Factors. *Management Accounting Research*, 15: 383 - 399.

51. Kocakülâh, C. M., B. D. Crowe. 2005. Utilizing Activity - Based Costing (ABC) To Measure Loan Portfolio Profitability in a community bank. *Cost Management*, Jul/Aug.

52. Kocakulah, C. M., S. Basham. 2004. Using ABC To Manage Retirement Plan Trustee's Record-Keeping Costs. *Cost Management*, Jan/Feb.

53. Krumwiede, K. R. 2005. Rewards and Realities of German Cost Accounting. *Strategic Finance*, Apr.

54. Krumwiede, K. R., and S. L. Charles. 2006. Finding the right mix. *Strategic Finance*, 4: 37 - 43.

55. Lawson, A. R. 2005. The Use Of Activity Based Costing In The Healthcare Industry: 1994 vs. 2004, *Research in Healthcare Financial Management*, (10) 1: 77 - 95.

56. Libby, T. and J. H. Waterhouse. 1996. Predicting change in management accounting systems. *Journal of Management Accounting Research*, (8): 137 - 150.

57. Luft, J. L. 1997. Long - term change in management accounting: perspectives from historical research. *Journal of Management Accounting Research*, (9): 163 - 197.

58. Luft, J. 2006. The Competitive Advantage of Management Accounting. *Journal of Management Accounting Research*, 18: 125 - 126.

59. Maelah, R., D. N. Ibrahim. 2006. Activity Based Costing (ABC) Adoption Among Manufacturing Organizations-The case of Malaysia. *International Journal of Business and Society*, Jan.

60. Malmi, T. 1999. Activity-based costing diffusion across organizations: an explorator empirical analysis of Finnish firms. *Accounting*, *Organizations and Society*, 24: 649 - 672.

61. Maurice, Gosselin. 1997. The effect of strategy and organizational structure on the adoption and implementation of activity-based costing. *Accounting*, *Organization*, *and Sociey*, 22 (2): 105 - 122.

62. McGowan, A. S., and T. P. Klammer. 1997. Satisfaction with activity-based cost management implementation. *Journal of management accounting research*, 9: 217 - 237.

63. Michael, Bromwich, and Cheolkyu, Hong. 1999. Activity-based costing systems and incremental costs. *Management Accounting Research*, 10 (1): 39 - 60.

64. Neumann, R. B., J. H. Gerlach, Edwin, Moldauer, Michael, Finch, Christine, Olson. 2004. Cost Management Using ABC for IT Activities and Services. *Management Accounting Quarterly*, Fall.

65. Noreen, E. and N. Soderstrom. 1994. Are overhead costs strictly proportional to activity? Evidence from hospital departments. *Journal of Accounting and Economics*, 17 (1): 255 - 278.

66. Sharman, P. A. 2003. Bring on German cost accounting. *Strategic Finance*, 12: 30 - 38.

67. R. C. Sweeting, and R. E. Davies. 1995. Industrial innovation and parallel accounting developments. *Technovation*, 15 (5): 289 - 302.

68. Robert, Chenhall, and Deigan, Morris. 1991. The effect of cognitive style and sponsorship bias on the treatment of opportunity costs in resource allocation decisions. *Accounting*, *Organizations and Society*, 16 (1): 27 - 46.

69. Robert, Simons. 1987. Accounting control systems and business strategy: An empirical analysis. *Accounting*, *Organizations and Society*, 12 (4): 357 - 374.

70. Robert, Simons. 1990. The role of management control systems in creating competitive advantage: New perspectives. *Accounting*, *Organizations and Society*, 15 (1 - 2): 127 - 143.

71. Robin, Cooper, and Robert, S. Kaplan. 1988. How cost accounting distorts product costs. *Management Accounting* (*U. S. A.*), 69 (10): 20 - 27.

72. Robin, Cooper, and Robert, S. Kaplan. 1991. Profit priorities from activity based costing. *Harvard Business Review*, 69 (3): 130 - 136.

73. Robin, Cooper, and Robert, S. Kaplan. 1991. The Design of Cost Man-

agement Systems, Prentice-Hall, Englewood Cliffs, NJ.

74. Ruhanita, Maelah, and Daing, Nasir, Ibrahim. 2006. Activity based costing (ABC) adoption among manufacturing organizations - the case of malaysia. *International journal of business and society*, 7 (1): 70 - 101.

75. Sandra, Cohen, George, Venieris, Efrosini. Kaimenaki. 2005. ABC: adopters, supporters, deniers and unawares. *Managerial Auditing Journal*, 20, 8/9; ABI/INFORM Global: 981 - 1000.

76. Shields, M. D. 1995. An empirical analysis of firms' implementation experiences with activity-based costing. *Journal of Management Accounting Research*, 7: 148.

77. Simons, R. 1987. Accounting control systems and business strategy: An empirical analysis. *Accounting, Organizations and Society*, 12 (4): 357 - 374.

78. Simons, R. 1990. The role of management control systems in creating competitive advantage: New perspectives. *Accounting, Organizations and Society*, 15 (1): 127 - 143.

79. Swenson, D. 1995. The benefits of activity-based cost management to the manufacturing industry. *Journal of Management Accounting Research*, 7: 167 - 180.

80. Takeo, Yoshikawa, John, Innes, and Falconer, Mitchell. 1994. Applying functional cost analysis in a manufacturing environment. *International Journal of Production Economics*, 36 (1): 53 - 64.

81. Teemu, Malmi. 1999. Activity-based costing diffusion across organizations: an exploratory empirical analysis of Finnish firms. *Accounting, Organizations and Society*, 24: 649 - 672.

82. Trond, Bjørnenak. 1997. Diffusion and accounting: the case of ABC in Norway. *Management Accounting Research*, 8: 3 - 17.

83. White, L. 2004. Why Look at German Cost Management? *Strategic Finance*, Sep: 6 - 25.

84. William, D. J. Cotton, Susan, M. Jackman, Richard, A. Brown. 2003. Note on a New Zealand replication of the Innes et al. UK activity-based costing survey. *Management Accounting Research*, 14: 67 - 72.

85. W. L., Currie. 1999. Revisiting management innovation and change programmes: strategic vision or tunnel vision? *The international journal of management science*, Omega 27: 647 - 660.

86. Zeller, L. T., D. R. Kublank, Philip, G. Makris. 2001. How art. com

uses ABC to succeed. *Strategic Finance*, Mar.

87. 陈晓光："作业成本法及其在中国的应用"，《财经广场》2004 年第 6 期。

88. 胡奕明："ABC、ABM 在我国企业的自发形成与发展"，《会计研究》2001 年第 3 期。

89. 李宏健：《现代管理会计（第九版）》，中国财政经济出版社 1998 年版。

90. 孟涛："论国有大中型企业的集权与分权"，《税收与企业》2000 年第 12 期。

91. 闵晓平："中小企业技术创新战略的选择"，《工业技术经济》2001 年第 4 期。

92. 南京大学会计系课题组："中国企业成本管理方法及其效果的调查分析"，2001 年 7 月。

93. 欧佩玉、王平心："作业分析法及其在我国先进制造企业的应用"，《会计研究》2000 年第 2 期。

94. 潘飞、文东华："实证管理会计研究现状及中国未来的研究方向——基于价值管理视角"，《会计研究》2006 年第 2 期。

95. 铁路运输企业应用案例研究课题组："作业成本法在我国铁路运输企业应用的案例研究"，2001 年 2 月。

96. 王光远："对 ABC 相关研究的回顾及其动因分析"，《当代财经》1994 年第 6 期。

97. 颜丽："作业成本法适用环境分析"，《财会通讯》2003 年第 10 期。

98. 杨继良："国外作业成本法推行情况的调查综述"，《会计研究》2005 年第 7 期。

99. 张朝宓、熊焰韧：《当代管理会计研究》，北京大学出版社 2006 年版。

100. 张娆："作业成本法的利弊分析——兼论 ABC 法在我国的应用"，《东北财经大学学报》2002 年第 4 期。

101. 赵杰："美国通用电气的集权与分权"，《政策与管理》2000 年第 10 期。

102. 朱云、陈工孟："作业成本法在香港应用的调查分析"，《会计研究》2000 年第 8 期。

第三章

平衡计分卡应用调查

第一节

平衡计分卡在全球的应用状况

本章运用国外文献检索和国内调查获得的资料，观察了平衡计分卡在国内外的实践发展。我们发现各种研究报告的使用率有较大的差异，除了样本本身的不同之外，与“平衡计分卡运用”的概念定义也有很大的关系。本研究参考了以前学者的不同定义，把平衡计分卡的运用根据其主要作用——作为业绩评价工具还是战略管理工具分为两方面，在每种作用中又根据运用平衡计分卡原理的程度各分为两个类型。在此基础上对中外平衡计分卡的实践进行了观察，发现平衡计分卡的实践效果与对其原理的全面理解和体现有关。

一、导言

平衡计分卡（Balanced Scorecard）作为一种创新型的管理工具，在15年的发展期里有了比较充分的传播——它在各国不断被创新引用，使用范围也逐渐变广，从营利组织到非营利组织，从大公司到小公司，也积累了相当广泛的实践资料（Butler et al.，1997；Rigby，2001；Anand et al.，2005；Bible et al.，2006）。但是，在这一发展和应用过程中也存在着各种不同的评价和争论。

实践的发展为本研究积累了丰富的素材，争论更增加了厘清思想的紧迫性。在宣传的浪潮过去之后，对平衡计分卡实践进行理性地观察与思考，既有可能更有必要，这就是本研究的出发点。

本章的研究方法包括文献检索（问卷、案例）以及企业的调查。在所阅读的文献中，与平衡计分卡（包括业绩评价）有关的文章共43篇①，时间分布为2000年以前12篇、2000年3篇、2001年8篇、2002年2篇、2003年5篇、2004年3篇、2005年6篇、2006年4篇；研究方法包括问卷15篇、文献研究8篇、实验3篇、实地个案研究4篇等。文章主题涉及业绩评价指标体系和标准的构建、平衡计分卡过程的实施、平衡计分卡在各国或各行业的实践情况，以及平衡计分卡的作用和影响。

我国企业的调查资料是由南京大学和美国圣地亚哥州立大学会计学者联合进行的一项针对境内大中型企业的高级管理者和高级财会人员的调查。自2006年6月开始发放调查表，期间共发出800余份，调查途径为邮寄、访问等多种方式。截至9月中下旬共收到了257份回复，除去36份数据不完整的，最后我们总共得到221份有用的数据，反馈比例约为27.6%。

在反馈者中有50位（占22.6%）为高级财务人员，34位（占15.4%）为除财务以外的高层管理者，81位（占36.7%）为中级财务人员。平均来说，完成我们这项调查的人员在他们的公司服务了8.83年，因此，问卷的回答者对他们服务的企业有充分的了解，这使得他们在回答我们的问题时给出的答案具有更强的说服力。

调查的企业类型很广，有制造业、采掘业、建筑业、金融保险业、社会服务业、交通运输业、仓储业、批发零售贸易等等。

本书的研究目的及意义就在于把中国的实践观察融合在世界范围的实践背景中，回答现存的质疑与反思，推动业绩评价实践发展，以期对实现组织战略目标发挥更积极的作用。

二、平衡计分卡的采用率报告

在平衡计分卡发展的10多年时间里，它的实践使用情况究竟如何呢？在国外有不少文章对其实践进行了研究，他们大多采用调查问卷的形式，包括访谈或邮件，调查对象遍布欧、美、澳、亚各个洲（如英国、芬兰、德语系国家、美国、加拿大、澳大利亚、印度），涉及的行业有制造业、银行、通讯、

① 资料主要选自近年来的 Strategic Finance; Financial Management (Management Accounting); Management Review; Management Accounting Research 等刊物。

媒体、零售、金属、石油天然气、公共设施以及非营利组织如医院等。接受调查者包括首席执行官、一般管理者、会计或财务人员等。对此，本书综合各种文献资料，对平衡计分卡在各洲、各国的使用情况进行了汇总和比较。

根据《计分卡全球化》（Lawson，R.，et al.，2006）一文统计，平衡计分卡全球采用率如表 3-1 所示。另外在对 1993—1999 年北美、欧洲、南美的 15 个国家的 5157 个高级管理者的调查中（Rigby，2001）发现有 44% 的公司使用平衡计分卡，同时通过 1—5 分的工具满意度的评分，平衡计分卡的满意度达到 3.85，高于其他管理工具满意度的平均水平（3.76）。

表 3-1　对不同地区使用计分卡系统的回复者的调查①

地区	使用计分卡系统的公司数	回复者总数	使用计分卡系统的占比
非洲（南非为主）	13	19	68%
亚洲（包括中东）	31	62	50%
欧洲	53	137	39%
美国和加拿大（“北美”）	74	135	55%
南美和中美（“南美”）	22	28	79%
合计	193	382*	51%

*回复者总数中包括一家地区来源未知的公司。

综合我们所搜集的 1993—2006 年的文献资料，平衡计分卡各国采用率统计情况列示为表 3-2。

各种数据显示，十几年来平衡计分卡已经有了广泛的传播和可观的采用率。不过也可以看到，不同文献报告的采用率数据波动范围较大，虽然数据的差异可能来源于调查时间、国家、行业等样本来源的不同，但是不可否认，这种采用率差异也来源于对“采用平衡计分卡”的定义不同。事实上，平衡计分卡的提倡者在最初提出的概念和后期宣传的概念已经很不相同。虽然大家都在说“采用平衡计分卡”，但其实说的不是一回事，那么采用率数据之间不仅不具有可比性，甚至完全没有信息价值。

我们认为，如果没有对平衡计分卡实践类型的适当定义，就无法准确评价实践的发展及其作用。所以我们将首先对平衡计分卡实践的概念进行分类，然

① 数据来源：Lawson，R.，Stratton，W.，and Hatch，T.（2006）. “Scorecarding Goes Global”. Strategic Finance. March，2006。

后在此基础上对中外的实践状况作进一步观察。

表 3-2　　各国平衡计分卡的采用率

时间（年）	资料来源	国家	调查对象	调查方式	平衡计分卡采用率
1993—1999	Rigby，Darrell.（2001），“Management Tools and Techniques：A Survey”，*California Management Review*. Winter	欧美两洲的15个国家	5157个高级管理者	问卷调查	44%
1998	Chenhall，R. H. and Smith，K. L.（1998）．“Adoption and Benefits of Management Accounting Practices：An Australian Study”，*Management Accounting Research*	澳大利亚		问卷调查	88%
1998	Silk，S.（1998）“Automating the Balanced Scorecard”，*Management Accounting*	美国	前1000家公司	问卷调查	60%
2000	Malmi，T.（2000）．“Balanced Scorecard in Finnish Companies：Some Empirical Evidence”，*Munich*，*23rd Annual Congress*，March	芬兰	128位高级经理（17家采用BS）	访谈	13%
2000	Marr，B.（2001）．“Scored for life”，*Financial Manage.* April	美国	最大的公司	问卷调查	>50%
2000—2001	Speckbacher，G.，Bischof，J. and Pfeiffer，T.（2003）．“A Descriptive Analysis on the Implementation of Balanced Scorecards in German - speaking Countries”．*Management Accounting Research.* Vol. 14	德国、奥地利、瑞士	各国最大的上市公司	问卷调查	26%
2001	Anonymous（2001）．“Balanced Scorecard is Fast Becoming a Must Have Process for Corporate Change”，*Management Services*，Vol. 45	英国		问卷调查	57%

续表

时间（年）	资料来源	国家	调查对象	调查方式	平衡计分卡采用率
2001	Williams, S. (2001). "Drive your business forward with the Balanced Scorecard", *Manage Services*	美国	前500家公司	问卷调查	>40%
2002—2003	Anand, M., Sahay, B.S. and Saha, S. (2005). "Balanced Scorecard in Indian Companies". Vikalpa Vol. 30, No. 2 April - June	印度	Bt-500 private sector companies; 75 most valuable PSUs	问卷调查	45.28%
	Anand, M., Sahay, B.S. and Saha, S. (2005). "Balanced Scorecard in Indian Companies". Vikalpa Vol. 30, No. 2 April - June	美国		问卷调查	43.90%
2003	Bain & Company (2003) Management Tools 2003: highlights, 网页: www.bain.com/management _ tools / homes.asp	美国	6300家公司	问卷调查	>60%
2003—2004	Bourne, M., Franco - Santos, M., Kennerley, M. and Martinez V. (2005), "Reflections on the role, use and benefits of corporate performance measurement in the UK". *Measruing Business Excellence*. Vol. 9, No. 3	英国	159个来自较大公司的回复者	问卷调查	18%—55%
2006	南京大学	中国	中国境内221家大中型企业	问卷调查	30%—90%

三、平衡计分卡的发展和实践类型

（一）平衡计分卡提出的时代背景

业绩评价（Performance Measurement）是组织管理控制系统的重要构成部

分，在20世纪初的管理文献中就有所涉及（Johnson & Kaplan，1987）。但是，随着日本及欧洲经济的崛起，国际性竞争压力增大，80年代初，对传统财务指标为核心的业绩评价体系的批判充斥着整个学术论坛及实践中。约翰逊和卡普兰（Johnson & Kaplan，1987）通过对230位企业首席执行官（CEO）的调查发现，他们中的绝大多数承认由于短期业绩评价的压力，美国企业管理出现短视行为。其次，随着竞争环境变得日益激烈，无形资产、人力资本投入的增多以及企业战略管理的需求，适合于比较稳定的、复杂度较低环境的以财务指标为核心的传统业绩评价体系，不能支持近来提倡的许多管理战略，不能用于指导作业过程改进的管理策略。Ittner 和 Larcker（1998）提到一份 IMA（管理会计协会）1996年的问卷调查，发现只有15%的反馈者认为，他们的（传统）业绩计量系统很好地支持了高层管理者的运行目标；43%认为支持不充分或者支持很差。

基于传统的财务信息评价模式的诸多弊端，平衡计分卡应运而生（Kaplan & Norton，1992），它用一个将组织的愿景转变为一组由四项观点（财务观、顾客观、企业内部流程观、学习与成长观）组成的绩效指标架构来评价组织的绩效，借以寻求财务与非财务指标之间、短期与长期目标之间、滞后与前导指标之间，以及外部与内部绩效之间的平衡。

平衡计分卡一经提出，就在实务界和学术界引起巨大反响。但是，平衡计分卡的概念在传播过程中不断修正和发展，形成了不同版本和不同定义的情况。

（二）卡普兰和诺顿的认识发展

1992年至今，卡普兰和诺顿在《哈佛商业评论》（HBR）上发表了不少关于平衡计分卡的文章。在这十几年的时间里，随着获得的经验资料的增多，作为计分卡创始人的他们也在不断修订完善着平衡计分卡的理念。

1992年，他们发表了“平衡计分卡：驱动绩效的度量”（The Balanced Scorecard：Measures that Drive Performance），要求将管理聚焦于未来业绩的驱动力而不再仅仅是历史业绩。在这篇文章里提出了“平衡”的观点，克服了只使用传统财务业绩评价的局限。这篇文章标志着新一代业绩评价工具——平衡计分卡的诞生。

1993年的“将平衡计分卡付诸于行动”（Putting the Balanced Scorecard to Work）强调了这样一种联系：“计分卡通过要求管理者为四项观点分别选择有限个重要指标来协助其集中关注战略性愿景。”卡普兰和诺顿在此突出了平衡计分卡满足每个组织的不同市场、战略和环境要求的重要性。

卡普兰与诺顿1996年又推出了“将平衡计分卡作为战略管理系统使用”(Using the Balanced Scorecard as a Strategic Management System)，文中将平衡计分卡定义为用于核心管理过程（资源分配、预算和计划、目标设定、员工学习）的集合框架，而新的管理过程被引进来帮助管理者将战略目标与行动相联系。至此，平衡计分卡自简单业绩评价工具进化为战略管理工具。

平衡计分卡作为战略业绩评价系统的使用概括在他们的著作《平衡计分卡：化战略为行动》中，随后两人又提出了战略图的管理工具，在《以战略为核心的组织》(The Strategy—Focused Organization) 中将平衡计分卡描述为一个全面的战略管理与控制系统。

由此可见，卡普兰和诺顿对于平衡计分卡的认识发展即是平衡计分卡自业绩评价工具向战略管理工具角色的进化过程。

(三) 对平衡计分卡实践的不同分类方法

除了卡普兰与诺顿之外，在不同的文献里作者对于平衡计分卡实践发展的分类有各自不同的定义，但其核心是将平衡计分卡作为两种工具的分类——业绩评价工具和战略管理工具。

Malmi (2001) 在对芬兰企业高管的访谈中发现，平衡计分卡用于两种不同的方法——一种只是一个信息系统，另一种则类似于目标管理。对有的公司而言，平衡计分卡不过是一个新的信息系统，由于平衡计分卡上列示的绝大多数指标都不是新的，因此管理者接收到的实际信息可能只有很小的变化，而且计分卡仅仅将一系列战略相关信息组合起来列在一张表上，方便管理者关注问题；而对于另外一些公司而言，平衡计分卡更接近于卡普兰和诺顿1996年提出的战略管理系统，管理者们根据它设定目标，进行责任管理和奖惩管理等等。

Speckbacher等 (2003) 在对德语系的国家调查中，从最低标准到完全发展定义了3种类型的平衡计分卡（见表3-3）：

平衡计分卡类型1：一种用于结合财务与非财务指标的战略性业绩评价的特殊多维框架；

平衡计分卡类型2：平衡计分卡类型1的一种，它附加因果关系来描述战略；

平衡计分卡类型3：平衡计分卡类型2的一种，它还通过明确目标、行动计划和结果以及将动因与平衡计分卡相联系来执行战略。

我们可以认为这3种类型是从业绩评价向战略管理重点转移的过程。

表 3－3　Speckbacher 等制定的分类标准

类型	标准
BSC 类型 1	（1）战略指标/目标（只需完成其中之一）
	（2）归类于各个观点
BSC 类型 2	（3）采用因果链
	（4）包含行动计划或标准
	（5）与动因联系

（四）本书的平衡计分卡实践类型定义

本书综合上述几种分类方法，从平衡计分卡内容的全面性与战略因果关系两方面入手，对平衡计分卡类型重新定义。

我们根据平衡计分卡在实践中作用的演变，将它分为两个方面四种类型，两个方面是业绩评价系统与战略管理系统，每个方面根据实施所体现的平衡计分卡原理的完整程度又分为两类（见表 3－4）。

表 3－4　平衡计分卡实践的类型定义

类型	代码	特征描述
传统的业绩评价类型	0	平衡计分卡未使用
平衡计分卡业绩评价工具	1	部分运用
	2	四层结构完整
平衡计分卡战略管理工具	3	战略因果关系
	4	全面体现

分类的计量方法是通过本课题组所作的问卷调查反馈信息计分综合而成。

根据本次调查表（见附表 1）信息，我们剔除了“业绩评价很看重制度建设方面的指标”这一项，将剩余的 9 项重新分类，前四个实践特征描述代表了平衡计分卡的四个层级——财务观、客户观、内部经营观、学习成长观，第五、第六个特征代表了因果关系，第七个特征代表了战略与业绩评价的联系，最后两个则代表平衡关系。

根据反馈者对各项实践特征的认同程度（把 3 分以上视为对该项特征认同），我们将样本分为 5 类，它们的划分标准如表 3－5 所示。

表 3－5　　　　平衡计分卡实践类型的计量方法

<table>
<tr><th colspan="2">类型</th><th>财务指标</th><th>客户、内部运行、学习成长</th><th>平衡关系</th><th>因果关系</th><th>战略联系</th></tr>
<tr><td colspan="2">传统业绩评价</td><td>得分≥3</td><td>没有一项≥3</td><td></td><td></td><td></td></tr>
<tr><td rowspan="2">业绩评价工具</td><td>部分型</td><td></td><td>至少一项得分≥3</td><td></td><td></td><td></td></tr>
<tr><td>四层型</td><td colspan="2">得分都≥3</td><td></td><td></td><td></td></tr>
<tr><td rowspan="2">战略管理工具</td><td>战略型</td><td colspan="3">至少有五项得分≥3</td><td>至少一项得分≥3</td><td>得分≥3</td></tr>
<tr><td>全面型</td><td colspan="5">全部得分≥3</td></tr>
</table>

下面我们分别从业绩评价工具和战略管理工具这两个层面观察中外的实践情况。

四、业绩评价指标体系构成

从业绩评价工具的角度看，传统系统与平衡计分卡系统的差异主要表现在指标体系的构成上。下面分别从非财务指标的引入和四个层面结构两个方面分别进行讨论，进而关注影响这些结构差异的原因。

（一）财务与非财务指标在业绩评价中的使用

尽管各国报告平衡计分卡的采用率一般都较高，但是涉及其具体内容的使用，情况又有所差异。很多组织仍然比较多地关注财务指标的使用，而有的组织则相反，甚至也还出现过极端现象——如竞相追逐国家质量奖等非财务指标①。譬如根据1990年调查，在日本，前10个业绩评价指标里没有财务指标，而在欧洲却是广泛使用成本指标（Jeans & Morrow，1990）。

但是，除去少量弃财务重非财务指标的公司，在绝大多数组织里出现了一个趋同的现象——非财务指标受到越来越多的重视而财务指标仍处于重要和核心的地位。Ittner，C. D. 和 Larcker，D. F. （1998）提到，1996 年某咨询公司定性地调查了 203 位执行官，了解他们对不同财务和非财务业绩指标的使用以

① 参见：Kaplan，R. S.，Norton，D. P. （2001），“The Strategy－Focused Organization”，Harvard Business Press，Boston。

及对其重要性的看法，结果如表3－6所示。不难看到，财务指标的质量虽然受到比较多的质疑（只有61%的反馈者确信财务业绩的信息质量），但是在90%以上的单位，财务业绩还是纳入常规评价并与报酬相联系。不过值得关注的是，客户满意和运行效率之类的非财务信息，在管理者心目中的重要性已经接近甚至超过财务指标。

表3－6　财务和非财务指标的使用、质量和被感觉的重要性

	业绩指标类型（%）					
	财务业绩	客户满意	运行效率	员工业绩	社区/环境	创新/变化
信息高度重要	82	85	79	67	53	52
确信信息质量	61	29	41	16	25	16
指标清晰定义	92	48	68	17	25	13
纳入常规评价	98	76	82	57	44	33
用于推动改革	80	48	62	29	9	23
与报酬相联系	94	37	54	20	6	12

在我国调查的证据也体现了这种现象，业绩评价中重视使用财务指标的公司有186家，占总样本企业的84%；但是重视使用各种非财务指标的公司合在一起有200家，占90.5%；极端使用某类指标的公司比较少，比如只使用财务指标的有21家占10%，只使用非财务指标的有31家占14.3%；然而财务和非财务两种指标结合使用的公司有169家占76.5%。

对许多组织而言，财务指标仍然是最重要的，其重要性并非取决于指标的数量，而是由其权重决定的，这点在Bourne等人（2005）对英国公司的调查中有所反映，而且基于财务会计的指标如ROI、利润等在业绩评价中占据着主导地位。

（二）四个层级指标体系的完整性

既然平衡计分卡是一个财务指标与非财务指标相结合的框架，在实践中卡普兰与诺顿所提出的四个层级的构想是否在每个企业都实行呢？

据统计，平衡计分卡的财务观、客户观和内部运行观指标在大部分企业的业绩评价中运用的程度相当高，在德语系国家几乎所有被访问的公司都有这些方面的指标（Speckbacher et al.，2003），但是平衡计分卡的学习成长观[①]的采用相对较低，在德语系仅有57%的公司在平衡计分卡上加入了学习成长观。不过在被调查的我国企业中，学习成长观约有64%使用者，而财务、客户和内部运行三层指标虽然总体上看运用率超过这个数字，但是三层指标全部使用的样本企业只有118家，仅占平衡计分卡使用者的59%。

从平衡计分卡四个层级的完整性来看，中国完全拥有四个层面业绩评价指标的公司有92家，仅占平衡计分卡使用者的46%。在德语系国家四个层级（含其他称谓）指标都有的公司占了68%，在芬兰所占比例高达88%（Speckbacher et al.，2003；Malmi，2001）。指标体系不完整的公司我国有108家，占平衡计分卡使用者的54%[②]；而在德语系国家调查显示结构不完全的仅占27%[③]。本书根据德语系国家2003年数据、印度和美国2005年的数据与我国2006年调查的资料，将各国对平衡计分卡各层观点的业绩评价指标采用情况作图（图3-1）比较。虽然看起来对各层指标的重视程度不尽相同，但是我们可以大体上认为，采用平衡计分卡的各国企业中相当程度上接受了平衡计分卡四个层面结构的思想。

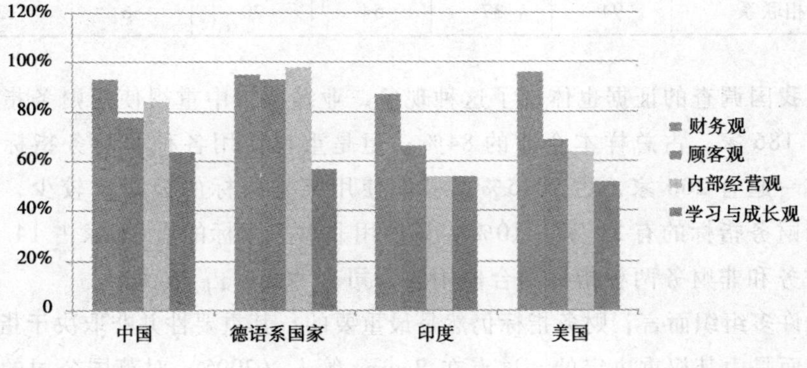

图3-1　各国平衡计分卡指标体系结构

有些企业出于自身的原因及所处环境的考虑，会在平衡计分卡中加入额外的层级，比如雇员观、环境观、社会观等（Malmi，2001；Anand et al.，2002），在德语系国家这种情况占比达到5%。对于非营利组织而言，额外观点的加入将更为重要，Urrutia，I. & Eriksen，S. D.（2005）就提出用于非营

① 有些公司称作创新观、雇员观或人员观，以便理解（Anand et al.，2005；Speckbacher et al.，2003）。

② 三个层级的有52家，两个层级的有43家，一个层级的有13家。

③ 三层20%，两层7%。

利组织的平衡计分卡必须加以修改囊括进责任观（mission perspective），对于医院还应该包括一个附加层级，其作用是可以提供有关医院经营环境的诸如社会人口统计因素之类的专业信息。

（三）指标的重要性平衡关系

虽然在业绩评价体系中很多企业同时采用了四个层级的指标，但是各层指标之间存在怎样的关系，是否具有同等的重要性呢？

Anand 等人在 2002 年对收到的 53 份调查问卷进行研究，发现在印度公司平衡计分卡各个观点中财务观最重要，其次是顾客观、股东观、内部经营观、学习与成长观。印度公司的这个发现在 2006 年的对马来西亚 120 家企业的调查（见表 3 - 7）中也有表现，揭示了在被调查的公司里，财务指标受到更高重视程度的现象。

根据平衡计分卡倡导者的观点，业绩评价应该体现财务与非财务指标、内部与外部指标、客观与主观指标以及前导与结果指标的平衡。在所读的文献中没有具体涉及这一项的内容，但是 Malmi（2001）在对 17 家芬兰公司的访谈中发现在大多数公司里联系战略和指标的因果链显得很薄弱。

表 3 - 7　马来西亚 120 家公司四层指标重要性的描述性统计比较①

平衡计分卡指标	最小值	最大值	均值	标准差	理论范围
财务	3.67	7.00	5.98	0.78	1.00—7.00
客户	2.57	7.00	5.33	1.08	
内部经营	2.00	7.00	5.30	1.10	
学习与成长	1.00	7.00	3.99	1.57	

在我国的调查中没有直接询问各层指标的重要性，而是通过两个平衡性问题了解样本企业在业绩评价时体现平衡理念的情况。在回答“业绩考核结合使用客观性指标和主观性指标”的描述是否符合本企业实际情况的问题时②，平均得分达到 3.89，“企业业绩考核不仅依据内部信息，也通过外部反馈”得分的均值也达到 3.6 以上，从总体情况来看，我国企业对于指标平衡的理念有

① Jusoh, R. et al, 2006；马来西亚的调查通过对过去 3 年里平衡计分卡各观点使用变化进行 1—7 分的评分，其中 1 = 巨幅缩减，4 = 不变，7 = 巨幅增加，为保持对比性，本书对此进行调整，使其范围变为 0—6。

② 认同程度用 0—6 的计分表示。

相当程度的认同。

五、业绩评价影响因素分析

不同企业使用不同的业绩评价指标，不同层面指标对评价有不同的重要性。这个现象受到许多国家学者的关注，他们都试图从不同角度寻找解释的理由。接下来我们将结合本课题的资料[①]作简要讨论。

（一）优先战略对业绩评价指标体系构成的影响

在波特的竞争战略理论中，战略分为“进攻者”（Prospectors）、“防守者”（Defenders）、“分析者”（Analyzers）和“反应者”（Reactors）。据此，Olson & Slater（2002）研究了战略和平衡计分卡不同层面指标的关系，他对美国200多家服务业和制造业公司的高层管理人员进行了问卷调查，结果显示，“进攻者”比其他战略类型更强调创新和成长观，高度执行的“分析者”比低执行者更强调创新成长观和财务观，高度执行的低成本“防守者”比低度执行者更强调财务观而较少关注客户观和创新成长观，同时，高度执行的多元化“防守者”比低执行者更强调客户观。

Gosselin，M.（2005）在对加拿大大中型制造业企业的调查中发现，处在不稳定环境里的公司趋向于使用财务指标同时也趋向于使用与客户和雇员有关的非财务指标。他还发现防守者没有进攻者使用财务指标那么频繁，战略与不同的因素有关，比如客户销售指标与防守型战略呈反向关系，而进攻型更频繁地使用雇员数据。

诺基亚集团的数据实验显示，当战略向“收入最大化”转变时，财务指标与非财务指标迅速呈反向变化，诺基亚战略的最新转换显示了在这种情况下产量的增加与盈利性的同时下降呈强烈相关性（Laitinen，E. K.，2005）。

不同的竞争重点对指标体系的影响在中国企业中也有所反映，竞争重点价格成本方面以及设计创新方面的差异与各层指标使用都没有显著关系，但是竞争重点在“质量与技术”方面以及“客户服务”方面的样本差异与指标使用表现出强烈的关联性。如表3-8所示，这种差异性在对财务观指标的使用方

① 本课题组调查的样本按行业分类，其中制造业企业有134家（占60.63%），非制造业有87家。高科技行业企业有43家（占19.91%），传统行业企业有125家（占56.11%），未标明的企业有53家。对销售额与雇员人数分别取自然对数，求和，四舍五入取整，得到规模变量，取值范围2—17，小规模（2—5）为37家占16.74%，中等规模的（6—8）有77家（34.84%），较大规模的（9—11）有68家（30.77%），特大规模的（12—17）为30家（13.57%），其余9家不详。

面不显著，但是与非财务指标层面指标使用表现出非常显著的正相关联，也就是说竞争越激烈，这些指标使用被认同的程度越高。这说明非财务指标的运用对于企业实施其竞争战略非常重要。

表 3－8 竞争重点与业绩评价指标运用程度的 pearson 相关系数（p 值）

	财务层面	客户层面	内部运行层面	学习与成长
质量与技术竞争	0.045 (0.54)	0.276** (0.000)	0.217** (0.003)	0.352** (0.000)
客户服务竞争	0.045 (0.551)	0.204** (0.006)	0.056 (0.456)	0.150* (0.044)

（二）企业规模对业绩评价指标体系构成的影响

我们的调查显示①，不同规模下的企业对于多数业绩评价指标的使用程度差异不显著，只有内部运行层面的业绩评价指标的使用表现出规模的显著影响（F 统计量 3.279，p 值 0.022），规模越小对内部运行指标（如质量或运行时间等）使用程度越高。这或许是因为组织越大业绩评价越需要依靠相对综合的指标，使得管理者能够对不同单元的不同运行状态进行评价和比较，而规模越小的组织越接近运行层面，因此可以直接使用运行层面的指标进行评价。

Gosselin，M.（2005）在对加拿大大中型制造业企业的调查中发现，集权企业趋向于使用更多的财务指标而分权企业趋向于使用更多的非财务指标。或许这种现象也可以和组织规模联系起来解释。

（三）行业差异对业绩评价指标体系构成的影响

Gosselin（2005）发现制造业仍然大范围使用财务指标，这种情况在我国的企业调查中也有表现（图 3－2），但是两者之间统计上并没有表现出显著的差异性。

从图 3－2 上直观地看，在制造业几乎所有各层指标使用程度都要高于非制造业，这个现象可能说明在我国被调查的非制造业企业中业绩评价被重视的程度相对较低，而制造企业管理控制工作具有更坚实的基础。不过，财务层面的指标运用差异相对较小，这说明非制造企业的业绩评价创新还有较大的发展空间。

① 详细资料见熊焰韧等：《中国企业业绩评价现状调查》（working paper）。

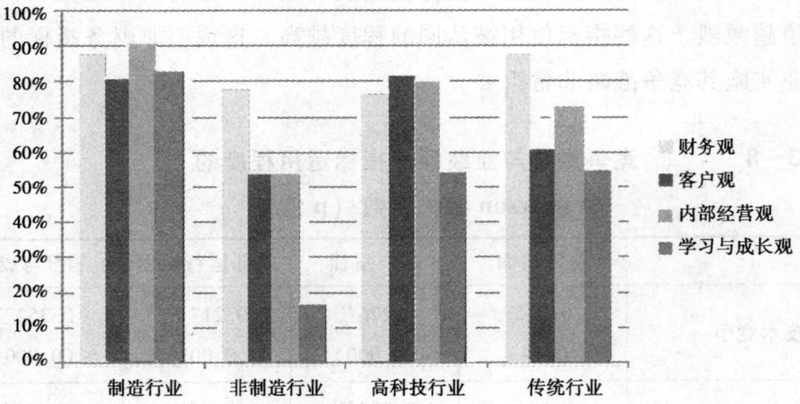

图 3－2 不同行业平衡计分卡各层级使用的情况

至于高科技企业与传统企业之间的相对差异并不很大，从图 3－2 上看，传统行业对财务指标的重视程度更高一些，而内部运行和客户层面的业绩评价似乎高科技行业略高一些，这与人们的预期比较一致，至于学习与成长方面，高科技行业并没有比传统行业更被重视，这倒是需要引起高科技行业重视的问题。

综上所述，多种因素都会影响到企业业绩评价指标的选择，例如，集权企业比分权企业更多使用财务指标，进攻型的企业比防守型更关注非财务指标，规模较小的企业更关注内部运行指标等。因此企业要建立一个合适的业绩衡量指标体系就必须充分考虑自己的发展战略和管理需要，使得业绩评价发挥激发努力和集聚目标的作用，促进发展战略的实现。

六、平衡计分卡的战略管理作用

（一）作为战略管理工具的平衡计分卡

根据平衡计分卡倡导者的最新认识，平衡计分卡应该发挥战略管理系统的作用。实践中有多少企业的平衡计分卡发挥了这样的作用呢？

基于 Malmi（2001）的调查分类，在 17 个芬兰访问对象中，有 9 个（包括经理、商业计划者和主计长）认为他们的平衡计分卡同时服务于信息系统与目标管理两种目的，6 个具有商业计划和主计长职能的回复者主要视平衡计分卡为实施战略的工具，有两个商业计划者则认为平衡计分卡是纯粹的信息系统。

Speckbacher（2003）对德国、奥地利和瑞士公司的调查给出了各类实践者的比例（表 3－9），因为它使用的分类是包含关系，即类型 3 的公司满足类型 1 和类型 2 的标准，类型 2 的公司满足类型 1 的标准，所以表 3 –9 显示在实施平衡计分卡的公司中有不足三成的公司属于完全使用类型，即平衡计分卡成为战略实施工具；有一半的公司平衡计分卡指标体系使用了因果链，剩下的一半只在有限程度上使用平衡计分卡，也就是部分体现了财务和非财务指标的结合。

表 3 –9　　德语系国家运用平衡计分卡类型的情况统计

	公司数量	占平衡计分卡使用者的百分比（42）*	占所有回复者的百分比（174）
平衡计分卡类型 1	21	50%	12%
平衡计分卡类型 2	9	21%	5%
平衡计分卡类型 3	12	29%	7%
合计	42	100%	24%

* 有三个平衡计分卡使用者没有回答定义平衡计分卡类型的具体问题，因此，平衡计分卡使用者的总数为 45。

根据表 3 –5 显示的平衡计分卡实践类型划分标准，我们调查的我国样本（表 3 –10）中属于传统型业绩评价的有 21 家（占全部样本 10%）、部分运用型 82 家、四层结构完整型 17 家、战略因果型 34 家、全面型 67 家①。也就是说在我们观察的我国样本中，90% 不同程度地采用了创新的业绩评价思想和方法，其中进入战略管理工具类型的样本达到 45.4%。

表 3 –10　　我国企业运用平衡计分卡类型的情况统计

<table>
<tr><th>类型</th><th>名称</th><th>公司数</th><th colspan="2">占平衡计分卡使用者的百分比（200）</th><th colspan="2">占所有回复者的百分比（221）</th></tr>
<tr><td rowspan="2">业绩评价系统</td><td>部分型</td><td>82</td><td>41%</td><td rowspan="2">49.5%</td><td>37%</td><td rowspan="2">44.7%</td></tr>
<tr><td>四层完整型</td><td>17</td><td>8.5%</td><td>7.7%</td></tr>
<tr><td rowspan="2">战略管理系统</td><td>战略因果型</td><td>34</td><td>17%</td><td rowspan="2">50.5%</td><td>15.4%</td><td rowspan="2">45.4%</td></tr>
<tr><td>全面型</td><td>67</td><td>33.5%</td><td>30%</td></tr>
<tr><td>合计</td><td></td><td></td><td colspan="2">100%</td><td colspan="2">90%</td></tr>
</table>

综合国内外的调查数据来看，平衡计分卡作为战略管理工具的比例在全部

① 为了把每个样本企业分进并仅分进一个类型，我们采用从高不从低的原则，也就是说满足战略管理类型的就不分业绩评价类型，在同一类中，满足全面型标准包含满足部分型标准。

使用者中不超过一半，还有很多企业仅用平衡计分卡作为财务和非财务指标结合的业绩评价工具。

（二）对平衡计分卡作用类型的影响因素

为什么不同组织把平衡计分卡作为不同的工具使用，有没有客观的因素促进或阻碍平衡计分卡作为战略管理工具？Malmi（2001）和 Speckbacher（2003）试图寻找这个问题的答案，他们检验了行业、战略或结构有关的许多组织特征，但是他们没有发现什么因素对不同类型的使用有显著的影响。

Speckbacher 在文中提到："以员工数衡量的规模与平衡计分卡的使用有显著相关性，公司规模越大越可能使用平衡计分卡，但是平衡计分卡类型与规模找不到显著差异；消费与零售行业与平衡计分卡的使用有显著相关性，但是平衡计分卡类型与行业找不到显著差异。"

我们也曾试图在我国的样本中寻找影响平衡计分卡类型出现的因素，但是研究没有发现不同的平衡计分卡类型与不同的战略重点、行业或规模存在显著差异。

如果实践中找不到可以用来解释平衡计分卡类型选择差异性的特征变量，这或许告诉我们，从另一个角度来看，任何一种平衡计分卡的类型都适用于所有企业，任何一个企业使用计分卡时都有可能将其发展为战略管理工具。或许是使用平衡计分卡的组织的经验、认知或者其他个体差异导致作为业绩评价工具的平衡计分卡没有发展为战略管理工具。

（三）效果分析

既然我们找不到可以用来解释影响企业使用不同类型的平衡计分卡的特征变量，那么对于这些各自采用不同类型的公司而言，平衡计分卡是否带来效果？不同类型的计分卡所带来的效果是否有差异？

Lawson，R. Stratton，W. and Hatch，T.（2006）回答了第一个问题。表3－11显示，从全球范围来看，平衡计分卡带来的显著效果得到广泛认同，其中以美洲强烈同意意见的比例最高（不过反对和强烈反对的意见似乎也更多出现在美国的报告里）。总体上看认同平衡计分卡效果的比例要远高于反对意见的比例。

表 3－11 关于计分卡系统对组织有显著效果评价的认同程度

	非洲	亚太	欧洲	北美	南美	所有回复者	先前北美的研究
强烈同意/同意	22%	28%	20%	42%	63%	35%	40%
有点同意	56%	27%	32%	21%	21%	27%	27%
中立	22%	27%	43%	27%	16%	30%	n/a
有点反对/反对/强烈反对	0%	19%	5%	10%	0%	7%	33%

Malmi（2001）发现所有被访者都对平衡计分卡持肯定态度，然而质量变化很少，只是大多数公司强调讨论话题变化了。他预测平衡计分卡带来的效果与成功随它运用的类型（从业绩评价到战略管理）而变化，但是 Malmi 在他的文章中并没有提供这种效果差异性的证据。

Speckbacher 等人（2003）则在 Malmi 研究的基础上揭示了使用平衡计分卡类型差异所带来的效果改善，在分析平衡计分卡类型与公司预期效果及满意度关系时，证据显示使用发展更完备的平衡计分卡类型的公司更依赖平衡计分卡，而且对此满意度更高。

这种结果也体现在我国样本中，统计显示（表 3－12）采用不同平衡计分卡类型的公司获得的综合效果①的差异性非常显著，同时，平衡计分卡的使用（表 3－13）可以带来降低成本、提高盈利、激励努力、理解战略、使员工满意、避免核心人员流失、促进合作与创新等一系列的作用，而且随着平衡计分卡实施得越完备，这种效果越显著。

表 3－12 综合正向效果的方差分析结果

组	均值	方差	F 值	P 值
4 全面型	3.953	0.800	13.617	0.000
3 战略因果型	3.048	0.957		
2 四层完整型	3.088	0.683		
1 部分型	2.855	1.531		
0 平衡卡未使用型	2.369	1.574		

① 通过对附表 2 中列示的 1—8 项业绩评价效果的反馈意见求算术平均值，得到正向作用的综合值，对 9—12 项业绩评价效果的反馈意见求算术平均值，得到负向作用的综合值。

表 3-13 具体效果的差异分析

	0 未使用型	1 部分型	2 四层完整型	3 战略因果型	4 全面型	F 值（P 值）
1 降低成本	2.95	3.26	3.24	3.33	3.93	2.787
	-1.774	-1.65	-1.091	-1.021	-1.439	-0.028
2 提高盈利	3.43	3.64	3.41	3.55	4.34	3.879
	-1.832	-1.521	-1.176	-1.092	-1.2	-0.005
3 激励努力	2.38	3.39	3.71	3.42	4.39	11.213
	-1.532	-1.515	-1.263	-1.146	-1.044	0.000
4 理解战略	2.29	3.09	3.53	3.41	4.1	8.725
	-1.848	-1.632	-0.8	-1.073	-1.13	0.000
5 员工满意	1.67	2.69	2.35	2.91	3.76	13.061
	-1.155	-1.48	-1.169	-1.058	-1.266	0.000
6 避免流失	1.57	2.73	2.41	2.91	3.67	8.886
	-1.535	-1.714	-1.543	-1.331	-1.386	0.000
7 合作	2.19	2.72	2.75	2.72	3.61	6.906
	-1.401	-1.381	-1.183	-1.143	-1.276	0.000
8 创新	2.48	2.92	3.47	3.15	3.94	6.741
	-1.834	-1.476	-1.505	-1.302	-1.205	0.000

从全球范围来看，平衡计分卡的实践表现了两种基本的目标——业绩评价工具与战略管理工具，而且目前找不到影响不同类型计分卡使用的原因，但是证据显示，当平衡计分卡发挥战略管理工具作用时，它对管理控制的效果明显改善。那么，这种现象是否预示着平衡计分卡未来的发展方向？

大量的调查显示，平衡计分卡所带来的效果在全球使用者中受到普遍认同，但是近年来也有反面的声音，出现了一些平衡计分卡实践失败的案例。关注这些失败的经历对于平衡计分卡的实践者同样是重要的。

七、批评和建议

在平衡计分卡发展的十多年里，始终存在着不同的声音，不少学者和实务工作者对平衡计分卡产生质疑，也有各种改进的意见和建议。我们综合国内外学者的意见，对平衡计分卡在实践中的失败与不足归纳总结为两个方面，即平衡计分卡本身的设计思想和平衡计分卡的实施过程。

（一）平衡计分卡设计思想本身的讨论

1. 大量量化的指标有损公司战略的多面性（Vaivio，1995；吴安妮等，2001）。

2. 学习成长观长期以来被认为是平衡计分卡最薄弱的一方面（Kaplan & Norton，1996；Bourne，2002；Brignall，2002；Marr & Adams，2004）。

3. 加入太多的观点可能会导致对资质的高要求、计算费用及维持的人工成本的增加（Epstein & Manzoni，1997；吴安妮等，2001；Paranjape et al，2006）。

4. 学术研究者与实务工作者批判这种因果关系太过简单，指标在现实运用中仅仅是看似相互联系却不能为发展引至市场地位与财务方面成功的内因提供线索（Laitinen，1996；Norrekilt，2000；吴安妮等，2001；Brignal，2002；Nürreklit，2003；Neely et al，2003）。

5. 在如今动态的经济环境里，对竞争者和供应商关系的警惕性对于一个企业的存活与成功是至关重要的，而这些却在平衡计分卡中被忽视了（Bourne，2002；Marr & Adams，2004；Paranjape et al，2006）。

6. 平衡计分卡未考虑环境及社会或社区问题（Bourne，2002；Brignall，2002；Marr & Adams，2004）。

7. 不符合组织文化；忽视集团的任务（Butler，1997）。

8. 平衡计分卡本质上是静态的，没有实证或科学依据证明平衡计分卡的实施能引起业绩的改善（Hendricks，2004；Neely et al.，2005；Merchant，while being interviewed by Waal，2005）。

（二）平衡计分卡实施运作中的问题讨论

1. 高级管理人员对此缺乏认可（Kaplan，2003）。

2. 成员参与度不够高，太少的人参与其中（Kaplan，2003；吴安妮等，2001）。

3. 仅仅在公司高层推行，未向下推动（Kaplan，2003；吴安妮等，2001）。

4. 流程开发耗费时间太长，将平衡计分卡视为一次性的测评项目（Kaplan，2003；吴安妮等，2001）。

5. 将平衡计分卡视为一个系统工具而不是管理工具（Kaplan，2003；吴安妮等，2001）。

6. 对平衡计分卡的诠释仅仅限于补偿作用，即只为了“奖励发放”而推动平衡计分卡（Kaplan，2003；吴安妮等，2001）。

将上述批评建议与前面的实践调查结合在一起看，平衡计分卡在实践中遭受的批评主要缘于诸多企业还仅仅停留在它作为业绩评价工具的认识上，而没有将计分卡全面且完整地使用；同时，由于平衡计分卡的复杂性，它的实施成功也需要更多地考虑人的因素。所以我们预期平衡计分卡的实践发展将会逐渐改进和完善自己。

八、结论

我们通过文献检索和现实调查，观察了平衡计分卡的中外实践，发现平衡计分卡的原理在组织中有不同程度的运用，表现出业绩评价工具和战略管理工具两种不同的作用类型，并且在每一个方面也有不同程度的运用。不同组织对财务和非财务指标的使用，特别是对客户层面、内部运行层面和学习成长层面的指标使用，表现出较大的差异性，这些差异的程度与组织的战略、规模、行业等特征因素有关。不过组织使用平衡计分卡作为业绩评价工具还是战略管理工具，并没有观察到明显的因素影响。值得关注的是，证据显示，采用比较完备的计分卡类型和作为战略管理工具使用，与较高的实践效果评价相联系。

平衡计分卡的实践已经经过了 15 年，曾经轰动一时，也逐渐归于平静。15 年已经积累了很多值得总结的东西，但是对于平衡计分卡的未来前景作推断，似乎还没有足够的证据。对平衡计分卡的批评、质疑和改进建议中有很多值得思考和汲取的成分，但是归根结底它们也还需要实践的检验。

随着平衡计分卡实践的继续，当它由单纯的业绩评价工具发展为战略管理工具，并且与其他管理工具相结合（而不是取代其他工具，独占鳌头），企业的业绩评价可能将表现得更为有效，从而对实现组织的战略目标有更大的贡献。

附表 1　　业绩评价指标体系的关系描述

业绩评价指标体系的关系描述		与本企业做法相符合的程度						
		0	1	2	3	4	5	6
四个层级	1. 业绩考核和奖惩主要依据财务业绩决定							
	2. 业绩评价很看重有关客户和市场反映方面的指标							
	3. 业绩评价很看重内部运行质量、协作和速度的指标							
	4. 业绩评价很看重学习和创新方面的指标							

续表

业绩评价指标体系的关系描述		与本企业做法相符合的程度						
		0	1	2	3	4	5	6
因果关系	5. 非财务业绩指标的改善有助于改善企业的财务业绩							
	6. 局部单位的业绩改善有助于改善企业整体的业绩							
战略	7. 企业发展战略是否成功实施可通过业绩指标提供反馈							
平衡关系	8. 业绩考核结合使用客观性指标和主观性指标							
	9. 企业业绩考核不仅依据内部信息，也通过外部反馈							

注：0—完全不采用；1、2—基本不采用；3—基本采用；4、5—较多采用；6—完全采用

附表 2　　业绩评价的作用和效果

业绩评价的作用和效果		与本企业情况相符合的程度						
		0	1	2	3	4	5	6
正作用	1. 业绩评价对降低成本有很明显的作用							
	2. 业绩评价对提高盈利能力有很明显的作用							
	3. 业绩评价激励员工努力有很明显的作用							
	4. 业绩评价帮助下级理解企业战略目标有很明显的作用							
	5. 业绩评价对增加员工满意度和归属感有很明显的作用							
	6. 业绩评价对避免关键员工流失有很明显的作用							
	7. 业绩评价对增进部门和员工协调合作有很明显的作用							
	8. 业绩评价对激励创新和寻找改进措施有很明显的作用							
负作用	9. 业绩评价压力太大，造成明显的短期行为							
	10. 业绩评价及目标脱离实际，形同虚设							
	11. 业绩评价造成部门和员工之间很多冲突和矛盾							
	12. 业绩评价的压力造成某些弄虚作假行为							

第二节

我国企业业绩评价的指标及其效果

业绩评价是企业管理控制系统的重要组成部分，对经营管理和员工行为起导向作用，关系企业核心竞争力的形成与保持，影响企业的生存和发展。而随着信息时代的到来，企业间的竞争日趋激烈，传统的企业管理模式面临挑战，传统的财务绩效指标已经不能满足当前企业经营发展的需要。伴随着企业的生产管理、经营管理和战略管理三个阶段，围绕着业绩评价目标导向的演变、财务指标与非财务指标优劣、业绩评价指标的优化等诸多问题，理论研究者对业绩评价从不同角度进行了大量有益的探索。

当前，我国的改革开放正处在关键时期，建设创新型国家包括很多方面，其中管理创新就关系到企业素质和竞争力的提升。业绩评价是一个古老而常青的话题，中国企业改革开放进程中业绩评价的现状备受海内外关注，本书通过大规模的问卷调查切入这一主题。调查发现：总体上看，我国企业能够较科学地使用财务指标和非财务指标进行业绩评价，业绩评价系统基本达到了预期效果，但业绩评价效果仍有待改进。

一、总体描述

（一）评价指标

在业绩评价指标方面，我们从10个方面要求填表人分别在0—6之间选择一个最能反映本企业评价指标现状的数值（其中0表示完全不相符，6表示高度相符）。在221个样本企业中有214家填写了全部10项内容，7家企业只有某项内容未答，在分析相应内容时予以剔除。评价指标的总体选择情况如表3－14所示。

表 3-14 评价指标的总体得分情况

评价指标	N	最小值	最大值	均值	中位数	标准差	得分 >3 的企业所占比例
依据财务业绩	221	0	6	3.97	4	1.525	63.80%
注重客户和市场	221	0	6	3.36	3	1.636	49.80%
看重内部运行	219	0	6	3.44	3	1.404	49.30%
注重学习和创新	221	0	6	2.73	3	1.583	30.80%
看重制度建设	220	0	6	2.92	3	1.554	34.55%
非财务指标的改善有助于改善财务指标	220	0	6	3.53	4	1.435	55.50%
局部业绩改善有助于改善整体业绩	219	0	6	3.46	4	1.431	50.70%
主客观指标结合	220	0	6	3.89	4	1.534	62.70%
战略实施通过业绩指标反馈	221	0	6	3.95	4	1.485	66.50%
业绩考核依据内外部信息反馈	220	0	6	3.61	4	1.685	54.50%

由表 3-14 可知，在平衡计分卡的财务、客户、运行和学习四个评价纬度中，财务的平均得分最高（3.97），然后依次是运行（3.44）、客户（3.36）和学习（2.73），有63.8%的企业在财务考核上的得分超过3分，而客户、运行和学习三项得分超过3的企业分别只有49.8%、49.3%和30.8%。可见，从总体来看，我国企业当前的业绩评价指标体系还是以财务指标为主导，偏重于传统的财务绩效考核，虽然有近一半的企业在业绩考核中较为“注重客户和市场”和“看重内部运行”，但是对有助于形成企业核心竞争力的“学习与创新”的重视程度还明显不够，这表明在信息化、全球化快速发展的今天，学习与创新至今尚未引起我国企业的普遍重视。

在评价指标体系设计中，我国62.7%的企业能够做到“主客观指标相结合”，55.5%的企业的“非财务指标的改善有助于改善财务指标”，50.7%的企业“局部业绩改善有助于改善整体业绩”，三者的平均得分分别为3.89、3.53和3.46。可见，目前我国大多数企业在业绩评价中能够较好地将主观指标与客观指标相结合，能够综合、全面地反映各业务单位及其责任人的工作好坏。但不容否认，尚有近四成的企业在这方面做得不够，其原因可能是主观指标难以采集和量化。同时，目前尚有近半数企业的评价体系未能较好地处理局部利益与企业整体利益之间的关系，未能实现“局部业绩改善有助于改善整体业绩”。此外，对企业制度建设的重视程度还不够，均分仅为2.92，只有三分之一的人认为企业比较重视制度建设，在要求完善企业内部控制的情况下，如何健全企业制度应当成为当今企业重视的内容之一。

在信息反馈方面，66.5%的企业“战略实施通过业绩指标反馈”，在全部九项调查中，其平均得分（3.95）仅次于“依据财务业绩”（3.97），表明我国绝大多数企业的业绩考核能够以企业战略为目标，做到战略引导考核、考核反映战略。但考核信息的来源，只有54.5%的企业“业绩考核依据内外部信息反馈”，有近半数企业的考核信息只是来自企业内部，缺乏外部供应商、消费者、竞争对手、媒体或社会大众等的评价指标，这与当前倡导的“市场导向”经营理念相违背，需引起有关企业的重视。

总之，当前我国多数企业对业绩评价各种新理念与新方法有较好的认同，在业绩评价指标的选择或使用上能够综合使用各种指标，不仅仅依据传统的财务指标，同时也注意非财务指标和战略指标的使用，并将主观指标与客观指标相结合，内部评价与外部评价相配合，局部利益与整体利益相协调，业绩考核与公司战略相衔接，实现业绩考核为企业战略服务，局部利益与整体利益统一。

（二）评价效果

在业绩评价效果方面，我们从12个方面要求填表人分别在0—6之间选择一个最能反映本企业评价效果现状的数值（赋值同上）。在221个样本企业中有215家填写了这部分内容，6家企业没有填写，在分析时予以剔除。评价效果的总体情况如表3－15所示。

表3－15 业绩评价效果的描述统计

效果指标	N	最小值	最大值	均值	中位数	标准差	得分>3的企业所占比例
降低成本	215	0	6	3.45	4	1.503	51.60%
提高盈利	215	0	6	3.80	4	1.414	59.50%
激励员工努力	214	0	6	3.64	4	1.430	54.70%
帮助下级理解战略	214	0	6	3.41	3	1.482	48.10%
增进员工满意	213	0	6	2.92	3	1.445	31.90%

续表

效果指标	N	最小值	最大值	均值	中位数	标准差	得分>3的企业所占比例
避免关键员工流失	215	0	6	2.91	3	1.640	38.60%
鼓励创新	215	0	6	3.27	3	1.486	41.90%
促进合作	210	0	6	2.95	3	1.374	32.40%
引起冲突	204	0	6	2.10	2	1.484	18.60%
弄虚作假	208	0	6	2.39	2	1.741	26.00%
短期行为	209	0	6	2.96	3	1.635	41.10%
评价目标形同虚设	209	0	6	1.59	1	1.653	14.80%

从表3-15的均值来看，目前我国企业业绩评价在“提高盈利”、“激励员工努力”、“降低成本”三方面发挥了较好作用，其均分依次为3.80、3.64、3.45，分别有59.5%、54.7%、51.6%的企业对这三项功能给予了肯定；而在“帮助下级理解战略”和“鼓励创新”两方面，业绩评价发挥的作用一般，平均得分各为3.41、3.27，各有48.1%和41.9%的企业对此作用予以肯定。但是，当前业绩评价在“促进合作”、“增进员工满意”、“避免员工流失”方面的效果较差，得分较低，平均得分分别为2.95、2.92、2.91，对这三项功能予以肯定的企业比例分别只有32.4%、31.9%、38.6%。

同时，业绩评价也带来一些消极影响，包括引起冲突、短期行为、评价目标形同虚设和弄虚作假等。根据调查结果，它们的负面影响由大到小依次为“短期行为”（2.96）、“弄虚作假”（2.39）、“引起冲突”（2.10）和“评价目标形同虚设”（1.59），分别有41.1%、26%、18.6%、14.8%的企业认为业绩评价会带来短期行为、弄虚作假、引起冲突和致使评价目标形同虚设。可见，我国当前业绩评价在“引起冲突”和“评价目标形同虚设”方面的负面影响还不很普遍，但“短期行为”现象较为普遍，需引起企业管理当局的重视。

二、评价指标的比较分析

为研究业绩评价指标选择的影响因素，我们按地区、规模、产权、是否为制造业和是否为高科技产业五个角度对样本企业进行分类，在此基础上进行方差分析，以判断不同类别之间是否存在显著差异，并对存在显著差异的各指标进行具体分析。

（一）评价指标的地区差异

我们按照企业所处的地理位置将样本企业分为三类：东南沿海、环渤海和中西部，其中东南沿海包括江苏、上海、浙江、广东、福建；环渤海包括辽宁、北京、天津、山东；中西部地区包括陕西、山西、湖南、江西、湖北、河南、安徽。样本企业中三地区的企业数分别为171、27和20（另有3家因未注明所在省份，故在本项分析中予以剔除）。评价指标方面的10项调查内容按地区分类进行的方差分析结果如表3－16所示。

表3－16　　　　业绩评价指标的地区差异

业绩评价指标	东南沿海		环渤海		中西部		显著性	
	均值	标准差	均值	标准差	均值	标准差	F	Sig.
依据财务业绩	3.88	1.5101	4.30	1.6598	4.35	1.4609	1.0509	0.3709
注重客户和市场	3.43	1.5565	2.93	2.0177	3.40	1.8180	0.7789	0.5069
看重内部运行	3.46	1.3679	3.23	1.6567	3.55	1.5035	0.2466	0.8637
注重学习和创新	2.73	1.5217	2.70	1.9178	2.65	1.7252	0.3662	0.7775
看重制度建设	2.77	1.5539	3.37	1.5229	3.45	1.4318	2.3291	0.0754
非财务指标的改善有助于改善财务指标	3.57	1.4097	3.15	1.8043	3.55	1.1910	0.7529	0.5218
局部业绩改善有助于改善整体业绩	3.53	1.3768	3.38	1.8347	3.05	1.3563	0.8057	0.4919
主客观指标结合	4.02	1.4631	3.42	1.8799	3.40	1.5355	1.9607	0.1209
战略实施通过业绩指标反馈	4.08	1.4390	3.30	1.5644	3.60	1.5694	2.8246	0.0396
业绩考核依据内外部信息反馈	3.74	1.6482	3.11	1.9871	3.25	1.5174	1.4145	0.2395

由表3－16可见，在有关业绩评价指标体系的10项内容中，“战略实施通过业绩反馈”在三类不同地区之间存在显著差异，并且由均值可以看出，东南沿海地区的此项得分最高（4.08），其次是中西部地区（3.6），环渤海地区最低（3.30）。其原因可能是东南沿海地区的企业面临较大的市场竞争压力，因而对企业战略更为重视，不仅重视战略制定，而且重视战略执行，多数企业努力通过业绩评价指标体系的建立和指标分解，引导员工行为，以实现企业的战略意图；而环渤海地区，市

场已经形成并稳定，同时受到资源的限制，使得企业的发展战略的实施较少地受到业绩指标的影响；中西部地区的企业发展战略受到经济发展和国家政策的影响更为明显些。此外，注重制度建设方面也存在一定的差异，中西部地区的注重程度最高（3.45），环渤海地区次之（3.37），东南沿海地区最低（2.77）。

如表 3－16 显示，在业绩考核方面，财务业绩在中西部地区仍作为主要的业绩评价方式；东南沿海地区经济较为发达，为适应竞争的需要更多地采用非财务指标和财务指标相结合的方法来进行业绩评价。由于环渤海地区以传统制造业和大中型国企较多，在长时间内形成了较为稳定的客户群，业绩评价时较少关注客户和市场。另外，在局部和整体业绩的关系上，被调查企业的赋值与经济发展程度呈正相关，即东南沿海地区的相符程度最高，环渤海地区次之，中西部地区最低。这是因为东南部地区的企业通常从整个公司的角度制定发展战略，能较好地协调各部门与企业本身的关系；而中西部地区更多受国家政策的影响。

为了进一步比较这三个地区的差异情况，我们做了两两地区的比较，具体情况见表 3－17 至表 3－19。

表 3－17　　评价指标地区间比较

	东南沿海 VS 环渤海				
	T 检验			Wilcox ion 检验	
评价指标	t	Sig.（2－tailed）	均值差	Z	Sig.（2－tailed）
依据财务业绩	－1.3036	0.1939	－0.41	－1.5292	0.1262
注重客户和市场	1.2335	0.2266	0.50	－1.1262	0.2601
看重内部运行	0.7689	0.4429	0.23	－0.7192	0.4720
注重学习和创新	0.0705	0.9442	0.03	－0.0570	0.9545
看重制度建设	－1.8681	0.0632	－0.60	－2.0204	0.0433
非财务指标的改善有助于改善财务指标	1.3584	0.1759	0.42	－0.8679	0.3855
局部业绩改善有助于改善整体业绩	0.3861	0.7022	0.14	－0.1789	0.8580
主客观指标结合	1.5582	0.1298	0.60	－1.3431	0.1792
战略实施通过业绩指标反馈	2.5856	0.0104	0.78	－2.5473	0.0109
业绩考核依据内外部信息反馈	1.7751	0.0774	0.62	－1.5410	0.1233

从表3－17中可以看出，我国经济比较发达的这两个地区（东南沿海地区和环渤海地区）中，企业采用的评价指标在“战略实施通过业绩指标反馈”方面有着显著的差异，东南沿海地区在这一指标的赋值要明显高于环渤海地区，这说明东南沿海地区企业更注重企业战略的实施，与其外向型的经济发展形势相适应，面对激烈的市场竞争必须加强对企业战略的重视。此外，在“看重制度建设”方面也有着一定的差异，环渤海地区企业相对更为看重企业制度建设，这与这两个地区的企业性质有着密切的关联。环渤海地区企业以大型国有企业为主，国资委对这些企业有着严格的制度要求，而在东南沿海地区，以外资和民营企业为主，这些企业自主经营和自主管理能力比较强，因而对严格的制度建设的重视程度不如国有企业。

表3－18比较了东南地区和中西部地区在业绩评价指标方面的差异，不论从均值比较还是从中位数比较，都可以发现这两个地区在“看重制度建设”和“主客观指标相结合”这两个指标上有着较为明显的差异。在“看重制度建设”方面，中西部地区的重视程度要高于东南沿海地区，这和上述分析类似，主要在于中西部地区经济发展比较落后，企业自主创新和自我管理能力比较差，需要按照国家或国资委的相关规定来处理企业内部事务，而东南沿海地区由于经济比较发达，面临激烈的竞争，企业需要灵活地来处理面临的挑战，对企业内部制度的重视相对要弱。在“主客观指标相结合”方面，东南沿海地区要高于中西部地区，这与其市场经济发展，竞争的激烈程度有着密切的关系。在充满竞争的环境下，企业要想获得立足之地，必须全方位的评价企业的经营情况，不能简单地依靠财务报表，因此就更为注重主客观指标的综合利用。

表3－18　　　　评价指标地区间比较

	东南沿海 VS 中西部				
	T检验			Wilcox ion 检验	
评价指标	t	Sig.（2－tailed）	均值差	Z	Sig.（2－tailed）
依据财务业绩	－1.3127	0.1909	－0.47	－1.3360	0.1815
注重客户和市场	0.0718	0.9428	0.03	－0.0718	0.9428
看重内部运行	－0.2790	0.7805	－0.09	－0.3394	0.7343
注重学习和创新	0.2221	0.8245	0.08	－0.3093	0.7571
看重制度建设	－1.8639	0.0639	－0.68	－1.9633	0.0496
非财务指标的改善有助于改善财务指标	0.0704	0.9440	0.02	－0.1097	0.9126

续表

评价指标	东南沿海 VS 中西部				
	T 检验			Wilcox ion 检验	
	t	Sig.（2 – tailed）	均值差	Z	Sig.（2 – tailed）
局部业绩改善有助于改善整体业绩	1.4752	0.1418	0.48	–1.4575	0.1450
主客观指标结合	1.7938	0.0744	0.62	–1.7642	0.0777
战略实施通过业绩指标反馈	1.3867	0.1672	0.48	–1.2807	0.2003
业绩考核依据内外部信息反馈	1.2553	0.2109	0.49	–1.3932	0.1636

环渤海地区和中西部地区在评价指标选择上没有显著的差别（见表3–19），这与两地区企业以国有企业为主有着密切的关系。

表 3–19　评价指标地区间比较

评价指标	东南沿海 VS 中西部				
	T 检验			Wilcox ion 检验	
	t	Sig.（2 – tailed）	均值差	Z	Sig.（2 – tailed）
依据财务业绩	–0.1153	0.9087	–0.05	–0.0663	0.9472
注重客户和市场	–0.8301	0.4109	–0.47	–0.7648	0.4444
看重内部运行	–0.6740	0.5038	–0.32	–0.6096	0.5421
注重学习和创新	0.0990	0.9216	0.05	–0.0878	0.9301
看重制度建设	–0.1817	0.8566	–0.08	–0.1340	0.8934
非财务指标的改善有助于改善财务指标	–0.8945	0.3760	–0.40	–0.4382	0.6612
局部业绩改善有助于改善整体业绩	0.7111	0.4808	0.33	–0.7907	0.4291
主客观指标结合	0.0446	0.9646	0.02	–0.3040	0.7611
战略实施通过业绩指标反馈	–0.6571	0.5144	–0.30	–0.8694	0.3846
业绩考核依据内外部信息反馈	–0.2717	0.7871	–0.14	–0.2728	0.7850

表 3-20　　业绩评价指标的规模差异

业绩评价指标	小型		中型		较大		特大		显著性	
	均值	标准差	均值	标准差	均值	标准差	均值	标准差	F	Sig.
依据财务业绩	3.57	1.4633	4.16	1.5733	4.16	1.5122	3.7667	1.2780	1.75	0.1408
注重客户和市场	3.59	1.5538	3.38	1.5980	3.28	1.6558	3.0333	1.7317	0.76	0.5495
看重内部运行	4.00	1.2649	3.43	1.3614	3.24	1.4260	3.0345	1.4512	3.02	0.0189
注重学习和创新	2.78	1.6182	2.91	1.4435	2.53	1.7057	2.8333	1.5332	0.79	0.5326
看重制度建设	2.73	1.4462	3.08	1.4488	2.63	1.6773	3.5667	1.4547	2.63	0.0354
非财务指标的改善有助于改善财务指标	3.24	1.4607	3.58	1.5248	3.51	1.4403	3.5517	1.2126	0.92	0.4514
局部业绩改善有助于改善整体业绩	3.08	1.4417	3.45	1.4193	3.42	1.4476	3.7000	1.3429	2.22	0.0683
主客观指标结合	4.00	1.4720	3.55	1.5521	4.01	1.5024	4.4000	1.4288	2.01	0.0946
战略实施通过业绩指标反馈	3.97	1.4997	4.01	1.3327	3.79	1.6442	4.0333	1.4735	0.27	0.8970
业绩考核依据内外部信息反馈	3.89	1.6463	3.60	1.7188	3.47	1.7145	3.5862	1.5928	0.40	0.8120

（二）评价指标的规模差异

在本次调查问卷中，能够用来衡量企业规模的变量有两个，分别是企业雇员人数和年销售额。为了按照规模对企业进行科学划分，我们采取了将企业雇员人数和年销售额结合处理的方法来构造规模变量，即对企业年销售额与雇员人数分别先取自然对数，然后将两者相加，四舍五入取整，便得到规模变量，最后再根据规模变量的大小分为小型、中型、较大型和特大型四类企业①。其中小规模企业 37 家（17.45%）、中型企业 77 家（36.32%）、较大型企业 68 家（32.08%）和特大型企业 30 家（14.15%）。

按企业规模分类分析，10 个业绩评价指标中，注重内部运行方面和看重制度建设方面有显著的差异，局部业绩与整体业绩的关系和依据主客观因素来进行业绩评价两个方面有一定的差异（见表 3－20）。

大中型企业的评价体系不太关注内部运行，小型企业的评价体系则更加关注内部运行。这可能是由于大中型企业长时间内形成了较为稳定的内部运行体制，改变的成本较大；而小型企业具有“船小好掉头”的优势，在内部运行上能够根据企业的实际情况和社会环境的变化进行适当地选择和调整。调查还发现，企业规模越大，局部业绩的改善越有助于企业整体业绩的改善。而在“看重制度建设”方面，特大企业的赋值要明显高于中小企业，这主要是因为我国的特大型企业大部分为国有企业，这类企业有着严格的制度要求，因此，比较看重制度建设。而中小企业多为外资和民营企业，为了在激烈的市场环境下生存，他们更为关注的是直接关乎企业生存和发展的内部运行等方面。

此外，各类企业的业绩评价都综合考虑主客观因素，这说明我国企业在业绩评价过程中能够将主客观因素有机结合。表 3－20 还显示了小企业在业绩评价方面更加看重客户和市场，而大中型企业则不太看重。这是因为大中型企业的客户较为稳定；小型企业为适应竞争和生存、发展的需要更看重客户保持以及市场运作。

表 3－21 至表 3－26 分别给出了不同规模企业间选择业绩评价指标的差异比较。

---

① 在 221 家样本中，有 9 家未填写企业人数或年销售额。

表 3-21　业绩评价指标不同规模比较

	小型 VS 中型				
	T 检验			Wilcox ion 检验	
评价指标	t	Sig.（2-tailed）	均值差	Z	Sig.（2-tailed）
依据财务业绩	-1.9111	0.0585	-0.59	-2.0592	0.0395
注重客户和市场	0.6879	0.4929	0.22	-0.6631	0.5073
看重内部运行	2.1252	0.0358	0.57	-2.0814	0.0374
注重学习和创新	-0.4171	0.6774	-0.13	-0.3668	0.7138
看重制度建设	-1.2021	0.2319	-0.35	-1.1349	0.2564
非财务指标的改善有助于改善财务指标	-1.1336	0.2594	-0.34	-1.4114	0.1581
局部业绩改善有助于改善整体业绩	-1.2890	0.2001	-0.37	-1.3677	0.1714
主客观指标结合	1.4883	0.1395	0.45	-1.5169	0.1293
战略实施通过业绩指标反馈	-0.1441	0.8857	-0.04	-0.0156	0.9876
业绩考核依据内外部信息反馈	0.8681	0.3872	0.29	-0.8538	0.3932

表 3-22　业绩评价指标不同规模比较

	小型 VS 较大				
	T 检验			Wilcox ion 检验	
评价指标	t	Sig.（2-tailed）	均值差	Z	Sig.（2-tailed）
依据财务业绩	-1.9452	0.0545	-0.59	-2.0886	0.0367
注重客户和市场	0.9519	0.3434	0.32	-0.9638	0.3351
看重内部运行	2.7025	0.0081	0.76	-2.6108	0.0090
注重学习和创新	0.7431	0.4591	0.25	-0.8825	0.3775
看重制度建设	0.3140	0.7542	0.10	-0.5628	0.5736
非财务指标的改善有助于改善财务指标	-0.9181	0.3607	-0.27	-0.8737	0.3823
局部业绩改善有助于改善整体业绩	-1.1200	0.2654	-0.33	-1.3101	0.1902
主客观指标结合	-0.0488	0.9611	-0.01	-0.0521	0.9584

续表

	小型 VS 较大				
	T 检验			Wilcox ion 检验	
评价指标	t	Sig.（2 - tailed）	均值差	Z	Sig.（2 - tailed）
战略实施通过业绩指标反馈	0.5489	0.5843	0.18	-0.4384	0.6611
业绩考核依据内外部信息反馈	1.2196	0.2254	0.42	-1.2106	0.2261

表 3 - 21 和表 3 - 22 分别列示了小型企业与中型企业和较大型企业的对比情况，可以发现在依据财务业绩和看重内部运行这两个指标有着显著的差异。在依据财务业绩上，较大型和中型企业的得分要高于小型企业，而在看重内部运行方面，小型企业得分要高于中型企业和较大型，这可能是因为大中型企业已经发展到企业的成熟期，企业面临的风险已经相对稳定，这些企业为了获取更高的利润而努力；而小型企业处于企业发展的成长期，不确定性因素太多，为了能够生存下去，企业对财务业绩的重视程度相对较弱，更为关注企业的运行情况。

从表 3 - 23 也可以发现，在看重内部运行指标上小型企业的赋值要显著高于特大型企业。此外，在看重制度建设方面，大型企业的得分要显著高于小型企业，这与企业的性质有着密切的关系。特大型企业中国有企业为主，而小型企业多以民营企业为主。在局部业绩改善有助于改善整体业绩方面，特大型企业的得分也要高于小型企业，这主要是因为特大型企业的分支机构和内部层级结构比较多，因而注重局部业绩的改善；而小型企业主要为单一主体，整体业绩等同于局部业绩，因此在此项的选择上比较小。

表 3 - 23　　　业绩评价指标不同规模比较

	小型 VS 特大				
	T 检验			Wilcox ion 检验	
评价指标	t	Sig.（2 - tailed）	均值差	Z	Sig.（2 - tailed）
依据财务业绩	-0.5857	0.5601	-0.20	-0.7022	0.4826
注重客户和市场	1.3967	0.1672	0.56	-1.4502	0.1470
看重内部运行	2.8644	0.0057	0.97	-2.7501	0.0060
注重学习和创新	-0.1276	0.8989	-0.05	-0.3695	0.7117
看重制度建设	-2.3493	0.0219	-0.84	-2.4945	0.0126

续表

	小型 VS 特大				
	T 检验			Wilcox ion 检验	
评价指标	t	Sig. (2 - tailed)	均值差	Z	Sig. (2 - tailed)
非财务指标的改善有助于改善财务指标	-0.9161	0.3631	-0.31	-0.7900	0.4295
局部业绩改善有助于改善整体业绩	-1.7846	0.0791	-0.62	-1.4629	0.1435
主客观指标结合	-1.1206	0.2666	-0.40	-1.1172	0.2639
战略实施通过业绩指标反馈	-0.1651	0.8694	-0.06	-0.1749	0.8611
业绩考核依据内外部信息反馈	0.7594	0.4504	0.31	-0.8226	0.4108

中型企业与大型企业相比（表3-24和表3-25）在主客观指标结合方面有着较为显著的差异，中型企业的赋值要高于较大和大型企业，这是因为中型企业主要为外资和民营企业，这些企业面临着激烈的市场竞争，为了生存和发展必须创造更多的财务绩效，因而这些企业相对于大型企业来说比较关注财务指标（4.16），而大型企业中多为国有企业和上市公司，这些企业已经具有相当的市场份额，为了以后的发展和保持现有的市场占有率，必须全方位的衡量企业绩效。

表3-24　　　　业绩评价指标不同规模比较

分组检验	中型 VS 较大				
	T 检验			Wilcox ion 检验	
评价指标	t	Sig. (2 - tailed)	均值差	Z	Sig. (2 - tailed)
依据财务业绩	-0.0230	0.9817	-0.01	-0.0608	0.9515
注重客户和市场	0.3594	0.7198	0.10	-0.3607	0.7183
看重内部运行	0.8344	0.4055	0.19	-0.7490	0.4538
注重学习和创新	1.4366	0.1532	0.38	-1.5599	0.1188
看重制度建设	1.7316	0.0855	0.45	-1.8294	0.0673
非财务指标的改善有助于改善财务指标	0.2819	0.7784	0.07	-0.6109	0.5412

续表

分组检验	中型 VS 较大				
	T 检验			Wilcox ion 检验	
评价指标	t	Sig.（2 - tailed）	均值差	Z	Sig.（2 - tailed）
局部业绩改善有助于改善整体业绩	0.1531	0.8786	0.04	-0.0534	0.9574
主客观指标结合	-1.8375	0.0682	-0.47	-1.8493	0.0644
战略实施通过业绩指标反馈	0.8732	0.3842	0.22	-0.6380	0.5235
业绩考核依据内外部信息反馈	0.4439	0.6578	0.13	-0.5222	0.6015

表 3-25　　　　业绩评价指标不同规模比较

	中型 VS 特大				
	T 检验			Wilcox ion 检验	
评价指标	t	Sig.（2 - tailed）	均值差	Z	Sig.（2 - tailed）
依据财务业绩	1.3225	0.1906	0.39	-1.5380	0.1240
注重客户和市场	0.9750	0.3318	0.34	-0.9809	0.3266
看重内部运行	1.3049	0.1948	0.39	-1.3129	0.1892
注重学习和创新	0.2396	0.8111	0.08	-0.0213	0.9830
看重制度建设	-1.5656	0.1204	-0.49	-1.7596	0.0785
非财务指标的改善有助于改善财务指标	0.1037	0.9176	0.03	-0.5276	0.5977
局部业绩改善有助于改善整体业绩	-0.8154	0.4167	-0.25	-0.4492	0.6533
主客观指标结合	-2.6138	0.0103	-0.85	-2.5448	0.0109
战略实施通过业绩指标反馈	-0.0689	0.9452	-0.02	-0.2112	0.8327
业绩考核依据内外部信息反馈	0.0305	0.9757	0.01	-0.1913	0.8483

从表 3-26 中可以看出，在看重制度建设方面，较大型企业和特大型企业的选择上有着显著差异。

表 3-26 业绩评价指标不同规模比较

	较大 VS 特大				
	T 检验			Wilcox ion 检验	
评价指标	t	Sig.（2-tailed）	均值差	Z	Sig.（2-tailed）
依据财务业绩	1.2471	0.2154	0.40	-1.4857	0.1374
注重客户和市场	0.6687	0.5053	0.25	-0.7081	0.4789
看重内部运行	0.6317	0.5291	0.20	-0.7328	0.4637
注重学习和创新	-0.8376	0.4043	-0.30	-0.9588	0.3377
看重制度建设	-2.6529	0.0094	-0.94	-2.6744	0.0075
非财务指标的改善有助于改善财务指标	-0.1212	0.9038	-0.04	-0.0081	0.9935
局部业绩改善有助于改善整体业绩	-0.9066	0.3669	-0.28	-0.5120	0.6087
主客观指标结合	-1.1841	0.2393	-0.39	-1.1734	0.2406
战略实施通过业绩指标反馈	-0.6845	0.4953	-0.24	-0.6141	0.5391
业绩考核依据内外部信息反馈	-0.3104	0.7569	-0.12	-0.2365	0.8130

（三）评价指标的产权差异

根据我国企业的现状，我们将企业性质分成四类①，即上市公司、外资企业、民营企业和国有非上市公司（表 3-27）。

表 3-27 企业性质的分类

	频数	百分比
上市公司	46	20.81
外资企业	63	28.51
民营企业	41	18.55
国有非上市公司	71	32.13
合计	221	100

① 上市公司含内地上市和境外上市；外资企业含合资和境外独资企业；民营企业中在上市类计数的不重复；国有非上市的即国有非上市公司。

表 3－28 业绩评价指标的产权差异

业绩评价指标	上市公司		外资企业		民营企业		国有非上市公司		显著性	
	均值	标准差	均值	标准差	均值	标准差	均值	标准差	F	Sig.
依据财务业绩	3.98	1.4831	3.73	1.4724	4.05	1.4655	4.1408	1.6327	0.85	0.4674
注重客户和市场	2.76	1.6081	3.76	1.4110	3.66	1.6675	3.2113	1.7148	4.15	0.0070
看重内部运行	3.20	1.5315	3.56	1.2544	3.37	1.4791	3.5286	1.4114	0.71	0.5480
注重学习和创新	2.63	1.6379	2.79	1.4609	2.95	1.6726	2.6197	1.6157	0.47	0.7016
看重制度建设	3.02	1.5274	2.92	1.3714	2.95	1.8109	2.8310	1.5945	0.15	0.9318
非财务指标的改善有助于改善财务指标	3.54	1.4863	3.62	1.2238	3.90	1.4458	3.2143	1.5312	2.17	0.0929
局部业绩改善有助于改善整体业绩	3.33	1.5356	3.35	1.4269	3.88	1.3241	3.4085	1.4099	1.41	0.2421
主客观指标结合	3.80	1.4850	3.81	1.4686	4.00	1.4322	3.9577	1.6940	0.22	0.8839
战略实施通过业绩指标反馈	3.59	1.5574	4.13	1.3379	4.05	1.6875	3.9577	1.4287	1.28	0.2823
业绩考核依据内外部信息反馈	3.35	1.5947	3.74	1.3542	3.93	2.0419	3.4930	1.7718	1.10	0.3518

不同产权性质的企业在进行业绩评价时对客户和市场方面的关注程度有显著的差异，注重非财务作用方面有一定的差异（表3-28）。

在注重客户和市场方面，外资企业和民营企业好于国有企业和上市公司，说明在提升企业管理水平进程中，国有企业和上市公司还需不断努力，任重而道远。

表3-29至表3-34分别给出了不同产权性质的企业在选择业绩评价指标上的差异：

从表3-29、表3-30和表3-33可以看出，上市公司和国有企业与外资企业和民营企业相比，在注重客户和市场方面的选择上有着显著差异，这进一步说明上市公司和国有企业需要在管理水平和注重客户及市场反映上有所作为才行。表3-32和表3-34中可以看出在局部业绩改善有助于整体业绩方面的选择外资企业和国有企业的选择得分均小于民营企业。表3-34中还可以看出，民营企业在“非财务指标的改善有助于改善财务指标”这一指标的选择上也要好于国有企业。上市公司和国有企业在评价指标的选择上没有显著差异（表3-31）。

表3-29　　业绩评价指标不同产权性质比较

	上市 VS 外资				
	T检验			Wilcox ion 检验	
评价指标	t	Sig.（2-tailed）	均值差	Z	Sig.（2-tailed）
依据财务业绩	0.8662	0.3883	0.25	-0.8651	0.3870
注重客户和市场	-3.4479	0.0008	-1.00	-3.2647	0.0011
看重内部运行	-1.3237	0.1884	-0.36	-0.9465	0.3439
注重学习和创新	-0.5473	0.5853	-0.16	-0.6961	0.4863
看重制度建设	0.3623	0.7179	0.10	-0.4612	0.6447
非财务指标的改善有助于改善财务指标	-0.2907	0.7719	-0.08	-0.0158	0.9874
局部业绩改善有助于改善整体业绩	-0.1002	0.9203	-0.03	-0.1792	0.8578
主客观指标结合	-0.0181	0.9856	-0.01	-0.0659	0.9475
战略实施通过业绩指标反馈	-1.9413	0.0548	-0.54	-1.7617	0.0781
业绩考核依据内外部信息反馈	-1.3529	0.1796	-0.39	-1.2171	0.2236

表 3－30　业绩评价指标不同产权性质比较

	上市 VS 民营				
	T 检验			Wilcox ion 检验	
评价指标	t	Sig.（2－tailed）	均值差	Z	Sig.（2－tailed）
依据财务业绩	－0.2226	0.8244	－0.07	－0.1867	0.8519
注重客户和市场	－2.5542	0.0124	－0.90	－2.5952	0.0095
看重内部运行	－0.5098	0.6115	－0.17	－0.3755	0.7073
注重学习和创新	－0.9028	0.3692	－0.32	－0.9469	0.3437
看重制度建设	0.1993	0.8425	0.07	－0.3693	0.7119
非财务指标的改善有助于改善财务指标	－1.1390	0.2579	－0.36	－1.1012	0.2708
局部业绩改善有助于改善整体业绩	－1.7617	0.0818	－0.55	－1.7331	0.0831
主客观指标结合	－0.6195	0.5372	－0.20	－0.5145	0.6069
战略实施通过业绩指标反馈	－1.3274	0.1879	－0.46	－1.5127	0.1304
业绩考核依据内外部信息反馈	－1.4821	0.1420	－0.58	－1.8183	0.0690

表 3－31　业绩评价指标不同产权性质比较

	上市 VS 国有性质				
	T 检验			Wilcox ion 检验	
评价指标	t	Sig.（2－tailed）	均值差	Z	Sig.（2－tailed）
依据财务业绩	－0.5451	0.5867	－0.16	－0.8821	0.3777
注重客户和市场	－1.4217	0.1578	－0.45	－1.5713	0.1161
看重内部运行	－1.1784	0.2411	－0.33	－0.9749	0.3296
注重学习和创新	0.0349	0.9723	0.01	－0.0369	0.9706
看重制度建设	0.6425	0.5218	0.19	－0.6096	0.5421
非财务指标的改善有助于改善财务指标	1.1458	0.2543	0.33	－1.0217	0.3069
局部业绩改善有助于改善整体业绩	－0.2980	0.7663	－0.08	－0.0716	0.9430
主客观指标结合	－0.5017	0.6168	－0.15	－0.8191	0.4127
战略实施通过业绩指标反馈	－1.3233	0.1883	－0.37	－1.3295	0.1837
业绩考核依据内外部信息反馈	－0.4498	0.6537	－0.15	－0.5824	0.5603

表 3-32　　业绩评价指标不同产权性质比较

评价指标	外资 VS 民营				
	T 检验			Wilcox ion 检验	
	t	Sig.（2-tailed）	均值差	Z	Sig.（2-tailed）
依据财务业绩	-1.0804	0.2825	-0.32	-1.0314	0.3024
注重客户和市场	0.3396	0.7348	0.10	-0.0340	0.9729
看重内部运行	0.7019	0.4844	0.19	-0.5938	0.5526
注重学习和创新	-0.5075	0.6129	-0.16	-0.3631	0.7165
看重制度建设	-0.0878	0.9303	-0.03	-0.1688	0.8659
非财务指标的改善有助于改善财务指标	-1.0737	0.2855	-0.28	-1.2210	0.2221
局部业绩改善有助于改善整体业绩	-1.8483	0.0675	-0.52	-2.0019	0.0453
主客观指标结合	-0.6477	0.5187	-0.19	-0.4873	0.6260
战略实施通过业绩指标反馈	0.2625	0.7935	0.08	-0.0886	0.9294
业绩考核依据内外部信息反馈	-0.5530	0.5815	-0.18	-1.3140	0.1888

表 3-33　　业绩评价指标不同产权性质比较

评价指标	外资 VS 国有性质				
	T 检验			Wilcox ion 检验	
	t	Sig.（2-tailed）	均值差	Z	Sig.（2-tailed）
依据财务业绩	-1.5216	0.1305	-0.41	-1.9365	0.0528
注重客户和市场	2.0378	0.0436	0.55	-1.6801	0.0929
看重内部运行	0.1160	0.9078	0.03	-0.0301	0.9760
注重学习和创新	0.6505	0.5165	0.17	-0.7637	0.4451
看重制度建设	0.3467	0.7294	0.09	-0.2215	0.8247
非财务指标的改善有助于改善财务指标	1.6914	0.0932	0.40	-1.2180	0.2232
局部业绩改善有助于改善整体业绩	-0.2175	0.8281	-0.05	-0.2180	0.8274
主客观指标结合	-0.5379	0.5916	-0.15	-0.7909	0.4290
战略实施通过业绩指标反馈	0.7051	0.4820	0.17	-0.5377	0.5908
业绩考核依据内外部信息反馈	0.9165	0.3611	0.25	-0.5772	0.5638

表 3－34 业绩评价指标不同产权性质比较

	民营 VS 国有性质				
	T 检验			Wilcox ion 检验	
评价指标	t	Sig.（2－tailed）	均值差	Z	Sig.（2－tailed）
依据财务业绩	－0.2982	0.7661	－0.09	－0.6011	0.5478
注重客户和市场	1.3431	0.1820	0.45	－1.3610	0.1735
看重内部运行	－0.5759	0.5658	－0.16	－0.4775	0.6330
注重学习和创新	1.0326	0.3040	0.33	－0.9669	0.3336
看重制度建	0.3594	0.7200	0.12	－0.1031	0.9179
非财务指标的改善有助于改善财务指标	2.3321	0.0215	0.69	－2.1757	0.0296
局部业绩改善有助于改善整体业绩	1.7103	0.0901	0.47	－1.7772	0.0755
主客观指标结合	0.1331	0.8943	0.04	－0.2226	0.8238
战略实施通过业绩指标反馈	0.3038	0.7619	0.09	－0.5634	0.5732
业绩考核依据内外部信息反馈	1.1800	0.2405	0.43	－1.5189	0.1288

（四）评价指标的行业差异

我们把被调查的企业简单地划分为制造业和非制造业，其中制造业有 134 家，非制造业有 87 家。同时为了反映信息技术的发展企业业绩考核指标选择上的差异，我们将被调查的企业划分为高科技产业和非高科技产业，划分的依据是，制造业中将电子、设备、医药归为高科技行业；食品、纺织、木材、造纸、石化、金属、其他归为传统行业。非制造业中将信息技术行业归为高科技行业，其余为非高科技产业，这样共有高科技行业样本 44 家，非高科技行业 124 家，未注明的 53 家。我们分别从这两个分类分析业绩评价指标的行业差异。

业绩评价时，制造业和非制造业依据内外部的反馈方面有显著差异，局部与整体业绩关系处理方面有一定差异（表 3－35）。业绩考核结合内外部信息方面，制造企业的选择明显高于非制造企业。制造企业的内部环节比较多，并且与外界有着密切的联系，因此在业绩考核时结合使用内外部信息。这说明制造企业能够根据自身实际进行业绩考核。而在重视局部业绩改善对整体业绩改善的影响上，非制造企业的选择要高于制造企业，原因可能在于制造企业的内部环节多而复杂，并且有些部门相对独立。

表 3-35　　业绩评价指标的行业差异（一）

业绩评价指标	非制造业		制造业		显著性		Wilcox ion 检验	
	均值	标准差	均值	标准差	F	Sig.	Z	Sig. (2-tailed)
依据财务业绩	3.97	1.5131	3.98	1.5388	0.00	0.9542	-0.0594	0.9526
注重客户和市场	3.18	1.7688	3.47	1.5399	1.62	0.2045	-1.2127	0.2252
看重内部运行	3.25	1.5111	3.56	1.3236	2.60	0.1085	-1.3841	0.1663
注重学习和创新	2.53	1.6127	2.87	1.5550	2.41	0.1224	-1.5604	0.1187
看重制度建设	2.69	1.6517	3.07	1.4730	3.14	0.0776	-1.5643	0.1178
非财务指标的改善有助于改善财务指标	3.51	1.5996	3.54	1.3245	0.02	0.8973	-0.3265	0.7441
局部业绩改善有助于改善整体业绩	3.67	1.4991	3.33	1.3753	3.00	0.0846	-1.5995	0.1097
主客观指标结合	3.87	1.6481	3.90	1.4609	0.02	0.8925	-0.0652	0.9480
战略实施通过业绩指标反馈	4.05	1.3886	3.88	1.5465	0.65	0.4199	-0.4812	0.6304
业绩考核依据内外部信息反馈	3.31	1.8256	3.81	1.5626	4.74	0.0306	-1.9840	0.0473

在业绩评价时，高科技企业和非高科技企业在依据财务业绩方面有着显著的差异（表 3-36），非高科技企业更倾向于采用财务业绩进行业绩评价，而高科技产业作为信息化进步的产物，是为了满足新兴产业适合市场的需求，为了获得发展它们更倾向于采用综合的业绩评价方式，可以看出在这 10 项指标中有 7 项指标的得分上高科技企业高于非高科技企业。

表 3－36 业绩评价指标的行业差异（二）

业绩评价指标	非高科技		高科技		显著性		Wilcox ion 检验	
	均值	标准差	均值	标准差	F	Sig.	Z	Sig.(2－tailed)
依据财务业绩	4.06	1.5119	3.61	1.5434	3.08	0.0809	－1.8986	0.0576
注重客户和市场	3.32	1.7100	3.50	1.3029	0.42	0.5196	－0.3629	0.7167
看重内部运行	3.38	1.3758	3.70	1.5045	1.83	0.1774	－1.2952	0.1953
注重学习和创新	2.71	1.5745	2.82	1.6321	0.16	0.6911	－0.1905	0.8489
看重制度建设	2.90	1.5510	2.98	1.5810	0.08	0.7836	－0.2055	0.8372
非财务指标的改善有助于改善财务指标	3.51	1.4928	3.61	1.1855	0.20	0.6563	－0.3045	0.7608
局部业绩改善有助于改善整体业绩	3.50	1.4734	3.30	1.2497	0.74	0.3914	－1.0785	0.2808
主客观指标结合	3.86	1.5847	4.02	1.3205	0.40	0.5252	－0.4268	0.6695
战略实施通过业绩指标反馈	4.02	1.4596	3.66	1.5692	2.06	0.1531	－1.4960	0.1347
业绩考核依据内外部信息反馈	3.58	1.7384	3.75	1.4647	0.36	0.5497	－0.3624	0.7170

三、评价效果的比较分析

与业绩评价指标的比较相同，对于评价效果我们也从地区、规模、产权、是否为制造业和是否为高科技产业五个角度对样本企业进行分类，在此基础上进行方差分析，以判断不同类别之间是否存在显著差异。

（一）评价效果的地区差异

表 3－37 评价效果的地区差异

业绩评价效果	东南沿海		环渤海		中西部		显著性	
	均值	标准差	均值	标准差	均值	标准差	F	Sig.
降低成本	3.51	1.5476	2.80	1.3844	3.79	1.0842	1.9935	0.1160
提高盈利	3.88	1.4674	3.40	1.2910	3.63	1.0651	0.9591	0.4130

续表

业绩评价效果	东南沿海		环渤海		中西部		显著性	
	均值	标准差	均值	标准差	均值	标准差	F	Sig.
激励员工努力	3.67	1.4745	3.48	1.2288	3.68	1.1082	0.5951	0.6188
帮助下级理解战略	3.51	1.4680	3.04	1.6452	3.16	1.3443	1.2061	0.3085
增进员工满意	2.99	1.4332	2.64	1.4967	2.94	1.4742	1.6811	0.1722
避免关键员工流失	3.03	1.6467	2.36	1.3503	2.79	1.8732	1.8681	0.1360
鼓励创新	3.34	1.4958	2.56	1.4457	3.68	1.1572	2.6045	0.0529
促进合作	2.95	1.4002	2.72	1.2083	3.32	1.4163	0.8825	0.4511
引起冲突	2.06	1.4640	2.42	1.5299	2.05	1.7151	0.4360	0.7275
弄虚作假	2.31	1.7241	2.92	1.8863	2.32	1.6348	1.1569	0.3273
短期行为	2.92	1.6215	3.17	1.6594	2.89	1.6294	0.5714	0.6345
评价目标形同虚设	1.48	1.5767	1.96	1.9219	1.74	1.7270	1.7997	0.1484

从表3－37可以看出，在评价效果中鼓励创新存在地区之间的差异（sig.＝0.0529），中西部地区得分最高为3.68，环渤海地区最低为2.56。此外，中西部地区在降低成本（3.79）和促进合作方面（3.32）的得分也高于其他地区；东南沿海地区在提高盈利、激励员工努力及帮助下级理解战略等方面的得分要高于另外两个地区，得分分别为3.88、3.67、3.51和2.99；环渤海地区在相关的负面效果（引起冲突、弄虚作假、短期行为及评价目标形同虚设）的得分均高于其他地区，有利方面的得分最低。从表中还可以看出，在12个评价效果指标中，增进员工满意的得分普遍较低，均少于3。

（二）评价效果的规模差异

表3－38　　评价效果的规模差异

业绩效果	小型		中型		较大		特大		显著性	
	均值	标准差	均值	标准差	均值	标准差	均值	标准差	F	Sig.
降低成本	3.25	1.6450	3.50	1.5280	3.55	1.4900	3.66	1.1430	1.6558	0.1616
提高盈利	3.64	1.5150	3.95	1.3260	3.92	1.4930	3.69	1.2570	1.6875	0.1541
激励员工努力	3.81	1.4510	3.72	1.5630	3.63	1.3530	3.57	1.1360	1.8013	0.1298
帮助下级理解战略	3.46	1.6150	3.47	1.5190	3.46	1.3590	3.34	1.4710	0.8228	0.5120
增进员工满意	2.94	1.6380	3.03	1.5070	2.95	1.3270	2.72	1.2510	0.4845	0.7471
避免关键员工流失	2.61	1.6260	3.12	1.6570	2.98	1.5360	2.79	1.7800	1.0739	0.3704

续表

业绩效果	小型		中型		较大		特大		显著性	
	均值	标准差	均值	标准差	均值	标准差	均值	标准差	F	Sig.
鼓励创新	3.22	1.6580	3.14	1.4940	3.62	1.4440	3.10	1.2050	1.4966	0.2044
促进合作	2.86	1.4170	3.03	1.4240	2.95	1.3960	3.00	1.1550	0.4074	0.8032
引起冲突	2.34	1.5710	2.07	1.4950	1.92	1.4740	2.26	1.4030	0.5650	0.6883
弄虚作假	2.42	1.6630	2.38	1.9700	2.33	1.7230	2.61	1.3970	0.1608	0.9579
短期行为	2.75	1.7790	2.84	1.6390	3.16	1.5980	3.18	1.4160	0.6384	0.6357
评价目标形同虚设	1.28	1.7170	1.58	1.7200	1.51	1.5120	1.79	1.3430	1.9477	0.1039

从表3-38中可以发现，12个评价效果的指标得分不存在规模上的差异。小型企业在激励员工努力方面的评价比较高，但引起冲突的得分也比较高，没有充分的处理好员工努力和员工合作之间的关系；中型企业在较大多数指标的得分要高于其他几类企业，包括提高盈利、帮助下级理解战略、增进员工满意、避免关键员工流失和促进合作；较大型企业在鼓励创新方面的评价较高，得分为3.62；特大型企业在降低成本上有较好的表现，但是并没有处理好负面效果带来的影响，在弄虚作假、短期行为和评价目标形同虚设等负面效果方面的得分比较高。此外，众多评价效果指标中，增进员工满意、避免关键员工流失和促进合作这三个指标的得分在规模不同企业中的得分比较低。

（三）评价效果的产权差异

表3-39　　评价效果的产权差异

业绩效果	上市		外资		民营		国有性质		显著性	
	均值	标准差	均值	标准差	均值	标准差	均值	标准差	F	Sig.
降低成本	3.43	1.4043	3.51	1.5120	3.85	1.5818	3.17	1.4848	1.73	0.1617
提高盈利	3.48	1.4385	3.98	1.2507	4.28	1.4500	3.58	1.4492	3.29	0.0216
激励员工努力	3.45	1.2659	3.69	1.3860	4.00	1.6859	3.49	1.3998	1.35	0.2594
帮助下级理解战略	3.14	1.4721	3.65	1.4386	3.41	1.5848	3.37	1.4651	1.07	0.3611
增进员工满意	2.52	1.1711	3.05	1.3962	3.33	1.5447	2.84	1.5433	2.46	0.0638
避免关键员工流失	2.45	1.6347	3.00	1.5862	3.38	1.4976	2.86	1.7173	2.35	0.0731
鼓励创新	3.30	1.2119	3.29	1.4191	3.59	1.7729	3.07	1.5274	1.01	0.3874
促进合作	2.73	1.2457	2.97	1.2994	3.31	1.4895	2.87	1.4342	1.36	0.2568
引起冲突	1.98	1.5409	1.97	1.2994	2.11	1.6072	2.30	1.5389	0.66	0.5746
弄虚作假	2.66	1.6675	2.10	1.5731	2.03	1.9519	2.73	1.7589	2.35	0.0737
短期行为	2.95	1.5322	3.08	1.7717	2.63	1.6010	3.04	1.5901	0.68	0.5648
评价目标形同虚设	1.61	1.4121	1.54	1.4122	1.45	2.1143	1.70	1.7322	0.21	0.8861

从表3－39中可以看出，评价效果的指标在提高盈利、增进员工满意、避免关键员工流失和弄虚作假方面存在着差异，在这四个方面中，民营和外资企业的评价要优于上市和国有性质的企业，尤其是民营企业，在这四个方面中都是最优的。在其他方面，民营企业在降低成本、鼓励创新和促进合作方面的得分要高于其他三个，外资企业在帮助下级理解战略方面的得分要好，但更多地引起了短视行为，国有性质的企业在各类指标中都处于较差的地位，更多地引起冲突和评价目标形同虚设。总体来看，在不同产权企业中，民营企业的业绩评价效果最好，国有性质的评价效果最差。

（四）评价效果的行业差异

表3－40　　　　评价效果的行业差异（一）

业绩评价效果	非制造业		制造业		显著性	
	均值	标准差	均值	标准差	F	Sig.
降低成本	3.12	1.5615	3.66	1.4281	6.9206	0.0091
提高盈利	3.72	1.5167	3.86	1.3454	0.5312	0.4669
激励员工努力	3.59	1.4984	3.67	1.3882	0.1535	0.6956
帮助下级理解战略	3.33	1.4589	3.47	1.5002	0.4285	0.5134
增进员工满意	2.87	1.4790	2.96	1.4274	0.2062	0.6502
避免关键员工流失	3.04	1.6435	2.83	1.6384	0.7989	0.3724
鼓励创新	3.12	1.4344	3.38	1.5161	1.5679	0.2119
促进合作	2.84	1.3478	3.02	1.3915	0.7895	0.3753
引起冲突	2.15	1.6364	2.07	1.3800	0.1242	0.7249
弄虚作假	2.24	1.8160	2.49	1.6911	1.0089	0.3163
短期行为	2.66	1.7056	3.16	1.5616	4.6911	0.0315
评价目标形同虚设	1.47	1.7344	1.67	1.6000	0.7078	0.4011

表3－40从是否是制造业对业绩评价效果进行区分，从表中可以看出，在降低成本和短期行为两个方面存在显著差异，制造行业在降低成本方面做得要好于非制造行业，但是会更多地引起短期行为。除避免关键员工流失、弄虚作假和评价目标形同虚设这三个方面外，非制造行业的评价效果普遍低于制造行业。

表 3-41　　评价效果的行业差异（二）

业绩评价效果	非高科技		高科技		显著性	
	均值	标准差	均值	标准差	F	Sig.
降低成本	3.44	1.5030	3.49	1.5177	0.0415	0.8387
提高盈利	3.80	1.4304	3.84	1.3616	0.0284	0.8664
激励员工努力	3.60	1.4245	3.77	1.4612	0.4568	0.4998
帮助下级理解战略	3.38	1.4563	3.52	1.5963	0.3006	0.5841
增进员工满意	2.96	1.4138	2.77	1.5711	0.6383	0.4252
避免关键员工流失	2.95	1.6123	2.77	1.7571	0.4145	0.5204
鼓励创新	3.32	1.4777	3.09	1.5246	0.7997	0.3722
促进合作	3.01	1.3668	2.69	1.3879	1.8469	0.1756
引起冲突	2.04	1.5067	2.37	1.3740	1.6163	0.2051
弄虚作假	2.30	1.7312	2.79	1.7466	2.6815	0.1030
短期行为	2.93	1.6228	3.10	1.6937	0.3496	0.5550
评价目标形同虚设	1.55	1.6231	1.74	1.7815	0.4290	0.5132

表 3-41 从是否属于高科技行业对样本进行分类，从表中可以发现，在众多评价效果的指标中，不存在显著的差异，除避免关键员工流失、鼓励创新、促进合作和相关的负面效应外，其他正面效应非高科技行业的得分均小于高科技行业。

四、评价指标选择对评价效果的影响

作为企业战略管理工具的平衡记分卡一直是理论界和实务界关注的重点。Gerhard Speckbacher 等在研究平衡记分卡实行过程中，将平衡记分卡划分为业绩评价依据财务与非财务指标、因果联系的指标以及企业战略实施与计划等指标三个层次。结合我们问卷设计的企业业绩评价指标体系，我们将业绩评价指标体系划分为四个方面（表 3-42）。

表 3-42　　业绩评价指标的分类

分类	业绩评价指标
依据财务指标	依据财务业绩
依据非财务指标	看重客户和市场
	重视内部运行
	看重学习和创新
注重因果联系	非财务指标的改善有助于改善财务指标

续表

分类	业绩评价指标
	局部业绩改善有助于改善整体业绩
注重战略实施	主客观指标结合
	战略实施通过业绩指标反馈
	业绩考核依据内外部信息反馈

在此分类的基础上，再在每个类别中按照相符程度分为三个层次，赋值分别为1、2、3①。然后对评价效果进行分析。

（一）依据财务业绩的评价效果分析

通过对依据财务指标评价效果的显著性分析，得到业绩评价作用和效果除了在避免关键员工流失和增加员工满意度及归属感两个方面没有显著的差异外，在其他的评价效果方面均有差异。其中，在业绩评价有利于降低成本、提高盈利能力、激励员工努力、帮助下级理解企业战略和促进部门合作及员工协调5个方面有显著性差异，在激励创新和因业绩评价引起的负面影响两个方面有一定的差异（表3－43）。

表3－43　　依据财务业绩的评价效果的差异分析

	1		2		3		显著性	
	均值	标准差	均值	标准差	均值	标准差	F	Sig.
降低成本	2.75	1.7413	3.50	1.3725	3.59	1.4487	4.2226	0.0159
提高盈利	3.06	1.5227	3.73	1.3702	4.00	1.3513	6.0763	0.0027
激励员工努力	3.00	1.5055	3.68	1.2899	3.76	1.4274	3.7262	0.0257
帮助理解战略	2.66	1.6580	3.65	1.3253	3.51	1.4415	5.2293	0.0061
增加员工满意	2.50	1.6264	2.98	1.2815	3.01	1.4423	1.6446	0.1956
避免员工流失	2.41	1.6036	2.86	1.6367	3.04	1.6369	2.0048	0.1372
促进创新	2.69	1.4688	3.39	1.5880	3.37	1.4359	2.9864	0.0526
增进合作	2.90	1.3287	3.35	1.1879	3.50	1.1663	3.1261	0.0460
负面影响	2.77	1.1822	2.11	1.1402	2.27	1.2741	2.6468	0.0733

① 依据财务指标的相符程度为0、1、2的赋值为1，相符为3的赋值为2，相符程度为4、5、6的赋值为3；其他的分类是采用各个指标选择的平均数，平均数在0—2.5的赋值为1，在2.6—3.5的赋值为2，3.6—6的赋值为3。

表 3 – 44　　依据财务业绩的评价效果的比较

评价指标	1vs2					1vs3				
	T 检验			Wilcox ion 检验		T 检验			Wilcox ion 检验	
	t	Sig.（2 – tailed）	均值差	Z	Sig.（2 – tailed）	t	Sig.（2 – tailed）	均值差	Z	Sig.（2 – tailed）
降低成本	– 2. 0221	0. 0479	– 0. 75	– 2. 0223	0. 0431	– 2. 5341	0. 0151	– 0. 84	– 2. 5156	0. 0119
提高盈利	– 1. 9925	0. 0500	– 0. 66	– 1. 8307	0. 0671	– 3. 4539	0. 0007	– 0. 94	– 3. 2097	0. 0013
激励员工努力	– 2. 1030	0. 0389	– 0. 68	– 1. 8924	0. 0584	– 2. 6631	0. 0085	– 0. 76	– 2. 4803	0. 0131
帮助理解战略	– 2. 8877	0. 0051	– 0. 99	– 2. 6763	0. 0074	– 2. 9378	0. 0038	– 0. 85	– 2. 7536	0. 0059
增加员工满意	– 1. 3714	0. 1756	– 0. 48	– 1. 5050	0. 1323	– 1. 7492	0. 0821	– 0. 51	– 1. 7836	0. 0745
避免员工流失	– 1. 2131	0. 2290	– 0. 46	– 1. 2090	0. 2267	– 1. 9919	0. 0480	– 0. 64	– 2. 0010	0. 0454
促进创新	– 1. 9544	0. 0544	– 0. 70	– 1. 8408	0. 0656	– 2. 4284	0. 0162	– 0. 69	– 2. 3963	0. 0166
增进合作	– 1. 5126	0. 1348	– 0. 45	– 1. 4835	0. 1379	– 2. 4878	0. 0138	– 0. 60	– 2. 5915	0. 0096
负面影响	2. 3793	0. 0201	0. 66	– 2. 4559	0. 0141	1. 9344	0. 0548	0. 50	– 1. 9229	0. 0545

表 3－45　　依据财务业绩的评价效果的比较

	2vs3				
	T 检验			Wilcox ion 检验	
评价指标	t	Sig. (2－tailed)	均值差	Z	Sig. (2－tailed)
降低成本	－0.36	0.7168	－0.0899	－0.78	0.4368
提高盈利	－1.16	0.2464	－0.2727	－1.32	0.1853
激励员工努力	－0.33	0.7384	－0.0808	－0.45	0.6523
帮助理解战略	0.57	0.5705	0.1404	－0.48	0.6289
增加员工满意	－0.12	0.9013	－0.0305	－0.12	0.9062
避免员工流失	－0.63	0.5268	－0.1795	－0.63	0.5266
促进创新	0.05	0.9617	0.0123	－0.18	0.8605
增进合作	－0.74	0.4614	－0.1512	－0.78	0.4348
负面影响	－0.75	0.4533	－0.1635	－0.87	0.3866

通过表 3－43 和表 3－44、表 3－45 可以看出，业绩评价有助于帮助企业降低成本、提高盈利能力、激励员工努力以及促进部门合作，与企业采用财务指标作为业绩考核依据的相符程度呈正相关关系。要实现企业制定的财务目标，必须对企业的成本实施控制，成本控制的结果有利于降低企业成本，进而有利于提高企业盈利能力，从而实现企业的财务目标。另外，较为注重企业的财务业绩，业绩评价则有利于激励员工努力和促进部门的合作。员工努力程度的提高以及部门合作的加强会使企业内部运行成本降低以及企业产品的质量和销售的提高，也有利于降低成本和提高盈利。

在其他有显著差异的评价效果方面，财务指标采用程度降低的企业的效果较差，采用程度较高的效果较好，处于中游的相差不大。尤其是在业绩评价引起的负面影响方面，采用财务指标处于中游的效果较好，较低的最差，这说明采用财务指标有助于促进业绩评价正面效应的发生的同时也会产生一定的负面影响。

以上分析说明，作为传统业绩评价指标的财务指标在进行业绩评价时仍有较重要的作用，不能因为可能会引起负面效果而否定财务指标的重要性。

（二）依据非财务指标的评价效果分析

在采用非财务指标作为业绩评价依据对评价效果的分析中，得到在评价效果中除了产生负面影响没有显著的差异，其他的各方面均有显著的差异（表 3－46）。

表 3-46　依据非财务指标的业绩评价效果的显著性分析

业绩评价效果	1		2		3		显著性	
	均值	标准差	均值	标准差	均值	标准差	F	Sig.
降低成本	2.91	1.7341	3.42	1.1912	3.99	1.3788	9.7047	0.0001
提高盈利	3.33	1.6916	3.70	1.0609	4.33	1.2447	9.9715	0.0001
激励员工努力	2.94	1.6528	3.55	1.1312	4.40	1.0300	22.6751	0.0000
帮助理解战略	2.80	1.7788	3.24	1.1015	4.19	1.1214	19.3962	0.0000
增加员工满意	2.24	1.4689	2.81	1.0807	3.70	1.3564	22.2201	0.0000
避免员工流失	2.30	1.7140	2.83	1.3731	3.58	1.5632	12.2183	0.0000
促进创新	2.61	1.6532	3.25	1.1919	3.94	1.2659	16.4261	0.0000
增进合作	2.93	1.2183	3.36	0.9475	3.86	1.2654	11.2287	0.0000
负面影响	2.46	1.3472	2.31	1.1249	2.13	1.1850	1.2910	0.2772

表 3-47　依据非财务指标的业绩评价效果的比较

评价指标	1vs2					1vs3				
	T 检验			Wilcox ion 检验		T 检验			Wilcox ion 检验	
	t	Sig.（2-tailed）	均值差	Z	Sig.（2-tailed）	t	Sig.（2-tailed）	均值差	Z	Sig.（2-tailed）
降低成本	-2.0258	0.0450	-0.51	-1.9855	0.0471	-4.0697	0.0001	-1.07	-3.7368	0.0002
提高盈利	-1.5772	0.1175	-0.38	-1.2268	0.2199	-4.0224	0.0001	-1.00	-3.5575	0.0004
激励员工努力	-2.5299	0.0127	-0.61	-2.7175	0.0066	-6.2672	0.0000	-1.46	-5.5137	0.0000
帮助理解战略	-1.7631	0.0806	-0.44	-1.6525	0.0984	-5.5530	0.0000	-1.40	-4.6730	0.0000
增加员工满意	-2.6217	0.0098	-0.57	-2.8576	0.0043	-6.1387	0.0000	-1.46	-5.5546	0.0000
避免员工流失	-2.0285	0.0445	-0.53	-2.2428	0.0249	-4.6641	0.0000	-1.28	-4.3677	0.0000
促进创新	-2.6305	0.0096	-0.64	-2.4835	0.0130	-5.3724	0.0000	-1.33	-4.8134	0.0000
增进合作	-2.2609	0.0254	-0.42	-2.6082	0.0091	-4.3887	0.0000	-0.93	-4.3690	0.0000
负面影响	0.6912	0.4907	0.15	-0.4487	0.6537	1.5415	0.1255	0.33	-1.2354	0.2167

表 3-48　依据非财务指标的业绩评价效果的比较

评价指标	2vs3				
	T 检验			Wilcox ion 检验	
	t	Sig.（2-tailed）	均值差	Z	Sig.（2-tailed）
降低成本	-2.6139	0.0099	-0.56	-2.5096	0.0121
提高盈利	-3.2507	0.0014	-0.63	-3.2861	0.0010
激励员工努力	-4.7187	0.0000	-0.85	-4.6237	0.0000
帮助理解战略	-5.1370	0.0000	-0.96	-4.7274	0.0000
增加员工满意	-4.3119	0.0000	-0.89	-4.0334	0.0001
避免员工流失	-3.0561	0.0027	-0.75	-2.9301	0.0034
促进创新	-3.3594	0.0010	-0.69	-3.2444	0.0012
增进合作	-2.6729	0.0085	-0.50	-2.5617	0.0104
负面影响	0.9635	0.3370	0.19	-0.9832	0.3255

评价效果与企业采用非财务指标的程度呈正相关关系，即相符程度越大，所得到的效果就越好。企业采用非财务指标作为业绩考核的依据，关注的非财务指标有重视客户和市场、注重内部运行和协作、注重学习和创新，以及结合使用主客观因素（表3-47，表3-48）。企业注重内部运行质量、协作和速度等指标，那么企业在内部成本控制方面会实施较为有效的措施，因此能够降低成本。与此同时，由于企业在客户和市场方面的重视，有助于促进产品的销售和客户的维持，因此能够提高企业的盈利能力。企业注重学习和创新等企业基础层面的建设，因此能够通过业绩评价来激励员工进行创新和寻找改进措施，同时注重员工的学习和成长，有利于增进员工的满意度和归属感，进而激励员工更为努力工作的同时有助于避免关键员工的流失。在业绩考核时，结合主客观因素，不仅仅从财务指标来衡量员工的贡献，结合员工个人努力，团队工作成绩等有助于促进部门和员工协调工作。企业注重制度建设有助于帮助下级理解企业战略目标。

（三）依据因果联系的评价效果分析

调查表明，业绩评价有利于提高盈利能力、激励员工努力、帮助下级理解企业战略、激励创新和促进部门合作，对避免关键员工流失有一定的作用（表3-49）。在有差异的各个评价效果方面，注重因果联系降低的效果较差。降低成本、提高盈利能力、避免关键员工流失、激励创新和促进部门合作与注重因果联系的程度正相关（表3-50，表3-51）。

表3-49　注重因果联系的业绩评价效果的显著性分析

	1		2		3		显著性	
	均值	标准差	均值	标准差	均值	标准差	F	Sig.
降低成本	2.98	1.6396	3.55	1.3450	3.59	1.5058	2.9177	0.0563
提高盈利	3.22	1.5190	3.71	1.2495	4.22	1.3257	8.7358	0.0002
激励员工努力	3.07	1.3883	3.87	1.2521	3.75	1.4952	5.2074	0.0062
帮助理解战略	2.70	1.5329	3.69	1.2593	3.57	1.4994	7.7930	0.0005
增加员工满意	2.54	1.5012	2.97	1.2458	3.09	1.5599	2.2464	0.1084
避免员工流失	2.50	1.6021	2.88	1.5457	3.18	1.7190	2.6737	0.0714
促进创新	2.83	1.4652	3.35	1.4034	3.47	1.4852	3.0528	0.0493
增进合作	2.99	1.3489	3.34	1.0306	3.63	1.1917	4.5241	0.0120
负面影响	2.66	1.2483	2.23	0.9432	2.18	1.4204	2.3272	0.1002

表 3-50 注重因果联系的业绩评价效果的比较

评价指标	1vs2					1vs3				
	T检验			Wilcox ion 检验		T检验			Wilcox ion 检验	
	t	Sig.（2-tailed）	均值差	Z	Sig.（2-tailed）	t	Sig.（2-tailed）	均值差	Z	Sig.（2-tailed）
降低成本	-2.1103	0.0369	-0.57	-1.9220	0.0546	-2.1686	0.0319	-0.61	-2.1004	0.0357
提高盈利	-1.9360	0.0552	-0.49	-1.8731	0.0611	-3.9353	0.0001	-1.00	-3.7200	0.0002
激励员工努力	-3.3002	0.0013	-0.81	-3.0097	0.0026	-2.5536	0.0118	-0.68	-2.4401	0.0147
帮助理解战略	-3.8955	0.0002	-0.99	-3.6405	0.0003	-3.1741	0.0019	-0.87	-3.1085	0.0019
增加员工满意	-1.7160	0.0887	-0.43	-1.8271	0.0677	-1.9537	0.0529	-0.55	-1.8708	0.0614
避免员工流失	-1.3205	0.1891	-0.38	-1.2749	0.2023	-2.2305	0.0274	-0.68	-2.1534	0.0313
促进创新	-1.9611	0.0521	-0.52	-1.9344	0.0531	-2.3787	0.0188	-0.64	-2.4474	0.0144
增进合作	-1.4862	0.1416	-0.35	-1.6876	0.0915	-2.7916	0.0060	-0.65	-2.8029	0.0051
负面影响	1.9462	0.0558	0.43	-1.5898	0.1119	1.8523	0.0663	0.48	-1.8886	0.0589

表 3 - 51　　注重因果联系的业绩评价效果的比较

	2vs3				
	T 检验			Wilcox ion 检验	
评价指标	t	Sig. (2 - tailed)	均值差	Z	Sig. (2 - tailed)
降低成本	-0.18	0.8590	-0.04	-0.3687	0.7123
提高盈利	-2.55	0.0118	-0.51	-2.5852	0.0097
激励员工努力	0.57	0.5688	0.12	-0.3968	0.6915
帮助理解战略	0.55	0.5812	0.12	-0.4954	0.6203
增加员工满意	-0.54	0.5916	-0.12	-0.2394	0.8108
避免员工流失	-1.17	0.2425	-0.30	-1.0904	0.2755
促进创新	-0.53	0.5954	-0.12	-0.6752	0.4996
增进合作	-1.69	0.0935	-0.30	-1.8902	0.0587
负面影响	0.25	0.8009	0.05	-0.6389	0.5229

(四) 注重战略实施的评价效果分析

除了因进行业绩评价而产生的负面影响没有显著差异外，在其他各个评级效果方面的指标均有显著的差异（表 3 - 52）。

表 3 - 52　　注重战略实施的业绩评价体系的显著性分析

	1		2		3		显著性	
	均值	标准差	均值	标准差	均值	标准差	F	Sig.
降低成本	2.67	1.6046	2.96	1.2676	3.77	1.4552	10.6676	0.0000
提高盈利	3.07	1.7407	3.30	1.1780	4.14	1.3071	12.0030	0.0000
激励员工努力	2.63	1.9205	3.32	1.1998	3.96	1.2556	13.4491	0.0000
帮助理解战略	2.47	1.8520	2.93	1.2184	3.76	1.3313	13.8577	0.0000
增加员工满意	2.03	1.6078	2.51	1.1586	3.26	1.3874	12.4455	0.0000
避免员工流失	2.57	1.9420	2.38	1.4073	3.16	1.6007	4.8414	0.0088
促进创新	2.83	1.6833	2.70	1.2839	3.55	1.4344	7.7063	0.0006
增进合作	2.50	1.2526	3.24	0.8267	3.62	1.2140	12.1193	0.0000
负面影响	2.48	1.2954	2.20	1.0464	2.32	1.3061	0.4416	0.6436

表 3 - 53 注重战略实施的业绩评价体系的比较

	1vs2					1vs3				
	T 检验			Wilcox ion 检验		T 检验			Wilcox ion 检验	
评价指标	t	Sig.（2 - tailed）	均值差	Z	Sig.（2 - tailed）	t	Sig.（2 - tailed）	均值差	Z	Sig.（2 - tailed）
降低成本	- 0. 8394	0. 4051	- 0. 29	- 0. 7378	0. 4606	- 3. 7045	0. 0003	- 1. 11	- 3. 3666	0. 0008
提高盈利	- 0. 6400	0. 5254	- 0. 23	- 0. 3955	0. 6925	- 3. 1825	0. 0030	- 1. 07	- 3. 0819	0. 0021
激励员工努力	- 1. 7500	0. 0872	- 0. 69	- 1. 9899	0. 0466	- 3. 6257	0. 0009	- 1. 33	- 3. 6901	0. 0002
帮助理解战略	- 1. 2226	0. 2278	- 0. 47	- 1. 4347	0. 1514	- 3. 6229	0. 0009	- 1. 29	- 3. 6359	0. 0003
增加员工满意	- 1. 4092	0. 1652	- 0. 48	- 1. 8519	0. 0640	- 4. 2500	0. 0000	- 1. 23	- 3. 9561	0. 0001
避免员工流失	0. 4484	0. 6559	0. 18	- 0. 3293	0. 7419	- 1. 5629	0. 1264	- 0. 59	- 1. 6136	0. 1066
促进创新	0. 3868	0. 7000	0. 13	- 0. 2728	0. 7850	- 2. 4162	0. 0168	- 0. 72	- 2. 1496	0. 0316
增进合作	- 2. 8804	0. 0061	- 0. 74	- 2. 5874	0. 0097	- 4. 5398	0. 0000	- 1. 12	- 4. 2226	0. 0000
负面影响	1. 0253	0. 3087	0. 28	- 0. 6440	0. 5196	0. 6018	0. 5482	0. 17	- 0. 4480	0. 6542

表 3－54 注重战略实施的业绩评价体系的比较

	2vs3				
	T 检验			Wilcox ion 检验	
评价指标	t	Sig.（2－tailed）	均值差	Z	Sig.（2－tailed）
降低成本	－3.4244	0.0008	－0.82	－3.5323	0.0004
提高盈利	－3.8989	0.0001	－0.84	－3.7185	0.0002
激励员工努力	－3.0659	0.0025	－0.64	－3.1566	0.0016
帮助理解战略	－3.7093	0.0003	－0.82	－3.5057	0.0005
增加员工满意	－3.3169	0.0011	－0.75	－3.2008	0.0014
避免员工流失	－3.1525	0.0022	－0.78	－2.9767	0.0029
促进创新	－3.6080	0.0004	－0.85	－3.3062	0.0009
增进合作	－2.3485	0.0205	－0.38	－2.3210	0.0203
负面影响	－0.5551	0.5795	－0.12	－0.3595	0.7192

表 3－53 和表 3－54 显示，在降低成本、提高盈利能力、激励员工努力、帮助下级理解企业战略、增进员工满意度以及促进部门合作这几个方面，业绩评价效果与注重战略实施的程度正相关。不太注重战略实施的企业进行的业绩评价只在提高盈利能力方面表现得还可以，其他方面都不理想。另外，在有显著差异的其他两个方面，注重程度较高的企业的效果明显的好于其他两个层面。

除此之外，通过对业绩评价负面影响的分析，发现在这四类中，评价目标形同虚设均有显著的差异（表 3－55）。四个评价指标的应用程度与评价目标形同虚设的赋值呈负相关，即这三个评价指标的应用程度高，则评价目标的虚设就较低。

表 3－55 业绩评价负面影响的分析

评价目标形同虚设	均值	标准差	F	Sig.
依据财务指标	2.77	2.0625	9.6351	0.0000
	1.37	1.5279		
	1.40	1.4871		
注重非财务指标	2.22	1.9724	8.5515	0.0003
	1.44	1.4807		
	1.13	1.2063		

续表

评价目标形同虚设	均值	标准差	F	Sig.
注重因果联系	2.42	2.0498	7.9670	0.0005
	1.39	1.2477		
	1.30	1.5723		
注重战略实施	2.41	2.3248	5.6135	0.0042
	1.85	1.6808		
	1.34	1.4148		

通过以上分析，可以得到运用业绩评价指标的程度影响着企业的业绩评价效果，与此同时，还会产生一些负面影响。另外，我们分析的不足之处在于没有将几类业绩评价指标的分类加以综合来考虑对业绩评价效果的影响。

五、总结与建议

从总体上看，我国企业在进行业绩评价指标的选择和应用时能够较科学地将财务指标和非财务指标相结合，将因果联系及战略指标相结合。通过业绩评价，能够较好地得到评价效果。当然，还有其他一些地方值得关注：

1. 评价体系内部仍有需要改进的地方。被调查企业中，仅有 30.769% 的企业认为业绩评价很看重学习和创新方面的指标。在市场竞争日益激烈的今天，企业要在市场竞争中立于不败之地，必须注重创新和学习。只有不断地学习创新，采用最先进和最适合企业自身的管理方法，生产最新的最适合市场的产品，企业才能永葆竞争力。仅 30.769% 的企业认识到学习和创新的重要性。因此，我国企业在以后的发展中，要注重学习和创新在业绩评价中的重要性。

2. 在增进员工的满意度和归属感、避免关键员工的流失、激励创新和避免短期行为方面，业绩评价的效果还不尽如人意。员工是企业存在和发展不可缺少的一部分，增进员工的满意度可以提高员工的工作积极性，有利于企业的发展。关键员工是企业发展的推动力，避免关键员工的流失，才能保持公司的勃勃生机。因此，我国企业应更加关注员工，注重员工学习和创新能力的提升，关注长期利益，减少短期行为的出现。

3. 国有企业和上市公司在业绩评价时，不太注重客户和市场等方面的非财务指标，这与国家对国有企业和上市公司的业绩考核评价导向有关，同时也说明国有企业和上市公司还应不断吸收先进的管理理念，提升管理水平。

我们认为，企业的业绩评价应该顺应现代化企业管理的要求，融入整个战略管理过程中，并将战略目标作为业绩评价的起点和管理的起点。业绩评价指标体系应在传统业绩评价的基础上不断完善和拓展，形成充分体现企业战略经营管理要求，体现企业核心竞争力的财务与非财务指标有机结合的业绩评价指标体系。

第三节

业绩评价中公司特征与非财务指标选择

近年来，平衡计分卡受到了理论界和实务界的高度关注，很多企业的业绩评价由传统单一的财务评价改为财务和非财务的多角度综合评价。但是，现有研究成果多为案例或调查报告，缺少对企业评价指标选择及评价效果的影响因素分析。我们利用调查数据，采用实证方法对这一问题进行探讨。

研究发现，外部的市场压力、企业的竞争战略、规模和分权程度对企业是否采用非财务指标进行考核有显著影响，而业绩评价的效果好坏则受到非财务指标的使用程度、评价指标对企业战略的反映程度、考核的激励程度及其严厉程度等因素的显著影响，但财务指标使用情况的影响不明显。

一、引言

自美国学者亚历山大·沃尔（Wall）1928 年创建综合财务评价指标以来，业绩评价问题一直是会计学界的一个研究重点。但随着信息技术的发展和全球化竞争的加剧，以财务指标为核心的传统业绩评价方法的弊端日益凸现，愈来愈难以满足企业管理的需要，从而促使众多的业绩评价理论先后涌现，其中最具有代表性的是平衡计分卡。

平衡记分卡（Balanced Score Card，以下简称 BSC）由美国哈佛商学院教授罗伯特·S. 卡普兰和复兴全球战略集团创始人兼总裁大卫·P. 诺顿（Kaplan、Norton，1992）两人首创。它以信息为基础，系统考虑企业业绩驱动因素，多维度综合评价企业业绩。除了传统财务指标外，BSC 还从企业战略管理角度出发，考虑了顾客、内部流程、学习与成长三个纬度的非财务指标，从而有效地克服了传统单一财务指标体系存在的“重现在、轻未来，重结果、轻过程，重内部、轻外部”的弊端，全方位、多角度地反映企业的业绩状况。

Rigby（2001）在对1993—1999年北美、欧洲、南美的15个国家的5157个高级管理者的调查中发现，44%的公司在使用BSC，同时通过1—5分的工具满意度的评分发现，BSC的满意度达到3.85分，略高于其他管理工具3.76分的平均满意度。Chenhall和Smith（1998）研究发现，BSC在澳大利亚公司的采用率达到88%。同样，通过对芬兰公司128位高级管理者的访谈，Malmi（2000）发现BSC在芬兰也极受欢迎。可见，平衡记分卡在世界范围内得到了较为广泛的应用。

但是，尽管各种业绩评价的创新理论被越来越多的公司所接受，却很少有人对这些计量方法使用的影响因素、使用效果进行研究。虽然近年来我国学者和企业管理者对企业的业绩评价体系进行了大量探索，但关于我国企业业绩评价体系的影响因素及评价效果的实证研究目前尚不多见。我们试图在这方面做些探索，以便为企业设计评价指标体系提供借鉴。

二、文献回顾与假设

霍科和詹姆斯（Hoque、James，2000）认为组织规模、产品生命周期阶段、市场地位对企业应用BSC的行为有很大影响，规模大、产品处于生命周期早期以及在市场上处于强势地位的企业更可能采用BSC进行业绩评价。Gosselin（2005）提出，竞争战略、集权程度、环境的不确定性对企业业绩评价指标类型的选择有影响，采用进攻型竞争战略、集权程度低以及处于较高不确定性市场环境中的企业，会更多使用非财务指标。因此，我们将从规模、竞争战略、组织结构和竞争压力几个方面来对企业评价指标选择进行分析。

（一）企业规模

随着科学技术的进一步发展，全球经济市场化程度的日益加深，市场竞争日趋激烈，企业的规模不断扩大。然而，在企业规模不断扩大的同时，企业内部产生了大量的沟通与控制问题（Merchant，1981、1984），并且会计处理以及控制过程也变得更加专业化和复杂化（Bruns、Waterhouse，1975；Ezzamel，1990；Libby、Waterhouse，1996），这些都对企业的管理控制体系提出了更高的要求（Speckbacher等，2003）。卡普兰（Kaplan）在其《高级管理会计》一书中指出，规模较大的公司会面临更多的业绩评价问题，这些问题使得传统的只使用财务指标的业绩评价方法逐渐失去魅力，进而促使大型企业可能会积极采用新的业绩评价方法（如BSC），倾向于使用更多的非财务指标。Hoque

和 James（1997）在对澳大利亚 27 家制造类企业的业绩评价方法进行实证研究也发现：规模愈大的公司，采用 BSC 的可能性愈大。因此，我们假设：

H1：规模愈大，企业的业绩评价就会愈多使用非财务指标。

（二）竞争战略

Miles 和 Snow 将企业的竞争战略分为进攻型（prospectors）、防御型（defenders）、分析型（analyzers）三种类型。企业选用不同的竞争战略会对其业绩评价指标的设计产生很大影响，因为采用进攻型竞争战略的企业，其产品往往多样化，并在日常经营中不断寻找新的市场机会，为与战略相适应，企业便会更多地使用非财务指标进行业绩评价；相反，采用防御型竞争战略的企业，其产品往往单一，但市场占有率较高，并在价格和产量方面具有优势，因而会较多地使用财务指标。Gosselin（2005）的实证研究证明了这一点，其研究表明：采用防御型竞争战略的企业，在其业绩评价中较少使用非财务指标。因此，我们假设：

H2：采用进攻型竞争战略的企业，业绩评价就会愈多采用非财务指标。

（三）组织结构

在实证研究中，人们常用集权或分权程度来代表企业的组织结构特征（Gosselin，2005）。集权是指在组织管理中，其决策权大部分集中在上层；而分权则是将组织的这些权利根据需要分配至各级管理层。Chenhall 和 Mrris（1986）以及 Govindarajan（1988）认为：企业的集权、分权程度在企业管理会计体系设计中起着极其重要的作用。Damapour（1991）通过实证研究发现：企业的分权程度与企业的管理创新之间存在着正相关关系，越是分权的企业一般越愿意采用新的业绩评价方法（如 BSC），使用更多的非财务指标。Gosselin（2005）的研究也表明，企业的分权程度与业绩评价中非财务指标的使用之间存在着正向关系。因此，我们假设：

H3：分权程度愈高，企业的业绩评价就会愈多使用非财务指标。

（四）竞争压力

企业所面临的竞争压力对其业绩评价也会产生重要影响。竞争压力越大，企业所处的市场环境就越不确定，从而会影响企业管理会计体系及业绩评价体系的设计（Tymon、Stout、Shaw，1998）。总的来看，企业所处的市场环境越不确定，其管理会计系统就越倾向于使用复杂的管理方法（Gul，1991）。Gosselin（2005）的实证研究表明：企业所面临的市场环境越不确定，企业的业绩评价就倾向于使用更多的非财务指标。而市场的不确定性高低与市场的竞争压力大小密切相关，市场环境愈不确定，企业感受到的事后压力就愈大，因此我们假设：

H4：市场竞争压力愈大，企业的业绩评价就会愈多使用非财务指标。

（五）评价效果

业绩评价的效果好坏与其所选指标的合理程度密切相关。传统的业绩评价主要使用财务指标，但随着新信息技术的出现和全球市场的开放，企业的决策者们逐渐认识到这种以财务指标为核心的传统的业绩评价方法存在着明显不足。主要是因为财务指标是滞后的，反映的大多数是过去一段时间内企业取得的经营成果；并且单一使用财务指标不仅会造成企业员工的短视行为，还会使人们忽视企业在日益激烈的竞争中持续发展、取得成功的关键因素。

研究表明：业绩评价若仅依赖于财务指标，以此作为员工努力程度的衡量标准，则会带来评价单一、易于操纵和计量不准的后果（周仁俊、喻天舒，2006）。而财务指标和非财务指标之间具有互补性，并存在着因果关系。财务指标反映的是结果信息，非财务指标反映的是过程信息，而正是过程导致了结果。BSC 就充分体现了这种因果关系，它不仅考虑了财务指标，还从企业内部战略管理的角度出发，考虑了顾客、内部流程、学习与成长三个纬度的非财务指标，强调这四个纬度的指标之间存在密切的因果关系，强调 BSC 是由一系列因果链条贯穿起来的一个有机整体，所以，非财务指标被认为更能反映企业长期的潜在的竞争优势和发展能力。

此外，BSC 还是一种将企业战略目标与企业业绩驱动因素相结合，动态实施企业战略的战略管理系统。它强调要将企业的战略层层分解，使其落实到可操作的目标上。为使评价产生预期的良好效果，业绩评价必须与浮动薪酬相结合，以提高员工的工作积极性和创造性，增加他们达到目标的动力。同时，考核的严厉程度也会对员工的积极性产生很大影响。因此，在探讨业绩评价的效果时需要考虑财务指标和非财务指标使用程度、评价指标对企业战略的反映程度、考核的激励程度和严厉程度等因素，并由此提出假设：

H5：非财务指标的使用程度、评价指标对企业战略的反映程度、考核的激励程度和严厉程度对业绩评价效果有正面影响。

三、研究设计

（一）样本选择

为了解我国企业管理创新的面貌，南京大学会计系开展了“企业管理会计创新的现状与趋势”的专项调查，调查对象限于境内大中型企业的管理人员。调查共发放问卷807份，回收、审核、筛选后得到有效问卷221份，回收率27.4%。样本企业遍布江苏、上海、浙江、广东、福建、辽宁、北京、天津、山东、陕西、山西、湖南、江西、湖北、河南、安徽等省市，分布于制造业、建筑业、交通运输业、金融、房地产、公共事业等13个行业，其中有大型企业（销售额不低于10亿元）79家（36%）、中型企业（销售额5亿—9.99亿元）32家（14%）和小型企业（5亿元以下）110家（50%）。

（二）回归模型及指标测量

为检验上述各假设，我们构建了如下回归分析模型：

模型1：$Y = \alpha_0 + \alpha_1 X_1 + \alpha_2 X_2 + \alpha_3 X_3 + \alpha_4 X_4$

该模型用于研究非财务指标使用的影响因素，其中：

Y为非财务指标的使用程度，用0—6中的数值表示，其中0表示很少使用，6表示较多使用，其值由“注重客户和市场”、“看重内部运行”、“注重学习和创新”三项之和减去“主要依据财务业绩”得到。

X_1为企业规模，用企业职工人数与年销售额乘积的自然对数表示。

X_2为战略类型，是二值变量，0表示防御型战略，1表示进攻型战略。调查中我们要求受访者从“创新产品，强调技术的先进性、设计的新颖性”、“客户为中心，强调客户服务，重视客户满意度”、“提高市场占有率，扩展新领域和新市场”、“人才为中心，吸引、培养、留住人才”、“追求质量，避免退货、返工等质量问题”、“降低成本，减少消耗，提高盈利性”六个方面对本企业的战略重点按其重要性由高往低排序，分别取值1—6，即所谓的秩，其中前四项指标排在前面的企业被视为采用进攻型战略，后两项指标排在前面的企业被视为采用防御型战略。两种战略的划分标准是：后两项秩之和大于等于5的，为进攻型战略，X_2取值为1，否则为0。

X_3为自治程度，是二值变量。若公司“组织日常生产经营活动”、“公司战略的确定和实施”决策权来源于公司管理层，则赋值为1；相反，若来源于政府或上级公司，则赋值为0。

X_4为竞争压力，也是用0—6中的数值表示，0表示竞争压力小，6表示竞争压力大，取值6表示“总体上看本企业所在市场供不应求”的调查结果。

模型2：$Z = \beta_0 + \beta_1 X_5 + \beta_2 X_6 + \beta_3 X_7 + \beta_4 X_8 + \beta_5 X_9$

该模型用于分析企业业绩评价效果的影响因素，其中：

Z为业绩评价效果。其值根据如下10项调查结果，通过因子分析得到：（1）业绩评价对降低成本有很明显的作用；（2）业绩评价对提高盈利能力有很明显的作用；(3) 业绩评价对激励员工努力有很明显的作用；(4) 业绩评价对帮助下级理解企业战略目标有很明显的作用；(5) 业绩评价对增加员工满意度和归属感有很明显的作用；(6) 业绩评价对避免关键员工流失有很明显的作用；(7) 业绩评价压力太大，造成明显的短期行为；(8) 业绩评价目标脱离实际、形同虚设；(9) 业绩评价造成部门和员工之间很多冲突和矛盾；(10) 业绩评价的压力造成某些弄虚作假行为。由受访者根据与本企业的符合程度在0—6中进行选择（其中0表示完全不符合，6表示符合程度高）。通过因子分析得到三个公共因子及其得分，再以各因子的贡献率为权重，得到反映企业业绩评价效果的综合得分。

X_5 为业绩评价中财务指标的使用程度，X_6 为非财务指标的使用程度。

X_7 为业绩评价指标对企业战略的反映程度，其值根据如下10项调查结果，通过因子分析得到： (1) 业绩考核和奖惩主要依据财务业绩决定；(2) 业绩评价很看重有关客户和市场反映方面的指标；(3) 业绩评价很看重内部运行质量、协作和速度的指标；(4) 业绩评价很看重学习和创新方面的指标；(5) 业绩评价很看重制度建设方面的指标；(6) 非财务业绩指标的改善有助于改善企业的财务业绩；(7) 局部单位的业绩改善有助于改善企业整体的业绩；(8) 业绩考核结合使用客观性指标和主管性指标；(9) 企业发展战略是否成功实施可通过业绩评价指标提供反馈；(10) 企业业绩考核不仅依据内部信息，也通过外部反馈。由受访者根据与本企业的符合程度在0—6中进行选择（其中0表示完全不符合，6表示符合程度高）。通过因子分析得到三个公共因子：财务指标使用因子、非财务指标使用因子和考核指标对战略的反映因子，我们将该三因子得分分别视为业绩评价中财务指标的使用程度、非财务指标的使用程度和业绩评价指标对企业战略的反映程度。

X_8 为考核的激励程度，取值0—6，0表示考核报酬占收入的比重为0，6表示考核报酬占收入的比重在90%以上。

X_9 为考核的严厉程度，取值0—6，0表示考核宽松，6表示考核严厉，取自“考核完不成目标的员工人数在企业中的比重”的调查结果。

四、实证结果

(一) 描述性统计

在业绩评价指标体系的设计方面，我们提供了10个评价指标，用0—6之间的某个数字表示与企业情况的相符程度，0表示完全不相符，6表示符合的程度很高。在221个样本中，有214个全面回答了这部分，其他7个样本分别在其中的某个问题上未作答，因此只在分析特定的指标时予以剔除。企业选择业绩评价指标体系的总体调查情况如表3-56所示。

表3-56　　评价指标的总体得分情况

业绩评价方法	均值	标准差	得分>3的企业所占比例
依据财务业绩	3.97	1.525	63.8%
注重客户和市场	3.36	1.636	49.8%
看重内部运行	3.44	1.404	49.3%
注重学习和创新	2.73	1.583	30.8%
非财务指标的改善有助于改善财务指标	3.53	1.435	55.5%
局部业绩改善有助于改善整体业绩	3.46	1.431	50.7%
主客观指标结合	3.89	1.534	62.7%
战略实施通过业绩指标反馈	3.95	1.485	66.5%
业绩考核依据内外部信息反馈	3.61	1.685	54.5%

由表3-56可知，在平衡计分卡的财务、客户、运行和学习四个评价纬度中，财务的平均得分最高（3.97），然后依次是客户（3.36）、运行（3.44）和学习（2.73）；63.8%的企业在财务考核上的得分超过3分，而客户、运行和学习三项得分超过3的企业分别只有49.8%、49.3%和30.8%。可见，从总体来看，我国企业当前的业绩评价指标体系还是以财务指标为主导，偏重于传统的财务绩效考核，虽然有近一半的企业在业绩考核中较为“注重客户和市场”和“看重内部运行”，但是对有助于形成企业核心竞争力的“学习与创新”的重视程度还显不够，这表明在信息化、全球化快速发展的今天，学习与创新至今尚未引起我国企业的普遍重视。

在评价指标体系设计中，我国62.7%的企业能将“主客观指标相结合”，55.5%的企业“非财务指标的改善有助于改善财务指标”，50.7%的企业“局部业绩改善有助于改善整体业绩”，三者的平均得分分别为3.89、3.53和3.46。

在信息反馈方面，66.5%的企业“战略实施通过业绩指标反馈”，在全部9项调查中，其平均得分（3.95）仅次于“依据财务业绩”（3.97），表明我国绝大多数企业的业绩考核能够以企业战略为目标，做到战略引导考核、考核反映战略。但考核信息的来源，只有54.5%的企业“业绩考核依据内外部信息反馈”，有近半数企业的考核信息只是来自企业内部，缺乏外部供应商、消费者、竞争对手、媒体或社会大众等的评价指标，这与当前倡导的“市场导向”经营理念相违背，需引起有关企业的重视。

（二）非财务指标选择的影响因素分析

对模型 1 进行回归分析，结果如表 3－57 所示。

表 3－57 非财务指标的影响因素分析

	系数	标准差	t 值	p 值	容忍度
常数项	5.957	1.507	3.953	0.000	—
企业规模	－0.160	0.073	－2.186**	0.030	0.970
进攻型战略	1.062	0.541	1.964*	0.051	0.984
分权程度	0.656	0.363	1.807*	0.072	0.994
竞争压力	－0.496	0.132	3.771***	0.000	0.988

$R^2=0.107$，$\overline{R^2}=0.091$，$F=6.474$，$p=0.000$

注：***、** 和 * 分别表示在 1%、5% 和 10% 的水平下显著，下同。

由表 3－57 可以看到：

（1）企业规模的回归系数在 5% 的水平上显著，表明规模大小对非财务指标的使用程度存在显著影响。但是，该变量的回归系数为负数，表明随着规模的扩大，企业有减少使用非财务指标的倾向，而更多地采用财务指标。这与假设 1 矛盾。其原因可能是因为随着规模的不断扩大，企业的部门和层级会相应增多，从而降低了非财务指标在不同部门和不同层级上的可比性，为增强可比性，这时企业反而可能会更加重视具有较强综合性的财务指标。另外，我们调查的大型企业大多是国有企业，缺少创新意识，较私营企业更可能沿用传统的财务指标。

（2）竞争战略的回归系数在 10% 的水平上显著，表明竞争战略对企业非财务指标的使用程度存在一定影响。该变量的回归系数为正数，说明采用进攻型竞争战略的企业，更倾向于采用非财务指标进行业绩评价，这与假设 2 一致。

（3）组织结构的回归系数在 10% 的水平上显著，表明自治程度对企业非财务指标的使用程度也有影响。该变量的回归系数为正数，意味着分权程度愈高，企业愈倾向于采用非财务指标进行业绩评价，这也与假设 3 一致。

（4）市场压力的回归系数在 1% 的水平上显著，表明市场的压力大小对企业非财务指标的使用程度存在十分显著的影响。该变量的回归系数为负数，说明我国企业的外部市场压力愈小，愈倾向于使用非财务指标进行考核。这与假设4不一致。这可能是因为：在我国，外部市场竞争压力小的企业，往往是垄断型企业，其经营利润一般都比较丰厚，因而有足够的资金实力接受管理咨询公司的推荐，应用像BSC这种新型的业绩评价方法进行管理创新；同时盈利状况好的企业，其管理人员一般拥有更多的时间、精力和资金参加在职培训，因而可以获得更多的管理新知识、新思想和新方法，采用BSC这类创新型方法的可能性也就随之提高；相反，外部市场竞争压力大的企业，往往没有足够的实力聘请外部人员帮助设计业绩考核体系，其经理人员也难有闲暇时间学习这些管理新方法，他们更为关注的是眼前而不是未来，因而会更多地使用财务指标而不是非财务指标。

为进一步研究各因素对三类非财务指标选择的影响，我们分别以业绩评价中客户指标的使用程度、内部流程指标的使用程度以及学习与成长指标的使用程度为被解释变量，对上述解释变量进行回归分析，结果见表3-58。其中：

客户指标的使用程度（y_1）取值0—6，0表示不注重客户指标，6表示非常注重客户指标。

内部流程指标的使用程度（y_2）取值0—6，0表示不注重内部流程指标，6表示非常注重内部流程指标。

学习与成长指标的使用程度（y_3）取值0—6，0表示不注重学习与成长指标，6表示非常注重学习与成长指标。

表3-58　　　　三类非财务指标的影响因素分析

	客户指标	内部流程指标	学习与成长指标
常数项	4.772***	4.276***	2.073***
	(0.643)	(0.584)	(0.653)
企业规模	-0.63**	-0.073***	0.016
	(0.031)	(0.028)	(0.032)
竞争战略	0.524**	0.202	0.317
	(0.231)	(0.210)	(0.234)
组织结构	-0.36	0.022	0.258
	(0.155)	(0.142)	(0.157)
竞争压力	-0.283***	-0.116**	-0.129**
	(0.056)	(0.051)	(0.057)
F	8.257***	3.133**	2.434**
R^2	0.133	0.056	0.043
调整后R^2	0.117	0.038	0.026

由表 3－58 可以看出：

（1）企业规模对客户指标和内部流程指标的使用程度有显著影响，而对学习与成长指标的使用没有显著影响。企业规模的回归系数为负，表明规模越大的企业越少使用客户指标及内部流程指标。这可能是因为，随着企业规模的不断扩大，企业的多元化程度往往随之加深，导致这两项指标在不同子公司之间、不同分部之间的可比性大大降低，因而企业在业绩考核中往往只得减少非财务指标，而更多使用传统的财务指标。之所以企业规模大小对学习与成长指标的使用没有显著影响，可能是由于在当今高度市场化条件下，无论规模大小的企业都必须注重组织的学习和成长，否则难有持续的发展能力，难以适应日趋激烈的全球竞争。

（2）竞争战略只对客户指标的使用程度有显著影响，且回归系数为正，而对内部流程指标和学习与成长指标的使用无显著影响。这表明与保守型竞争战略相比，采用进攻型战略的企业更加关注市场、关注客户，因此在业绩评价中会更多使用客户指标。这与 Olson 和 Slater（2002）以及 Ruzita 等人（2006）的研究结果相同。这是因为采用进攻型战略的企业一般目光向外，积极寻找新的市场机会，这就要求企业要高度关注外部市场的动向和客户需求，因而其业绩评价就会更为关注客户指标。

（3）组织结构对客户指标、内部流程指标和学习与成长指标的使用均无显著影响。这与上述的综合分析结果有所不同。可能是因为组织结构对这三类非财务指标虽有影响，但还不够明显，所以在单因素分析时统计上不显著，但是当多因素综合分析时却发生了质的变量。也许这是一个由量变到质变的过程。

（4）市场压力对三种非财务指标的使用程度均有显著影响，且回归系数均为负。这与前面综合分析的结果一致，即市场压力越大的企业，对客户指标、内部流程指标和学习与成长等非财务指标的使用就越少。

（三）业绩评价效果的影响因素分析

对模型 2 进行回归分析，得到评价效果对于财务指标的使用程度、非财务指标的使用程度、评价指标对企业战略的反映程度、考核的激励程度和严厉程度等变量的线性模型（表 3－59）。

表 3-59　　评价效果回归分析

	系数	标准差	标准系数	t 值	p 值	膨胀因子
常数项	0.000	0.021	—	0.000	1.000	—
财务指标的使用程度（X_5）	0.029	0.022	0.076	1.328	0.186	1.027
非财务指标的使用程度（X_6）	0.150	0.022	0.385	6.743***	0.000	1.029
评价指标对战略的反映程度（X_7）	0.125	0.022	0.322	5.633***	0.000	1.029
激励程度（X_8）	0.054	0.023	0.137	2.343**	0.020	1.072
严厉程度（X_9）	-0.049	0.022	-0.124	-2.181**	0.030	1.012

$R^2=0.319$，$R^2=0.303$，$F=20.107$，$P=0.000$

表 3-59 的数值显示，模型 2 中的线性关系十分显著，且拟合度较高。从影响因素看，除了财务指标的使用程度（X_5）对评价效果没有显著影响外，非财务指标的使用程度（X_6）、业绩评价指标对企业战略的反映程度（X_7）、考核的激励程度（X_8）和严厉程度（X_9）等因素均对业绩评价效果产生显著影响。这可能是因为绝大多数企业都很重视财务评价，在其业绩评价体系中都含有财务指标，从而导致财务指标的使用程度对业绩评价效果的影响在统计上不够显著。从回归系数来看：

（1）非财务指标使用程度的系数大于零，表明业绩评价中使用越多的非财务指标，越有助于改善评价效果。同时从标准化的回归系数来看，该指标的标准回归系数最大（0.385），表明非财务指标的使用程度对评价效果的影响最大。因此，企业在设计业绩评价指标体系时，除了考虑传统的财务指标之外，还应考虑包括客户、内部流程、学习与成长在内的非财务指标，以提高业绩评价的目的性和针对性。

（2）企业战略反映程度的系数为正，表明以企业战略为导向的业绩评价体系，能够显著地提高企业的经营业绩。同时，该指标的标准化回归系数较大（0.322），表明评价指标对企业战略的反映程度对评价效果的影响较大，所以企业在设计评价指标时必须以企业战略为导向，业绩评价要服从于、服务于企业战略，以保持经营目标的一致性，使企业战略能够得到有效执行。

（3）考核激励程度和严厉程度的回归系数大于零，表明考核的激励程度和严厉程度对评价效果均有显著的正面影响，即激励程度越强或考核越严厉，业绩评价的效果越好。因此，业绩评价应与浮动薪酬、严格的考核相联系，在充分调动员工积极性的同时，改善企业的经营业绩。

五、结论

通过上述研究我们发现：

1. 在我国企业的业绩评价体系中，评价指标的选择主要受企业规模、竞争战略、组织结构以及市场竞争压力等因素的影响。其中，规模大小、外部市场压力大小与非财务指标的使用呈负向关系，分权程度、进攻性战略与非财务指标的使用呈正向关系，规模越大、外部市场压力愈大的企业，愈倾向于使用财务指标；而采取进攻性竞争战略和分权程度较高的企业则更倾向于采用非财务指标。由此可见，BSC 并非所谓的“万精油”，其使用需要具备一定条件，受到包括企业规模、组织结构、竞争战略和市场压力等多个因素的共同影响，是企业发展到一定阶段的产物和要求。因此，我们既要对 BSC 的未来充满信心，又不要指望它能在所有的企业都能同时得到应用。

2. 业绩评价的效果受到非财务指标的使用程度、评价指标对企业战略的反映程度、考核的激励程度及严厉程度等多个因素的影响。因此我们应当将非财务指标纳入企业的业绩评价体系，与财务指标结合使用，以弥补单一财务指标存在的不足；并以企业战略为导向，围绕企业战略制订业绩评价体系，使评价指标能够反映企业战略，引导企业各部门、各单位的行为与企业的总体目标相一致，促进企业战略目标的实现。同时，要在考核中加大奖惩力度，完善考核制度，严肃考核纪律，赏罚分明，奖勤罚懒，以提高考核效果，改善企业的整体业绩。

第四节

分权还是集权？
——我国企业授权与激励现状调查

我国企业组织的效率问题一直备受业界关注，本书通过调查问卷，展现了我国企业授权与激励的现状：我国企业人事权、经营管理权授权的程度与地区、产权结构有关，但与激励和考核程度无关。

一、引言

奥地利学派的 F. A. 哈耶克（1945）首先提出了组织效率取决于决策权和对于决策权起支撑作用的知识之间匹配程度的观点。现实生活中，企业存在着知识与决策权不匹配的问题，哈耶克认为有两种途径可以解决这样的问题：（1）将知识传递给具有决策权的人（集权过程）；（2）将决策权传递给具有知识的人（分权过程）。根据哈耶克的理论，我们可以从知识水平角度来分析和研究我国企业的效率问题。我国企业组织的效率问题已成为影响企业绩效和企业改革进一步深入的重要问题。要改善企业绩效，就必须提高企业的知识水平。决策权配置方式的不同会影响到企业的知识水平，进而影响到企业的绩效。决策可以由企业的经营者作出，也可以由经营者协调各业务部门或知识单元的决策而形成，即决策权的配置可以采取集权和分权两种方式，两种配置方式下企业的组织知识水平不同，组织效率存在差异。

企业高层面临着两种关键的组织设计选择，除了前面提到的授权问题之外，还有就是应该如何设计激励补偿措施以确保底层管理者不会滥用权力（Milgrom and Roberts，1992；Chapter，16；Stigliz，1994；Chapter，9；Brickley et al.，1996；Chapter，8）。许多理论已经把授权与激励性报酬的联合性本质公式化；责任会计等管理会计基本概念也强调授权和激励性报酬的联系，认为下层的员工激励应该密切相关于他们的责任（如 Horngren et al.，2000，195—196，第十版成本会计）。

通过授权，可以节省收集与传递信息给高层管理者的成本，进而使得高层管理者更有效地使用相关信息（Melumad and Reichelstein，1987；Kriby，1987；Jensen and Meckling，1992；Bushman et al.，2000；Prendergast，2000）。但是，授权可能增加新的成本——被授权方滥用权力，为了减轻这种道德危机问题——企业提出将报酬与经营业绩联系起来的激励性契约。Prendergest（2000）也指出，委托代理理论指出，高度变化的环境——业绩波动超出控制基于有噪音的（受干扰的）业绩指标的激励会使部分管理者承受风险，对此应该补偿，这种报酬称为风险保险费，这又构成了授权的激励相关成本。根据这些理论建立了一个关于授权和报酬选择的同步模型（Venky Nagar，*delegation and incentive compensation*，The Accounting Review，vol. 77，No. 2，April 2002：379 – 395）。该篇文章通过这种同步模型得出，高成长、不稳定性和创新的银行对分行管理者授予更多的权限，反过来，具有更多权限的分行管理者接受更多激励性的报酬。本篇文章也尝试分析了在不同的激励水平下，其余的授权程度是否有显著性差异。

关于我国企业目前决策权配置方式现状的研究寥寥无几，国内企业决策权配置方式的研究对理论研究和企业决策优化都将大有裨益。

我国的改革开放正处在关键时期，建设创新型国家包括很多方面，其中管理创新直接关系到企业素质和竞争力的提升。为了对企业管理创新进程有所了解，南京大学和美国圣地亚哥州立大学会计学者联合设计了本次"企业管理会计创新的现状与趋势——对高层管理人员的一项调查"的问卷，调查对象仅限于境内大中型企业的高层管理者和高级财务人员。我们试图通过本次调查展示我国企业在战略成本管理、管理决策、业绩考核、作业成本法、客户会计等方面的运用情况，并揭示不同地区、规模、产权结构以及行业的企业在以上几个方面的区别，并就授权与激励问题展开研究。

二、问卷概况

根据样本企业的地区、规模、产权结构、制造业与否以及高科技行业与否，总的样本可以分为如下的子样本：

（一）地区

我们将总的样本按照如下的方式分为三类：（1）东南部沿海地区（包括江苏、上海、浙江、广东、福建）样本171家，占总样本的比例为77.4%；（2）东北部地区（辽宁、北京、天津、山东）样本27家，占总样本的比例为12.2%；（3）中西部地区（陕西、山西、湖南、江西、湖北、河南、安徽）样本共20家，占总样本的比例为9.0%。除此之外，有3份问卷中未填写企业的所在省份，我们无法将其进行分类。样本的分类具体情况如表3-60。

表3-60 样本的地区分布

	东南部沿海	东北部	中西部	不详	合计
样本量	171	27	20	3	221
所占比例（%）	77.4	12.2	9.0	1.4	100.0

（二）规模

依据企业的销售额和雇员人数[①]，将企业分为如下几种规模水平：（1）小

① 分别对企业的销售额和企业的雇员人数取自然对数，然后对两者求和，四舍五入得到企业的规模变量。取值范围2—17，除去规模数据不全的9家企业外，将样本企业分为四组：四组规模变量的取值范围分别为［2—5］、（6—8］、（9—11］、（12—17］。

规模企业，样本数为37，占总样本的比例为16.7%；（2）中等规模企业，样本数为77，占总样本的比例为34.8%；（3）较大规模企业，样本数为68，占总样本的比例为30.8%；（4）特大规模企业，样本数为30，占总样本的比例为13.6%。另外由于规模数据的缺失，部分企业的规模无法进行判断，这样的企业共有9家。样本分类具体见表3－61。

表3－61 样本的规模分布

	小规模企业	中等规模企业	较大规模企业	特大规模企业	不详	合计
样本量	37	77	68	30	9	221
所占比例（%）	16.7	34.8	30.8	13.6	4.1	100.0

（三）产权结构

依据企业性质，区分为如下的四类：（1）上市企业（含内地上市和境外上市），样本数为46，占总样本的比例为20.8%；（2）外资企业（含合资和境外独资企业），样本数为63，占总样本的比例为28.5%；（3）民营企业（在上市类计数的不重复），样本数为41，占总样本的比例为18.6%；（4）其他（在以上三类中计数的不重复），样本数为71，占总样本的比例为32.1%。具体情况见表3－62。

表3－62 样本的产权结构

	上市公司	外资企业	民营企业	其他	合计
样本量	46	63	41	71	221
所占比例（%）	20.8	28.5	18.6	32.1	100.0

（四）制造业与非制造业

我们将样本分为制造业和非制造业，以期获得企业所属行业特性是否会对企业的授权、激励状况产生影响。样本企业属于制造业的个数为134，占总样本的比例为60.6%；样本企业属于非制造业的个数为87，占总样本的比例为39.4%。具体情况见表3－63。

表3－63 样本企业分类（制造业与否）情况

	制造业	非制造业	合计
样本量	134	87	221
所占比例（%）	60.6	39.4	100.0

（五）高科技行业与传统行业

除了根据样本是否属于制造业进行分类之外，我们另外也将企业按是否属于高科技行业进行了分类，样本分类情况如下：（1）高科技企业，样本数为44，占总样本（有效样本）的比例为19.9%（26.2%）；（2）传统企业，样本数为124，占总样本（有效样本）的比例为56.1%（73.8%）。除此之外，由于问卷上无法判断是否属于高科技行业，我们将这些企业在下文的分析中剔除了，这样的企业共有53家，占总样本的比例为24%。具体情况见表3-64。

表3-64　样本企业分类（高科技行业与传统行业）情况

	高科技企业	传统企业	不详	合计
样本量	44	124	—	168
所占比例（%）	26.2	73.8	—	100.0
样本量	44	124	53	221
所占比例（%）	19.9	56.1	24.0	100.0

三、我国企业授权的调查研究

这一部分的问题包括：企业高层领导任命及工资福利决策权来源情况；本企业中层领导任命及工资福利来源情况；本企业员工聘任及工资福利决策权来源情况；组织生产经营活动决策权来源情况；组织内业绩评价制度设计和实施决策权来源情况；企业战略的确定和实施决策权来源情况等六个方面。

（一）我国企业授权程度总体情况分析

1. 总样本的频数分析

发出问卷得到反馈的数量为257份，经过筛选、甄别之后最后选用其中221份有效问卷。所有样本对各个问题来源回答整理后得到整合的表格（表3-65）。

表 3-65　　不同决策权来源的统计

决策权来源	政府		上级企业		董事会		管理层		基层领导	
高层任命及工资福利	19	8.60%	73	33.03%	113	51.13%	22	9.95%	1	0.45%
中层任命及工资福利	2	0.90%	18	8.14%	59	26.70%	150	67.87%	1	0.45%
员工聘任及工资福利	0	0.00	10	4.52%	14	6.33%	188	85.07%	20	9.05%
生产经营活动	0	0.00	20	9.05%	20	9.05%	180	81.45%	16	7.24%
业绩评价制度设计和实施	0	0.00	18	8.14%	23	10.41%	169	76.47%	19	8.60%
战略的确定和实施	3	1.36%	44	19.91%	122	55.20%	71	32.13%	4	1.81%

注：决策权来源可以多选。

如表 3－65 显示：

（1）政府在员工聘任及工资福利、生产经营活动、业绩评价制度设计和实施这三项上的频数都为零。从这一点上，我们可以认为政府在这几个方面对企业几乎没有干预。高层的任命及工资福利方面，认为政府是决策权来源的频数为 19，占到所有样本的 8.6%，从总体上看，政府对于企业运营的影响不是很大。

（2）认为董事会与管理层是决策权来源的百分比除了在高层的任命与福利上，在其他各项上的比例都占到了 85% 以上，占据了各种决策权来源的绝大部分。可见董事会与管理层目前是企业运营活动的主要决策制定者，在企业的运营过程中起主导作用。

（3）基层领导正逐渐活跃起来，在员工任命及工资福利、生产经营活动和业绩评价制度设计实施三个方面都占有一定的比例。说明企业有权力下放的迹象。

2. 授权情况的进一步分析

为了研究组织的集权或分权的程度，我们将企业决策权的不同来源分别予以计分，分数越高，代表企业的分权化程度越高。对于同一个决策权来源于几项的，将其分值相加，作为该项的分权化分值。另外通过对不同决策权来源分权化程度进行相关性分析后我们发现，高层任命及工资福利、中层领导的任命及工资福利和员工的聘任及工资福利三者相关性很高。除此之外，这三个变量本身都属于人事任免权，因而我们将这三个变量结合为一个变量，命名为人事权，其分权化程度为这三个变量取值之和。余下的三个变量也具有显著相关性，为研究方便，我们将这三个变量结合为一个变量，命名为经营管理权，其分权化程度为这三个变量之和。

（1）决策权（高层任命、中层任命等六类决策）的集、分权程度概况。

表 3－66　决策权（六类决策权）来源集、分权程度描述性统计

决策权来源	样本量	最小值	最大值	中位数	均值	标准差
高层任命及工资福利	220	－2.000	3.000	1.000	0.234	1.211
中层任命及工资福利	221	－2.000	2.500	2.000	1.498	0.833
员工聘任及工资福利	221	－1.000	3.000	2.000	1.911	0.628

续表

决策权来源	样本量	最小值	最大值	中位数	均值	标准差
生产经营活动	221	-1.000	3.000	2.000	1.760	0.810
业绩评价制度设计和实施	218	-1.000	3.000	2.000	1.759	0.855
战略的确定和实施	221	-2.000	3.000	1.000	0.928	1.004

从表3-66的描述性统计中，我们观察决策权来源的均值可以发现。在上面的三个决策权（属于人事任免权范畴）来源中，高层任命及工资福利的决策权来源的集权程度最高。说明，与中层任命、员工聘任等相比，高层任命及工资福利的决策权更受到政府（董事会、上级公司）的控制和影响。观察下面的三个决策权来源（属于经营管理权范畴），我们发现战略的确定和实施的决策权来源最为集权，我们认为这比较符合公司的实际。经营管理权的另外两个决策权之间的差异很小。另外通过观察最小值，我们发现有三个具体决策权的来源最小值为-1，也就是说在这一类公司中不存在-2（政府或组织部门），说明对于员工聘任、生产经营活动以及业绩评价制度设计和实施，政府或组织部门在其中不发挥影响。

表3-67　人事任免、经营管理决策权来源集、分权程度描述性统计

决策权来源	样本量	最小值	最大值	中位数	均值	标准差
人事任免权	220	-3.000	7.000	4.000	3.645	1.847
经营管理权	218	-3.000	8.500	5.000	4.460	1.973

观察表3-67，我们注意到人事任免权和经营管理权的均值以及标准差都比较接近。究竟企业的人事任免权和经营管理权各组成部分之间是否有差异呢？企业的人事任免权和经营管理权之间是否有一定的联系呢？在接下来的分析中，我们将分析这些内容。

（2）不同决策权集、分权程度之间的比较。

表 3－68　人事任免权各层级之间集、分权程度比较（t 检验）

	分类	样本量	均值	T 值	Sig.
高层任命及工资福利决策权与中层任命及工资福利决策权比较	高层任命及工资福利决策权	220	0.234	－14.103	0.000 ***
	中层任命及工资福利决策权	220	1.500		
高层任命及工资福利决策权与员工聘任及工资福利决策权比较	高层任命及工资福利决策权	220	0.234	－18.982	0.000 ***
	员工聘任及工资福利决策权	220	1.911		
中层任命及工资福利决策权与员工聘任及工资福利决策权比较	中层任命及工资福利决策权	221	1.498	－6.974	0.000 ***
	员工聘任及工资福利决策权	221	1.911		

之所以要比较人事任免权各具体内容之间的差异，主要是为了呈现给大家的是在相同的企业中，不同层级的人员聘任以及福利的决策权来源的差异性。这里做的是配对样本的 t 检验。通过检验的结果，我们可以发现在人事任免权的不同层级之间都存在很明显的差异性。观察均值，我们可以发现，高层任命及工资福利决策权的集权程度最高，而员工聘任及工资福利决策权的分权程度最低，中层任命及工资福利决策权的集、分权程度介于上述两者之间。

表 3－69　经营管理权各内容之间集、分权程度比较（t 检验）

	分类	样本量	均值	T 值	Sig.
生产经营活动决策权与业绩评价制度设计和实施决策权比较	生产经营活动决策权	218	1.768	0.141	0.888
	业绩评价制度设计和实施决策权	218	1.759		
生产经营活动决策权与战略的确定和实施决策权比较	生产经营活动决策权	221	1.760	11.609	0.000 ***
	战略的确定和实施决策权	221	0.928		
业绩评价制度设计和实施决策权与战略的确定和实施决策权比较	业绩评价制度设计和实施决策权	218	1.759	11.575	0.000 ***
	战略的确定和实施决策	218	0.932		

与表3－68中介绍的人事任免权各层级之间差异的目的相同，表3－69向我们呈现了属于企业经营管理范畴的各种决策权来源的现状。这里使用的检验方法是配对样本t检验，观察检验结果，我们可以发现：生产经营活动决策权来源与业绩评价制度设计和实施决策权来源之间的集、分权程度之间并不存在显著的差异。另外，我们也发现公司战略的确定和实施决策权来源无论是与生产经营活动决策权来源还是业绩评价制度设计和实施决策权来源之间的集、分权程度均存在显著性差异，并且公司战略的确定和实施决策权来源的集权程度要显著高于其他两者。

表3－70　人事任免权与经营管理权集、分权程度比较（t检验）

分类	样本量	均值	T值	Sig.
人事任免权	217	3.658	－5.833	0.000***
经营管理权	217	4.457		

表3－70分析了人事任免权和经营管理权集、分权程度之间的差异程度，这里使用的方法是配对样本t检验，观察检验结果，我们可以发现经营管理权与人事任免权之间存在显著的差异。人事任免权（高层任命及工资福利决策权来源、中层任命及工资福利决策权来源以及员工聘任及工资福利决策权来源）的集权程度要显著地高于经营管理权（生产经营活动、业绩评价制度设计和实施以及战略的确定和实施决策）。

（3）不同决策权集、分权程度之间的相关性。

表3－71　人事任免权（各层级）相关性分析

	高层任命及工资福利	中层任命及工资福利	员工聘任及工资福利
高层任命及工资福利	1	—	—
中层任命及工资福利	0.193*** (0.004)	1	—
员工聘任及工资福利	0.096 (0.156)	0.299*** (0.000)	1

注：*表示为在0.10的水平上显著，**为在0.05的水平上显著，***为在0.01的水平上显著。表中括号中的为显著性水平大小。

之前分析了人事任免权集、分权程度之间的差异性，表 3 – 71 给我们呈现的是人事任免权各层级之间的相关性。表中给出的是 Pearson 相关系数，另外也给出了双尾检验的显著性水平。观察表 3 – 71 可见，高层任命及工资福利的决策权来源与中层任命及工资福利的决策权来源之间的共享方差为 0.193，并且在 0.01 的水平上显著。不过，高层任命及工资福利的决策权来源与员工聘任及工资福利决策权来源之间的相关性较差。中层任命及工资福利决策权来源与员工聘任及工资福利决策权来源之间的相关性很高，两者共享方差的比例接近 30%，并且在 0.01 的水平上显著。通过上述分析，我们可以认为国内企业人事任命权各层级决策权来源之间存在很强的相关性，不过似乎存在隔级不相关的情况。

表 3 – 72　　经营管理权（各内容）相关性分析

	生产经营活动决策权	业绩评价制度设计和实施决策权	战略的确定和实施决策权
生产经营活动决策权	1	—	—
业绩评价制度设计和实施决策权	0.321*** (0.000)	1	—
战略的确定和实施决策权	0.325*** (0.000)	0.361*** (0.000)	1

注：* 表示为在 0.10 的水平上显著，** 为在 0.05 的水平上显著，*** 为在 0.01 的水平上显著。表中括号中为显著性水平大小。

表 3 – 72 为经营管理权（各内容）之间的相关性，表中给出了两两之间的 Pearson 相关系数，同时也给出了双尾检验的显著性水平值。检验的结果显示，经营管理权的集、分权程度两两之间都存在很高的相关性，相关系数都高于 30%，并且都通过了 0.01 的显著性水平测试。可见国内企业经营管理活动授权程度之间是紧密联系的。

表 3 – 73　　人事任免权与经营管理权相关性分析

	人事任免权	经营管理权
人事任免权	1	—
经营管理权	0.447*** (0.000)	1

注：* 表示为在 0.10 的水平上显著，** 为在 0.05 的水平上显著，*** 为在 0.01 的水平上显著。表中括号中为显著性水平大小。下同。

表 3-73 为经营管理权和人事任免权之间的 Pearson 相关系数和显著性水平。两者的共享方差比例接近 45%，可见国内企业的人事权和经营管理权的相关程度相当高。

（二）我国企业授权程度影响因素分析

将样本分别按照地区、规模、产权结构、制造业与非制造业和高科技行业与传统行业等进行分类，分别检验地区因素、规模因素、产权结构、制造业与非制造业以及高科技行业与传统行业对企业授权程度的影响。为了更好地验证各种因素对人事任免权（各层级）以及经营管理权（各内容）的影响，除了使用参数检验外，我们还做了非参数检验。采用的非参数检验的方法是 Mann - Whitney U，分别对两两独立样本进行检验。详细分析如下：

1. 地区因素的影响

（1）单因素方差分析。

表 3-74　　地区因素对各种决策权来源的影响

	地区	样本量	均值	F 值	Sig.
高层任命及工资福利决策权来源	东南部沿海	170	0.379	6.027	0.003***
	东北部地区	27	-0.259		
	中西部地区	20	-0.350		
中层任命及工资福利决策权来源	东南部沿海	171	1.526	0.829	0.438
	东北部地区	27	1.463		
	中西部地区	20	1.275		
员工聘任及工资福利决策权来源	东南部沿海	171	1.981	6.370	0.002***
	东北部地区	27	1.759		
	中西部地区	20	1.500		
生产经营活动决策权来源	东南部沿海	171	1.784	0.195	0.823
	东北部地区	27	1.704		
	中西部地区	20	1.700		
业绩评价制度设计和实施决策权来源	东南部沿海	170	1.885	10.050	0.000***
	东北部地区	26	1.308		
	中西部地区	19	1.211		
战略的确定和实施决策权来源	东南部沿海	171	1.027	4.320	0.014**
	东北部地区	27	0.463		
	中西部地区	20	0.700		

为了检验地区因素对人事任免权和经营管理权各内容的影响，我们以地区为依据样本分为三个子样本。分别检验不同地区之间的各决策权之间是否存在

显著性的差异。通过单因素方差分析，我们发现人事任免权中的高层任命及工资福利决策权来源和员工聘任及工资福利决策权来源在不同地区之间存在显著的差异。而中层任命及工资福利决策权来源在不同地区之间并不存在显著的差异。经营管理权中的业绩评价制度设计和实施决策权来源、战略确定和实施决策权来源在不同地区之间存在显著的差异，而生产经营活动决策权来源在不同地区之间并不存在显著的差异。

表 3－75　　地区因素对人事任免、经营管理决策权来源的影响

	地区	样本量	均值	F 值	Sig.
人事任免权	东南部沿海	170	3.890	8.173	0.000***
	东北部地区	27	2.963		
	中西部地区	20	2.425		
经营管理权	东南部沿海	170	4.689	5.648	0.004***
	东北部地区	26	3.635		
	中西部地区	19	3.553		

表 3－75 是综合后的人事任免权和经营管理权在不同地区之间差异的方差分析。分析结果显示人事任免权和经营管理权在不同地区之间存在显著的差异性。我们认为，由于东南部沿海地区与东北部地区以及中西部地区之间存在明显的地域经济环境差异性，不同的经济环境下，企业面临的市场不同，所需要的决策水平也不同。知识转移成本等因素的影响使得不同地区的人事任免权和经营管理权形成了这样的差异。

（2）两个独立样本的检验。

表 3－76　　地区因素对人事任免（各层级）集、分权程度的影响

决策权	高层任命及工资福利			中层任命及工资福利			员工聘任及工资福利		
对比地区	（1¤，2）	（1，3）	（2，3）	（1，2）	（1，3）	（2，3）	（1，2）	（1，3）	（2，3）
T 值	2.571	2.583	0.280	0.386	0.908	0.622	2.020	1.804	0.882
显著性水平	0.011**	0.011**	0.781	0.700	0.374	0.537	0.045**	0.086*	0.385
Mann－Whitney U	1659.5	1145	259	2254.5	1662.5	267.5	1962	1432.5	261.5
Z 值	－2.514	－2.613	－0.264	－0.229	－0.238	－0.063	－1.907	－1.721	－0.247
显著性水平	0.012**	0.009***	0.792	0.819	0.812	0.950	0.057*	0.085*	0.805

注：¤表中的数字 1、2、3 分别对应的是东南部沿海地区、东北部地区和中西部地区；*、**、*** 分别表示在 0.1、0.05、0.01 的水平上显著。

观察表3－76，我们发现：

（1）高层任命及工资福利的决策权来源在不同地区之间存在如下的显著差异：东南部沿海地区的分权程度明显地高于东北部地区和中西部地区。我们认为由于东南部沿海地区开放较早，市场环境较为成熟，这些企业的决策权需要更为分权以更好地适应市场环境。由于东北部地区和中西部地区之间的差异性不太明显，所以这两个地区的集分权程度没有显著的差异。

（2）中层任命及工资福利的决策权来源在不同地区之间并不存在显著的差异。观察图3－3我们也发现，三者的均值都比较接近于1.5，不同地区中层的任命并不存在显著性差异，都主要来自公司的董事会和管理层。

（3）员工聘任及工资福利决策权来源在不同地区之间存在显著的差异：东南部沿海地区的分权程度要明显高于东北部地区和中西部地区。与高层任命及工资福利决策权来源不同地区差异的原因比较类似，员工聘任及工资福利决策权来源的差异也是由于不同地区的经济环境不同所致。

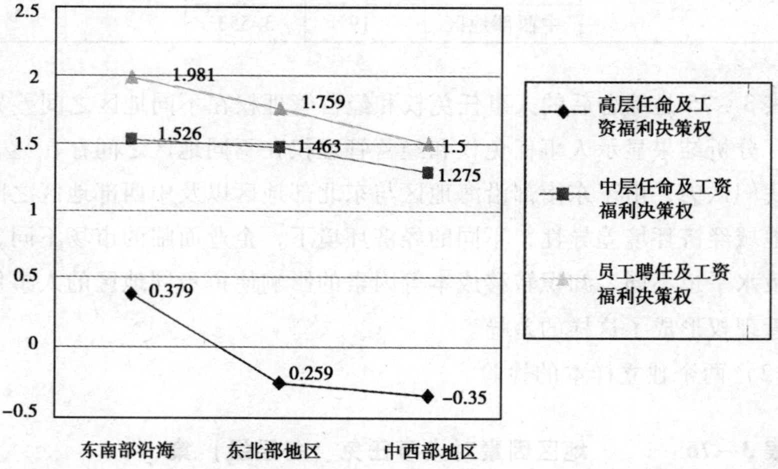

图3－3 地区对人事任免权（各层级）的影响

表3－77 地区因素对经营管理（各内容）集、分权程度的影响

决策权	生产经营活动			业绩评价制度设计和实施			战略的确定和实施		
对比地区	(1, 2)	(1, 3)	(2, 3)	(1, 2)	(1, 3)	(2, 3)	(1, 2)	(1, 3)	(2, 3)
T值	0.501	0.452	0.014	3.577	2.219	0.265	2.729	1.466	-0.715
显著性水平	0.617	0.652	0.989	0.000***	0.039**	0.793	0.007***	0.144	0.478
Mann－Whitney U	2279.5	1708	267	1570	1175	245	1817	1348.5	256

续表

决策权	生产经营活动			业绩评价制度设计和实施			战略的确定和实施		
Z值	-0.143	-0.011	-0.087	-3.152	-2.566	-0.050	-1.909	-1.679	-0.319
显著性水平	0.886	0.991	0.931	0.002 ***	0.010 **	0.960	0.056 *	0.093 *	0.750

注：[a] 表中的数字1、2、3分别对应的是东南部沿海地区、东北部地区和中西部地区；*、**、***分别表示在0.1、0.05、0.01的水平上显著。

观察表3-77，我们发现：

（1）生产经营活动决策权来源在不同地区之间并不存在显著的差异。观察图3-4我们也发现，三者的均值都比较接近于1.8，不同地区生产经营活动决策权来源并不存在显著性差异，可以认为主要来自公司的管理层。

（2）业绩评价制度设计和实施的决策权来源在不同地区之间存在如下的显著差异：东南部沿海地区的分权程度要明显高于东北部地区和中西部地区。我们认为由于东南部沿海地区开放较早，市场环境较为成熟，这些企业的决策权需要更为分权以更好地适应市场环境。由于东北部地区和中西部地区之间的差异性不太明显，所以这两个地区的集分权程度没有显著的差异。

（3）企业战略的确定和实施决策权来源在不同地区之间存在一定的差异：东南部沿海地区的分权程度要明显高于东北部地区。与高层任命及工资福利决策权来源不同地区差异的原因比较类似，企业战略的确定和实施决策权来源的差异也是由于不同地区的经济环境不同所致。

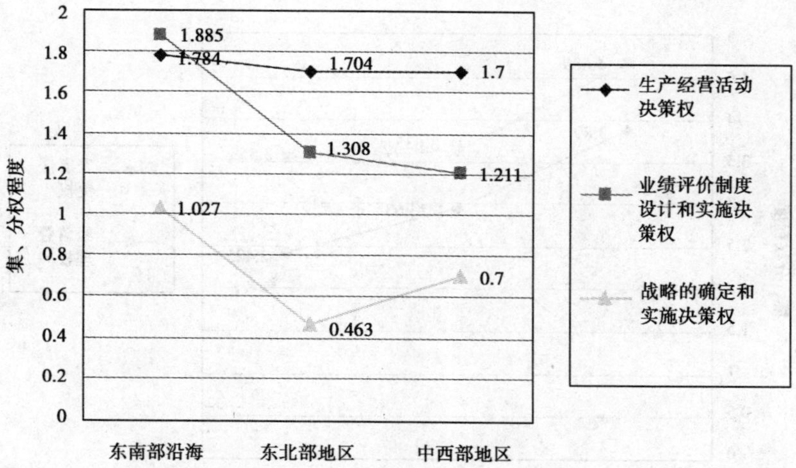

图3-4 地区对经营管理权（各内容）的影响

表 3-78 地区因素对人事任免权、经营管理权集、分权程度的影响

决策权	人事任免权			经营管理权		
对比地区	(1[¤], 2)	(1, 3)	(2, 3)	(1, 2)	(1, 3)	(2, 3)
T 值	2.585	2.728	0.866	2.258	1.955	0.115
显著性水平	0.010***	0.012**	0.391	0.031**	0.064*	0.909
Mann - Whitney U	1589	1048	237	1564	1157.5	246.5
Z 值	-2.622	-2.862	-0.727	-2.457	-2.073	-0.012
显著性水平	0.009***	0.004***	0.467	0.014**	0.038**	0.991

注：[¤]表中的数字 1、2、3 分别对应的是东南部沿海地区、东北部地区和中西部地区；*、**、*** 分别表示在 0.1、0.05、0.01 的水平上显著。

观察表 3-78，我们发现：

（1）人事任免权决策权来源在不同地区之间存在如下的显著差异：东南部沿海地区的分权程度要明显高于东北部地区和中西部地区。我们认为由于东南部沿海地区开放较早，市场环境较为成熟，这些企业的决策权需要更为分权以更好地适应市场环境。由于东北部地区和中西部地区之间的差异性不太明显，所以这两个地区的集分权程度没有显著的差异。

（2）经营管理权的决策权来源在不同地区之间存在如下的显著差异：东南部沿海地区的分权程度要明显地高于东北部地区和中西部地区。原因同上。

具体情况详见图 3-5。

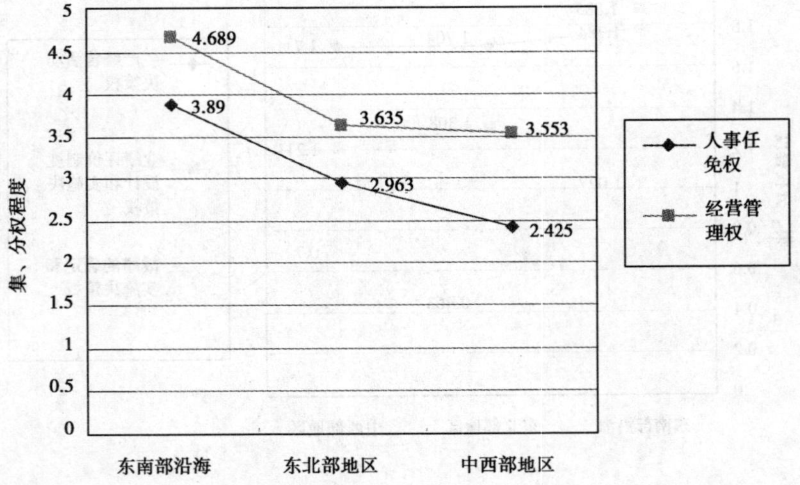

图 3-5 地区对人事任免权、经营管理权的影响

2. 规模因素的影响

（1）单因素方差分析。

表 3-79 规模因素对各种决策权来源的影响

	地区	样本量	均值	F值	Sig.
高层任命及工资福利决策权来源	小规模企业	37	0.541	3.834	0.011**
	中等规模企业	77	0.331		
	较大规模企业	67	0.179		
	特大规模企业	30	-0.400		
中层任命及工资福利决策权来源	小规模企业	37	1.527	0.427	0.734
	中等规模企业	77	1.435		
	较大规模企业	68	1.588		
	特大规模企业	30	1.483		
员工聘任及工资福利决策权来源	小规模企业	37	1.892	0.520	0.669
	中等规模企业	77	1.961		
	较大规模企业	68	1.831		
	特大规模企业	30	1.928		
生产经营活动决策权来源	小规模企业	37	2.054	2.483	0.062*
	中等规模企业	77	1.825		
	较大规模企业	68	1.640		
	特大规模企业	30	1.717		
业绩评价制度设计和实施决策权来源	小规模企业	37	1.838	0.637	0.592
	中等规模企业	76	1.750		
	较大规模企业	66	1.818		
	特大规模企业	30	1.583		
战略的确定和实施决策权来源	小规模企业	37	1.135	1.063	0.366
	中等规模企业	77	0.898		
	较大规模企业	68	0.941		
	特大规模企业	30	0.700		

为了检验规模因素对人事任免权和经营管理权各内容的影响，我们以规模为依据将样本分为四个子样本。分别检验不同规模之间的各决策权之间是否存

在显著性的差异。通过单因素方差分析，我们发现人事任免权中的高层任命及工资福利决策权来源在不同规模之间存在显著的差异，而中层任命及工资福利决策权来源以及员工聘任及工资福利决策权来源在不同规模之间并不存在显著的差异。经营管理权中的生产经营活动决策权来源在不同规模之间存在显著的差异，而业绩评价制度设计和实施决策权来源、战略确定和实施决策权来源在不同规模之间并不存在显著的差异。

表 3-80　规模因素对人事任免、经营管理决策权来源的影响

	地区	样本量	均值	F 值	Sig.
人事任免权	小规模企业	37	3.959	1.597	0.191
	中等规模企业	77	3.727		
	较大规模企业	67	3.604		
	特大规模企业	30	3.011		
经营管理权	小规模企业	37	5.027	1.687	0.171
	中等规模企业	76	4.535		
	较大规模企业	66	4.364		
	特大规模企业	30	4.000		

表 3-80 是综合后的人事任免权和经营管理权在不同规模企业之间差异的方差分析。分析结果显示人事任免权和经营管理权在不同规模企业之间不存在显著的差异。

（2）两个独立样本的检验。

表 3-81　模因素对高层任命及工资福利决策权集、分权程度的影响

决策权	高层任命及工资福利					
对比规模	(1¤, 2)	(1, 3)	(1, 4)	(2, 3)	(2, 4)	(3, 4)
T 值	0.883	1.522	3.104	0.774	2.769	2.191
显著性水平	0.379	0.131	0.003***	0.440	0.007***	0.031**
Mann - Whitney U	1275	1020.5	337	2393.5	802.5	753
Z 值	-0.989	-1.628	-2.897	-0.822	-2.625	-2.118
显著性水平	0.323	0.104	0.004***	0.411	0.009***	0.034**

注：¤ 表中的数字 1、2、3、4 分别对应的是小规模企业、中等规模企业、较大规模企业和特大规模企业；*、**、*** 分别表示在 0.1、0.05、0.01 的水平上显著。

观察表3-81，我们发现，高层任命及工资福利的决策权来源在不同规模之间存在如下的显著差异：特大规模企业的集、分权程度与其他三类企业都存在显著的差异性。特大规模企业的集权程度要显著地高于其他企业。我们认为由于特大规模企业在我们国家通常为国家控股或者国有背景的公司控股，这些企业高层任命及工资福利的决策权来源通常也与政府的主管部门以及上级公司有关系。观察图3-6我们也可以发现特大规模企业的分权程度为-0.4，根据我们的分类标准来看，决策权来源为上级公司或者是政府或组织部门。

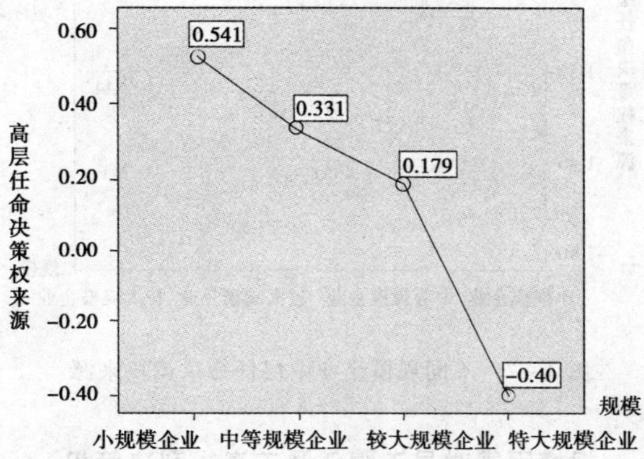

图3-6 高层任命决策权来源在不同规模企业间的差异

表3-82 规模因素对中层任命及工资福利决策权集、分权程度的影响

决策权	中层任命及工资福利					
对比规模	(1[a]，2)	(1，3)	(1，4)	(2，3)	(2，4)	(3，4)
T值	0.524	-0.403	0.222	-1.094	-0.248	0.623
显著性水平	0.601	0.688	0.825	0.276	0.805	0.535
Mann - Whitney U	1384	1190.5	549	2416.5	1138	955.5
Z值	-0.282	-0.546	-0.088	-0.942	-0.135	-0.602
显著性水平	0.778	0.585	0.930	0.346	0.892	0.547

注：[a]表中的数字1、2、3、4分别对应的是小规模企业、中等规模企业、较大规模企业和特大规模企业；*、**、***分别表示在0.1、0.05、0.01的水平上显著。

观察表3-82，我们发现，中层任命及工资福利的决策权来源在不同规模之间并不存在显著的差异。观察图3-7我们也发现，四者的均值都比较接近于1.5，不同规模企业中层的任命并不存在显著性差异，都主要来自公司的董事会和管理层。

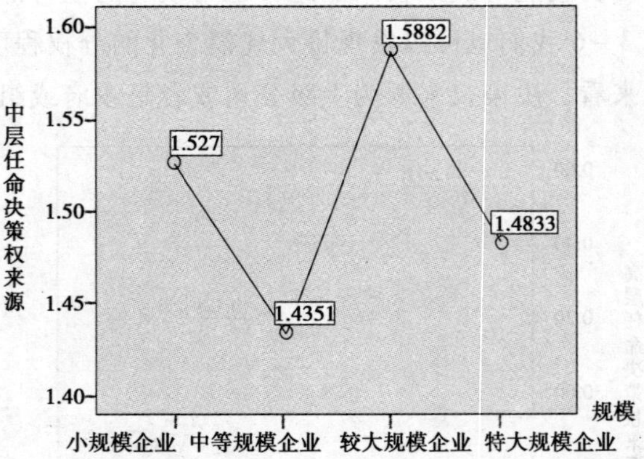

图3-7 不同规模企业中层任命决策权来源

表3-83 规模因素对员工聘任及工资福利决策权集、分权程度的影响

决策权	员工聘任及工资福利					
对比规模	(1ª, 2)	(1, 3)	(1, 4)	(2, 3)	(2, 4)	(3, 4)
T值	-0.579	0.423	-0.265	1.158	0.275	-0.646
显著性水平	0.564	0.673	0.792	0.249	0.784	0.520
Mann-Whitney U	1382	1236	539	2499	1091	1006
Z值	-0.356	-0.236	-0.292	-0.695	-0.608	-0.172
显著性水平	0.722	0.813	0.770	0.487	0.543	0.863

注：ª表中的数字1、2、3、4分别对应的是小规模企业、中等规模企业、较大规模企业和特大规模企业；*、**、***分别表示在0.1、0.05、0.01的水平上显著。

观察表3-83，我们发现，员工聘任及工资福利的决策权来源在不同规模之间并不存在显著的差异。观察图3-8我们也发现，四者的均值都比较接近于2，可见不同规模企业员工聘任及工资福利决策权来源并不存在显著性差异，主要来自公司的管理层。

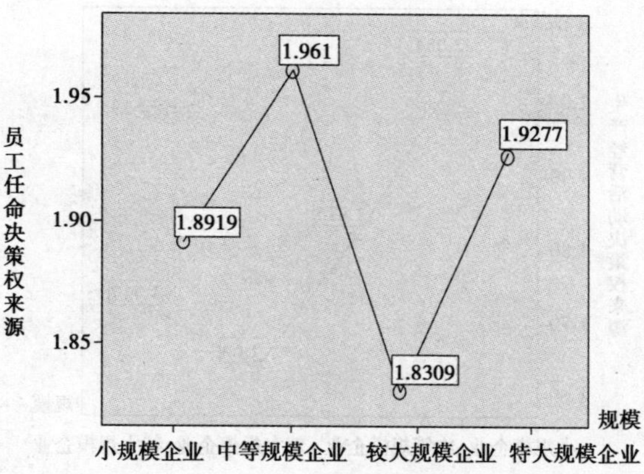

图 3-8　不同规模企业员工任命决策权来源

表 3-84　规模因素对生产经营活动决策权集、分权程度的影响

决策权	生产经营活动					
对比规模	(1[¤], 2)	(1, 3)	(1, 4)	(2, 3)	(2, 4)	(3, 4)
T 值	1.900	2.917	2.146	1.312	0.733	-0.382
显著性水平	0.060*	0.004***	0.037**	0.192	0.465	0.704
Mann-Whitney U	1241.5	1021	440	2438.5	1063.5	1010.5
Z 值	-1.609	-2.100	-1.900	-0.980	-0.884	-0.093
显著性水平	0.108	0.036**	0.057*	0.327	0.377	0.926

注：[¤]表中的数字 1、2、3、4 分别对应的是小规模企业、中等规模企业、较大规模企业和特大规模企业；*、**、*** 分别表示在 0.1、0.05、0.01 的水平上显著。

观察表 3-84，可以发现，生产经营活动的决策权来源在不同规模之间存在如下的显著差异：小规模企业的集分权程度与中等规模企业、较大规模企业和特大规模企业都存在显著的差异。其他三类企业之间并不存在显著的差异。可见小规模企业生产经营活动的决策要更灵活，分权程度更高，符合“船小好掉头”的特性。另外三种类型的企业的决策权来源也都接近于 2，可见大部分企业生产经营活动的决策权都来源于管理层。

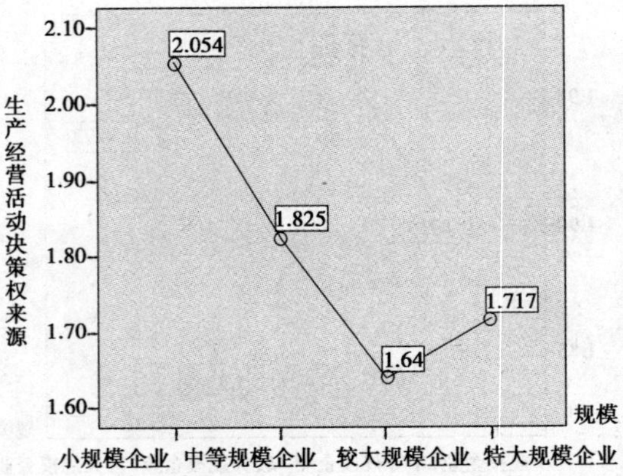

图 3-9 不同规模企业生产经营活动决策权来源

表 3-85 规模因素对业绩评价制度设计和实施决策权集、分权程度的影响

决策权	业绩评价制度设计和实施					
对比规模	(1[a], 2)	(1, 3)	(1, 4)	(2, 3)	(2, 4)	(3, 4)
T 值	0.543	0.112	1.157	-0.487	0.908	1.180
显著性水平	0.588	0.911	0.251	0.627	0.366	0.241
Mann-Whitney U	1334	1197	503.5	2333	1085.5	875
Z 值	-0.561	-0.206	-0.833	-0.912	-0.500	-1.163
显著性水平	0.575	0.837	0.405	0.362	0.617	0.245

注：[a] 表中的数字 1、2、3、4 分别对应的是小规模企业、中等规模企业、较大规模企业和特大规模企业；*、**、*** 分别表示在 0.1、0.05、0.01 的水平上显著。

观察表 3-85，我们发现，业绩评价制度设计和实施的决策权来源在不同规模之间并不存在显著的差异。观察图 3-10 我们也发现，四者的均值都接近于 1.7，可见不同规模企业业绩评价制度设计和实施决策权来源并不存在显著性差异，公司管理层通常扮演着最为重要的角色。

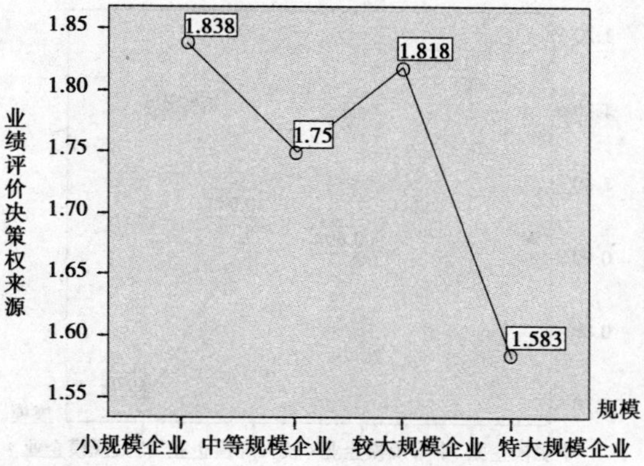

图 3-10　不同规模企业业绩评价决策权来源

表 3-86　规模因素对战略的确定和实施决策权集、分权程度的影响

决策权	战略的确定和实施					
对比规模	(1[a]，2)	(1，3)	(1，4)	(2，3)	(2，4)	(3，4)
T 值	1.238	1.004	1.609	-0.263	0.783	0.943
显著性水平	0.218	0.318	0.114	0.793	0.438	0.351
Mann - Whitney U	1197.5	1062	440.5	2609	1078	949
Z 值	-1.488	-1.412	-1.519	-0.039	-0.581	-0.590
显著性水平	0.137	0.158	0.129	0.969	0.561	0.555

注：[a] 表中的数字 1、2、3、4 分别对应的是小规模企业、中等规模企业、较大规模企业和特大规模企业；*、**、*** 分别表示在 0.1、0.05、0.01 的水平上显著。

观察表 3-86，我们发现，战略确定和实施的决策权来源在不同规模之间并不存在显著的差异。观察图 3-11 我们也发现，小规模、中等规模和较大规模的企业的均值都接近于 1，可见不同规模企业战略的确定和实施都主要为公司的董事会主导，并不存在显著性差异。特大规模企业的分权程度要高于前面三者，可能特大规模企业的战略要服从于上级公司或者政府等原因所致。

具体情况详见图 3-11。

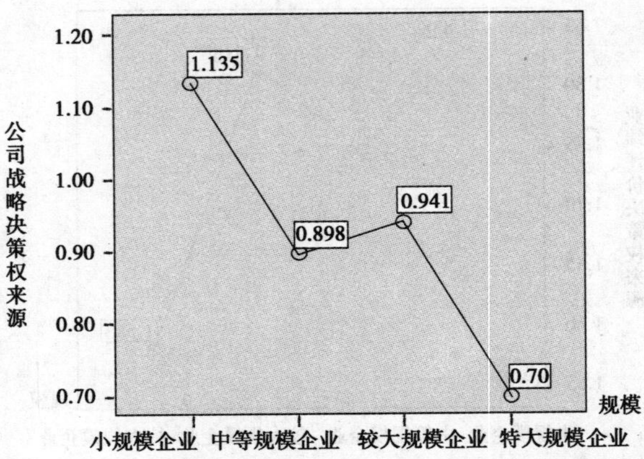

图 3－11 不同规模企业公司战略决策权来源

表 3－87 规模因素对人事任免权集、分权程度的影响

决策权	人事任免权					
对比规模	(1¤, 2)	(1, 3)	(1, 4)	(2, 3)	(2, 4)	(3, 4)
T 值	0.617	0.957	2.049	0.403	1.775	1.504
显著性水平	0.539	0.341	0.044**	0.688	0.079*	0.136
Mann－Whitney U	1333	1071.5	376	2391.5	870.5	786
Z 值	－0.565	－1.169	－2.287	－0.773	－2.012	－1.749
显著性水平	0.572	0.243	0.022**	0.440	0.044**	0.080*

注：¤表中的数字 1、2、3、4 分别对应的是小规模企业、中等规模企业、较大规模企业和特大规模企业；*、**、*** 分别表示在 0.1、0.05、0.01 的水平上显著。

观察表 3－87，可以发现企业人事任免权决策权来源的集、分权程度存在如下的显著性差异：特大规模企业的集、分权程度与小规模企业、中等规模企业以及较大规模企业均存在显著性差异。而其他三类企业之间并不存在显著的差异。观察图 3－12，可见随着企业规模的增大，企业的分权程度越来越低。

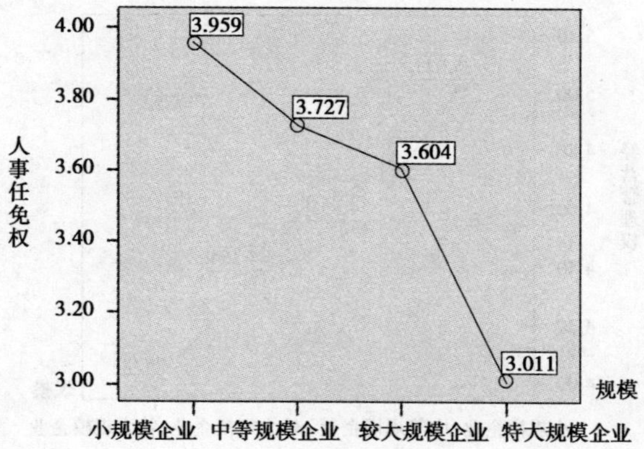

图 3－12 不同规模企业人事任免权情况

表 3－88 规模因素对经营管理权集、分权程度的影响

决策权	经营管理权					
对比规模	(1[¤], 2)	(1, 3)	(1, 4)	(2, 3)	(2, 4)	(3, 4)
T 值	1.491	1.832	2.182	0.512	1.177	0.737
显著性水平	0.139	0.070*	0.034**	0.609	0.245	0.463
Mann－Whitney U	1201.5	1074	436	2441.5	1056.5	904.5
Z 值	－1.288	－1.030	－1.524	－0.280	－0.603	－0.688
显著性水平	0.198	0.303	0.128	0.780	0.547	0.491

注：[¤]表中的数字 1、2、3、4 分别对应的是小规模企业、中等规模企业、较大规模企业和特大规模企业；*、**、*** 分别表示在 0.1、0.05、0.01 的水平上显著。

观察表 3－88，可见对于企业的经营管理权，t 检验下还会存在显著的差异。不过在 Mann－Whitney 检验下，并不存在显著差异。观察图 3－13，我们可以看到，随着企业规模的增大，企业的集权程度越来越高。

3. 产权结构的影响

（1）单因素方差分析。

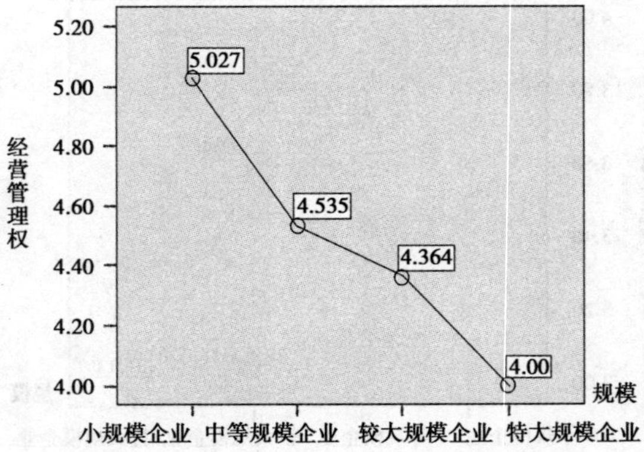

图 3-13 不同规模企业经营管理权情况

表 3-89 产权结构因素对各种决策权来源的影响

	产权结构	样本量	均值	F 值	Sig.
高层任命及工资福利决策权来源	上市公司	46	-0.076	7.549	0.001***
	外资企业	63	0.468		
	民营企业	41	0.817		
中层任命及工资福利决策权来源	上市公司	46	1.533	1.162	0.316
	外资企业	63	1.587		
	民营企业	41	1.354		
员工聘任及工资福利决策权来源	上市公司	46	1.746	3.709	0.027**
	外资企业	63	2.040		
	民营企业	41	1.927		
生产经营活动决策权来源	上市公司	46	1.576	4.791	0.010***
	外资企业	63	1.627		
	民营企业	41	2.049		
业绩评价制度设计和实施决策权来源	上市公司	45	1.656	2.482	0.087*
	外资企业	62	1.734		
	民营企业	41	2.024		
战略的确定和实施决策权来源	上市公司	46	0.652	6.115	0.003***
	外资企业	63	0.881		
	民营企业	41	1.305		

为了检验产权结构对人事任免权和经营管理权各内容的影响，我们以产权结构为依据将样本分为三个子样本，分别检验不同产权结构之间的各决策权之间是否存在显著性的差异（表 3－89）。通过单因素方差分析，我们发现人事任免权中的高层任命及工资福利决策权来源和员工聘任及工资福利决策权来源在不同产权结构之间存在显著的差异，而中层任命及工资福利决策权来源在不同产权结构之间并不存在显著的差异。经营管理权中的生产经营活动决策权来源、业绩评价制度设计和实施决策权来源、战略确定和实施决策权来源在不同产权结构之间都存在显著的差异。

表 3－90　　产权结构因素对人事任免、经营管理决策权来源的影响

	产权结构	样本量	均值	F 值	Sig.
人事任免权	上市公司	46	3.203	4.948	0.008 ***
	外资企业	63	4.095		
	民营企业	41	4.098		
经营管理权	上市公司	45	3.844	8.034	0.000 ***
	外资企业	62	4.226		
	民营企业	41	5.378		

表 3－90 是综合后的人事任免权和经营管理权在不同产权结构之间差异的方差分析。分析结果显示人事任免权和经营管理权在不同产权结构之间存在显著的差异性。我们认为，在不同的产权结构下，公司的授权程度必然会不同。国有企业、民营企业以及外资企业等等不同的企业性质直接影响到企业的所有者性质，所有者性质又将影响公司人事任免权和经营管理权的集、分权程度。

（2）两个独立样本的检验。

表 3－91　　产权结构因素对人事任免（各层级）集、分权程度的影响

决策权	高层任命及工资福利			中层任命及工资福利			员工聘任及工资福利		
对比产权结构	(1[¤], 2)	(1, 3)	(2, 3)	(1, 2)	(1, 3)	(2, 3)	(1, 2)	(1, 3)	(2, 3)
T 值	－2.363	－4.228	－1.830	－0.355	1.010	1.632	－2.297	－1.292	1.446
显著性水平	0.020 **	0.000 ***	0.070 *	0.723	0.315	0.106	0.025 **	0.201	0.151
Mann－Whitney U	1108	561.5	1114.5	1421.5	727.5	1019	1251	885.5	1189.5
Z 值	－2.264	－3.668	－1.354	－0.209	－2.086	－2.079	－1.924	－0.707	－1.081
显著性水平	0.024 **	0.000 ***	0.176	0.835	0.037 **	0.038 **	0.054 *	0.480	0.280

注：[¤] 表中的数字 1、2、3 分别对应的是上市公司、外资企业和民营企业；*、**、*** 分别表示在 0.1、0.05、0.01 的水平上显著。

观察表 3－91，我们发现：

（1）高层任命及工资福利的决策权来源在不同产权结构之间存在如下的显著差异：上市企业与外资企业和民营企业存在显著性差异。观察图 3－14 可以发现，上市企业的集权程度最高，要显著高于外资企业和民营企业，民营企业和外资企业比较接近。

（2）非参数检验的结果和参数检验结果的差异比较大。根据非参数检验的结果可以认为民营企业的分权程度要高于其他两种所有权性质的企业。不过根据样本均值的 t 检验结果显示中层任命及工资福利的决策权来源在不同产权结构之间并不存在显著的差异。观察图 3－14 我们也发现，三者的均值都接近于 1.5，不同产权结构下中层的任命并不存在显著性差异，主要来自公司的董事会和管理层。

（3）员工聘任及工资福利决策权来源在不同产权结构之间存在显著的差异：上市企业的集权程度要显著高于外资企业。

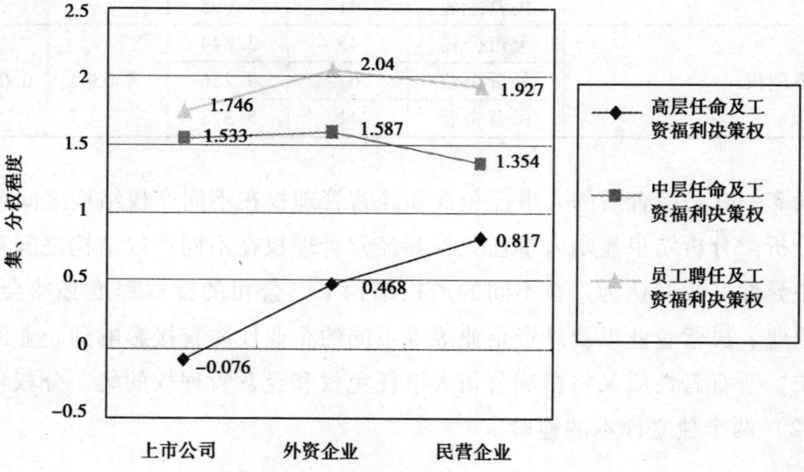

图 3－14　产权结构对人事任免权（各层级）的影响

观察表 3－92，我们发现：

（1）生产经营活动的决策权来源在不同产权结构之间存在如下的显著差异：民营企业与上市企业和外资企业存在显著性的差异。观察图3－15可以发现，民营企业的分权程度要显著地高于上市企业和外资企业。上市企业和外资企业比较接近，外资企业略高，上市企业最为集权。

表 3-92 产权结构因素对经营管理（各内容）集、分权程度的影响

决策权	生产经营活动			业绩评价制度设计和实施			战略的确定和实施		
对比产权结构	(1[¤], 2)	(1, 3)	(2, 3)	(1, 2)	(1, 3)	(2, 3)	(1, 2)	(1, 3)	(2, 3)
T 值	-0.295	-3.106	-3.445	-0.452	-2.154	-2.139	-1.192	-3.795	-3.036
显著性水平	0.769	0.003 ***	0.001 ***	0.652	0.035 **	0.035 **	0.236	0.000 ***	0.003 ***
Mann - Whitney U	1389.5	690.5	996.5	1387.5	767	1054	1252	610	1016.5
Z 值	-0.459	-2.863	-2.750	-0.062	-1.656	-1.945	-1.295	-3.108	-2.030
显著性水平	0.646	0.004 ***	0.006 ***	0.950	0.098 *	0.052 *	0.195	0.002 ***	0.042 **

注：[¤]表中的数字 1、2、3 分别对应的是上市公司、外资企业和民营企业；*、**、*** 分别表示在 0.1、0.05、0.01 的水平上显著。

（2）业绩评价制度设计和实施的决策权来源在不同产权结构之间存在如下的显著差异：民营企业与上市企业和外资企业存在显著性的差异。观察图 3-15 可以发现，民营企业的分权程度要显著地高于上市企业和外资企业。上市企业和外资企业比较接近，外资企业略高，上市企业最为集权。

（3）与上述两点比较类似，企业战略的确定和实施的决策权来源在不同产权结构之间存在如下的显著差异：民营企业与上市企业和外资企业存在显著性的差异。观察图 3-15 可以发现，民营企业的分权程度要显著地高于上市企业和外资企业。上市企业和外资企业比较接近，外资企业略高，上市企业最为集权。

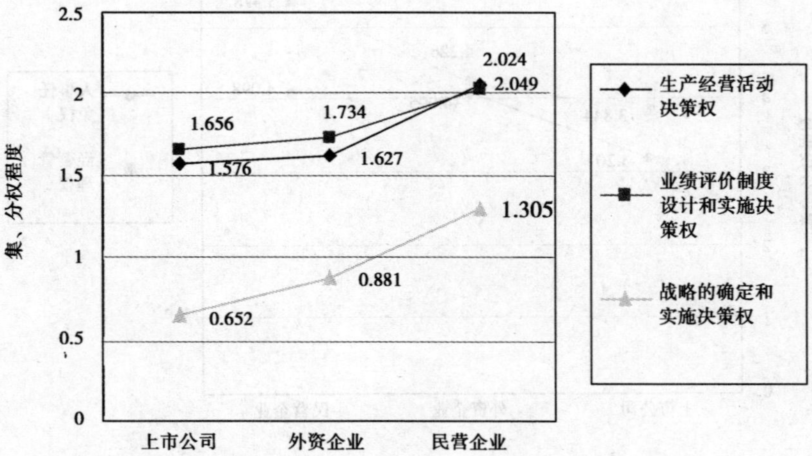

图 3-15 产权结构经营管理权（各内容）的影响

表 3-93　产权结构因素对人事任免权、经营管理权集、分权程度的影响

决策权	人事任免权			经营管理权		
对比产权结构	(1[¤], 2)	(1, 3)	(2, 3)	(1, 2)	(1, 3)	(2, 3)
T 值	-2.748	-2.541	-0.008	-0.931	-4.019	-4.111
显著性水平	0.007 ***	0.013 **	0.994	0.354	0.000 ***	0.000 ***
Mann-Whitney U	1046	683	1248	1257.5	502.5	793.5
Z 值	-2.539	-2.268	-0.298	-0.884	-3.721	-3.345
显著性水平	0.011 **	0.023 **	0.765	0.377	0.000 ***	0.001 ***

注：[¤]表中的数字 1、2、3 分别对应的是上市公司、外资企业和民营企业；*、**、*** 分别表示在 0.1、0.05、0.01 的水平上显著。

观察表 3-93，可以发现：

（1）人事任免权的决策权来源在不同产权结构之间存在如下的显著差异：上市企业与外资企业和民营企业存在显著性差异。观察图 3-16 可以发现，上市企业的集权程度最高，要显著地高于外资企业和民营企业，民营企业和外资企业比较接近。

（2）经营管理权的决策权来源在不同产权结构之间存在如下的显著差异：民营企业与上市企业和外资企业存在显著性的差异。观察图 3-16 可以发现，民营企业的分权程度要显著地高于上市企业和外资企业。上市企业和外资企业比较接近，外资企业略高，上市企业最为集权。

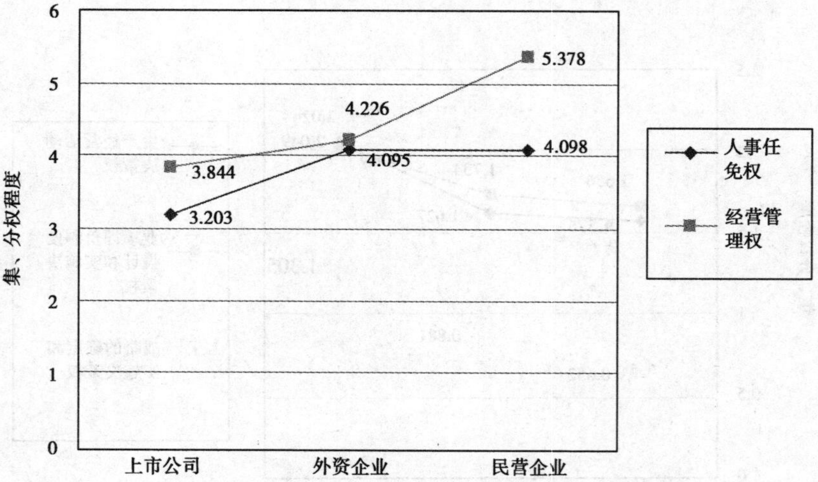

图 3-16　产权结构对人事任免权、经营管理权的影响

4. 制造业与非制造业的影响

（1）两个独立样本的t检验。

表3-94 制造行业与否对人事任免（各层级）集、分权程度的影响

决策权	高层任命及工资福利	中层任命及工资福利	员工聘任及工资福利
对比因素	(1[a], 0)	(1, 0)	(1, 0)
T值	1.042	-1.107	-0.491
显著性水平	0.299	0.269	0.624
Mann - Whitney U	5323.5	5441.5	5721.5
Z值	-1.034	-0.978	-0.342
显著性水平	0.301	0.328	0.733

注：[a]表中的数字1、0分别对应的是制造行业和非制造行业；*、**、***分别表示在0.1、0.05、0.01的水平上显著。

观察表3-94可以发现：制造企业与否对于高层任命及工资福利决策权来源、中层任命及工资福利决策权来源和员工聘任及工资福利决策权来源都不具有显著的影响。

具体情况详见图3-17。

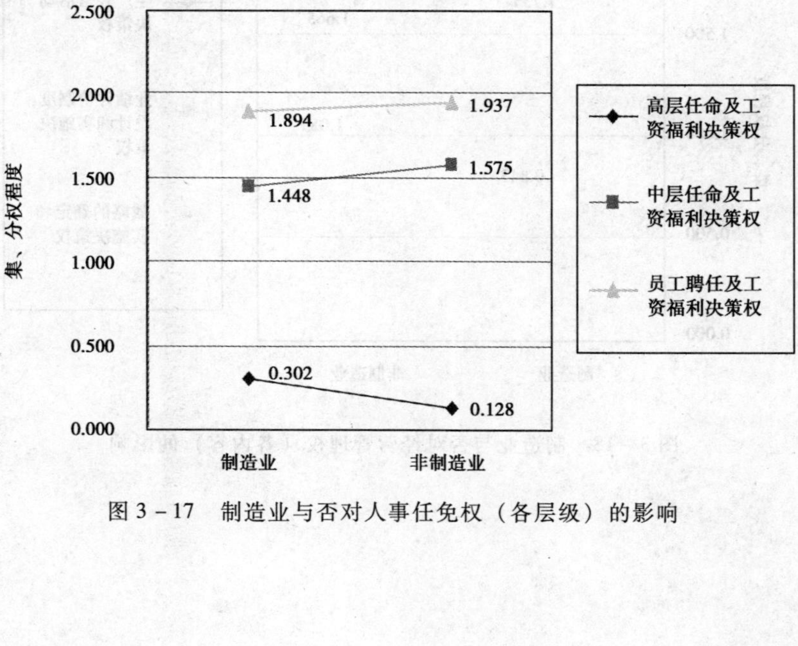

图3-17 制造业与否对人事任免权（各层级）的影响

表 3-95　　制造行业与否对经营管理（各内容）集、分权程度的影响

决策权	生产经营活动	业绩评价制度设计和实施	战略的确定和实施
对比因素	（1[a]，0）	（1，0）	（1，0）
T 值	-0.571	1.306	-1.569
显著性水平	0.569	0.193	0.118
Mann - Whitney U	5529	5137	5136
Z 值	-0.863	-1.461	-1.611
显著性水平	0.388	0.144	0.107

注：[a] 表中的数字 1、0 分别对应的是制造行业和非制造行业；*、**、*** 分别表示在 0.1、0.05、0.01 的水平上显著。

观察表 3-95 可以发现：制造企业与否对于生产经营活动决策权来源、业绩评价制度设计和实施决策权来源以及战略确定和实施决策权来源都不具有显著的影响。

具体情况详见图 3-18。

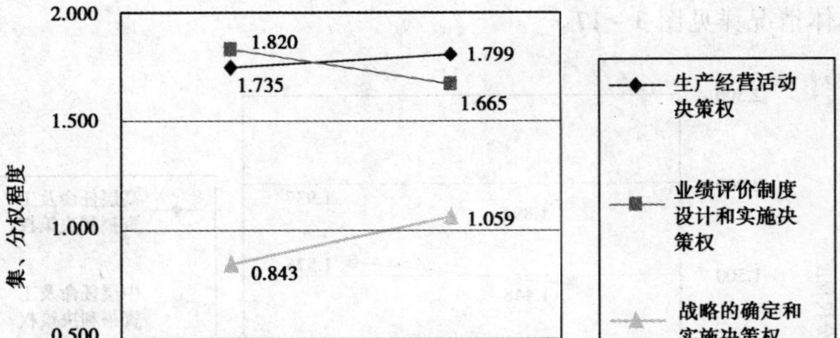

图 3-18　制造业与否对经营管理权（各内容）的影响

表 3-96 制造行业与否对人事任免、经营管理决策权集、分权程度的影响

决策权	人事任免权	经营管理权
对比因素	(1[a], 0)	(1, 0)
T 值	-0.004	-0.641
显著性水平	0.997	0.523
Mann - Whitney U	5725	5231.5
Z 值	-0.082	-0.948
显著性水平	0.935	0.343

注：[a] 表中的数字 1、0 分别对应的是制造行业和非制造行业；*、**、*** 分别表示在 0.1、0.05、0.01 的水平上显著。

观察表 3-96 可以发现：制造企业与否对于人事任免权决策权来源和经营管理权决策权来源都不具有显著的影响。可见，国内企业是否属于制造业对于企业的授权程度并不具有显著影响。制造业和非制造业并不是企业的集、分权程度的影响因素。

具体情况详见图 3-19。

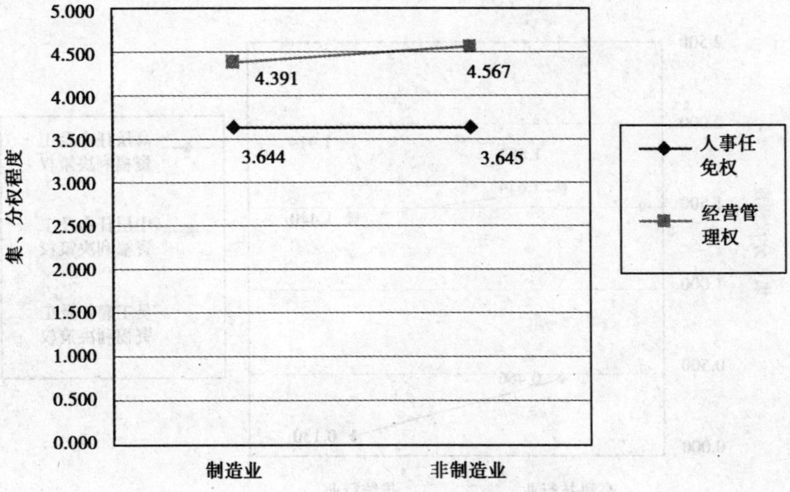

图 3-19 制造业与否对人事任免权、经营管理权的影响

5. 高科技行业与传统行业的影响

(1) 两个独立样本的 t 检验。

表 3－97 高科技行业与否对人事任免（各层级）集、分权程度的影响

决策权	高层任命及工资福利	中层任命及工资福利	员工聘任及工资福利
对比因素	（1[a]，0）	（1，0）	（1，0）
T 值	1.658	1.114	－0.349
显著性水平	0.101	0.267	0.728
Mann－Whitney U	2329	2478	2623
Z 值	－1.468	－1.066	－0.568
显著性水平	0.142	0.286	0.570

注：[a]表中的数字 1、0 分别对应的是高科技行业和传统行业；*、**、*** 分别表示在 0.1、0.05、0.01 的水平上显著。

观察表 3－97 可以发现：高科技行业与否对于高层任命及工资福利决策权来源、中层任命及工资福利决策权来源和员工聘任及工资福利决策权来源都不具有显著的影响。

具体情况见图 3－20。

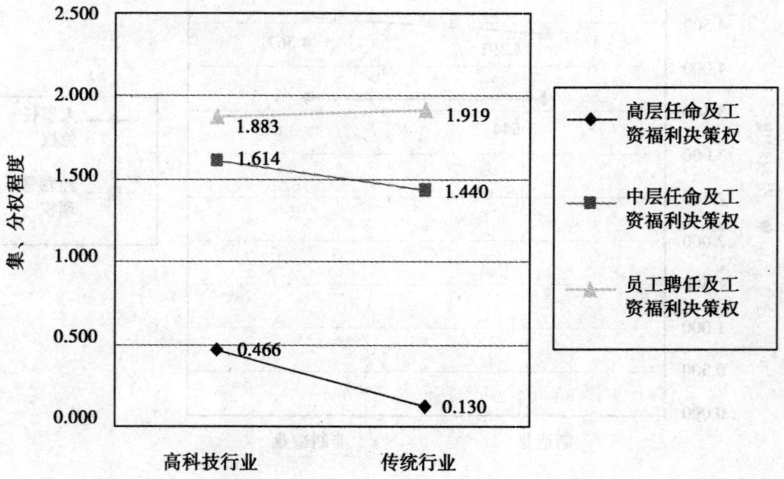

图 3－20 高科技行业与否对人事任免权（各层级）的影响

表 3－98　高科技行业与否对经营管理（各内容）集、分权程度的影响

决策权	生产经营活动	业绩评价制度设计和实施	战略的确定和实施
对比因素	(1[¤], 0)	(1, 0)	(1, 0)
T 值	－0.522	－0.130	0.225
显著性水平	0.602	0.897	0.822
Mann－Whitney U	2601	2664.5	2639
Z 值	－0.608	－0.094	－0.340
显著性水平	0.543	0.925	0.734

注：[¤] 表中的数字 1、0 分别对应的是高科技行业和传统行业；*、**、*** 分别表示在 0.1、0.05、0.01 的水平上显著。

观察表 3－98 可以发现：高科技行业与否对于生产经营活动决策权来源、业绩评价制度设计和实施决策权来源以及战略确定和实施决策权来源都不具有显著的影响。

具体情况详见图 3－21。

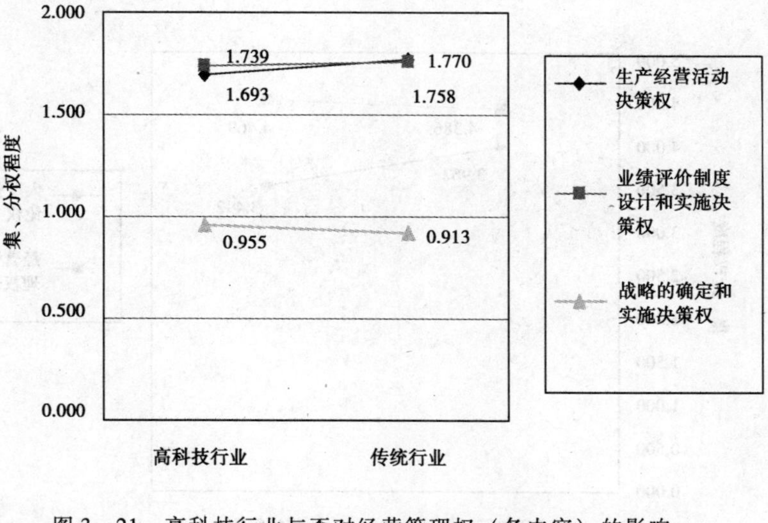

图 3－21　高科技行业与否对经营管理权（各内容）的影响

表 3-99　高科技行业与否对人事任免、经营管理决策权集、分权程度的影响

决策权	人事任免权	经营管理权
对比因素	(1[a], 0)	(1, 0)
T 值	1.409	-0.236
显著性水平	0.161	0.813
Mann-Whitney U	2213	2652
Z 值	-1.829	-0.119
显著性水平	0.067*	0.905

注：[a] 表中的数字 1、0 分别对应的是高科技行业和传统行业；*、**、*** 分别表示在 0.1、0.05、0.01 的水平上显著。

观察表 3-99 可以发现：高科技行业与否对于人事任免权决策权来源和经营管理权决策权来源都不具有显著的影响。可见，国内企业是否属于高科技行业对于企业的授权程度并不具有显著影响。高科技行业和传统行业并不是企业集、分权程度的影响因素。

具体情况详见图 3-22。

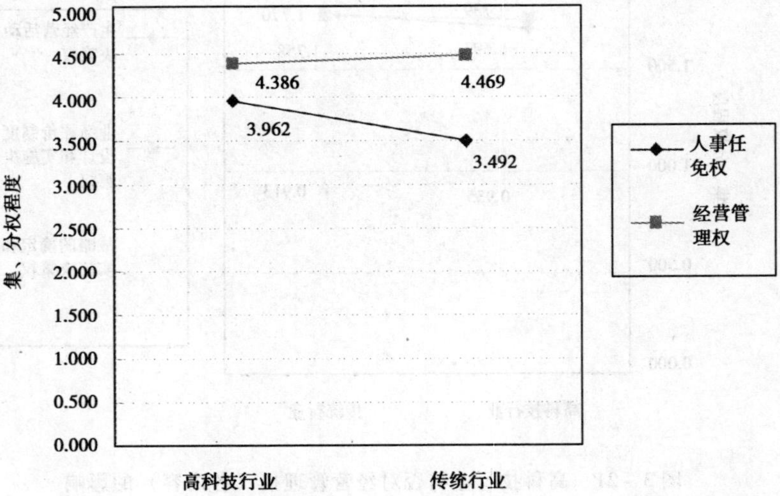

图 3-22　高科技行业与否对人事任免权、经营管理权的影响

四、我国企业激励的调查研究

这一部分的问题包括：企业高层领导受考核影响的报酬占收入的比重；中低层领导受考核影响的报酬占收入比重；员工受考核影响的报酬占本人收入的比重；考核完不成目标单位个数在企业的比重；考核完不成目标的员工人数在企业的比重等五个方面。

（一）我国企业激励程度总体情况分析

1. 总体情况描述性统计

问卷收回的数量为257份，经过筛选和鉴别后我们使用了其中的221份，赋值为0—6。

表3-100　我国企业激励、考核程度（各具体内容）描述性统计

	样本数量	最小值	最大值	中位数	均值	标准差
高层领导受考核影响的报酬占收入的比重	212	0	6	3	2.953	1.602
中低层领导受考核影响报酬占收入的比重	218	0	6	3	2.858	1.382
员工受考核影响的报酬占本人收入的比重	216	0	6	2	2.810	1.539
考核完不成目标单位个数占企业的比重	215	0	5	1	1.595	1.032
考核完不成目标员工人数占企业的比重	216	0	6	1	1.421	0.947

表3-100中的均值一列显示：（1）高层领导受考核影响的报酬占收入的比例要高于中层领导和员工受考核影响报酬占收入的比例。高层领导的工资水平一般高于同企业中低层领导和员工的工资水平，高层领导受影响报酬的绝对值要远远高于中低层领导和员工；（2）单位考核完不成任务比例高于个人完不成任务比例，可能是企业业绩考核制度设计不合理造成的。除此之外，表3-100中的标准差一列显示：高层受考核影响的报酬占收入的比例的差异要高于员工和中低层。可见高层领导受考核影响的比例在不同企业具有更大的差异度。

2. 激励情况的进一步分析

通过对激励考核问卷中不同问题的分析，我们认为高层领导受考核影响的报酬占收入的比重、中低层领导受考核影响的报酬占收入的比重以及员工受考核影响的报酬占本人收入的比重都属于企业对公司成员的奖励程度；而考核完不成目标单位在企业中的比重和考核完不成员工在企业的比重两项属于惩罚程度的范畴。另外，通过对不同的激励内容进行相关性分析之后我们也发现，前三项具有一定的相关性，后两项相关性也很高。为了研究方便，我们构造了奖励程度和严格程度两个变量。其中，奖励程度变量取值等于前三个变量（高层领导、中低层领导、员工受考核影响的报酬占收入的比重）之和，惩罚程度变量的取值等于后两个变量（考核完不成目标单位、个人在企业中的比重）取值之和。

（1）奖励、惩罚程度总体情况描述性统计。

表 3－101　　奖励、惩罚程度描述性统计

	样本量	最小值	最大值	中位数	均值	标准差
奖励程度	220	－3.000	7.000	4.000	3.645	1.847
惩罚程度	218	－3.000	8.500	5.000	4.460	1.973

观察表 3－101 我们注意到，奖励程度和惩罚程度的均值以及标准差都比较接近。究竟企业的奖励程度和惩罚程度各组成部分之间是否有差异呢？企业的奖励程度和惩罚程度之间是否有一定的联系呢？在接下来的分析中，我们将分析这些内容。

（2）激励程度具体项目之间的比较。

表 3－102　　奖励程度各具体内容之间的比较（t 检验）

	分类	样本量	均值	T 值	Sig.
高层领导奖励程度与中低层领导奖励程度比较	高层领导	212	2.953	0.750	0.454
	中低层领导	212	2.887		
高层领导奖励程度与员工奖励程度比较	高层领导	210	2.952	0.997	0.320
	员工	210	2.833		
中低层领导奖励程度与员工奖励程度比较	中低层领导	216	2.857	0.622	0.535
	员工	216	2.810		

观察表 3－102，我们注意到奖励程度各具体内容之间并不存在显著性的

差异。公司不同层级成员受到考核影响的报酬占收入的比重比较接近。可见在国内的企业中，企业不同层级成员的奖励程度可以认为在一定意义上是比较公平的。受到奖励影响的比例都比较接近，观察均值可以发现，高层领导受考核影响的报酬相对较高，而员工受考核影响的报酬最低。

表 3－103　　惩罚程度各具体内容之间的比较（t 检验）

分类	样本量	均值	T 值	Sig.
考核完不成目标单位占企业比重	215	1.595	4.103	0.000***
考核完不成目标个人占企业比重	215	1.414		

观察表 3－103，我们使用了配对样本的 t 检验考核完不成目标单位占企业的比重与考核完不成目标个人占企业比重之间的差异。结果显示，考核完不成目标单位所占的比例要显著地高于考核完不成目标个人所占的比例。对于个人设立的目标与单位设立的目标存在着明确程度之间的差异，个人目标很明确，责罚也很明确；而对于单位的目标，则可能赏罚不明，不便于惩罚措施的开展。

（3）奖励程度（各内容）、惩罚程度（各内容）之间的相关性。

表 3－104　　奖励程度和惩罚程度各内容间的相关性分析

	高层领导奖励程度	中低层领导奖励程度	员工奖励程度	考核完不成目标单位所占比重	考核完不成目标个人所占比重
高层领导奖励程度	1	——	——	——	——
中低层领导奖励程度	0.640*** (0.000)	1	——	——	——
员工奖励程度	0.400*** (0.000)	0.725*** (0.000)	1	——	——
考核完不成目标单位所占比重	——	——	——	1	——
考核完不成目标个人所占比重	——	——	——	0.788*** (0.000)	1

注：* 表示为在 0.10 的水平上显著，** 为在 0.05 的水平上显著，*** 为在 0.01 的水平上显著。表中括号中的为显著性水平大小。

观察表 3－104，表中给出了奖励程度各内容之间的 Pearson 相关系数和显著性水平，另外也给出了惩罚程度各内容之间的 Pearson 相关系数和显著性水平。无论是奖励的具体内容之间还是惩罚的具体内容之间都存在很强的相关性。观察表中的相关系数可知，惩罚程度各内容之间的相关程度接近 80%，并且在 0.01 的水平上显著。奖励程度各具体内容之间也有很强的相关性，高层与中层的相关性以及中层与员工的相关性系数都高于 60%，并且两者都要高于高层与员工的相关性。

（二）我国企业激励程度影响因素分析

将样本分别按照地区、规模、产权结构、制造业与非制造业和高科技行业与传统行业等进行分类。分别检验地区因素、规模因素、产权结构、制造业与非制造业以及高科技行业与传统行业对企业激励程度的影响。为了更好地验证各种因素对奖励程度以及惩罚程度各内容的影响，除了使用参数检验外，我们还做了非参数检验。采用的非参数检验的方法是 Mann－Whitney U，分别对两两独立样本进行检验。

1. 地区因素的影响

（1）单因素方差分析。

表 3－105　　地区因素对奖励程度和惩罚程度各内容的影响

	地区	样本量	均值	F 值	Sig.
高层领导受考核报酬占收入的比重	东南部沿海	165	2.879	2.403	0.093*
	东北部地区	24	3.042		
	中西部地区	20	3.700		
中低层领导受考核报酬占收入的比重	东南部沿海	169	2.888	2.362	0.097*
	东北部地区	26	2.423		
	中西部地区	20	3.300		
员工受考核报酬占本人收入的比重	东南部沿海	167	2.910	3.568	0.030**
	东北部地区	26	2.077		
	中西部地区	20	3.000		
考核完不成目标单位占企业的比重	东南部沿海	166	1.590	0.032	0.969
	东北部地区	26	1.538		
	中西部地区	20	1.600		
考核完不成目标个人占单位的比重	东南部沿海	167	1.425	0.174	0.841
	东北部地区	26	1.385		
	中西部地区	20	1.300		

为了检验地区因素对奖励程度和惩罚程度各内容的影响，我们以地区为依据样本分为三个子样本。分别检验不同地区之间的各决策权之间是否存在显著性的差异。通过单因素方差分析，我们发现奖励程度中的高层领导、中低层领导和员工受考核影响的报酬在不同地区之间都存在显著的差异。惩罚程度中的单位考核完不成目标所占比例以及个人完不成目标所占比例在不同地区之间都不存在显著的差异（表3－105）。

表3－106 地区因素对奖励程度和惩罚程度的影响

	地区	样本量	均值	F值	Sig.
奖励程度	东南部沿海	163	8.718	2.092	0.126
	东北部地区	24	7.625		
	中西部地区	20	10.000		
惩罚程度	东南部沿海	166	3.006	0.048	0.953
	东北部地区	26	2.923		
	中西部地区	20	2.900		

表3－106是综合后的奖励程度和惩罚程度在不同地区之间差异的方差分析。分析结果显示奖励程度和惩罚程度在不同地区之间都不存在显著的差异。可见国内企业在不同地区的奖励程度和惩罚程度都比较接近，并不存在显著性的差异。

（2）两个独立样本的检验。

表3－107 地区因素对奖励程度（各内容）的影响

	高层领导受考核报酬占收入的比重			中低层领导受考核报酬占收入的比重			员工受考核报酬占本人收入的比重		
对比地区	(1¤, 2)	(1, 3)	(2, 3)	(1, 2)	(1, 3)	(2, 3)	(1, 2)	(1, 3)	(2, 3)
T值	－0.477	－2.188	－1.260	1.616	－1.248	－2.207	2.617	－0.246	－2.222
显著性水平	0.634	0.030 **	0.215	0.108	0.213	0.033 **	0.010 ***	0.806	0.031 **
Mann－Whitney U	1871.5	1194	184.5	1867	1394.5	175	1534	1560	166.5
Z值	－0.443	－2.055	－1.330	－1.277	－1.322	－1.930	－2.469	－0.495	－2.133
显著性水平	0.658	0.040 **	0.183	0.201	0.186	0.054 *	0.014 **	0.621	0.033 **

注：¤表中的数字1、2、3分别对应的是东南部沿海地区、东北部地区和中西部地区；*、**、*** 分别表示在0.1、0.05、0.01的水平上显著。

观察表3－107我们发现：（1）高层领导受考核影响报酬占收入的比重在不同地区之间存在如下的显著差异：东南部沿海地区的奖励程度要明显地低于

中西部地区。(2) 中低层领导受考核影响报酬在不同地区之间存在如下差异：东北部地区受考核影响报酬要显著地低于中西部地区。(3) 观察员工受考核影响报酬可以发现，东北部地区员工受考核影响报酬的比例要显著地低于东南部沿海地区和中西部地区。东南部沿海地区的市场较为成熟，竞争比较激烈，更高的激励措施可以保证企业在竞争中立于不败之地。东北部地区由于老工业基地的原因，计划经济的色彩较浓，因而在激励上可能缺乏先进的方法和观念，因而可能较差。

具体情况详见图 3－23。

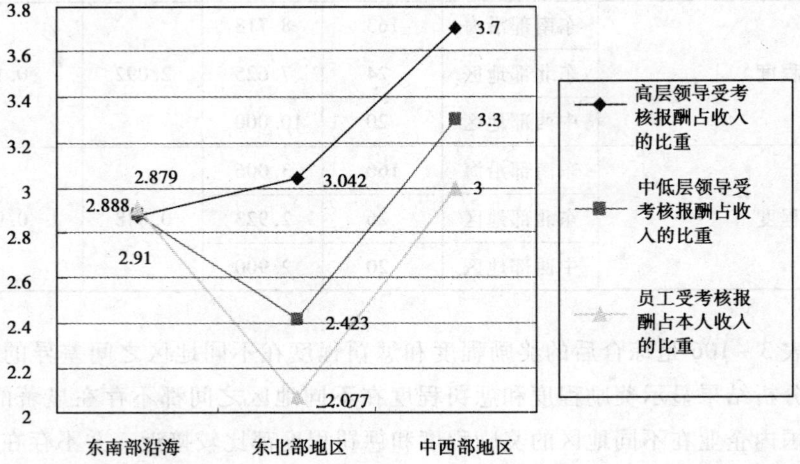

图 3－23　地区因素对奖励程度（各内容）的影响

表 3－108　　地区因素对惩罚程度（各内容）的影响

	考核完不成目标单位占企业的比重			考核完不成目标个人占企业的比重		
对比地区	(1[¤], 2)	(1, 3)	(2, 3)	(1, 2)	(1, 3)	(2, 3)
T 值	0.243	－0.040	－0.196	0.207	0.582	0.297
显著性水平	0.808	0.968	0.846	0.836	0.562	0.768
Mann－Whitney U	2088	1619	256.5	2052.5	1532	252.5
Z 值	－0.289	－0.197	－0.084	－0.531	－0.716	－0.196
显著性水平	0.773	0.844	0.933	0.596	0.474	0.845

注：[¤] 表中的数字 1、2、3 分别对应的是东南部沿海地区、东北部地区和中西部地区；*、**、*** 分别表示在 0.1、0.05、0.01 的水平上显著。

观察表 3-108 我们发现：

（1）考核完不成目标单位占企业的比重在不同地区之间并不存在显著的差异。观察图 3-24 我们也发现，三者的均值都接近于 1.5。可以认为在不同地区考核完不成目标企业所占的比重接近于（10% +25%）/2 =17.5%。（2）考核完不成目标个人占企业的比重在不同地区之间并不存在显著的差异。观察图 3-24 我们也发现，三者的均值都接近于 1.35。可以认为在不同地区考核完不成目标企业所占的比重接近于 10% +15% ×0.35 =15.25%。总的来看，国内企业的惩罚力度较为适中，个人完不成目标的比例要低于单位完不成目标的比例。

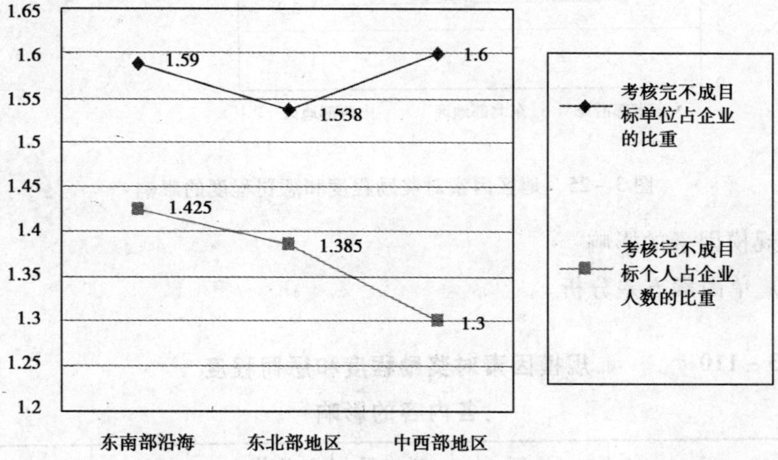

图 3-24　地区因素对惩罚程度（各内容）的影响

表 3-109　　地区因素对奖励程度和惩罚程度的影响

	奖励程度			惩罚程度		
对比地区	(1[¤], 2)	(1, 3)	(2, 3)	(1, 2)	(1, 3)	(2, 3)
T 值	1.323	-1.409	-1.933	0.215	0.249	0.040
显著性水平	0.187	0.160	0.060*	0.830	0.804	0.968
Mann - Whitney U	1689.5	1332.5	166	2041	1562	259
Z 值	-1.082	-1.337	-1.751	-0.473	-0.459	-0.024
显著性水平	0.279	0.181	0.080*	0.637	0.646	0.981

注：[¤] 表中的数字 1、2、3 分别对应的是东南部沿海地区、东北部地区和中西部地区；*、**、*** 分别表示在 0.1、0.05、0.01 的水平上显著。

观察表 3-109 可以发现：奖励程度在东北部地区与中西部地区存在显著性的差异。我们认为由于东北部地区是老工业基地的原因，计划经济的色彩较浓，因而在激励上可能缺乏先进的方法和观念，因而可能较差。另外观察惩罚程度可以发现，不同地区之间的惩罚水平比较接近，并不存在显著的差异。具体情况详见图 3－25。

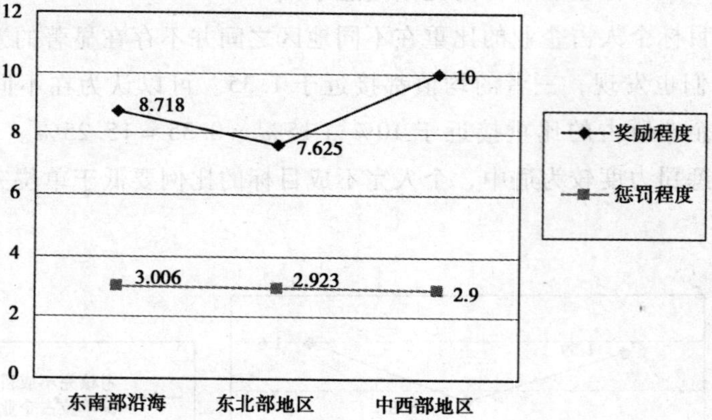

图 3－25　地区因素对奖励程度和惩罚程度的影响

2. 规模因素的影响

（1）单因素方差分析。

表 3－110　规模因素对奖励程度和惩罚程度各内容的影响

	地区	样本量	均值	F 值	Sig.
高层领导受考核报酬占收入的比重	小规模企业	37	3.405	2.175	0.092*
	中等规模企业	75	2.667		
	较大规模企业	68	2.897		
	特大规模企业	25	3.240		
中低层领导受考核报酬占收入的比重	小规模企业	37	2.946	0.082	0.970
	中等规模企业	76	2.816		
	较大规模企业	68	2.853		
	特大规模企业	29	2.897		

续表

	地区	样本量	均值	F值	Sig.
员工受考核报酬占本人收入的比重	小规模企业	37	3.027	0.520	0.669
	中等规模企业	74	2.824		
	较大规模企业	68	2.809		
	特大规模企业	29	2.552		
考核完不成目标单位占企业的比重	小规模企业	37	1.676	0.728	0.536
	中等规模企业	75	1.573		
	较大规模企业	68	1.676		
	特大规模企业	28	1.357		
考核完不成目标个人占企业的比重	小规模企业	37	1.595	0.851	0.467
	中等规模企业	75	1.440		
	较大规模企业	68	1.426		
	特大规模企业	28	1.214		

为了检验规模因素对奖励程度和惩罚程度各内容的影响，我们以规模为依据将样本分为四个子样本，分别检验不同规模之间的各种奖励程度和惩罚程度之间是否存在显著性的差异（表3-110）。通过单因素方差分析，我们发现奖励程度中的高层受考核影响报酬占收入的比重在不同规模之间存在显著的差异。而中低层领导受考核影响报酬占收入的比重以及员工受考核影响报酬占收入比重在不同规模之间并不存在显著的差异。惩罚程度中的考核完不成目标单位占企业的比重以及考核完不成目标个人占企业比重在不同规模之间并不存在显著性差异。

表3-111　规模因素对奖励程度和惩罚程度的影响

	地区	样本量	均值	F值	Sig.
奖励程度	小规模企业	37	9.378	0.682	0.564
	中等规模企业	73	8.329		
	较大规模企业	68	8.559		
	特大规模企业	25	8.920		
惩罚程度	小规模企业	37	3.270	0.792	0.499
	中等规模企业	75	3.013		
	较大规模企业	68	3.103		
	特大规模企业	28	2.571		

表 3－111 是综合后的奖励程度和惩罚在不同规模企业之间差异的方差分析。分析结果显示奖励程度和惩罚程度在不同规模企业之间不存在显著的差异。

（2）两个独立样本的检验。

表 3－112　　规模因素对高层领导受考核报酬占收入的比重的影响

	高层领导受考核报酬占收入的比重					
对比规模	（1[¤]，2）	（1，3）	（1，4）	（2，3）	（2，4）	（3，4）
T 值	2.340	1.633	0.397	－0.890	－1.544	－0.892
显著性水平	0.021**	0.106	0.693	0.375	0.126	0.378
Mann－Whitney U	1000	990.5	427	2290.5	740.5	740.5
Z 值	－2.443	－1.835	－0.521	－1.077	－1.601	－0.971
显著性水平	0.015**	0.067*	0.602	0.282	0.109	0.332

注：[¤] 表中的数字 1、2、3、4 分别对应的是小规模企业、中等规模企业、较大规模企业和特大规模企业；*、**、*** 分别表示在 0.1、0.05、0.01 的水平上显著。

观察表 3－112 可以发现：高层领导受考核影响报酬占收入的比重在小规模企业与中等规模企业、较大规模企业之间存在显著性的差异。小规模企业高层领导受考核影响的报酬要显著地高于中等规模企业和较大规模企业。特大规模企业和其他三种规模的企业均不存在显著性的差异。

具体情况详见图 3－26。

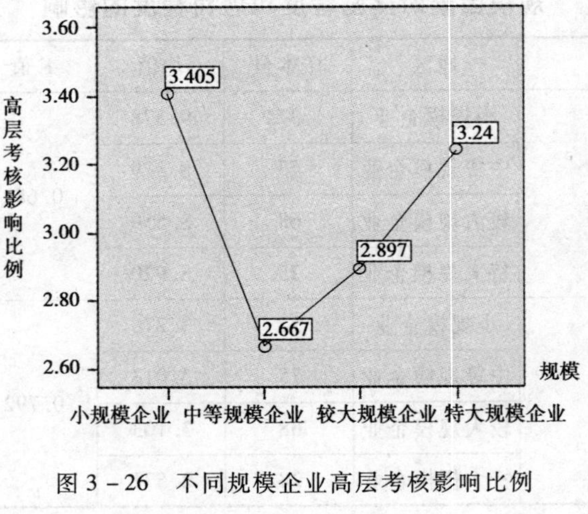

图 3－26　不同规模企业高层考核影响比例

表 3-113 规模因素对中低层领导受考核报酬占收入的比重的影响

	中低层领导受考核报酬占收入的比重					
对比规模	(1[¤], 2)	(1, 3)	(1, 4)	(2, 3)	(2, 4)	(3, 4)
T 值	0.468	0.335	0.143	-0.163	-0.267	-0.145
显著性水平	0.640	0.738	0.887	0.871	0.790	0.885
Mann - Whitney U	1306.5	1180.5	522	2537	1059	961.5
Z 值	-0.627	-0.539	-0.192	-0.196	-0.318	-0.201
显著性水平	0.531	0.590	0.848	0.845	0.750	0.841

注：[¤] 表中的数字 1、2、3、4 分别对应的是小规模企业、中等规模企业、较大规模企业和特大规模企业；*、**、*** 分别表示在 0.1、0.05、0.01 的水平上显著。

观察表 3-113 可以发现：中低层领导受考核影响的报酬占收入的比例在不同规模的企业之间均不存在显著的差异。可见规模并不是影响中低层领导奖励程度的因素。观察图 3-27 可见中低层领导受考核影响报酬占收入的比重在 2.8-2.9 之间，较为接近 3，即，50%。可见中低层领导受考核影响的报酬占收入的比重很高，几乎接近一半。

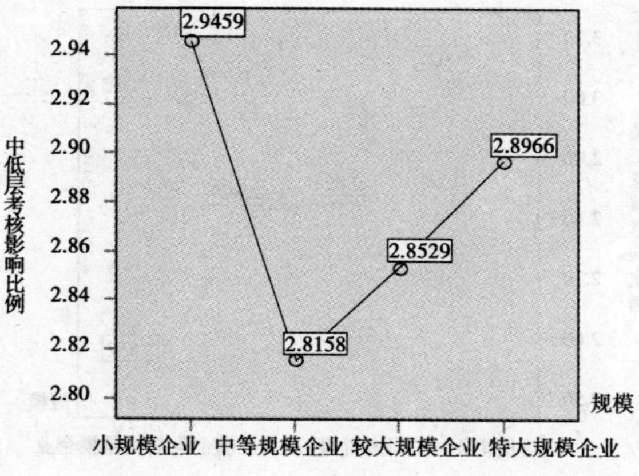

图 3-27 不同规模企业中低层考核影响比例

表 3-114 规模因素对员工受考核报酬占本人收入的比重的影响

	员工受考核报酬占本人收入的比重					
对比规模	(1[¤], 2)	(1, 3)	(1, 4)	(2, 3)	(2, 4)	(3, 4)
T值	0.665	0.686	1.314	0.059	0.821	0.742
显著性水平	0.507	0.494	0.194	0.953	0.413	0.460
Mann - Whitney U	1249.5	1138.5	429	2481	961.5	896.5
Z值	-0.766	-0.824	-1.437	-0.146	-0.839	-0.726
显著性水平	0.444	0.410	0.151	0.884	0.401	0.468

注：[¤]表中的数字1、2、3、4分别对应的是小规模企业、中等规模企业、较大规模企业和特大规模企业；*、**、*** 分别表示在0.1、0.05、0.01的水平上显著。

观察表3-114可以发现：员工受考核影响的报酬占收入的比例在不同规模的企业之间均不存在显著的差异。可见规模并不是影响员工奖励程度的因素。观察图3-28可见员工受考核影响报酬占收入的比重在2.5—3.1之间，在3（受考核影响的比例为50%）的左右，可见员工受考核影响的报酬占收入的比重很高，几乎接近一半。

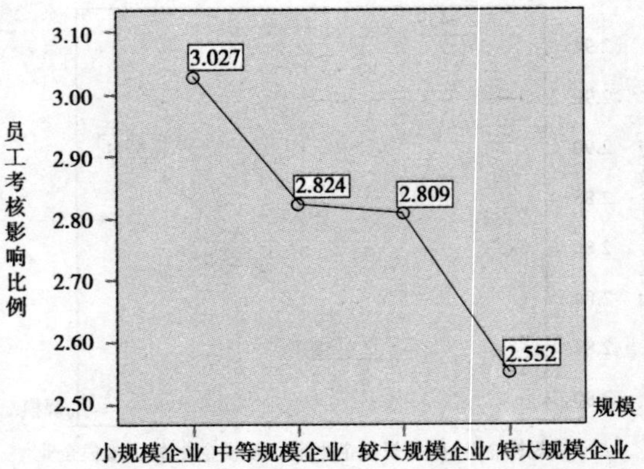

图 3-28 不同规模企业员工考核影响比例

表 3-115　规模因素对考核完不成目标单位比重的影响

	考核完不成目标单位占企业的比重					
对比规模	(1[¤]，2)	(1，3)	(1，4)	(2，3)	(2，4)	(3，4)
T 值	0.451	-0.004	1.400	-0.591	1.323	1.987
显著性水平	0.653	0.997	0.167	0.556	0.189	0.050 **
Mann - Whitney U	1361.5	1192.5	487.5	2348	1008	819.5
Z 值	-0.175	-0.474	-0.447	-0.885	-0.343	-1.170
显著性水平	0.861	0.635	0.655	0.376	0.731	0.242

注：[¤]表中的数字 1、2、3、4 分别对应的是小规模企业、中等规模企业、较大规模企业和特大规模企业；*、**、*** 分别表示在 0.1、0.05、0.01 的水平上显著。

观察表 3-115 可以发现：考核完不成目标单位占企业的比重在不同规模的企业之间均不存在显著性的差异。可见规模并不是影响单位惩罚程度的因素。

具体情况详见图 3-29。

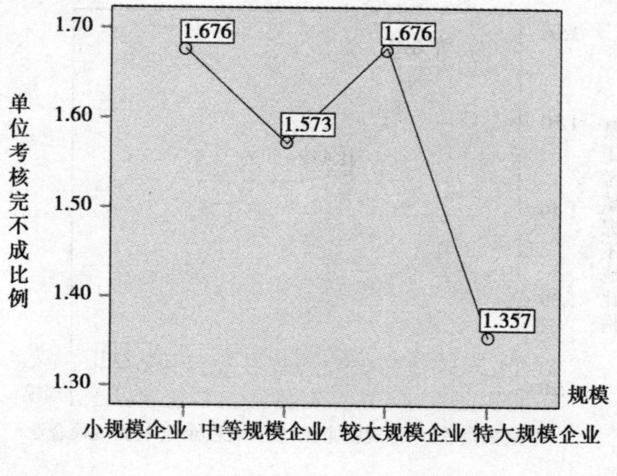

图 3-29　不同规模企业单位考核完不成比例

表 3-116　　规模因素对考核完不成目标个人所占比重的影响

	考核完不成目标个人占企业的比重					
对比规模	(1[¤], 2)	(1, 3)	(1, 4)	(2, 3)	(2, 4)	(3, 4)
T 值	0.721	0.732	1.699	0.086	1.536	1.484
显著性水平	0.473	0.467	0.096*	0.931	0.128	0.141
Mann - Whitney U	1369	1224.5	470.5	2520.	958.5	882.5
Z 值	-0.132	-0.267	-0.752	-0.143	-0.799	-0.686
显著性水平	0.895	0.790	0.452	0.887	0.424	0.492

注：[¤] 表中的数字 1、2、3、4 分别对应的是小规模企业、中等规模企业、较大规模企业和特大规模企业；*、**、*** 分别表示在 0.1、0.05、0.01 的水平上显著。

观察表 3-116 可以发现：考核完不成目标个人占企业的比重在不同规模的企业之间均不存在显著性的差异。可见规模并不是影响个人惩罚程度的因素。

具体情况详见图 3-30。

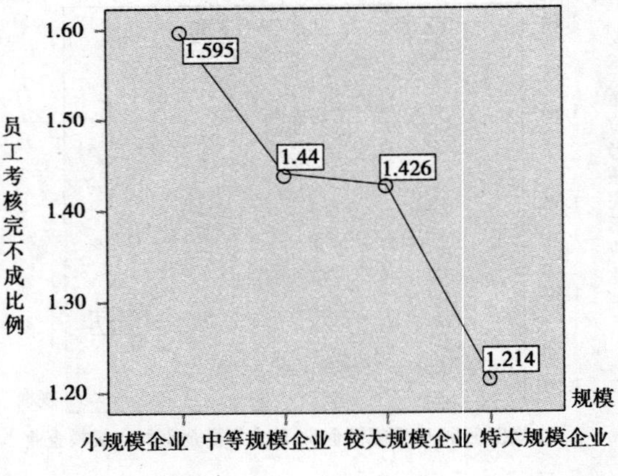

图 3-30　不同规模企业员工考核完不成比例

表 3－117　规模因素对奖励程度的影响

对比规模	奖励程度					
	（1[¤]，2）	（1，3）	（1，4）	（2，3）	（2，4）	（3，4）
T 值	1.422	1.063	0.458	－0.363	－0.668	－0.391
显著性水平	0.158	0.290	0.649	0.718	0.506	0.697
Mann－Whitney U	1113	1047.5	418	2439.5	848	797.5
Z 值	－1.509	－1.419	－0.643	－0.176	－0.530	－0.458
显著性水平	0.131	0.156	0.520	0.860	0.596	0.647

注：[¤]表中的数字 1、2、3、4 分别对应的是小规模企业、中等规模企业、较大规模企业和特大规模企业；*、**、*** 分别表示在 0.1、0.05、0.01 的水平上显著。

观察表 3－117 可以发现：奖励程度在不同规模的企业之间均不存在显著性的差异。可见规模并不是影响企业奖励程度的因素。各种规模企业的奖励程度从收入比重角度来看比较接近。

具体情况详见图 3－31。

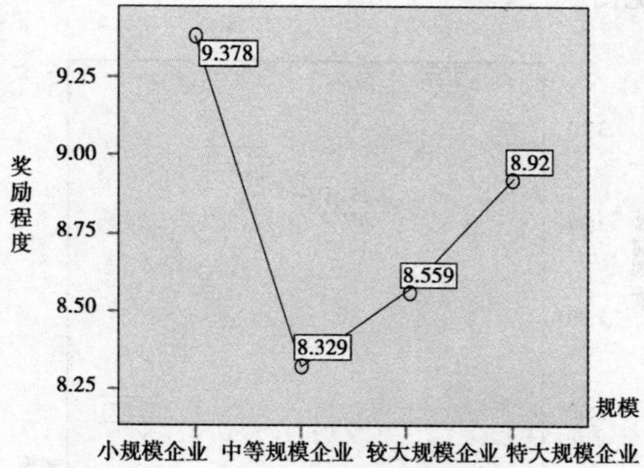

图 3－31　不同规模企业奖励程度

表 3-118　　规模因素对惩罚程度的影响

	惩罚程度					
对比规模	(1[a], 2)	(1, 3)	(1, 4)	(2, 3)	(2, 4)	(3, 4)
T值	0.612	0.372	1.598	-0.288	1.518	1.850
显著性水平	0.542	0.711	0.116	0.774	0.132	0.068*
Mann-Whitney U	1374	1205	490.5	2466.5	969	844
Z值	-0.089	-0.375	-0.392	-0.358	-0.648	-0.933
显著性水平	0.929	0.707	0.695	0.720	0.517	0.351

注：[a] 表中的数字1、2、3、4分别对应的是小规模企业、中等规模企业、较大规模企业和特大规模企业；*、**、*** 分别表示在0.1、0.05、0.01的水平上显著。

观察表3-118可以发现：惩罚程度在不同规模的企业之间均不存在显著性的差异。可见规模并不是影响企业惩罚程度的因素。各种规模考核完不成的单位和个人所占的比重在不同规模的企业都比较接近，不同规模企业的惩罚程度可以认为在某种意义上是比较接近的。

具体情况详见图3-32。

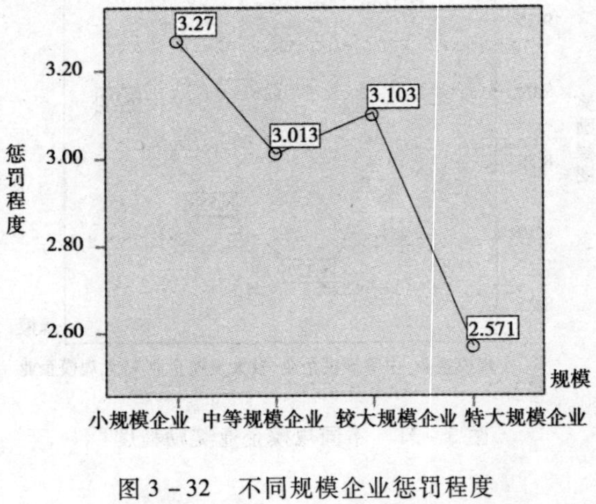

图3-32　不同规模企业惩罚程度

3. 产权结构的影响

(1) 单因素方差分析。

表 3－119　　产权结构因素对奖励程度和惩罚程度各内容的影响

	产权结构	样本量	均值	F 值	Sig.
高层领导受考核报酬占收入的比重	上市公司	44	3.386	3.306	0.040**
	外资企业	59	2.610		
	民营企业	40	2.750		
中低层领导受考核报酬占收入的比重	上市公司	46	3.152	2.446	0.090*
	外资企业	62	2.613		
	民营企业	40	2.650		
员工受考核报酬占本人收入的比重	上市公司	46	2.783	0.573	0.565
	外资企业	61	2.607		
	民营企业	40	2.950		
考核完不成目标单位占企业的比重	上市公司	46	1.717	1.545	0.217
	外资企业	59	1.373		
	民营企业	40	1.600		
考核完不成目标个人占企业的比重	上市公司	46	1.457	0.822	0.442
	外资企业	60	1.267		
	民营企业	40	1.500		

为了检验产权结构对奖励程度和惩罚程度各内容的影响，我们以产权结构为依据将样本分为三个子样本。分别检验不同产权结构之间的奖励程度和惩罚程度各内容之间是否存在显著性的差异（表 3－119）。通过单因素方差分析，我们发现奖励程度中的高层受考核影响报酬占收入的比重、中低层领导受考核影响报酬占收入的比重在不同产权结构之间存在显著的差异。而员工受考核影响报酬占收入比重在不同产权结构之间并不存在显著的差异。惩罚程度中的考核完不成目标单位占企业比重、完不成目标个人占企业的比重在不同产权结构之间都不存在显著性的差异。

表 3－120　　产权结构因素对奖励程度和惩罚程度的影响

	产权结构	样本量	均值	F 值	Sig.
奖励程度	上市公司	44	9.432	2.047	0.133
	外资企业	58	7.879		
	民营企业	40	8.350		
惩罚程度	上市公司	46	3.174	1.381	0.255
	外资企业	59	2.610		
	民营企业	40	3.100		

表3－120是综合后的奖励程度和惩罚程度在不同产权结构之间差异的方差分析。分析结果显示奖励程度和惩罚程度在不同产权结构之间均不存在显著的差异。

（2）两个独立样本的检验。

表3－121 产权结构因素对奖励程度各内容的影响

	高层领导受考核报酬占收入的比重			中低层领导受考核报酬占收入的比重			员工受考核报酬占本人收入的比重		
对比产权结构	(1[¤], 2)	(1, 3)	(2, 3)	(1, 2)	(1, 3)	(2, 3)	(1, 2)	(1, 3)	(2, 3)
T值	2.536	1.803	-0.438	2.111	1.637	-0.141	0.614	-0.447	-0.995
显著性水平	0.013**	0.075*	0.662	0.037**	0.105	0.888	0.541	0.656	0.323
Mann - Whitney U	939.5	687.5	1113	1122.5	738.5	1233	1325	902	1151.5
Z值	-2.439	-1.756	-0.488	-1.961	-1.626	-0.050	-0.510	-0.159	-0.492
显著性水平	0.015**	0.079*	0.626	0.050**	0.104	0.960	0.610	0.874	0.622

注：[¤]表中的数字1、2、3分别对应的是上市公司、外资企业和民营企业；*、**、***分别表示在0.1、0.05、0.01的水平上显著。

观察表3－121可以发现，在奖励程度的各内容中。高层领导受考核影响报酬占收入的比重在上市企业与外资企业、民营企业之间存在显著性的差异。上市公司高层领导受考核影响报酬的比重要显著地高于外资企业和民营企业、中低层领导受考核影响报酬占收入的比重在上市公司与外资企业之间也存在显著性的差异，上市公司的中低层领导受考核影响报酬占收入的比重要显著地高于外资企业。这与我们一般认识中外资企业的激励比较高的观点似乎是相反的。

具体情况详见图3－33。

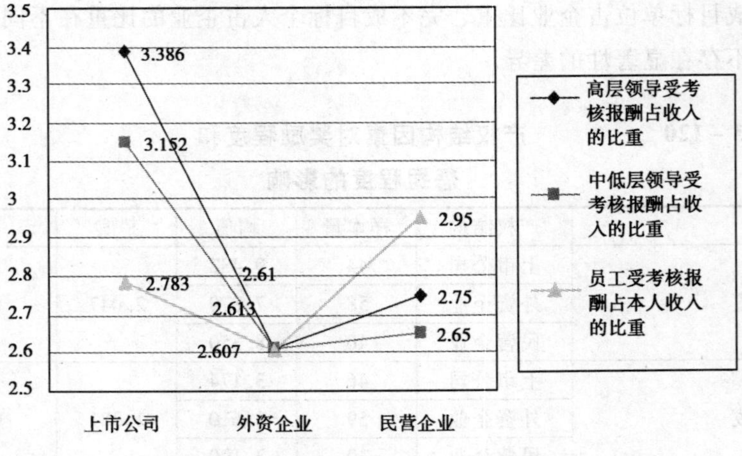

图3－33 产权结构对奖励程度（各内容）的影响

表 3-122 产权结构因素对惩罚程度各内容的影响

	考核完不成目标单位占企业的比重			考核完不成目标个人占企业的比重		
对比产权结构	(1[¤], 2)	(1, 3)	(2, 3)	(1, 2)	(1, 3)	(2, 3)
T 值	1.861	0.449	-1.007	1.079	-0.170	-1.060
显著性水平	0.067*	0.655	0.319	0.285	0.865	0.294
Mann - Whitney U	1164.5	804	1146.5	1377.5	893	1156
Z 值	-1.367	-1.087	-0.268	-0.019	-0.292	-0.370
显著性水平	0.171	0.277	0.789	0.985	0.770	0.712

注：[¤] 表中的数字 1、2、3 分别对应的是上市公司、外资企业和民营企业；*、**、*** 分别表示在 0.1、0.05、0.01 的水平上显著。

观察表 3-122 可以发现：惩罚程度在不同产权结构的企业之间均不存在显著性的差异。可见产权结构并不是影响企业惩罚程度的因素。各种产权结构考核完不成的单位和个人所占的比重在不同产权结构的企业都比较接近，不同产权结构的企业的惩罚程度可以认为在某种意义上是比较接近的。

具体情况详见图 3-34。

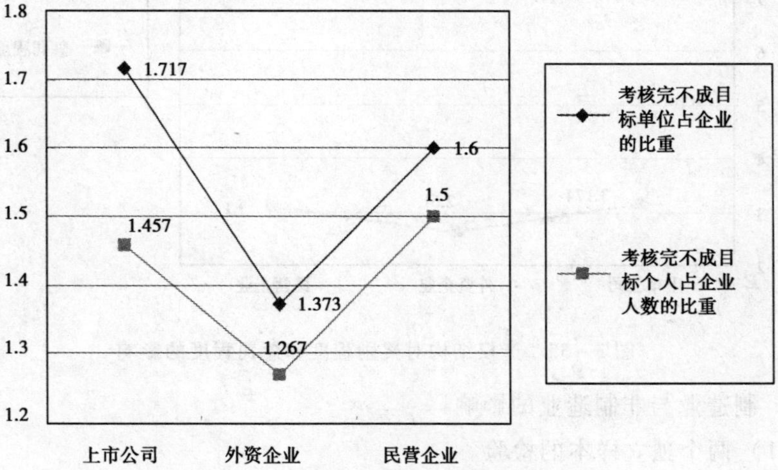

图 3-34 产权结构对惩罚程度（各内容）的影响

表 3-123 产权结构因素对奖励程度和惩罚程度的影响

	奖励程度			惩罚程度		
对比产权结构	(1[¤], 2)	(1, 3)	(2, 3)	(1, 2)	(1, 3)	(2, 3)
T 值	2.028	1.229	-0.606	1.686	0.150	-1.149
显著性水平	0.045**	0.223	0.546	0.096*	0.881	0.256

续表

	奖励程度			惩罚程度		
Mann - Whitney U	989.5	759.5	1053.5	1247	808	1115
Z 值	-1.950	-1.083	-0.776	-0.758	-1.044	-0.504
显著性水平	0.051 *	0.279	0.438	0.449	0.296	0.615

注：¤ 表中的数字 1、2、3 分别对应的是上市公司、外资企业和民营企业；*、**、*** 分别表示在 0.1、0.05、0.01 的水平上显著。

观察表 3-123 可以发现，不同产权结构下的奖励程度存在如下的差异：上市公司较外资企业具有更高的奖励程度。外资企业与民营企业比较接近，并不具有显著性的差异。不同产权结构下的惩罚程度都不存在显著性的差异。具体情况详见图 3-35。

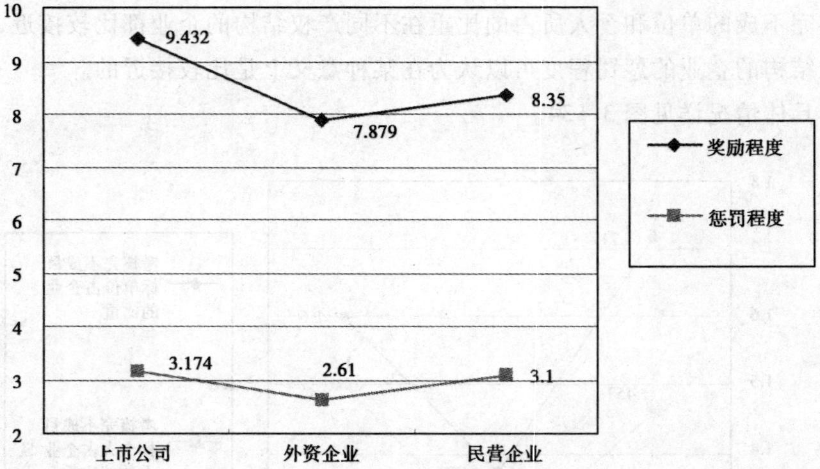

图 3-35 产权结构对奖励程度和惩罚程度的影响

4. 制造业与非制造业的影响

（1）两个独立样本的检验。

表 3-124 制造行业与否对奖励程度各内容的影响

	高层领导受考核报酬占收入的比重	中低层领导受考核报酬占收入的比重	员工受考核报酬占本人收入的比重
对比因素	（1¤，0）	（1，0）	（1，0）
T 值	0.003	-1.317	-1.281
显著性水平	0.997	0.189	0.202
Mann - Whitney U	5296	4897	4903
Z 值	-0.187	-1.721	-1.520

续表

	高层领导受考核报酬占收入的比重	中低层领导受考核报酬占收入的比重	员工受考核报酬占本人收入的比重
显著性水平	0.852	0.085*	0.129

注：¤表中的数字1、0分别对应的是制造行业和非制造行业；*、**、***分别表示在0.1、0.05、0.01的水平上显著。

观察表3-124可知，制造行业与否对奖励程度的不同内容均不存在影响。无论是高层领导受考核影响报酬占收入的比重、中低层领导受考核影响报酬占收入的比重，还是员工受考核影响报酬占收入的比重，在制造业与非制造业企业之间均不存在显著性的差异。

具体情况详见图3-36。

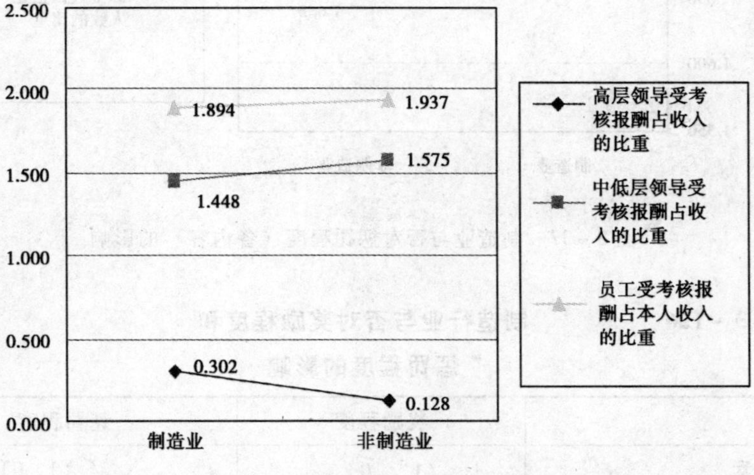

图3-36 制造业与否对奖励程度（各内容）的影响

表3-125 制造行业与否对惩罚程度各内容的影响

	考核完不成目标单位占企业的比重	考核完不成目标个人占企业的比重
对比因素	(1¤, 0)	(1, 0)
T值	-2.273	-1.475
显著性水平	0.025**	0.142
Mann-Whitney U	4644.5	5170
Z值	-2.043	-0.990
显著性水平	0.041**	0.322

注：¤表中的数字1、0分别对应的是制造行业和非制造行业；*、**、***分别表示在0.1、0.05、0.01的水平上显著。

观察表 3-125 可知，制造行业与否对惩罚程度中的考核完不成目标单位占企业的比重存在影响，而对考核完不成目标个人占企业的比重并不产生影响。制造业考核完不成目标单位占的比重要显著地低于非制造业内考核完不成目标单位占企业的比重。

具体情况详见图 3-37。

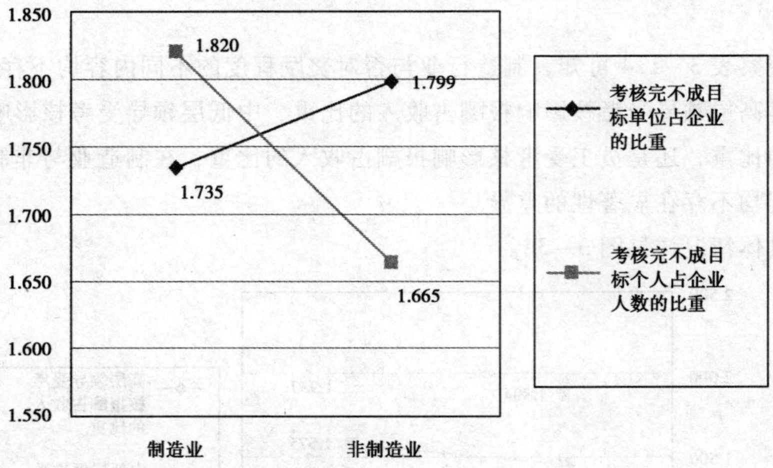

图 3-37 制造业与否对惩罚程度（各内容）的影响

表 3-126 制造行业与否对奖励程度和惩罚程度的影响

	奖励程度	惩罚程度
对比因素	(1¤, 0)	(1, 0)
T 值	-0.929	-1.929
显著性水平	0.354	0.056*
Mann-Whitney U	4625	4704
Z 值	-1.554	-1.857
显著性水平	0.120	0.063*

注：¤表中的数字 1、0 分别对应的是制造行业和非制造行业；*、**、*** 分别表示在 0.1、0.05、0.01 的水平上显著。

观察表 3-126 可知，制造行业与否对企业的惩罚程度存在影响，而对企业的奖励程度并不产生影响。制造业惩罚程度要显著地低于非制造业的企业。

具体情况详见图 3-38。

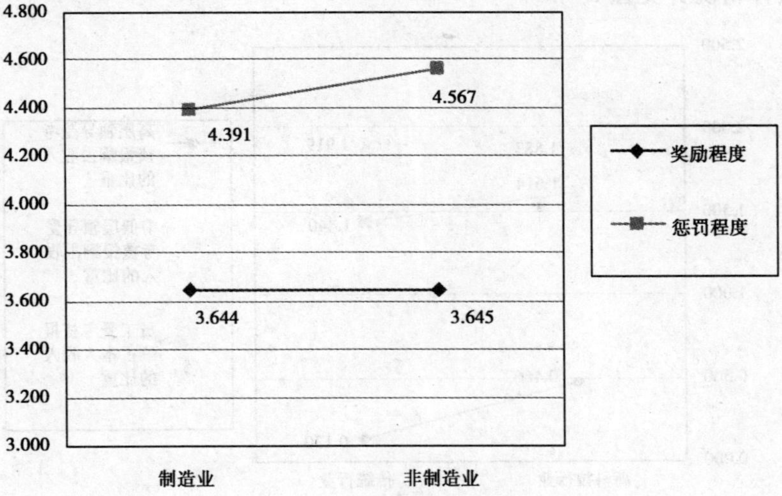

图 3－38 制造业与否对奖励程度和惩罚程度的影响

5. 高科技行业与传统行业的影响

（1）两个独立样本的 t 检验。

表 3－127 高科技行业与否对奖励程度各内容的影响

	高层领导受考核报酬占收入的比重	中低层领导受考核报酬占收入的比重	员工受考核报酬占本人收入的比重
对比因素	（1[¤]，0）	（1，0）	（1，0）
T 值	1.732	0.607	0.856
显著性水平	0.085*	0.545	0.395
Mann－Whitney U	2099.5	2617.5	2510
Z 值	－1.640	－0.170	－0.574
显著性水平	0.101	0.865	0.566

注：[¤] 表中的数字 1、0 分别对应的是高科技行业和传统行业；*、**、*** 分别表示在 0.1、0.05、0.01 的水平上显著。

观察表 3－127 可知，高科技行业与否对奖励程度的不同内容均不存在影响。无论是高层领导受考核影响报酬占收入的比重、中低层领导受考核影响报酬占收入的比重，还是员工受考核影响报酬占收入的比重，在高科技行业与传统行业之间均不存在显著性的差异。

具体情况详见图 3-39。

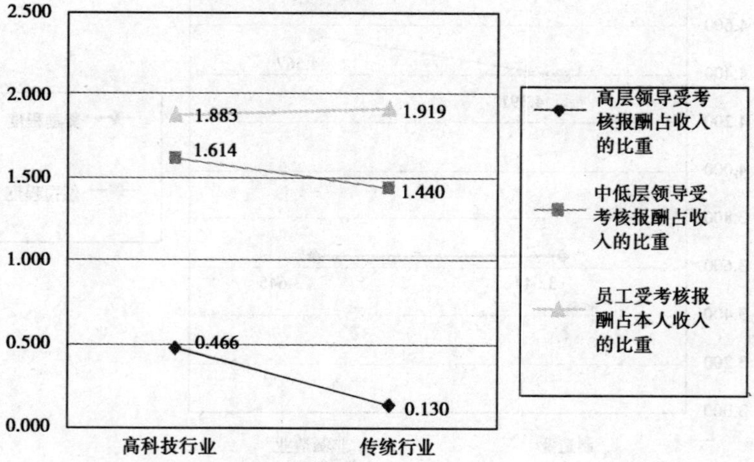

图 3-39 高科技行业与否对奖励程度（各内容）的影响

表 3-128 高科技行业与否对惩罚程度各内容的影响

	考核完不成目标单位占企业的比重	考核完不成目标个人占企业人数的比重
对比因素	（1[a]，0）	（1，0）
T 值	0.405	1.494
显著性水平	0.686	0.140
Mann - Whitney U	2524	2330.5
Z 值	-0.142	-1.272
显著性水平	0.887	0.203

注：[a] 表中的数字 1、0 分别对应的是高科技行业和传统行业；*、**、*** 分别表示在 0.1、0.05、0.01 的水平上显著。

观察表 3-128 可知，高科技行业与否对惩罚程度的不同内容均不存在影响。无论是考核完不成目标单位占企业比重还是考核完不成目标个人占企业比重在高科技行业与传统行业之间均不存在显著性的差异。

具体情况详见图 3-40。

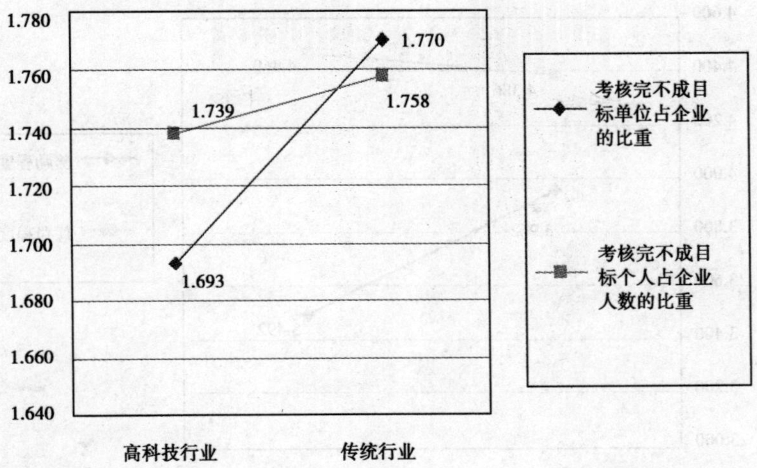

图 3－40　高科技行业与否对惩罚程度（各内容）的影响

表 3－129　高科技行业与否对奖励程度和惩罚程度的影响

	奖励程度	惩罚程度
对比因素	(1[a], 0)	(1, 0)
T 值	1.263	0.956
显著性水平	0.211	0.341
Mann－Whitney U	2344	2486
Z 值	－0.676	－0.293
显著性水平	0.499	0.769

注：[a] 表中的数字 1、0 分别对应的是高科技行业和传统行业；*、**、*** 分别表示在 0.1、0.05、0.01 的水平上显著。

观察表 3－129 可知，高科技行业与否对奖励程度和惩罚程度均不存在影响。无论是奖励程度还是惩罚程度在高科技行业与传统行业之间均不存在显著性的差异。

具体情况详见图 3－41。

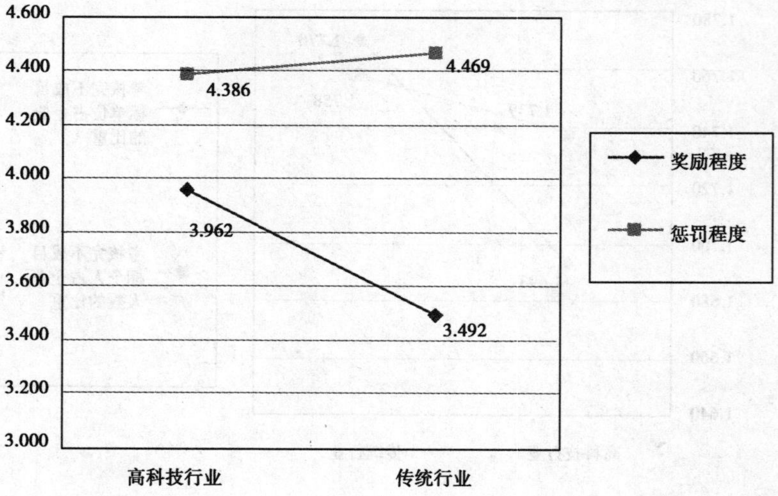

图 3－41 高科技行业与否对奖励程度和惩罚程度的影响

五、我国企业授权与激励之间的关系

(一) 不同的授权程度对企业激励和考核的影响

为了研究企业各种授权是否对企业的激励和考核产生影响，我们对数据进行了下述的处理：如果决策权来源于政府或上级部门，我们定义变量为 1，该种方式是偏集权的；如果来源于管理层或基层领导，我们将其定义为 2，该种方式是偏分权的；其余的则定义为 3。由于每一个来源可以有两个或者更多的选择，为了避免冲突，我们的优先顺序从高到低依次是 1、2、3。为了对激励、考核的总体进行研究，我们将高层、中低层和员工受考核影响的比例合并为一个变量——激励程度（激励程度为三个变量取值之和）。另外，我们也将单位完不成目标的比重和员工完不成目标的比重合并成一个变量——严格程度（严格程度为上述两个变量取值之和）。

通过对处理后的数据进行分析，我们发现：

(1) 高层任命及工资福利决策权来源、员工聘任及工资福利决策权来源以及业绩评价制度设计和设施决策权来源这三方面的授权对企业的激励和严格程度并没有显著的影响。

(2) 中层领导的任命及工资福利的决策权来源对企业的考核和激励有影响，具体情况见表 3－130。

表 3 – 130　中层领导任命及工资福利的决策权来源对激励和考核的影响

	中层决策权来源各组均值			显著性差异水平	
	1	2	3	F	Sig.
激励程度	6.40	8.89	7.88	4.209	0.016**
严格程度	2.65	3.19	2.43	3.643	0.028**
中低层考核受影响的比重	2.33	3.02	2.79	3.204	0.043**
员工考核受影响的比重	2.22	2.99	2.56	3.033	0.050**
考核单位完不成比重	1.65	1.72	1.28	3.734	0.025**

注：*、** 分别表示在 0.10 和 0.05 水平上显著。

从表 3 – 130 我们可以看出：三组都是偏分权 2 的均值最高。即在中层领导的决策权来源不同的情况下，偏分权的企业总体的激励程度、考核的严格程度和中低层考核受影响的比重要更高。除此之外，员工受考核影响的比重，考核单位完不成的比例也与中层领导的授权程度息息相关，并且也是越分权，程度越高。

（3）组织生产经营活动决策权来源对企业的考核和激励有影响，详细情况见表 3 – 131。

表 3 – 131　生产经营活动决策权来源对激励和考核的影响

	生产经营活动决策权来源各组均值			显著性差异水平	
	1	2	3	F	Sig.
激励程度	6.65	8.42	10.18	3.713	0.026**
严格程度	3.10	2.94	2.76		

注：*、** 分别表示在 0.10 和 0.05 水平上显著。

表 3 – 131 告诉了我们，在生产经营活动决策权来源分权程度不同的情况下，企业的激励程度具有显著性差异。组 1（偏集权）企业具有最低的激励程度。虽然企业的严格程度不具有显著性差异，但是我们在对数据的分析中发现，不同分权程度水平下考核的严格程度与其他的激励和考核指标却有截然相反的结果：生产经营活动授权偏集权的企业对考核的严格程度最高。

（4）企业战略的确定和实施决策权来源对企业的某些考核和激励有影响，见表 3 – 132。

表 3－132　企业战略制定与实施的决策权来源对激励和考核的影响

	企业战略决策权来源各组均值			显著性差异水平	
	1	2	3	F	Sig.
激励程度	7.55	9.02	13.00	3.183	0.045 **
员工考核	2.41	3.13	4.00	3.782	0.026 **

注：*、** 分别表示在 0.10 和 0.05 水平上显著。

从表 3－132 我们可以发现：企业战略制定和实施的决策权来源授权程度不同的情况下，企业的激励程度和员工受考核影响的报酬比重具有显著性差异。从几组的均值我们发现在集权的企业中，企业的激励程度最差，员工受考核影响的比重也最低。

（二）激励程度对企业授权的影响

Prendergest（2000）指出，高度变化的环境——业绩波动超出控制——委托代理理论指出，基于有噪音的（受干扰的）业绩指标的激励会使分部管理者承受风险，对此应该补偿，这种报酬称为风险保险费，这又构成了授权的激励相关成本。我们尝试检验在不同的激励水平下，授权水平是否有显著性差异。表 3－133 是人事权、经营管理权和激励程度、考核严格程度的相关系数表，表中没有证据表明激励对授权有影响。

表 3－133　授权与激励的相关系数

		人事权	经营管理权	激励程度
经营管理权	Pearson Correlation	0.403 ***		
	Sig.（2－tailed）	0.000		
	N	221		
激励程度	Pearson Correlation	0.001	0.032	
	Sig.（2－tailed）	0.986	0.644	
	N	210	210	
严格程度	Pearson Correlation	0.059	－0.007	0.162 **
	Sig.（2－tailed）	0.386	0.915	0.019
	N	215	215	208

***：相关系数在 0.01 的水平下显著（双侧）；**：相关系数在 0.05 的水平下显著（双侧）。

六、总结与启示

通过研究我们可以大体对我国企业的授权和激励状况有所了解。

(1) 目前，国内企业在一定程度上与国际接轨。上级企业和管理层是企业日常决策权来源的主要部分；政府对企业的干预不是很大，但对于企业高层的任命及工资福利仍然有一定的影响。不同地区分权化程度有显著差异，东南部沿海地区的分权程度要高于东北部和中西部，中西部地区集权程度最高；规模越大的企业，高层任命的分权程度越高。高层决策者的任命，民营企业的分权程度最高、外资企业次之；上市企业的分权程度最低。企业日常经营活动的决策权与产权结构也有一定的关系，不同产权结构的企业日常经营活动分权程度顺序为民营企业 > 国有特征企业 > 外资企业 > 上市企业。

(2) 高层领导考核的影响比例要高于中层领导和员工考核影响比例。除此之外，高层领导受考核影响的比例在不同企业具有更大的差异度。中西部地区员工受考核影响的比例要高于东南部沿海地区和东北地区。考核单位完不成任务比例在制造业与非制造业之间也有显著性差异，非制造业完不成比例比制造业更高，即非制造业的考核要严于制造业。

(3) ①高层任命及工资福利决策权来源、员工聘任及工资福利决策权来源以及业绩评价制度设计和设施决策权来源这三方面的授权对企业的激励和严格程度并没有显著的影响。②中层领导的决策权来源不同的情况下，偏分权的企业总体的激励程度、考核的严格程度、中低层考核受影响的比重、员工受考核影响的比重和考核单位完不成的比例要更高。③生产经营活动决策权来源分权程度越高，企业的激励程度越高；而相反的是，生产经营活动授权越是偏集权，企业考核的严格程度越高。④企业战略制定和实施的决策权来源授权程度偏集权的企业，激励程度最差，员工受考核影响的比重也最低。

(4) 与委托代理理论（认为激励是授权的主要成本）不同的是，我们并没有发现企业的激励水平与授权程度具有显著的相关性（负相关）。

本章参考文献：

1. Anonymous. 2001. Balanced Scorecard is Fast Becoming a Must Have Process for Corporate Change. Management Services, 45: 5 - 6.

2. Anand, M., Sahay, B. S., Saha, S. 2005. Balanced Scorecard in Indian Companies. Vikalpa. Vol. 30, No. 2 April - June.

3. Bourne, M., Franco - Santos, M., Kennerley, M. and Martinez V. 2005. Reflections on the role, use and benefits of corporate performance measurement in the UK. Measruing Business Excellenc. 9 (3): 36 - 40.

4. Bible, L., Kerr, S. and Zanini, M. 2006. The Balanced Scorecard: Here and Back. Management Accounting Quarterly. Summer. Vol. 7, Iss. 4.

5. Bourne, M. 2002. The Emperor' s new Scorecard. Financial World. August.

6. Bourne, M., Franco - Santos, M., Kennerley, M. and Martinez V. Reflections on the role, use and benefits of corporate performance measurement in the UK. Measruing Business Excellence. 9 (3): 36 - 40.

7. Brignall, S. 2003. The unbalanced scorecard: a social and environmental critique.

8. Bruns, W. J. Jr. and J. H. Waterhouse. 1975. Budgetary Control and Organization Structure. Journal of Accounting Research, 13 (2): 177 - 203.

9. Butler, A., Letza, S. R. and Neale, B. 1997. Linking the balanced scorecard to strategy" . California management review. 39 (1): 53 - 80 .

10. Chenall, R. H. and D. Morris. 1986. The impact of structure , environment, and interdependence on the perceived usefulness of management accounting systems. *The Accounting Review*, 61 (1): 16 - 35.

11. Chenhall, R. H. and Smith, K. L. 1998. Adoption and Benefits of Management Accounting Practices: An Australian Study. Management Accounting Research: 1 - 19.

12. Epstein, M. J. and Manzoni, J. F. 1997. The Balanced Scorecard and Tableau de Bord - A Global Perspective on Translating Strategy into Action. INSEAD Working Papers. INSEAD France, Fontainebleau.

13. Gosselin, M. 2005. An empirical study of performance measurement in manufacturing firms. International Journal of Productivity and Performance Management. 54: 419 - 437.

14. Damanpour, F. 1991. Organization innovation: A meta - analysis of effects of determinants and moderator. *Academy of Management Journal*, 34 (3): 555 - 590.

15. Ezzamel, M.. 1990. The impact of environmental uncertainly, managerial autonomy and size on budget characteristics. *Management Accounting Research* 1 (1): 181 - 197.

16. Gosselin, M. 2005. An empirical study of performance measurement in

manufacturing firms . *International Journal of Productivity and Performance Management* 54 (5/6): 419 – 436.

17. Govindarajan, V. 1988. Contingency approach to strategy implementation at the business – unit level: integrating administrative mechanisms with strategy. *Academy of Management Journal* 31 (4): 828 – 853.

18. Gul, F. A. 1991. The effects of management accounting systems and environmental uncertainty on small business managers performance. *Accounting and Business Research* 22 (85): 57 – 61.

19. Hendricks, K., Menor, L. and Wiedman, C. 2004. The Balanced Scorecard: to adopt or not to adopt. Ivey Business Journal Online.

20. Hoque, Z. and W. James. 2000. Linking Balanced Scorecard measures to size and market factors: impact on organizational performance. *Management Accounting Research* 12 (1): 1 – 17.

21. Ittner, C. D. and Larcker, D. F. 1998. Innovations in performance measurement: Trends and research implications. Journal of management accounting research. 10: 206 – 238.

22. Jeans, M. and Morrow, M. 1990. Performance Measurement in the UK Industry. Journal of Cost Management for the Manufacturing Industry.

23. Joshi, P. L. 2001. The International Diffusion of New Management Accounting Practices: The Case of India. Journal of International Accounting, Auditing, and Taxation. 5: 85 – 109.

24. Johnson, H. T. and Kaplan, R. S. 1987. Relevance Lost: The Rise and Fall of Management Accounting. Harvard Business School Press.

25. Kaplan, R. S., Norton, D. P. 1996. The Balanced Scorecard: Translating Strategy into Action. Harvard Business Press.

26. Kaplan, R. S., Norton, D. P. 2001. The Strategy – Focused Organization. Harvard Business Press.

27. Kaplan, R. S. and D. P. Norton. 1992. The Balanced Scorecard: Measures that Drive Performance. *Harvard Business Review* 70 (1): 71 – 80.

28. Kaplan, R. S., Norton, D. P. 1993. Putting the Balanced Scorecard to Work. Harvard Business Review. September – October.

29. Kaplan, R. S., Norton, D. P. 1996. Using the Balanced Scorecard as a Strategic Management System. Harvard Business Review. January – February.

30. Kaplan, R. S., Norton, D. P. 2000. Having Trouble with Your Strategy?

Then Map It. . Harvard Business Review. September – October.

31. Kaplan，R. S. ："失败的不是平衡计分卡"，《中外管理》2003 年第 6 期。

32. Laitinen and Erkki，K. . 1996. Framework for Small Business Performance Measurement – Towards Integrated PM Systems. Accounting and Finance.

33. Lawson，R.，Stratton，W.，and Hatch，T. 2006. Scorecarding Goes Global. Strategic Finance. March.

34. Libby，T. and J. H. Waterhouse. 1996. Predicting Change in Management Accounting Systems. *Journal of Management Accounting Research* 8：137 – 150.

35. Malina，M. A. and Selto，F. H. 2001. Communicating and controlling strategy：an empirical study of the effectiveness of the balanced scorecard. Journal of Management Accounting Research. 13：47 – 90.

36. Malmi，T. 2001. Balanced Scorecards in Finnish Companies：A research note. *Management Accounting Research* 12 (2)：207 – 220.

37. Marr，B. 2001. Scored for life. Financial Manage. April.

38. Marr，B. and Adams，C. 2004. The balanced scorecard and intangible assets：similar ideas，unaligned concepts. Measuring Business Excellence，. 8 (3).

39. Marr，B. 2005. Business performance measurement：an overview of the current state of use in the USA. Measuring Business Excellence. 9 (3)：56 – 62.

40. Merchant K. A. 1981. The design of the corporate budgeting system：influences on managerial behavior and performance. *The Accounting Review* 56 (4)：813 – 829.

41. Neely，A.，Kennerley，M. and Martinez，V. 2005. Does the balanced scorecard work? An empirical investigation. Proceedings of the Eur OMA International Conference. 6：27 – 29.

42. Neely，A.，Marr，B.，Roos，G.，Pike，S. and Gupta，O. 2003. Towards the third generation of performance measurement. Controlling. 4：129 – 136.

43. Nürreklit，H. 2003. The Balanced Scorecard：what is the score? A rhetorical analysis of the Balanced Scorecard. Accounting，Organizations and Society. Vol. 28.

44. Norrekilt，H. . 2000. The balance on the balanced scorecard – a critical analysis of some of its assumptions. Management Accounting Research. Vol. 11.

45. Olson, E. M., and Slater, S. F. 2002. The balanced scorecard, competitive strategy, and performance. Business Horizons. May – June.

46. Paranjape, B., Rossiter, M. and Pantano, V. 2006. Performance measurement systems: successes, failures and future – a review. Measuring Business Excellence. Vol. 10 No. 3.

47. Rigby, Darrell. 2001. Management Tools and Techniques: A Survey. California Management Review. Winter. pp. 139 – 160.

48. Ruzita, J., N. I. Daing & Z. Yuserrie. 2006. Assessing the alignment between business strategy and use of multiple performance measures using interaction approach. *The Business Review*, *Cambridge* 5 (1): 51 – 60.

49. Silk, S. 1998. Automating the Balanced Scorecard. Management Accounting. pp. 38 – 44.

50. Speckbacher, G., Bischof, J. and Pfeiffer, T. 2003. A Descriptive Analysis on the Implementation of Balanced Scorecards in German – speaking Countries. Management Accounting Research. Vol. 14. pp. 361 – 387.

51. Tymon W. G., D. E. Stout and L. N. Shaw. 1998. Critical analysis and recommendations regarding the role of perceived environmental uncertainty in behavioral accounting research. *Behavioral Research in Accounting* (10): 23 – 46.

52. Urrutia I. and Eriksen, S. D. 2005. Application of the Balanced Scorecard in Spanish private health – care management. Measuring Business Excellence. Vol. 9, Iss. 4.

53. Vaivio, J. 1995. The emergence of non – financial management accounting measures – A case study, Licentiate Thesis. Publications of the Helsinki School of Economics and Business Administration. (B – 158). Helsinki.

54. Venky, Nagar. 2002. Delegation and Incentive Compensation. The Accounting Review, Vol. 77, No. 2 April.

55. Williams, S. 2001. Drive your business forward with the Balanced Scorecard. Manage Services. pp. 28 – 30.

56. 蔡继荣："决策权配置与企业组织效率"，《兰州大学学报》2001 年第 2 期。

57. 程德俊等："组织分权的知识动因分析"，《中国工业经济》2002 年第 4 期。

58. 杜胜利："企业业绩评价的跨世纪思考"，《财会通讯》2001 年第 2 期。

59. ［美］罗勃特·A. 安东尼等：《管理控制系统》，机械工业出版社2004年版。

60. ［美］罗勃特·S. 卡普兰等：《高级管理会计》，东北财经大学出版社1999年版。

61. ［美］齐默尔曼：《决策与控制会计》，邱寒、熊焰韧、李芳译，东北财经大学出版社2000年版。

62. 芮明杰等："企业组织的集权与分权：一个分析框架及其应用"，《上海经济研究》1997年第7期。

63. 吴安妮、周齐武、施能锭："探索实施平衡计分卡可能遭遇的问题"，《会计研究月刊》2001年第183期。本文摘要发表于《上海立信会计学院学报》2008年第1期。

64. 周仁俊、喻天舒："经营者激励方式与业绩评价指标选择"，《财会通讯》（综合版）2006年第4期。

第四章

战略成本管理实践调查

第一节 战略管理会计研究背景

20世纪后期，越来越多的管理者关注“战略”问题，企业的财务人员也逐渐演变为战略性决策的参与者①。因此，“战略管理会计”的概念逐渐受到管理会计学界的关注和追捧。

虽然“战略管理会计”主题被公认为20世纪末以来管理会计领域最热烈的研究领域之一，但是我们所作的文献检索发现，在会计学科的世界顶级学术期刊，如《会计评论》(Accounting Review)、《会计研究杂志》(Journal of Accounting Research)、《会计与经济学刊》(Journal of Accounting and Economics)等刊物上很难找到有关主题的文章。大量的文章出现在实务性专业杂志，如美国和英国的《管理会计》(Management Accounting②)和《成本管理杂志》(Journal of Cost Management)，以及专门的管理会计学术刊物，如美国的《管理会计研究杂志》(Journal of Management Accounting Research)和英国的《管理会计研究》(Management Accounting Research)，在此期间，《会计、组织与

---

① 参见美国管理会计协会（IMA）资助 Gary Siegel Organization（GSO）实施的两次美国管理会计实务调查（资料见 IMA 的网站 http：//www. imanet. org）。

② 美国《管理会计》是美国管理会计师协会（IMA）创办的专业杂志，现改名为《战略财务》(Strategic Finance)；英国《管理会计》杂志是英国 CIMA（特许管理会计师协会）的专业刊物，现改名为《财务管理》(Financial management)。

社会》（Accounting，Organizations and Society）曾刊登了一些战略与控制方面的文章，但并没有系统地论述战略管理会计问题。有关“战略管理会计”的定义、内容，以及在实践中的作用效果等都存在争论和不一致的看法，甚至有学者提出[①]，战略管理会计是不是“皇帝的新衣”，战略管理会计究竟属于会计范畴还是运行管理范畴等等问题，认为虽然这些年“战略管理会计”吸引了人们的注意力，但是它不过是“学术界想象力所虚构的东西”等等。这种现象或许标志着这一领域研究还不够完善和成熟[②]。

一、战略管理会计产生的背景

“战略管理会计”最早是由英国学者肯尼斯·辛蒙兹（Kenneth Simmonds）于1981年在“战略管理会计[③]”一文中提出来的，他说：“战略管理会计是一个在实践中迅速扩展的领域，因为许多管理会计师花费他们大部分的时间和精力在收集和评估有关竞争者的成本、产量和价格的资料，并计算公司与其竞争者的相对战略位置，作为构建业务战略的基础。业务战略呈现了一种模拟现实环境元素的方法，从而，类似于复杂的竞争游戏，（通过会计）战略可以计算和比较。”

以上定义告诉我们，“战略管理会计”概念出现，既反映了当时企业界对战略问题的重视，也反映了管理者在战略性决策中需要有更精细信息支持的要求，因此具有时代的必然性。

20世纪80年代，是管理学界（以美国为标志）新概念、新方法大量涌现的时代。“战略管理会计”产生在那个时代，既受到当时激烈竞争的外部环境变化的推动，也顺应了组织内信息技术与各种制造技术管理方法变革的需要，反映了会计实务界和理论界对管理变革的调整和适应。

---

① 参见 Lord，Beverley R. 1996. Strategic management accounting：the emperor 's new clothes? Management Accounting Research，7：347 - 366。

② 在我国，“战略管理会计”主题的文章大量出现在1997年之后。2004年初，我们曾检索网上数据库，获得了国内有关“战略管理会计”文献的两份统计数据：中国学术期刊全文数据库收录了国内5300多种专业期刊，从中检索到1995年1篇，1997年11篇，1998年17篇，1999年至2002年的相关文献365篇；中国社会科学引文数据库收录了国内学术水平较高、影响较大的400多种学术刊物，从中检索到1998—2002年的相关文献共14篇。但是像《管理世界》、《管理科学学报》、《中国社会科学》、《南开商学评论》等重要经济管理和社会科学期刊中几乎没有找到相关主题的文献，某种意义上说明“战略管理会计”还局限于会计领域探讨，在管理学或更广的社会科学领域没有得到重视。

③ Simmonds，Kenneth. 1981. Strategic Management Accounting. Management Accounting（London），59（4）：26 - 29。仅见摘要。

（一）市场环境的变化

第二次世界大战后，尤其是进入20世纪80年代以来，企业面临的竞争日趋激烈，企业的国际化趋势日趋加快，全球性竞争愈演愈烈。在同一市场上，企业要面临无数个竞争对手，取得竞争优势是每个企业梦寐以求的。由于竞争激烈，产品价值的实现比价值形成更为重要，销售成为企业经营活动中的关键环节，研发、营销前所未有地得到重视，大量的研发费用，使产品的成本构成发生了显著变化；大量的营销开支，使企业的流通性费用大幅增加，导致在产品的成本结构中，流通性成本可能已超过生产性成本而占据主要地位，研发等间接费用已成为产品的主要成本。同时，由于文化的发展、经济水平和开放程度的提高，消费者已从对生活"数量"的需求转向对生活"质量"的追求，消费者的偏好出现了明显的分化，需求多样化成为当今市场需求的一大特征。

（二）制造环境的变化

20世纪80年代兴起的高级制造技术（AMT）和适时生产技术的发展改变了许多企业的生产工艺。高级制造技术与传统制造技术有很大的不同，如在企业自动化方面，弹性制造系统、电脑辅助设计制造与工程、电脑集成制造系统的使用日趋普及，这就意味着传统意义上的直接材料和人工成本日益降低，大量自动化设备、电脑的出现必然会加大固定制造费用。而JIT系统根除或减少了诸如发采购订单、质量检验、存货传递及仓储准备等无价值的劳动，因此产品成本大大降低。适时制生产系统下，单元式生产、零缺陷的特点使得物料消耗、人工费用可以全部归入直接成本，基本防止间接成本的出现；零库存使产品生产成本与期间成本保持一致。为了适应产品的多样化需要，企业将市场分割为越来越多的细分市场，并针对不同的细分市场的消费特征开发不同的产品。于是，原先的生产方式发生了变化，多产品、小批量的生产代替了单产品大规模的生产，随之而来的市场调研费用、产品研发费用就越来越高，以往通过规模效应取得的成本优势也逐渐削弱。管理者面对许多新问题，例如，如何计算产品成本，如何评价对高级制造技术的投资，如何完善控制系统和业绩指标使之激励管理者实现企业的战略目标？因此，管理会计必须能够提供新的有用信息。

（三）管理环境的变化

激烈的竞争使传统的管理体制在新形势下逐渐显示出滞后的一面，为了取得竞争优势，实现企业的长期生存和发展，企业管理者们更加重视对企业内外部环境变化的预测和把握，以便对企业的发展方向和道路作出全局性的长期筹划，企业管理进入了战略管理时代。当然，由于内外部环境的不确定性和多变性，管理上灵活性的要求也越来越高；与此同时，知识经济时代的到来使智力资本成为企业的核心能力，管理当局对人力资源也给予前所未有的重视，“人本管理”成为时尚，致使人力成本不断提高，教育培训费、激励费用、企业文化塑造费用等都比以前有所增加，这种人力成本的增加，抵消了劳动生产率提高带来的人工费用的降低。环境的变化给传统的成本管理带来很多新问题。

布朗瑟斯和鲁森（Brouthers, K. D. and F. A. Roozen, 1999①）参考战略管理理论框架，把组织的外部环境分为五类：

（1）重复的环境（repetitive environment）；

（2）发展的环境（expanding environment）；

（3）不断变化的环境（changing environment）；

（4）间断性的环境（discontinuous environment）；

（5）突变性的环境（surprised environment）。

布朗瑟斯和鲁森认为，为了更好地进行战略管理，经理人员需要知道企业当前和未来面临的是哪一层次的环境，从而选择适当的信息系统为之服务，信息的收集、记录和报告等过程应该集中于一个部门，以明确责任，这个信息处理部门应该设在会计部门，因为会计人员比较善于处理信息。战略会计可以在传统会计和战略管理之间建立起桥梁，并向战略经理人员提供决策所需的信息。应该根据不同的环境，采取不同的信息收集和分析方式，同时战略会计向管理层提供报告的频率随着提供的信息类型以及信息的重要性和影响程度应该有所不同。

二、战略管理会计的内涵

“战略管理会计”的术语虽然在文献中不断出现，但是其内涵往往不一致。柯德（Coad, 1996②）有些激烈地描述说：“战略管理会计是一个新兴的领域，它的边界是自由的，没有统一的观点说明它是什么，将向何处发展。这个领域的现存文献既分散又杂乱。”

对战略管理会计理论框架构建最有贡献的，除了“战略管理会计”术语

① Brouthers, K. D. and F. A. Roozen. 1999. Is It Time to Start Thinking About Strategic Accounting? Long Range Planning, 32 (3): 311 - 322.

② Coad, A., 1996. Smart work and hard work: explicating a learning orientation in strategic management accounting. Management Accounting Research, 7: 387 - 408.

的首创者辛蒙兹之外，通常必定同时提到布罗姆维奇（Bromwich，1990[①]）、桑克和戈文达拉加（Shank & Govindarajan，1992[②]）、布罗姆维奇和布哈伊默尼（Bromwich & Bhimani，1994[③]）等，他们对战略管理会计的理解有不同，并引发了更多不同的研究成果。尽管波特（Porter，1985[④]）没有会计的学术背景，也被视为对这个领域有基础性贡献的人。

布罗姆维奇主张的“战略管理会计”方法的核心是基于战略成本矩阵（a strategic cost analysis matrix）的产品属性成本技术（the attribute costing technique）。根据他的观点，产品根本性的成本动因是消费者从产品中获取的价值。这与作业成本计算法的基础性推论有不同。作业成本法认为，产品消耗的作业成本被看作驱动产品成本，这些信息可以在内部得到；而为了理解客户寻求的产品给他带来的好处，必须把眼光投向企业外部。重要的是提供这些客户利益必须尽可能达到成本有效。

桑克和戈文达拉加（Shank 和 Govindarajan，1992）的战略成本框架扩展了“战略管理会计”概念。他们主要研究成本信息在战略管理四个阶段所起的作用，这四个阶段包括战略的简略表述（公式化表达）、战略的沟通、战略的实施及战略的控制，目的在于系统地表述企业战略和管理会计之间关系的框架，他们称之为“战略成本管理”。战略成本管理（SCM）包括三个主要内容：价值链分析、战略定位分析、成本动因分析。战略成本管理提倡公司应意识到自己在整个价值链中的位置，并发展相应的管理会计信息，重点在于供应商与客户间联系的相互作用。

布罗姆维奇和布哈伊默尼（Bromwich 和 Bhimani，1994）定义战略管理会计的任务是，提供有助于分析公司产品市场和竞争者成本和成本结构的财务信息，在相当长的时期内监视公司以及竞争对手的战略。这个定义比较接近辛蒙兹最初的定义。

关于战略管理会计的这些文献从不同的侧重点反映了人们对战略管理会计的多方面理解。总的来看，对战略管理会计的理解有两种不同的角度。一种角

---

① Bromwich, M., 1990. The case for strategic management accounting: the role of accounting information for strategy in competitive markets. Accounting, Organizations and Society. 15 (1): 27 - 46. 很多文献提到这篇文章，但是我们没有直接读到。

② Shank, J. K., Govindarajan, V., 1992. Strategic cost management: the value chain perspective. Journal of Management Accounting Research, 4: 179 - 197. 很多文献提到这篇文章，但是我们没有直接读到。

③ Bromwich, M., Bhimani, A., 1994. Management Accounting: Pathways to Progress. CIMA Publications, London. 中译本，徐经长等译，《管理会计——发展的方向》中国人民大学出版社 2003 年版。

④ Porter, M., 1985. Competitive Advantage: Creating and Sustaining Superior Performance. Free Press, New York. 有中译本。

度偏重于技术方法，认为战略管理会计是一组创新的工具，服务于特定的战略管理目标；另一种角度从总体上看管理会计和战略管理的结合，主张拓宽管理会计的视野和范围，改进传统理念和方法，以满足新形势下战略性管理的信息需要。前一种角度理解的“战略管理会计”可以称为“为战略管理服务的会计”，有时它被看作管理会计的一个创新分支；而后一种角度理解的“战略管理会计”可以称为“战略性的管理会计”，它通常被看作管理会计体系的发展①。当然，在不同的研究文献中也存在着视角的交叉，因此“战略管理会计”研究成果显现出特别丰富和不一致的现象。

三、为战略管理服务的会计——管理会计方法创新

20 世纪 80 年代以来，管理会计领域出现了大量的创新理念和技术方法，它们都声称可以弥补或纠正传统管理会计的不足和局限性，强调面向外部、面向未来、面向长期、面向竞争等等特征，因此往往被纳入“战略管理会计”的框架中。从这个意义上说，或许作业成本法、平衡计分卡、创新的预算管理等等都可以纳入这个范畴。有时与“战略管理会计”概念相联系的技术方法还包括与波特的价值链分析日益接近的作业成本管理以及战略成本管理、目标成本管理、产品生命周期成本、战略投资评价方法等等。

根据不同学者的立场和研究偏好，这个领域的研究又可以被分为咨询研究流派、基础研究流派和批评研究流派（Lukka and Granlund, 2002②）。

根据卢卡和格兰伦德（2002）的定义，典型的咨询研究总的风格是描述性和宣传性的。在这个流派的文章的关键特征和意图，是向文章的读者推销作者有关那些创新工具的思想。咨询流派的研究方法是非常实用主义，经常是几种方法结合，很难说这些文章在方法上是严格的。它们缺少研究任务的阐述、应用方法的描述、事前或事后的理论分析以及对以前文献的系统参考，也很少引用同流派的作品，他们似乎应用“不言而喻的认识”主张，从严格的科学意义上看这些文章中某些概念还是不明确的，或者某些现象的理解还停留在直觉的层面上。

卢卡和格兰伦德定义的典型的基础性研究是一种事后的追溯性分析（an analysis ex post facto），即分析在被检验的事件或现象已经出现或已经构建之后进行。在这个流派中，这些创新工具是作为一个真实存在于实践中的“已知”

---

① Roslender, R., S. Hart & J. Ghosh. 1998. Strategic management accounting: Refocusing the agenda. Management Accounting, 76 (11): 44.

② Lukka, K., and M. Granlund. 2002. The fragmented communication structure within the accounting academia: the case of activity-based costing research genres. Accounting, Organization and Society: 165 - 190.

现象。基础性研究分析它们的性质、功能、影响和扩散。基础性研究作者试图保持中立的立场，虽然他们可能隐含地对创新有一定程度的正面的态度。他们并不尝试推销这些创新，同时本质上也不倾向于批评它。基础研究的典型目标是以科学严谨的态度描述、解释并理解创新已被运用到何种程度、现实中如何运用以及为什么使用这些创新。

批评研究流派可以看作对咨询研究中常见的歌功颂德式态度的反方向平衡。代表这一流派的研究通常产生于认识发展过程的第三阶段即评价阶段。从形式上看，批评研究的起点可能显得很接近于基础性研究，形式上与基础性研究也很相像。这类文章注意与早期文献和理论的联系、问题背景的表述、基于科学的严谨分析等。不过它们的议题（agenda）本质上是充斥价值判断和强烈责任感的。通过批判某种意识形态的表现，它们成为自己赞许的另一种意识形态的狂热分子（partisans）。对这些创新工具的批评往往采用某种社会批评的方法，这种显著的批判性似乎或多或少质疑商业世界中以市场为基础的整个价值系统规则。

据我们观察，在战略管理会计研究的文献中占主导的是卢卡和格兰伦德（2002）定义的咨询流派，或者说倡导性研究，其中最具代表性的当然是卡普兰（Robert Kaplan）和罗宾·库帕（Robin Cooper）等人。他们虽然经常采用案例研究的方法，但是本质上不是希望回答“是什么”的问题，而是希望回答“应该如何”的问题，来引导实践发展的方向。倡导性研究的一个显著特点是，文章主要通过理性的分析，得到实践应该如何进行的判断，然后列举实例，支撑自己的观点。

至于卢卡和格兰伦德定义的基础性研究，大多针对具体的某个创新工具，很难与战略管理会计概念挂钩，如果把战略作为某个创新工具运用的背景或环境，则可以融入“战略性的管理会计”一类理解。

当然，还有另一类研究虽然人数不多但是影响也很大，那就是批评流派或称全盘否定的观点。例如，1996 年贝弗莉·罗德（Beverley · R · Lord）发表了一篇很著名的文章[①]，质疑“战略管理会计”的实际价值。罗德通过实地研究，发现战略管理会计讨论的某些技术和元素已经在公司中出现，例如收集竞争者信息，进行自制或外购决策，以及从价值链分析和成本动因分析中寻找成本降低的机会，通过妥善处理雇员关系及利用信息技术改善产品设计、通过流程再造提高产品质量、改善与客户的联系等途径增强竞争优势。但是，这些信息很难用会计数字量化，许多决定来自管理者的主观判断，并且许多活动没有管理会计人员介入信息的收集和使用，公司的管理会计系统很少变化，例如仍

① Lord, Beverley R . 1996. Strategic management accounting: the emperor's new clothes? Management Accounting Research , 7: 347 - 366.

然采用标准成本和预算控制系统，而不是详细分析实际的营销成本。

因此，罗德认为，通过各种正式和非正式渠道取得有关竞争者的信息，存在大量的估计和推测，很难作为决策的依据，并且这种信息收集的成本也可能超过它的价值。因此罗德质疑正是战略成本管理的必要性，她认为公司运行部门可以成功地收集和使用竞争者的信息，而没有任何管理会计人员的加入。

在文章的结尾处，罗德问道："战略管理会计究竟是什么呢？是在全球化经济中生存的必备条件，针对会计人员作用日渐势微而出现的另一件工作，还是皇帝的新衣？""明天的管理会计师会不会发现他们自己一无所有，既没有昨天的旧衣服，而新衣服又没有一根纱是实质性的。"罗德的名字虽然可能并不为中国学者所熟悉，不过她的观点在我国学者中传播和影响也相当广。显然，罗德的观点有点过于偏激，不过和她一样调查实际案例，并且找不到现实中符合理论描述的战略管理会计应用，或者发现这些技术的应用与财会部门无关的研究者确实不止她一个。

由此可见，对"战略管理会计"实施状况的评价，在很大程度上取决于对"战略管理会计"概念的定义，如果一定要把"战略管理会计"看成与传统管理会计截然不同的东西，那么研究者可能会失望而归，因为他们很难找到实践的证据支持。

四、战略性的管理会计——管理会计理念和视野的拓展

与管理会计整体发展相联系的"战略管理会计"又可以分为传统管理会计的战略性思考和管理会计传统领域的扩大两个方面。

（一）传统管理会计的战略性思考

传统管理会计的战略性思考指的是战略管理会计原则可以广义地定义为：面向将来的长期导向，面向外部，包括整个价值链，并包括非财务指标。传统管理会计注重内部管理，从战术角度深入到企业内部管理的作业水平；战略管理会计则从战略角度扩展到宏观层面，寻求企业整体竞争优势，这种微观深入与宏观扩展的结合是现代管理会计为适应复杂多变客观环境的必然发展趋势。传统管理会计向战略管理会计发展，并没有改变管理会计作为决策支持系统的性质及其信息支持和控制两大基本职能，而是首先要求从观念上适应这种市场需求和市场竞争的变化以及相应带来的企业管理观念的变化。因此，战略管理会计的发展并不仅仅表现为新技术方法的出现，而表现为贯穿管理会计运作系统的观念更新，是传统管理会计在新的市场环境和企业管理环境下的发展。这一

流派的研究常常运用权变方法检验战略和管理控制措施的关系及其影响因素。

近年来出现了不少研究各国管理会计系统变化的文章，虽然这些文章并不一定直接讨论战略问题，但是它们通常都把环境的变化看作管理会计系统变化的基本动因，这个思想与战略管理会计强调外部变化的观点相一致，也可以归入“战略管理会计”的范畴。这类研究关注管理会计战略性思考与理念的变化，包括从国家层面观察宏观形势变化带来的管理会计系统演变趋势、管理会计系统与战略的关系以及基于价值管理的管理会计研究等。

（二）管理会计传统领域的扩大

管理会计传统领域的扩大指的是战略管理需要会计师具有新的技能，扩展超越自己传统的领域，与那些不具有会计人员思维的一般管理者、公司战略设计人员、营销人员和产品开发人员有更多的合作。在战略竞争、价值链管理、学习型企业等理念的引导下，越来越多的人承认管理会计应该更多面向外部、面向组织整体，包括财务和非财务的分析。因此，伴随着理性的思考，也出现了一些经验研究的文章，探讨管理会计传统领域的扩大，诸如竞争者会计、客户会计、供应商会计，以及新产品会计、产品属性成本会计，还包括计算质量成本、时间成本和品牌价值等全新的内容。

在这样的理解下，可能组织中运用的管理会计技术并没有本质性变化，但是财务人员不再囿于财务职能或财务数字，而是用更宽阔的视野，关注更全局、更长期、更具有战略性的问题，参与回答仅仅由生产部门、研发部门或营销部门管理人员难以准确回答的问题，从而在组织战略性决策中发挥与过去迥然不同的作用。

因此，我们更倾向于这样的理解，即认为“战略管理会计”是传统管理会计的发展而不是取代，也不是它的分支。“战略管理会计”是管理会计人员站在战略的高度，扩展管理会计的领域和视野，运用创新的确认、计量和分析技术，为管理者提供更具有外向性、长期性和全局性的信息，适应组织竞争环境和制造环境的发展变化。“战略管理会计”是管理会计理论界和实务界应对“相关性消失”风险的挑战，在组织中重新获得活力和核心地位的机会。有人尖锐地指出，“如果会计不能适应运行系统变化的需要，这种责任就可能会由其他职能来提供”。[①] 从这个意义上，“战略管理会计”可以看作管理会计在新时代的“生死抉择”。

---

① 参见 Eccles, R. G.. 1991. “The Performance Measurement Manifesto”, Harvard Business Review, (January - February): 131 - 137.

第二节

我国战略成本管理的实践

战略成本管理最早于1981年由英国学者肯尼斯·西蒙兹（Kenneth Simmons）提出，迈克尔·波特在《竞争优势》和《竞争战略》两本书中提出了运用价值链进行战略成本分析的一般方法。杰克·桑克（Jack Shank）和戈文德瑞亚（V. Govindarajan）等人在迈克尔·波特研究成果的基础上，于1993年出版了《战略成本管理》一书，详细阐述了战略成本管理模式，即战略价值链分析、战略定位分析、战略成本动因分析。1995年，以托尼·格兰迪（Tony Grundy）为首的欧洲克兰菲尔德（Cranfield）工商管理学院提出了具体的战略管理模式。1998年，一向推崇实施作业成本法的罗宾·库珀（Robin Cooper）提出了以作业成本制度为核心的战略成本管理模式，进而他又和雷金·斯拉莫德（Regine Slagmulder）提出战略成本管理的目的是运用一系列成本管理方法同时达到降低成本和强化战略定位。20世纪90年代以后，日本成本管理的理论界和企业界也开始加强对战略成本管理的研究，提出了具有代表意义的战略成本管理模式——成本企划。

与国外对战略成本管理的研究相比，我国的研究相对滞后。迄今为止，只有个别机构和学者对战略成本管理进行了探索性研究，公开发表的文章较少。在研究方法上，大多局限于纯理论层面的分析，实证研究为数甚少。

当前，我国的改革开放正处在关键时期，建设创新型国家包括很多方面，其中管理创新直接关系到企业素质和竞争力的提升。为了对中国企业管理创新进程有所了解，南京大学和美国圣地亚哥州立大学会计学者联合设计了本次“企业管理会计创新的现状与趋势——对高层管理人员的一项调查”的问卷，调查对象限于中国境内大中型企业的高层管理者和高级财务人员。本书试图从地区、规模、产权结构以及行业等不同侧面来了解中国企业战略成本管理的现状。

为了了解我国企业管理中战略与成本管理的关系，我们针对134份来自制造业样本的有效问卷，试图观察企业的竞争环境、战略重点、成本信息使用方面的特征，以及它们之间的相互关系。

一、竞争环境与战略重点的描述

本书从我国企业所处的竞争环境、企业所采用的战略重点、成本信息在企业各方面的使用状况及其变化情况等方面入手，观察战略成本管理在我国的应用现状。

（一）市场形势

传统的成本管理对象主要是企业内部的生产过程，而战略成本管理需要管理会计人员首先对企业所处的竞争环境以及竞争对手的实力进行深入分析，在深刻了解基础上形成并评价企业自身的竞争战略，从而创造竞争优势，达到有效适应外部环境的目的。

1. 描述性统计

本次调查中，我们要求受访者从“总体上看本企业所在市场供过于求”、“本企业有明显的竞争对手或对手实力较强”、“竞争压力威胁企业生存”、“市场竞争激烈，本企业尚能应付”四个方面对本企业所面临的市场竞争形势进行判断，取值0—6，其中0表示完全不符合，6表示完全符合，结果如表4－1所示。

表4－1　　企业竞争形势样本描述性统计

项目 分值	企业所在市场供过于求		企业有明显竞争对手，对手实力较强		竞争压力威胁企业生存		市场竞争激烈，企业尚能应付	
	频数	百分比	频数	百分比	频数	百分比	频数	百分比
0	19	8.6	4	1.8	25	11.3	5	2.3
1	17	7.7	22	10.0	34	15.4	5	2.3
2	41	18.6	20	9.0	35	15.8	16	7.2
3	50	22.6	39	17.6	42	19.0	22	10.0
4	25	11.3	30	13.6	28	12.7	52	23.5
5	28	12.7	43	19.5	34	15.4	71	32.1
6	41	18.6	63	28.5	21	9.5	49	22.2
缺失	0	0	0	0	2	0.9	1	0.5
均值	3.33		4.04		2.91		4.36	
中位数	3.00		4.00		3.00		5.00	
标准差	1.862		1.753		1.852		1.432	

从表4－1可以看出我国企业目前所面临的竞争较为激烈，竞争对手的实力都较强；但是企业尚能应付，竞争压力暂时还威胁不到企业的生存。

2. 差异分析

（1）方差检验。

表4-2 企业竞争形势方差检验结果

项目		企业所在市场供过于求	企业有明显竞争对手，对手实力较强	竞争压力威胁企业生存	市场竞争激烈，企业尚能应付
地区差异	F值	0.435	0.141	3.984	0.333
	Sig.	0.648	0.868	0.020	0.717
具体差异（均值）	东南部沿海	3.37	4.04	2.74	4.36
	东北部	3.48	4.00	3.64	4.50
	中西部	3.00	4.25	3.55	4.15
产权差异	F值	0.937	0.211	3.457	0.867
	Sig.	0.424	0.889	0.017	0.459
具体差异（均值）	上市公司	3.63	3.96	3.29	4.20
	外资企业	3.11	3.97	2.30	4.24
	民营企业	3.12	4.22	3.17	4.39
	国有企业	3.44	4.04	3.07	4.57
规模差异	F值	0.580	0.271	1.136	0.639
	Sig.	0.628	0.846	0.336	0.591
具体差异（均值）	小型企业	3.22	3.84	2.59	4.08
	中型企业	3.48	4.14	3.14	4.36
	大型企业	3.28	3.99	3.01	4.40
	特大型企业	2.97	4.00	2.59	4.53
行业差异	F值	7.568	0.516	0.405	0.105
	Sig.	0.006	0.474	0.525	0.747
具体差异（均值）	制造业	3.05	4.10	2.85	4.34
	非制造业	3.75	3.93	3.01	4.40
行业差异	F值	0.094	4.382	1.368	0.842
	Sig.	0.760	0.038	0.244	0.360
具体差异（均值）	高科技行业	3.41	4.57	3.11	4.18
	传统行业	3.31	3.93	2.74	4.41

从区域角度看，不同地区的企业对“竞争压力威胁企业生存”的感受存在显著差异，其中东南部沿海地区的均值为2.74，东北部地区为3.64，中西部地区为3.55，这就是说，相对于东南部沿海地区而言，东北部地区和中西部地区的企业认为竞争对企业生存的威胁更大。这可能是由于东南部沿海地区的市场化程度更高，企业长期处于激烈的竞争环境中，对市场竞争的承受能力相应提高；而东北部及中西部地区因经济相对落后，应对经济一体化、全球化的能力相对薄弱（见表4-2）。

表 4-3　　企业竞争形势 T 检验结果

项目			企业所在市场供过于求	企业有明显竞争对手，对手实力较强	竞争压力威胁企业生存	市场竞争激烈，企业尚能应付
地区差异	东南部沿海 vs. 东北部	T 值	-0.293	0.112	-2.335	-0.478
		Sig.（2-tailed）	0.770	0.911	0.021	0.633
	东南部沿海 vs. 中西部	T 值	0.831	-0.502	-1.844	0.603
		Sig.（2-tailed）	0.407	0.616	0.067	0.547
	东北部 vs. 中西部	T 值	0.980	-0.492	0.171	0.784
		Sig.（2-tailed）	0.332	0.625	0.865	0.437
产权差异	上市公司 vs. 外资企业	T 值	1.446	-0.034	2.918	-0.146
		Sig.（2-tailed）	0.151	0.973	0.004	0.884
	上市公司 vs. 民营企业	T 值	1.226	-0.702	0.293	-0.586
		Sig.（2-tailed）	0.224	0.485	0.770	0.559
	上市公司 vs. 国有企业	T 值	0.542	-0.248	0.656	-1.532
		Sig.（2-tailed）	0.589	0.805	0.513	0.128
	外资企业 vs. 民营企业	T 值	-0.029	-0.744	-2.265	-0.481
		Sig.（2-tailed）	0.977	0.459	0.026	0.631
	外资企业 vs. 国有企业	T 值	-1.035	-0.241	-2.476	-1.416
		Sig.（2-tailed）	0.302	0.810	0.015	0.159
	民营企业 vs. 国有企业	T 值	-0.857	0.514	0.265	-0.675
		Sig.（2-tailed）	0.394	0.608	0.791	0.501

续表

项目			企业所在市场供过于求	企业有明显竞争对手,对手实力较强	竞争压力威胁企业生存	市场竞争激烈,企业尚能应付
规模差异	小型企业 vs. 中型企业	T 值	-0.742	-0.916	-1.515	-0.989
		Sig.(2-tailed)	0.460	0.362	0.133	0.325
	小型企业 vs. 大型企业	T 值	-0.161	-0.424	-1.082	-1.046
		Sig.(2-tailed)	0.873	0.672	0.282	0.298
	小型企业 vs. 特大型企业	T 值	0.529	-0.379	0.019	-1.468
		Sig.(2-tailed)	0.598	0.706	0.985	0.147
	中型企业 vs. 大型企业	T 值	0.651	0.541	0.414	-0.169
		Sig.(2-tailed)	0.516	0.590	0.679	0.866
	中型企业 vs. 特大型企业	T 值	1.307	0.370	1.433	-0.613
		Sig.(2-tailed)	0.194	0.712	0.155	0.541
	大型企业 vs. 特大型企业	T 值	0.720	-0.036	1.027	-0.429
		Sig.(2-tailed)	0.473	0.971	0.307	0.669
行业差异	制造业 vs. 非制造业	T 值	2.751	-0.718	0.637	0.323
		Sig.(2-tailed)	0.006	0.474	0.525	0.747
	高科技行业 vs. 传统行业	T 值	-0.306	-2.093	-1.169	0.917
		Sig.(2-tailed)	0.760	0.038	0.244	0.360

从产权角度看，不同性质的企业对“竞争压力威胁企业生存”的感受也存在显著差异，其中，上市公司的均值为3.29，外资企业2.30，民营企业3.17，国有企业3.07，这就是说，中国上市公司感受到的市场竞争压力最大，其次是国有企业、民营企业，最后是外资企业。这可能是由于上市公司不仅要承受一般意义上的企业间的竞争压力，还要受到来自证监会、股东和社会公众等的压力，因而对市场竞争及其压力更为敏感；而外资企业一方面有母公司在资金、技术、管理方面的支持，另一方面有所在国政策上的优惠，在市场竞争中往往能够游刃有余。

从行业角度看，处于不同行业的企业对“企业所在市场供过于求”有显著差异，其中制造业平均值为3.05，非制造业为3.75，也就是说非制造业企业所在市场供应更加多于需求。近年来，我国大力推崇服务业的发展，从原先的供不应求逐渐转换到了一个市场饱和的状态，相比而言，制造业虽然是传统行业，但需求弹性较小，因此，企业对于“供过于求”的感觉没有非制造业强烈。

高科技行业与传统行业对于“企业有明显竞争对手，且对手实力较强”有显著差异，其中高科技行业均值为4.57，传统行业为3.93，也就是说高科技行业所面临的竞争对手实力更强劲一点。高科技企业一般都有独特的技术或者是专利作为支撑，想要打败对手在竞争中取胜是非常困难的，必须研制出更胜于竞争对手的新产品或者新技术，还要推广至市场能够接受的程度。所以在高科技行业，任何一个竞争对手的实力都不容小觑。在传统行业中，虽然对手实力没有高科技企业强劲，但是3.893的高分同样显示了在传统行业中竞争对手也是不可轻视的。

（2）T—检验。

表4-3对不同分类角度中的企业类别再进行两两独立样本间的T检验。

从地区角度看，对于“竞争压力威胁企业生存”这一观点的显著性区别主要是由东南部沿海地区与其他两个地区间的差异引起的，而东北部和中西部地区的企业之间没有显著区别。

从产权角度看，显著性区别主要存在于外资企业与其他三类企业之间，外资企业对于“竞争压力会威胁企业生存”的看法要远远低于其他产权类别的企业，而另外三种企业对于压力的看法没有显著区别。

（3）Wilcoxon检验。

表 4－4 企业竞争形势 Wilcoxon 检验结果

项目			企业所在市场供过于求	企业有明显竞争对手，对手实力较强	竞争压力威胁企业生存	市场竞争激烈，企业尚能应付
地区差异	东南部沿海 vs. 东北部	Z 值	－0.202	－0.162	－2.411	－0.407
		Sig.（2－tailed）	0.840	0.871	0.016	0.684
	东南部沿海 vs. 中西部	Z 值	－0.631	－0.422	－1.767	－0.392
		Sig.（2－tailed）	0.528	0.673	0.077	0.695
	东北部 vs. 中西部	Z 值	－0.547	－0.450	－0.105	－0.592
		Sig.（2－tailed）	0.584	0.652	0.917	0.554
产权差异	上市公司 vs. 外资企业	Z 值	－1.391	－0.072	－2.840	－0.284
		Sig.（2－tailed）	0.164	0.943	0.005	0.777
	上市公司 vs. 民营企业	Z 值	－1.044	－0.638	－0.171	－0.923
		Sig.（2－tailed）	0.296	0.523	0.865	0.356
	上市公司 vs. 国有企业	Z 值	－0.523	－0.319	－0.680	－1.198
		Sig.（2－tailed）	0.601	0.750	0.497	0.231
	外资企业 vs. 民营企业	Z 值	－0.088	－0.703	－2.124	－0.682
		Sig.（2－tailed）	0.930	0.482	0.034	0.495
	外资企业 vs. 国有企业	Z 值	－1.100	－0.375	－2.440	－0.917
		Sig.（2－tailed）	0.272	0.707	0.015	0.359
	民营企业 vs. 国有企业	Z 值	－0.894	－0.396	－0.300	－0.051
		Sig.（2－tailed）	0.371	0.692	0.764	0.960

续表

项目			企业所在市场供过于求	企业有明显竞争对手，对手实力较强	竞争压力威胁企业生存	市场竞争激烈，企业尚能应付
规模差异	小型企业 vs. 中型企业	Z 值	-0.844	-1.099	-1.534	-1.262
		Sig.（2 - tailed）	0.399	0.272	0.125	0.207
	小型企业 vs. 大型企业	Z 值	-0.143	-0.619	-1.038	-1.646
		Sig.（2 - tailed）	0.886	0.536	0.299	0.100
	小型企业 vs. 特大型企业	Z 值	-0.731	-0.635	-0.039	-1.440
		Sig.（2 - tailed）	0.465	0.525	0.969	0.150
	中型企业 vs. 大型企业	Z 值	-0.661	-0.472	-0.419	-0.506
		Sig.（2 - tailed）	0.508	0.637	0.675	0.613
	中型企业 vs. 特大型企业	Z 值	-1.439	-0.231	-1.466	-0.406
		Sig.（2 - tailed）	0.150	0.817	0.143	0.685
	大型企业 vs. 特大型企业	Z 值	-0.789	-0.118	-0.984	-0.032
		Sig.（2 - tailed）	0.430	0.906	0.325	0.974
行业差异	制造业 vs. 非制造业	Z 值	-2.769	-0.478	-0.626	-0.111
		Sig.（2 - tailed）	0.006	0.633	0.531	0.912
	高科技行业 vs. 传统行业	Z 值	-0.214	-2.162	-1.162	-0.653
		Sig.（2 - tailed）	0.831	0.031	0.245	0.514

表4-4用Wilcoxon检验，结果基本与T检验结果一致。只有小型企业与大型企业在“市场竞争激烈，企业尚能应付”上有差异，但显著性水平接近0.1。

（二）竞争优势

1. 描述性统计

在对企业所处市场竞争环境分析的基础上，进一步分析竞争具体表现在哪些方面①。

表4-5显示企业间竞争的重点主要在价格成本和质量技术方面。

表4-5　　企业市场竞争重点样本描述性统计

项目＼分值	价格成本		质量技术		客户服务		设计创新	
	频数	百分比	频数	百分比	频数	百分比	频数	百分比
0	10	4.5	10	4.5	11	5.0	20	9.0
1	19	8.6	17	7.7	24	10.9	31	14.0
2	18	8.1	23	10.4	15	6.8	33	14.9
3	33	14.9	24	10.9	43	19.5	34	15.4
4	29	13.1	40	18.1	34	15.4	25	11.3
5	44	19.9	47	21.3	35	15.8	21	9.5
6	30	13.6	21	9.5	20	9.0	15	6.8
缺失	38	17.2	39	17.6	39	17.6	42	19.0
均值	3.66		3.60		3.37		2.76	
中位数	4.00		4.00		3.00		3.00	
标准差	1.784		1.714		1.725		1.791	

2. 差异分析

(1) 方差检验。

表4-6显示，不同地区、产权以及规模的企业间存在较大差异。

---

① 问卷给出了价格成本、质量技术、客户服务和设计创新四个方面供反馈者评价所面临的竞争重点，每个方面均用0—6来衡量，0表示不是竞争主要表现方面，以此类推。

表 4－6 企业市场竞争重点方差检验结果

项目		价格成本	质量技术	客户服务	设计创新
地区差异	F 值	1.370	0.558	1.737	3.681
	Sig.	0.257	0.573	0.179	0.027
具体差异（均值）	东南部沿海	3.56	3.66	3.49	2.94
	东北部	3.81	3.24	2.90	2.00
	中西部	4.29	3.61	2.88	2.13
产权差异	F 值	0.257	1.250	1.765	3.901
	Sig.	0.856	0.293	0.156	0.010
具体差异（均值）	上市公司	3.67	3.49	3.37	2.11
	外资企业	3.51	3.96	3.50	3.16
	民营企业	3.70	3.33	3.84	3.27
	国有企业	3.80	3.47	3.00	2.54
规模差异	F 值	2.320	0.817	0.671	0.491
	Sig.	0.077	0.486	0.571	0.689
具体差异（均值）	小型企业	3.15	3.48	3.46	2.88
	中型企业	3.97	3.86	3.57	2.89
	大型企业	3.51	3.44	3.17	2.76
	特大型企业	4.19	3.42	3.17	2.40
行业差异	F 值	4.374	7.082	8.883	0.750
	Sig.	0.038	0.008	0.003	0.388
具体差异（均值）	制造业	3.89	3.88	3.06	2.86
	非制造业	3.33	3.20	3.82	2.62
行业差异	F 值	0.343	7.145	0.301	0.548
	Sig.	0.559	0.008	0.584	0.461
具体差异（均值）	高科技行业	3.81	4.25	3.67	3.00
	传统行业	3.60	3.34	3.48	2.73

从区域角度看，不同地区间在是否以“设计创新”作为竞争重点上有比

较大的差异。东南部地区平均值为2.94，东北部地区2.00，中西部地区2.13；东南部地区最注重在创新方面的竞争。经济发达地区能够吸引优秀人才，引进国外先进技术，因此企业间竞争的重点更多地体现在创新方面。

从产权角度看，不同性质的企业在竞争重点是否在“设计创新”方面也有较大的差异。上市公司平均值为2.11，外资公司3.16，民营企业3.27，国有非上市企业2.54。上市公司对于这方面的竞争最不重视，其次是国有非上市企业、外资企业，民营企业却将其视为企业竞争的重中之重。民营企业受到客观的限制，无法达到规模效应来降低成本，它们势必以差异化的战略在竞争中取胜，因此，竞争重点就放在了设计创新上。

从规模角度看，不同规模的企业在是否以“价格成本”作为竞争重点上有比较大的差异。小规模企业平均值为3.15，中等规模为3.97，较大规模为3.51，特大规模为4.19；企业规模的大小跟其对价格成本在竞争中地位的认识基本呈正比。因此，我国企业降低成本的重要途径仍然是规模扩张。

在制造业与非制造业之间，显示出了非常大的行业区别，竞争重点在“价格成本”、“质量技术”、“客户服务”方面都有显著差异，具体表现在：制造业企业的竞争重点集中在“价格成本”以及“质量技术”上；而非制造业企业则更为注重“客户服务”方面。这比较符合行业特征，制造业销售的主要是有形产品，消费者对有形产品的要求毫无疑问是体现在价格和质量上的；而非制造业的竞争重点偏向于客户服务，非制造业以服务业居多，服务业的产出直接作用在客户身上，客户对服务满意则视为在竞争中取胜，因此以客户服务作为非制造业的竞争重点相当合理。

传统行业与高科技行业之间，竞争重点是否在“质量技术”上有比较大的差异。传统行业均值为3.34，高科技行业为4.25。高科技行业比传统行业更加注重产品的质量与技术。

（2）T－检验。

表4－7对不同分类角度中的企业类别再进行两两独立样本间的T检验。

从区域角度看，对于“设计创新”是否为竞争重点的显著性区别主要是由东南部沿海地区与其他两个地区间的差异引起的，东南部沿海地区的企业更注重“设计创新”方面的竞争。

表 4－7　企业市场竞争重点 T 检验结果

项目			价格成本	质量技术	客户服务	设计创新
地区差异	东南部沿海 vs. 东北部	T 值	－0.577	1.065	1.453	2.296
		Sig.（2－tailed）	0.565	0.289	0.148	0.023
	东南部沿海 vs. 中西部	T 值	－1.618	0.124	1.344	1.724
		Sig.（2－tailed）	0.108	0.902	0.181	0.087
	东北部 vs. 中西部	T 值	－0.925	－0.639	0.049	－0.211
		Sig.（2－tailed）	0.361	0.527	0.961	0.834
产权差异	上市公司 vs. 外资企业	T 值	0.426	－1.364	－0.343	－2.855
		Sig.（2－tailed）	0.671	0.176	0.733	0.005
	上市公司 vs. 民营企业	T 值	－0.077	0.356	－1.051	－2.596
		Sig.（2－tailed）	0.939	0.723	0.297	0.012
	上市公司 vs. 国有企业	T 值	－0.374	0.037	1.020	－1.201
		Sig.（2－tailed）	0.710	0.970	0.311	0.233
	外资企业 vs. 民营企业	T 值	－0.453	1.669	－0.889	－0.253
		Sig.（2－tailed）	0.652	0.099	0.376	0.801
	外资企业 vs. 国有企业	T 值	－0.861	1.565	1.633	1.950
		Sig.（2－tailed）	0.391	0.120	0.105	0.054
	民营企业 vs. 国有企业	T 值	－0.247	－0.357	2.370	1.859
		Sig.（2－tailed）	0.806	0.722	0.020	0.067

续表

项目			价格成本	质量技术	客户服务	设计创新
规模差异	小型企业 vs. 中型企业	T 值	-2.091	-1.007	-0.267	-0.030
		Sig.（2-tailed）	0.039	0.317	0.790	0.976
	小型企业 vs. 大型企业	T 值	-0.828	0.106	0.682	0.247
		Sig.（2-tailed）	0.410	0.916	0.497	0.805
	小型企业 vs. 特大型企业	T 值	-2.383	0.111	0.602	1.006
		Sig.（2-tailed）	0.021	0.912	0.550	0.320
	中型企业 vs. 大型企业	T 值	1.422	1.448	1.266	0.385
		Sig.（2-tailed）	0.158	0.150	0.208	0.701
	中型企业 vs. 特大型企业	T 值	-0.585	1.185	1.008	1.288
		Sig.（2-tailed）	0.560	0.239	0.316	0.201
	大型企业 vs. 特大型企业	T 值	-1.630	0.032	0.014	0.826
		Sig.（2-tailed）	0.107	0.975	0.989	0.411
行业差异	制造业 vs. 非制造业	T 值	-2.091	-2.661	2.981	-0.866
		Sig.（2-tailed）	0.038	0.008	0.003	0.388
	高科技行业 vs. 传统行业	T 值	-0.585	-2.673	-0.549	-0.740
		Sig.（2-tailed）	0.559	0.008	0.584	0.461

从产权角度看，对于“设计创新”是否为竞争重点的显著性区别主要存在于“外资企业、民营企业”与“上市公司、国有企业”之间，外资企业和民营企业要比国有企业和上市公司更注重“设计创新”方面的竞争。而外资企业与民营企业之间在是否以“质量技术”作为竞争点也有显著区别，外资企业比民营企业在竞争上要更加注重“质量技术”。另外，在“客户服务”这个竞争点上，民营企业与国有企业之间也有显著区别，民营企业要比国有企业更加注重“客户服务”方面的竞争。

从规模角度看，对于“价格成本”是否为竞争重点的显著性区别主要存在于“小型企业”与“中型企业、特大型企业”之间，小型企业对“价格成本”竞争的重视程度要显著低于中型企业，但是显著高于特大型企业。

（3）Wilcoxon 检验。

表 4 -8 用 Wilcoxon 检验，结果基本与 T 检验结果一致。只有外资企业与民营企业在“质量技术”方面的竞争重视度没有显示出显著的区别，但是 sig 值为 0.112，也比较接近 10% 了；外资企业与国有企业在是否以“客户服务”为竞争重点上，sig 值为 0.098，在 10% 水平上显著有差别，但是差异程度不是特别明显。

（三）企业战略重点

1. 描述性统计

了解竞争环境及竞争对手的实力，以及本身竞争优势以后，企业形成自身竞争战略[①]。

表 4 -9 说明，选择成本领先战略的企业占大多数，同时可以看出企业对创新和人才不够重视。企业除了通过自身优势整合，通过降低成本打败竞争对手，还可以通过差异化战略克敌制胜。

2. 差异分析

（1）方差检验。

---

① 问卷将企业可能采用的战略重点分成六类：（1）创新产品，强调技术的先进性、设计的新颖性；（2）追求质量，避免退货、返工等质量问题；（3）客户为中心，强调客户服务，重视客户满意度；（4）降低成本，减少消耗，提高盈利性；（5）提高市场占有率，扩展新领域和新市场；（6）人才为中心，吸引、培养、留住人才。

表 4-8　企业市场竞争重点 Wilcoxon 检验结果

项目			价格成本	质量技术	客户服务	设计创新
地区差异	东南部沿海 vs. 东北部	Z 值	-0.639	-1.011	-1.339	-2.221
		Sig.（2-tailed）	0.523	0.312	0.181	0.026
	东南部沿海 vs. 中西部	Z 值	-1.413	-0.025	-1.350	-1.759
		Sig.（2-tailed）	0.158	0.980	0.177	0.079
	东北部 vs. 中西部	Z 值	-0.600	-0.690	-0.140	0.000
		Sig.（2-tailed）	0.549	0.490	0.889	1.000
产权差异	上市公司 vs. 外资企业	Z 值	-0.313	-1.239	-0.207	-2.709
		Sig.（2-tailed）	0.754	0.215	0.836	0.007
	上市公司 vs. 民营企业	Z 值	-0.203	-0.467	-0.901	-2.414
		Sig.（2-tailed）	0.839	0.641	0.367	0.016
	上市公司 vs. 国有企业	Z 值	-0.430	-0.107	-1.118	-1.251
		Sig.（2-tailed）	0.667	0.915	0.263	0.211
	外资企业 vs. 民营企业	Z 值	-0.462	-1.589	-0.942	-0.234
		Sig.（2-tailed）	0.644	0.112	0.346	0.815
	外资企业 vs. 国有企业	Z 值	-0.786	-1.533	-1.653	-1.905
		Sig.（2-tailed）	0.432	0.125	0.098	0.057
	民营企业 vs. 国有企业	Z 值	-0.149	-0.536	-2.441	-1.732
		Sig.（2-tailed）	0.881	0.592	0.015	0.083

续表

项目			价格成本	质量技术	客户服务	设计创新
规模差异	小型企业 vs. 中型企业	Z 值	-2. 142	-0. 523	-0. 090	-0. 078
		Sig.（2 - tailed）	0. 032	0. 601	0. 929	0. 938
	小型企业 vs. 大型企业	Z 值	-0. 986	-0. 320	-0. 718	-0. 221
		Sig.（2 - tailed）	0. 324	0. 749	0. 473	0. 825
	小型企业 vs. 特大型企业	Z 值	-2. 326	-0. 300	-0. 673	-0. 838
		Sig.（2 - tailed）	0. 020	0. 764	0. 501	0. 402
	中型企业 vs. 大型企业	Z 值	-1. 309	-1. 416	-1. 229	-0. 493
		Sig.（2 - tailed）	0. 190	0. 157	0. 219	0. 622
	中型企业 vs. 特大型企业	Z 值	-0. 452	-0. 924	-0. 999	-1. 183
		Sig.（2 - tailed）	0. 651	0. 356	0. 318	0. 237
	大型企业 vs. 特大型企业	Z 值	-1. 454	-0. 133	-0. 078	-0. 637
		Sig.（2 - tailed）	0. 146	0. 894	0. 938	0. 524
行业差异	制造业 vs. 非制造业	Z 值	-2. 124	-2. 532	-3. 018	-0. 784
		Sig.（2 - tailed）	0. 034	0. 011	0. 003	0. 433
	高科技行业 vs. 传统行业	Z 值	-0. 541	-2. 616	-0. 548	-0. 776
		Sig.（2 - tailed）	0. 589	0. 009	0. 584	0. 438

表 4-9　　企业战略重点选择的样本描述性统计

项目 分值	创新		质量		客户		成本		市场		人才	
	频数	百分比	频数	百分比	频数	百分比	频数	百分比	频数	百分比	频数	百分比
1	40	18.1	29	13.1	18	8.1	20	9.0	31	14.0	44	19.9
2	36	16.3	39	17.6	27	12.2	21	9.5	20	9.0	35	15.8
3	25	11.3	32	14.5	28	12.7	31	14.0	28	12.7	34	15.4
4	28	12.7	26	11.8	37	16.7	38	17.2	33	14.9	31	14.0
5	26	11.8	33	14.9	27	12.2	33	14.9	40	18.1	32	14.5
6	25	11.3	24	10.9	46	20.8	43	19.5	36	16.3	12	5.4
缺失	41	18.6	38	17.2	38	17.2	35	15.8	33	14.9	33	14.9
均值	3.22		3.37		3.91		3.92		3.74		3.04	
中位数	3.00		3.00		4.00		4.00		4.00		3.00	
标准差	1.744		1.665		1.670		1.642		1.728		1.598	

不同地区的企业中，中西部地区的企业最为重视“成本”在竞争战略中的地位，均值为4.71，其次是东北部4.14，东南沿海地区企业重视程度最低，均值为3.78。原因在于：东南沿海地区的竞争重点在创新方面，寻求产品及服务的差异化，因此成本在战略中的重要性有所下降；而中西部和东北部地区的企业差异化战略的实施条件还不够成熟，因此还是将成本领先视为企业的最重要竞争战略（见表4－10）。

表4－10　　企业战略重点的方差检验结果

项目		创新	质量	客户	成本	市场	人才
地区差异	F值	0.527	1.315	0.334	2.651	0.557	1.587
	Sig.	0.591	0.271	0.716	0.073	0.574	0.207
具体差异（均值）	东南部沿海	3.27	3.38	3.94	3.78	3.68	3.08
	东北部	2.86	3.81	3.90	4.14	4.10	2.52
	中西部	3.13	2.94	3.59	4.71	3.83	3.39
产权差异	F值	3.485	0.721	1.149	1.555	3.514	0.202
	Sig.	0.017	0.541	0.331	0.202	0.016	0.895
具体差异（均值）	上市公司	2.47	3.05	4.33	4.31	4.33	3.20
	外资企业	3.61	3.52	3.73	3.59	3.47	2.95
	民营企业	3.40	3.53	3.90	4.00	3.16	3.00
	国有企业	3.23	3.34	3.79	3.96	3.92	3.05
规模差异	F值	1.266	0.195	2.301	2.451	0.603	1.052
	Sig.	0.288	0.900	0.079	0.065	0.614	0.371
具体差异（均值）	小型企业	3.04	3.44	3.38	3.56	3.55	3.52
	中型企业	3.59	3.36	4.11	3.76	3.56	2.95
	大型企业	3.13	3.33	4.05	4.00	3.91	2.95
	特大型企业	2.96	3.12	3.32	4.65	3.88	3.19
行业差异	F值	4.828	8.227	25.857	1.714	0.008	1.397
	Sig.	0.029	0.005	0.000	0.192	0.927	0.239
具体差异（均值）	制造业	3.45	3.65	3.42	4.05	3.73	2.93
	非制造业	2.88	2.95	4.62	3.73	3.75	3.21

续表

项目		创新	质量	客户	成本	市场	人才
行业差异	F值	1.395	0.256	0.746	0.019	0.453	0.445
	Sig.	0.240	0.614	0.389	0.890	0.502	0.506
具体差异（均值）	高科技行业	3.39	3.24	3.82	3.84	3.53	3.24
	传统行业	2.98	3.42	4.10	3.89	3.75	3.03

不同产权的企业中，对战略的偏重点也不同：上市公司和国有非上市企业明显偏向“市场”战略，在这一竞争战略上，上市公司、国有企业、民营企业、外资企业均值依次为4.33、3.92、3.16、3.47；民营企业和外资企业则偏向“创新”战略，在这一战略上，上市公司、国有企业、民营企业、外资企业均值依次为2.47、3.23、3.40、3.61。值得一提的是上市公司对市场的重视程度，不仅仅远远高于民营和外资企业，比起国有非上市企业也很悬殊。

不同规模的企业中，“客户”和“成本”战略存在不同看法：①企业的规模跟客户在企业战略中的地位呈“∩”形分布，小规模、中等规模、较大规模、特大规模在“客户”战略上均值依次为：3.38、4.11、4.05、3.32。这是因为当企业规模比较小的时候，自身条件的约束使得其无法形成忠诚的客户；等企业发展到一定阶段，规模也达到一定水平，就会形成比较固定的客户群，这就需要将企业战略重点转移到“客户为中心，强调客户服务，重视客户满意度”上面；企业规模达到了行业中的“航空母舰”水平时（即特大规模），市场普遍接受了该企业所生产的产品，忠诚的客户群已经形成，这时企业将战略重点转移到其他方面。②企业的规模跟成本在企业战略中的地位基本呈同方向增长，小规模、中等规模、较大规模、特大规模在“成本”战略上均值依次为：3.56、3.76、4.00、4.65。在竞争形势的分析中已经明确得到企业规模的大小跟其对价格成本在竞争中地位的认识呈正比，规模越大的企业认为价格成本越重要，这种认识反映到企业战略中就是规模越大的企业越是把降低成本作为战略重点。

不同行业的企业中，制造业企业主要采用“创新”和“质量”战略，非制造业主要采用“客户”战略，这与其所面临的竞争形势基本相符。

（2）T检验。

表 4-11　　企业战略重点的 T 检验结果

项目			创新	质量	客户	成本	市场	人才
地区差异	东南部沿海 vs. 东北部	T 值	1.002	-1.104	0.084	-0.922	-1.035	1.499
		Sig.（2-tailed）	0.318	0.271	0.934	0.358	0.302	0.136
	东南部沿海 vs. 中西部	T 值	0.313	1.037	0.809	-2.200	-0.354	-0.778
		Sig.（2-tailed）	0.755	0.301	0.420	0.029	0.724	0.438
	东北部 vs. 中西部	T 值	-0.487	1.688	0.566	-1.184	0.472	-1.659
		Sig.（2-tailed）	0.630	0.100	0.575	0.244	0.640	0.106
产权差异	上市公司 vs. 外资企业	T 值	-3.240	-1.267	1.826	2.070	2.683	0.748
		Sig.（2-tailed）	0.002	0.208	0.071	0.041	0.009	0.456
	上市公司 vs. 民营企业	T 值	-2.197	-1.241	1.083	0.803	3.245	0.520
		Sig.（2-tailed）	0.032	0.219	0.283	0.425	0.002	0.605
	上市公司 vs. 国有企业	T 值	-2.305	-0.921	1.555	0.966	1.228	0.454
		Sig.（2-tailed）	0.023	0.359	0.123	0.337	0.222	0.651
	外资企业 vs. 民营企业	T 值	0.494	-0.038	-0.463	-1.181	0.775	-0.144
		Sig.（2-tailed）	0.623	0.970	0.645	0.241	0.440	0.886
	外资企业 vs. 国有企业	T 值	1.168	0.540	-0.182	-1.206	-1.351	-0.345
		Sig.（2-tailed）	0.245	0.590	0.856	0.230	0.180	0.731
	民营企业 vs. 国有企业	T 值	0.422	0.538	0.290	0.099	-1.857	-0.145
		Sig.（2-tailed）	0.674	0.592	0.773	0.922	0.067	0.885

续表

项目			创新	质量	客户	成本	市场	人才
规模差异	小型企业 vs. 中型企业	T值	-1.320	0.205	-1.904	-0.524	-0.023	1.585
		Sig.（2-tailed）	0.190	0.838	0.060	0.602	0.982	0.116
	小型企业 vs. 大型企业	T值	-0.199	0.282	-1.730	-1.235	-0.900	1.607
		Sig.（2-tailed）	0.843	0.779	0.087	0.220	0.370	0.112
	小型企业 vs. 特大型企业	T值	0.163	0.725	0.138	-2.267	-0.738	0.764
		Sig.（2-tailed）	0.871	0.472	0.891	0.028	0.464	0.448
	中型企业 vs. 大型企业	T值	1.444	0.119	0.186	-0.842	-1.123	0.022
		Sig.（2-tailed）	0.151	0.905	0.853	0.401	0.264	0.983
	中型企业 vs. 特大型企业	T值	1.587	0.683	1.964	-2.259	-0.831	-0.638
		Sig.（2-tailed）	0.116	0.497	0.053	0.026	0.408	0.525
	大型企业 vs. 特大型企业	T值	0.403	0.558	1.791	-1.814	0.071	-0.657
		Sig.（2-tailed）	0.688	0.578	0.077	0.073	0.943	0.513
行业差异	制造业 vs. 非制造业	T值	-2.197	-2.868	5.085	-1.309	0.092	1.182
		Sig.（2-tailed）	0.029	0.005	0.000	0.192	0.927	0.239
	高科技行业 vs. 传统行业	T值	-1.181	0.506	0.864	0.138	0.673	-0.667
		Sig.（2-tailed）	0.240	0.614	0.389	0.890	0.502	0.506

表 4 – 12　企业战略重点的 Wilcoxon 检验结果

项目			创新	质量	客户	成本	市场	人才
地区差异	东南部沿海 vs. 东北部	Z 值	-0.928	-1.134	-0.134	-0.917	-1.047	-1.583
		Sig.（2 – tailed）	0.353	0.257	0.894	0.359	0.295	0.113
	东南部沿海 vs. 中西部	Z 值	-0.324	-1.096	-0.698	-2.098	-0.385	-0.819
		Sig.（2 – tailed）	0.746	0.273	0.485	0.036	0.700	0.413
	东北部 vs. 中西部	Z 值	-0.515	-1.604	-0.496	-1.064	-0.431	-1.742
		Sig.（2 – tailed）	0.607	0.109	0.620	0.287	0.667	0.081
产权差异	上市公司 vs. 外资企业	Z 值	-3.027	-1.096	-1.826	-2.199	-2.336	-0.769
		Sig.（2 – tailed）	0.002	0.273	0.068	0.028	0.020	0.442
	上市公司 vs. 民营企业	Z 值	-1.866	-1.255	-1.017	-1.293	-2.863	-0.477
		Sig.（2 – tailed）	0.062	0.209	0.309	0.196	0.004	0.633
	上市公司 vs. 国有企业	Z 值	-2.305	-1.003	-1.479	-1.021	-0.638	-0.413
		Sig.（2 – tailed）	0.021	0.316	0.139	0.307	0.524	0.679
	外资企业 vs. 民营企业	Z 值	-0.438	-0.046	-0.474	-1.128	-0.787	-0.184
		Sig.（2 – tailed）	0.662	0.963	0.636	0.259	0.431	0.854
	外资企业 vs. 国有企业	Z 值	-1.139	-0.524	-0.254	-1.223	-1.516	-0.383
		Sig.（2 – tailed）	0.255	0.600	0.800	0.221	0.130	0.702
	民营企业 vs. 国有企业	Z 值	-0.253	-0.547	-0.298	-0.009	-1.754	-0.112
		Sig.（2 – tailed）	0.800	0.584	0.766	0.993	0.080	0.910

续表

项目			创新	质量	客户	成本	市场	人才
规模差异	小型企业 vs. 中型企业	Z 值	-1.341	-0.116	-1.942	-0.492	-0.062	-1.590
		Sig.（2-tailed）	0.180	0.907	0.052	0.622	0.951	0.112
	小型企业 vs. 大型企业	Z 值	-0.244	-0.271	-1.730	-1.033	-0.943	-1.594
		Sig.（2-tailed）	0.808	0.786	0.084	0.301	0.346	0.111
	小型企业 vs. 特大型企业	Z 值	-0.010	-0.617	-0.259	-2.389	-0.755	-0.763
		Sig.（2-tailed）	0.992	0.537	0.796	0.017	0.450	0.446
	中型企业 vs. 大型企业	Z 值	-1.555	-0.106	-0.194	-0.688	-1.226	-0.018
		Sig.（2-tailed）	0.120	0.916	0.846	0.491	0.220	0.986
	中型企业 vs. 特大型企业	Z 值	-1.530	-0.527	-1.927	-2.425	-0.788	-0.662
		Sig.（2-tailed）	0.126	0.598	0.054	0.015	0.431	0.508
	大型企业 vs. 特大型企业	Z 值	-0.354	-0.520	-1.744	-2.205	-0.251	-0.650
		Sig.（2-tailed）	0.723	0.603	0.081	0.027	0.802	0.516
行业差异	制造业 vs. 非制造业	Z 值	-2.103	-2.787	-4.869	-1.371	-0.172	-1.289
		Sig.（2-tailed）	0.035	0.005	0.000	0.170	0.864	0.198
	高科技行业 vs. 传统行业	Z 值	-1.182	-0.525	-0.863	-0.090	-0.705	-0.630
		Sig.（2-tailed）	0.237	0.600	0.388	0.928	0.481	0.529

表 4－11 对不同分类角度中的企业类别再进行两两独立样本间的 T 检验。

从区域角度看，中西部地区的企业要显著比东南部地区的企业更重视“成本”战略；东北部地区的企业要比中西部地区的企业更加重视“质量”这一战略。

从产权角度看，在上市公司与外资企业对比中，上市公司明显更注重“客户”、“成本”和“市场”战略，而外资企业则更注重“创新”战略；在上市公司与民营企业对比中，上市公司较重视“市场”战略，而民营企业更重视“创新”战略；在上市公司与国有企业对比中，显著性差别只表现在“创新”这一战略上，国有企业要比上市公司更加重视“创新”这一战略；在民营企业与国有企业对比中，差异则显著体现在“市场”这一战略上，国有企业更加重视这一战略。

从规模角度看，不同规模的企业只在“客户”和“成本”两个战略上表现出了不同的重视程度。“中型企业、大型企业”比“小型企业、特大型企业”要更加重视“客户”战略；特大型企业在“成本”战略上要比其他三种规模的企业都重视。

(3) Wilcoxon 检验。

表 4－12 用 Wilcoxon 检验，结果基本与 T 检验结果一致。只有东北部和中西部地区企业在“质量”和“人才”两个战略的重视程度上有略微的差异。在“质量”战略上，没有显示出显著的区别，但是 sig 值为 0.109，也比较接近 10% 了；在“人才”战略上，sig 值为 0.081，在 10% 水平上有显著差别。

(四) 战略选择与竞争形势符合程度分析

总体上看，企业的战略重点选择与企业的竞争环境和竞争重点表现出明显的相关性，由此可见，企业的战略重点选择表现出相当的理性。

按照波特经典的战略成本理论，企业的竞争战略主要分为成本领先战略、差异化战略和聚焦战略。本调查问卷，为详细了解企业对战略的选择，将其进一步分成创新、质量、客户、成本、市场和人才六个部分供答卷者进行排序。“提高市场占有率，扩展新领域和新市场”是为了扩大企业规模，企业规模达到一定水平就可以形成规模效应，进一步达到降低成本的效果，因此可以将提高市场占有率和降低成本视为“成本领先战略”；“差异化战略”体现在竞争对手无法模仿的特质，如产品具有独特的功能，或具有新材料、新工艺和新设备等方面的专利技术，或者企业具有的巨大科技、资金、人才方面实力使对手望尘莫及的特征，因此将创新和人才两部分归为“差异化战略”；质量的本质是满足客户的需求，因此可以跟客户部分一起归为“客户战略”。对所有数据进行聚类，结果也证实这种分类方法是比较合理的。以每份问卷中选择6的选项视为企业所选择的战略进行重新赋值，并统计：

选择成本领先战略的企业有51家，占所有企业的38.1%；

选择差异化战略的企业有23家，占所有企业的17.2%；

选择客户战略的企业有32家，占所有企业的23.9%。

从以上数据可以看出，我国大多数企业执行成本领先竞争战略；差异化战略还没有得到充分的重视。再分别对不同地区、规模、产权、行业的企业进行单因素分析，发现不同产权的企业对战略的选择有所不同（F值2.925，P值0.037）；上市公司和国有企业偏向于成本领先战略，外资企业和民营企业偏向于差异化战略。

企业制定战略是为了应付其所面临的竞争形势，因此两者应该相匹配。将创新战略、客户战略、成本战略分别与以创新为竞争重点、以客户服务为竞争重点、以价格成本为竞争重点的数据一一配对进行单因素方差分析，分析结果显示，企业战略的选择跟其所面临的竞争形势完全相符（创新的F值为4.443，P值为0.001；客户的F值为2.506，P值为0.027；成本的F值为6.061，P值达到0.000）；企业的竞争形势决定了战略的选择。以创新为例，企业间竞争集中在创新方面时（选择5、6居多），企业战略的选择也主要是“创新产品，强调技术的先进性、设计的新颖性”（选择5、6居多）。

二、战略对成本管理的影响

（一）战略分类

按照波特经典的战略成本理论，企业的竞争战略主要分为成本领先战略、差异化战略和聚焦战略。本调查问卷，为详细了解企业对战略的选择，将其进一步分成创新、质量、客户、成本、市场和人才六个部分供答卷者进行排序。“提高市场占有率，扩展新领域和新市场”是为了扩大企业规模，企业规模达到一定水平就可以形成规模效应，进一步达到降低成本的效果，因此可以将提高市场占有率和降低成本视为“成本领先战略”；“差异化战略”体现在竞争对手无法模仿的特质，如产品具有独特的功能，或具有新材料、新工艺和新设备等方面的专利技术，或者企业具有的巨大科技、资金、人才方面实力使对手望尘莫及的特征，因此，将创新和人才两部分归为“差异化战略”；质量的本质是满足客户的需求，因此可以跟客户部分一起归为“客户战略”。对所有数据进行聚类，结果也证实这种分类方法是比较合理的。以每份问卷中选择6的选项视为企业所选择的战略进行重新赋值，并统计：

选择“成本领先战略”的企业有84家，占所有企业的38.0%；

选择“差异化战略”的企业有37家，占所有企业的16.7%；

选择“客户战略”的企业有69家，占所有企业的31.2%（还有31家数据缺失）；

从以上数据可以看出，我国大多数企业执行成本领先竞争战略；差异化战略还没有得到充分的重视。下面用单因素方差分析、T检验以及Wilcoxon检验三种方法分析同分类下，对于“成本领先”、“差异化”、“客户”战略的选择是否有显著差异（见表4-13）。

（1）地区差异。地区总体间没有显著差异。其中，东南部沿海地区与东北部地区在战略选择上有显著的差异，东南部地区的企业偏向于“差异化”及“客户”战略，而东北部地区的企业则偏向于传统的“成本”战略。

（2）产权差异。产权总体间没有显著差异。其中，外资企业与国有企业在战略选择上有显著差异，外资企业偏向于“差异化”、“客户”战略，而国有企业则偏向于传统的“成本”战略。

（3）规模差异。规模总体间没有显著差异。其中，小型企业、中型企业在战略选择上与特大型企业有着显著的差异，小型和中型企业由于规模受限，成本降低幅度小，因此选择“差异化”、“客户”战略居多；而大型企业则偏向于选择“成本”战略。

（4）行业差异。制造业企业与非制造业企业在战略选择上也有显著的差异，主要表现在非制造业偏向于“差异化”与“客户”战略，而制造业企业则偏向于“成本”战略，这主要是由行业特点决定的。

（5）高科技行业与传统行业对于战略的选择没有显著差异。

表 4 - 13　　企业战略选择检验结果

方差检验			比较样本名称	T 检验		Wilcoxon 检验	
地区差异	F 值	1.889	东南部沿海 vs. 东北部	T 值	1.702	Z 值	-1.699
	Sig.	0.154		Sig.（2 - tailed）	0.091	Sig.（2 - tailed）	0.089
			东南部沿海 vs. 中西部	T 值	1.152	Z 值	-1.179
	东南部沿海	1.98		Sig.（2 - tailed）	0.251	Sig.（2 - tailed）	0.238
	东北部	1.64	东北部 vs. 中西部	T 值	-0.301	Z 值	-0.171
	中西部	1.72		Sig.（2 - tailed）	0.765	Sig.（2 - tailed）	0.864
产权差异	F 值	1.586	上市公司 vs. 外资企业	T 值	-0.906	Z 值	-0.907
				Sig.（2 - tailed）	0.367	Sig.（2 - tailed）	0.365
	Sig.	0.194	上市公司 vs. 民营企业	T 值	-0.600	Z 值	-0.628
				Sig.（2 - tailed）	0.551	Sig.（2 - tailed）	0.530
	上市公司	1.90	上市公司 vs. 国有企业	T 值	0.896	Z 值	-0.827
				Sig.（2 - tailed）	0.372	Sig.（2 - tailed）	0.408
	外资企业	2.07	外资企业 vs. 民营企业	T 值	0.184	Z 值	-0.186
				Sig.（2 - tailed）	0.854	Sig.（2 - tailed）	0.853
	民营企业	2.03	外资企业 vs. 国有企业	T 值	2.086	Z 值	-2.096
				Sig.（2 - tailed）	0.039	Sig.（2 - tailed）	0.036
	国有企业	1.73	民营企业 vs. 国有企业	T 值	1.538	Z 值	-1.579
				Sig.（2 - tailed）	0.128	Sig.（2 - tailed）	0.114

续表

	方差检验		比较样本名称	T检验		Wilcoxon检验	
规模差异	F值	1.930	小型企业 vs. 中型企业	T值	-0.379	Z值	-0.400
				Sig.（2-tailed）	0.705	Sig.（2-tailed）	0.689
	Sig.	0.126	小型企业 vs. 大型企业	T值	0.765	Z值	-0.830
				Sig.（2-tailed）	0.446	Sig.（2-tailed）	0.407
	小型企业	2.00	小型企业 vs. 特大型企业	T值	1.678	Z值	-1.730
				Sig.（2-tailed）	0.099	Sig.（2-tailed）	0.084
	中型企业	2.07	中型企业 vs. 大型企业	T值	1.423	Z值	-1.428
				Sig.（2-tailed）	0.157	Sig.（2-tailed）	0.153
	大型企业	1.84	中型企业 vs. 特大型企业	T值	2.265	Z值	-2.229
				Sig.（2-tailed）	0.026	Sig.（2-tailed）	0.026
	特大型企业	1.62	大型企业 vs. 特大型企业	T值	1.086	Z值	-1.073
				Sig.（2-tailed）	0.281	Sig.（2-tailed）	0.283
行业差异	F值	5.517	制造业 vs. 非制造业	T值	2.349	Z值	-2.296
	Sig.	0.020					
	制造业	1.80		Sig.（2-tailed）	0.020	Sig.（2-tailed）	0.022
	非制造业	2.10					
行业差异	F值	0.231	高科技行业 vs. 传统行业	T值	-0.481	Z值	-0.484
	Sig.	0.632					
	高科技行业	1.94		Sig.（2-tailed）	0.632	Sig.（2-tailed）	0.628
	传统行业	2.03					

（二）战略选择与竞争形势符合程度分析

企业制定战略是为了应付其所面临的竞争形势，因此两者应该相匹配。将创新战略、客户战略、成本战略分别与以创新为竞争重点、以客户服务为竞争重点、以价格成本为竞争重点的数据一一配对进行单因素方差分析，分析结果如表 4－14 所示。

表 4－14　企业战略选择与竞争形势符合程度方差检验结果

项目	价格成本	客户服务	设计创新
F 值	6.836	12.734	10.467
Sig.	0.001	0.000	0.000
成本领先战略	4.14	2.70	2.17
差异化战略	2.94	3.74	3.68
客户战略	3.41	4.00	3.02

表 4－14 显示，企业战略的选择跟其所面临的竞争形势完全相符；企业的竞争形势决定了战略的选择。以创新为例，企业间竞争集中在创新方面时（选择 5、6 居多），企业战略的选择也主要是“创新产品，强调技术的先进性、设计的新颖性”（选择 5、6 居多）。

表 4－15　企业战略选择与竞争形势符合程度 T 检验结果

项　目		价格成本	客户服务	设计创新
成本领先 vs. 差异化	T 值	3.500	－3.080	－4.523
	Sig.（2－tailed）	0.001	0.003	0.000
成本领先 vs. 客户	T 值	2.604	－4.873	－2.931
	Sig.（2－tailed）	0.010	0.000	0.004
差异化 vs. 客户	T 值	－1.213	－0.775	1.766
	Sig.（2－tailed）	0.228	0.440	0.081

表 4－15 显示，从 T 检验结果可以看出：

（1）采用“成本领先”战略的企业，所处行业在“价格成本”方面的竞争显著地比选择“差异化”和“客户”战略的企业要激烈。

（2）采用“客户”战略的企业，所处的行业显然在“客户服务”方面竞争要比采用其他战略的企业激烈，但是采用“差异化”战略的企业在“客户服务”方面所面临的竞争也非常激烈，两类企业没有显著区别，但都要比采用“成本领先”战略的企业激烈。

（3）在“设计创新”方面的竞争，采用三类战略的企业间都有显著区别，激烈程度分别是采用“差异化”战略的企业、“客户”战略的企业、“成本领先”战略的企业依次递减。

表 4－16　企业战略选择与竞争形势符合程度 Wilcoxon 检验结果

项目		价格成本	客户服务	设计创新
成本领先 vs. 差异化	Z 值	－3.268	－3.000	－4.184
	Sig.（2－tailed）	0.001	0.003	0.000
成本领先 vs. 客户	Z 值	－2.496	－4.692	－2.791
	Sig.（2－tailed）	0.013	0.000	0.005
差异化 vs. 客户	Z 值	－1.181	－0.837	－1.706
	Sig.（2－tailed）	0.238	0.402	0.088

表 4－16 的 Wilcoxon 检验的结果与 T 检验结果一致。

（三）不同战略的企业成本信息使用情况分析

表 4－17　不同战略的企业成本信息使用情况方差检验结果

项目	存货	定价	产量	预算	投资	招标	评价	报酬
F 值	0.111	0.503	2.740	1.528	0.721	2.490	0.670	0.996
Sig.	0.895	0.606	0.067	0.220	0.488	0.086	0.513	0.371
成本领先战略	3.21	3.46	2.38	4.04	3.08	2.47	3.77	2.57
差异化战略	3.24	3.76	3.24	3.89	2.71	2.80	3.51	3.06
客户战略	3.10	3.44	2.64	3.61	3.07	3.18	3.49	2.84

表 4－17 显示，以差异化作为企业战略的企业对成本信息的使用是最多的；以客户作为战略的企业使用最少；而以成本领先作为战略的企业对成本信息的使用比较极端，这表明这种战略的企业目标比较明确，对自身有用的信息

尽量多用，对自身没用的信息尽量少用。从理论上讲，成本领先企业应该比较重视成本的控制，会使用比较多的成本信息，但是事实却并非如此。产生这种情况可能跟战略分类产生的系统性偏差有一定关系，相信与企业对成本信息认识不足也有关。

再具体到每项管理上，“产量品种决策”和“招投标”方面，三种战略的使用情况有明显区别。采用成本领先战略企业在这两个方面对成本信息使用都最少，在“产量品种决策”中，采用差异化战略的企业使用成本信息最多；而在“招投标”中，采用客户战略的企业使用成本信息最多。

表 4-18　　不同战略的企业成本信息使用情况 T 检验结果

项　目		存货	定价	产量	预算	投资	招标	评价	报酬
成本领先 vs. 差异化	T 值	-0.114	-0.931	-2.455	0.542	1.142	-0.844	0.861	-1.349
	Sig. (2-tailed)	0.909	0.354	0.016	0.589	0.256	0.401	0.391	0.180
成本领先 vs. 客户	T 值	0.371	0.038	-0.809	1.691	0.044	-2.267	1.055	-0.868
	Sig. (2-tailed)	0.711	0.969	0.420	0.093	0.965	0.025	0.293	0.387
差异化 vs. 客户	T 值	0.459	0.963	1.533	0.896	-1.052	-0.984	0.063	0.606
	Sig. (2-tailed)	0.648	0.338	0.129	0.372	0.296	0.328	0.950	0.546

由表 4-18 的 T 检验结果可以看出，在“产量决策”方面，采用差异化战略的企业使用的成本信息要显著多于采用成本领先战略的企业；在“预算”方面，采用成本领先战略的企业使用的成本信息要显著多于采用客户战略的企业；在“招标”方面，采用客户战略的企业使用的成本信息要显著多于采用成本领先战略的企业。

表 4-19　　不同战略的企业成本信息使用情况 Wilcoxon 检验结果

项　目		存货	定价	产量	预算	投资	招标	评价	报酬
成本领先 vs. 差异化	Z 值	-0.089	-0.508	-2.379	-0.846	-1.163	-0.776	-0.958	-1.311
	Sig. (2-tailed)	0.929	0.611	0.017	0.398	0.245	0.438	0.338	0.190

续表

项　目		存货	定价	产量	预算	投资	招标	评价	报酬
成本领先 vs. 客户	Z 值	-0.646	-0.155	-0.822	-1.533	-0.030	-2.230	-0.931	-0.874
	Sig. (2-tailed)	0.519	0.877	0.411	0.125	0.976	0.026	0.352	0.382
差异化 vs. 客户	Z 值	-0.418	-0.599	-1.374	-0.556	-1.082	-0.945	-0.102	-0.536
	Sig. (2-tailed)	0.676	0.549	0.169	0.578	0.279	0.345	0.919	0.592

表 4-19 的 Wilcoxon 检验的结果与 T 检验基本一致，只是在“预算”方面，采用成本领先战略的企业和采用客户战略的企业在使用成本信息量上没有表现出显著的区别，p 值为 0.125。

（四）不同战略的企业成本信息使用增量情况分析

表 4-20　不同战略的企业成本信息使用增量方差检验结果

项目	存货	定价	产量	预算	投资	招标	评价	报酬
F 值	3.029	1.994	2.285	1.093	2.082	0.052	1.058	0.685
Sig.	0.051	0.139	0.105	0.338	0.128	0.949	0.349	0.505
成本领先战略	2.58	2.64	2.63	2.63	2.49	2.47	2.64	2.53
差异化战略	2.70	2.76	2.68	2.70	2.74	2.46	2.70	2.57
客户战略	2.42	2.53	2.47	2.54	2.55	2.43	2.56	2.44

表 4-20 显示，在成本信息使用增量方面：以差异化为战略的企业使用量明显增加，说明该类企业管理思想逐渐成熟。3 年前，我国战略成本管理还处于起步阶段，企业选择差异化战略大多属于追赶潮流，对成本效益原则的约束考虑不足；经过实践，逐渐意识到只有在控制成本的基础上差异化，才是最为理想的竞争战略。因此，最近三年，差异化战略的企业纷纷更多地使用成本信息。执行客户战略的企业较少使用成本信息。

再具体到每项管理上，“存货管理”方面，三种战略的使用增量情况有明显区别。客户战略企业使用量提高得最少，差异化战略企业使用量提高得最多。

表 4－21　　　不同战略的企业成本信息使用增量 T 检验结果

项目		存货	定价	产量	预算	投资	招标	评价	报酬
成本领先 vs. 差异化	T 值	－1.067	－1.151	－0.487	－0.623	－1.989	0.083	－0.603	－0.376
	Sig.（2－tailed）	0.288	0.252	0.628	0.535	0.049	0.934	0.548	0.707
成本领先 vs. 客户	T 值	1.762	1.089	1.759	1.008	－0.588	0.327	1.028	0.918
	Sig.（2－tailed）	0.080	0.278	0.081	0.315	0.558	0.744	0.306	0.360
差异化 vs. 客户	T 值	2.155	1.978	1.803	1.437	1.641	0.176	1.346	1.082
	Sig.（2－tailed）	0.034	0.051	0.075	0.154	0.104	0.860	0.181	0.282

表 4－21 的 T 检验结果可以看出，在"存货管理"和"产量决策"方面，采用客户战略的企业对成本信息的使用量提高的幅度要显著低于采用其他两种战略的企业，采用其他两种战略的企业之间没有显著区别；在"定价"方面，采用差异化战略的企业对成本信息的使用量提高的幅度显著高于采用客户战略的企业；在"投资决策"方面，采用差异化战略的企业对成本信息的使用量提高的幅度显著高于采用成本领先战略的企业。

表 4－22　　　不同战略的企业成本信息使用增量 Wilcoxon 检验结果

项目		存货	定价	产量	预算	投资	招标	评价	报酬
成本领先 vs. 差异化	Z 值	－1.888	－1.277	－0.684	－0.835	－1.776	－0.057	－1.025	－0.733
	Sig.（2－tailed）	0.059	0.202	0.494	0.404	0.076	0.955	0.306	0.463
成本领先 vs. 客户	Z 值	－1.478	－1.131	－1.598	－1.250	－0.329	－0.289	－1.028	－1.098
	Sig.（2－tailed）	0.139	0.258	0.110	0.211	0.742	0.773	0.304	0.272
差异化 vs. 客户	Z 值	－2.715	－2.105	－1.890	－1.787	－1.542	－0.277	－1.753	－1.545
	Sig.（2－tailed）	0.007	0.035	0.059	0.074	0.123	0.782	0.080	0.122

表4－22用Wilcoxon检验得到的结果与T检验结果略有不同，在“存货管理”方面，采用差异化战略的企业对成本信息的使用量提高的幅度显著高于采用其他两种战略的企业，采用其他两种战略的企业之间没有显著区别；在“定价”、“产量决策”、“预算”、“业绩评价”方面，采用差异化战略的企业对成本信息的使用量提高的幅度都显著高于采用客户战略的企业；在“投资决策”方面，采用差异化战略的企业对成本信息的使用量提高的幅度显著高于采用成本领先战略的企业。

三、产品成本信息在企业的使用情况

产品成本信息对于企业是很重要的，既是企业内部决策的依据，同时也是企业对外报告的基础。在这一部分我们将分析国内企业成本信息在不同方面的使用情况；除此之外，我们也分析了与3年前相比，企业对成本信息使用的变化情况。在接下来的部分中，我们将分别按照成本信息使用的如下分类进行分析：总体情况、对外报告、存货管理、定价决策、产量品种决策、编制预算、投资决策、招投标、业绩评价以及确定报酬十个方面。其中总体情况部分将使用频数分析的方法简单描述成本信息使用情况及其变化。除此之外，将按照成本信息使用的九个方面分别阐述，每个方面将分别分析在不同因素影响下的差异，试图给读者呈现我国企业成本信息使用影响因素的大体情况。

（一）总体频数分析

1. 成本信息使用情况描述性统计

成本信息使用情况及其变化情况见表4－23和表4－24。由表4－23可知：

（1）在产品成本信息使用的方向中，“对外报告”中不使用产品成本信息的比例最高，占所有企业的比例为35%；而在“编制预算”中，常规性使用产品成本信息的比例最高，占到所有企业的54.1%。上述情况说明，在对外报告目的中，较多的企业不使用产品成本信息；在编制预算过程中，超过半数的企业会使用产品成本信息。

（2）观察样本企业常规性使用一列，可以发现，有半数左右的企业将产品成本信息常规性地用于编制预算、业绩评价以及定价决策；而在其他的所有使用方向上，国内企业约有1/3都会常规性地使用产品成本信息。

（3）观察不使用一列，可以发现对外报告中不使用产品成本信息的较多，约占所有企业的1/3；在编制预算中不使用产品成本信息的企业较少，只占所有企业的2.9%。可见大部分的企业在编制预算中都会使用产品成本信息。

表 4-23 成本信息使用程度情况

使用方向	不使用		偶尔使用		经常使用		常规性使用	
对外报告	71	35.0%	41	20.2%	35	17.2%	56	27.6%
存货管理	18	8.9%	25	12.3%	91	44.8%	69	34%
定价决策	14	6.8%	23	11.1%	73	35.3%	97	46.9%
产量品种决策	38	18.9%	34	16.9%	74	36.8%	55	27.4%
编制预算	6	2.9%	22	10.5%	68	32.5%	113	54.1%
投资决策	13	6.6%	42	21.3%	84	42.6%	58	29.4%
招投标	28	14.1%	39	19.7%	65	32.8%	66	33.3%
业绩评价	9	4.4%	24	11.7%	75	36.4%	98	47.6%
确定报酬	28	14.1%	37	18.6%	75	37.7%	59	29.6%

表 4-24 给我们呈现的是国内企业较 3 年前，成本信息在不同方向上使用程度的变化情况：

（1）观察产品成本信息的使用比 3 年前少的一列中，可以发现招投标较其他的使用方向，比 3 年前少的比例较高，约占所有企业的 6.1%。其他使用方向上，减少的都不多，都不超过所有企业中的 5%。说明大部分的企业在产品成本信息的使用上并没有比 3 年前少。

（2）观察比 3 年前多的一列，可以发现大部分的企业几乎在成本信息使用的所有方面都比 3 年前要多，比 3 年前多的企业比例几乎都高于 55%。不过在对外报告上，使用程度增加的企业并不多；只占到所有企业的 1/3 左右。

表 4-24 成本信息使用程度变化情况

使用方向	比 3 年前少		没有变化		比 3 年前多	
对外报告	9	4.5%	114	57.6%	75	37.9%
存货管理	10	5.0%	69	34.2%	123	60.9%
定价决策	6	3.0%	63	31.0%	134	66.0%
产量品种决策	4	2.0%	76	38.6%	117	59.4%
编制预算	7	3.4%	65	31.6%	134	65.0%
投资决策	9	4.6%	66	33.7%	121	61.7%
招投标	12	6.1%	78	39.6%	107	54.3%
业绩评价	1	0.5%	68	33.3%	135	66.2%
确定报酬	5	2.5%	82	41.2%	112	56.3%

本部分所使用的分析方法主要是频数分析方法，给读者呈现了我国企业的成本信息使用情况及其变化。在接下来的部分中，为了分析的方便，我们将每

一种情况分别予以打分。成本信息使用程度打分情况如下：不使用为0分；偶尔使用为1分；经常使用为3分；常规性使用为5分。分数越高，成本信息使用程度越高。成本信息使用程度变化情况打分如下：比3年前少为1分；没有变化为2分；比3年前多为3分。可见分数越高，表明成本信息使用较3年前愈多。

2. 产品成本信息使用程度相关性分析

表4-25　　产品成本信息使用各方面之间的相关性

	对外报告	存货管理	定价决策	产量品种决策	编制预算	投资决策	招投标	业绩评价	确定报酬
对外报告	1	—	—	—	—	—	—	—	—
存货管理	0.175 ** (0.014)	1	—	—	—	—	—	—	—
定价决策	0.027 (0.700)	0.321 *** (0.000)	1	—	—	—	—	—	—
产量品种决策	0.151 ** (0.035)	0.392 *** (0.000)	0.549 *** (0.000)	1	—	—	—	—	—
编制预算	0.154 ** (0.029)	0.194 *** (0.006)	0.253 *** (0.000)	0.285 *** (0.000)	1	—	—	—	—
投资决策	0.160 ** (0.027)	0.176 ** (0.015)	0.257 *** (0.000)	0.327 *** (0.000)	0.444 *** (0.000)	1	—	—	—
招投标	0.228 *** (0.001)	0.130 * (0.072)	0.148 ** (0.039)	0.146 ** (0.043)	0.277 *** (0.000)	0.463 *** (0.000)	1	—	—
业绩评价	0.054 (0.449)	0.273 *** (0.000)	0.300 *** (0.000)	0.306 *** (0.000)	0.388 *** (0.000)	0.248 *** (0.000)	0.123 * (0.086)	1	—
确定报酬	-0.021 (0.076)	0.120 * (0.093)	0.142 ** (0.046)	0.230 *** (0.001)	0.070 (0.326)	-0.009 (0.905)	0.097 (0.181)	0.470 *** (0.000)	1

表4-25为产品成本信息使用的不同方向之间的相关系数，表中给的是Pearson相关系数。相关系数最高的为0.549，为定价决策与产量品种决策之间的相关系数。这告诉我们在成本信息使用方面，两者之间具有很高的相关性。可能是企业在进行定价决策的同时需要考虑企业产品的产量和品种，同时在进行产品生产的产量与品种决策时需要考虑产品的定价所致。正是由于这两者决策时都需要考虑产品成本信息，才使得两者使用产品成本信息会有如此高的相关性。另外，编制预算与投资决策、投资决策与招投标、业绩评价与确定报酬之间也都有很强的相关性，这些似乎也与决策的目的一致。

（二）对外报告

本部分将分析成本信息在“对外报告”中使用程度的影响因素，主要从地区、规模、产权结构、制造行业与否以及高科技行业与否五个方面进行分析。分析的结果将告诉我们“对外报告”中成本信息使用程度以及变化在不同地区之间是否存在差异。在每一部分的分析中，将分别使用t检验和非参数检验（Mann - Whitney 检验）分析各种因素的影响作用。

1. 地区因素

表4-26 地区因素对“对外报告”中产品成本信息使用程度及其变化的影响

	产品成本信息使用程度			产品成本信息使用程度的变化		
对比地区	(1[¤], 2)	(1, 3)	(2, 3)	(1, 2)	(1, 3)	(2, 3)
T值	-2.281	-0.544	1.179	-0.932	0.047	0.696
显著性水平	0.024**	0.587	0.245	0.358	0.962	0.490
Mann - Whitney U	1 441	1 479.5	200.5	1 753.5	1 412.5	223.5
Z值	-2.376	-0.298	-1.372	-1.216	-0.017	-0.825
显著性水平	0.017**	0.766	0.170	0.224	0.986	0.409

注：[¤] 表中的数字1、2、3分别对应的是东南部沿海地区、东北部地区和中西部地区；*、**、*** 分别表示在0.1、0.05、0.01的水平上显著。

由表4-26中的T值和Z值可知，东南部沿海和东北部地区在产品成本信息使用程度上存在显著性地差异。具体的也可见图4-1所示，从图中可见东南部沿海在使用成本信息上要明显地低于东北部地区。之所以有如此大的差异，我们认为这可能与东南部沿海与东北部地区企业性质的差异所致，东北部地区应该可以讲大部分是传统的制造业，制造业对于产品成本信息的依赖较高。而东南部沿海地区则可能存在大量的高新技术企业以及其他的一些生产带有高附加值的产品或者提高服务的企业，这些企业对于产品成本信息的依赖较低。这也就导致了企业在对外报告中对于成本信息的使用程度的不同。另外，我们观察图4-1可以发现，不同地区成本信息使用程度变化情况大体接近。

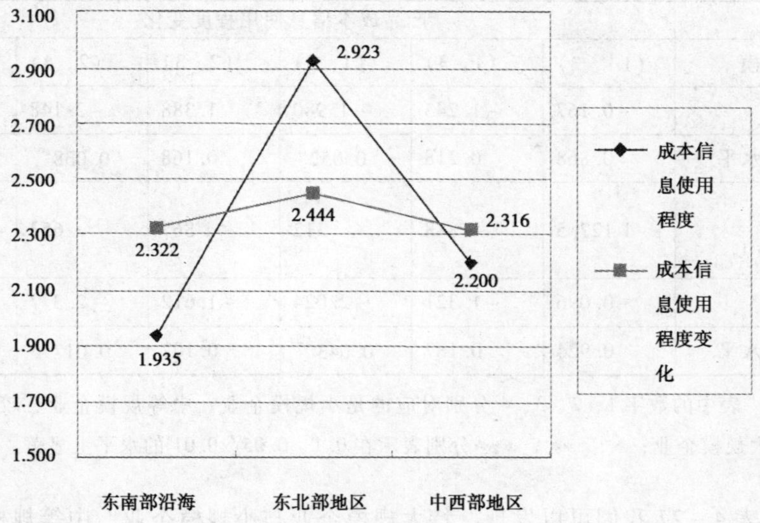

图 4-1 地区因素对“对外报告”中成本信息使用的影响

2. 规模因素

表 4-27 规模因素对“对外报告”中产品成本信息使用程度的影响

	产品成本信息使用程度					
对比规模	(1[a], 2)	(1, 3)	(1, 4)	(2, 3)	(2, 4)	(3, 4)
T 值	-0.736	-1.428	-4.688	-0.937	-4.737	-3.941
显著性水平	0.463	0.157	0.000***	0.350	0.000***	0.000***
Mann-Whitney U	1 124	895.5	180.5	2 114	415	425
Z 值	-1.059	-1.608	-4.075	-0.841	-4.209	-3.509
显著性水平	0.290	0.108	0.000***	0.400	0.000***	0.000***

注：[a]表中的数字 1、2、3、4 分别对应的是小规模企业、中等规模企业、较大规模企业和特大规模企业；*、**、*** 分别表示在 0.1、0.05、0.01 的水平上显著。

表 4－28　　规模因素对“对外报告”中产品成本信息使用程度变化的影响

对比规模	产品成本信息使用程度变化					
	(1[¤], 2)	(1, 3)	(1, 4)	(2, 3)	(2, 4)	(3, 4)
T 值	－0.167	－1.243	－1.980	－1.388	－2.148	－1.009
显著性水平	0.868	0.218	0.052*	0.168	0.038**	0.316
Mann－Whitney U	1 127.5	888	312	1 867	653	718.5
Z 值	－0.096	－1.321	－2.024	－1.612	－2.377	－1.021
显著性水平	0.924	0.187	0.043**	0.107	0.017**	0.307

注：[¤]表中的数字 1、2、3、4 分别对应的是小规模企业、中等规模企业、较大规模企业和特大规模企业；*、**、*** 分别表示在 0.1、0.05、0.01 的水平上显著。

由表 4－27 我们可以发现，特大规模企业与小规模企业、中等规模企业和较大规模企业存在显著性地差异。而其他企业之间并不存在显著的差异。从图 4－2 可以发现，特大规模企业在对外报告中使用产品成本信息的程度明显地高于其他企业。其他企业使用产品成本信息的程度都要显著低，并且相互之间的差异不大。另外，由表 4－28 可以发现，特大规模企业与小规模企业以及中等规模企业使用程度的变化存在显著差异。特大规模企业在对外报告中使用成本信息的程度明显地增加，并且增加的幅度高于小规模企业与中等规模企业。具体情况可见图 4－2。

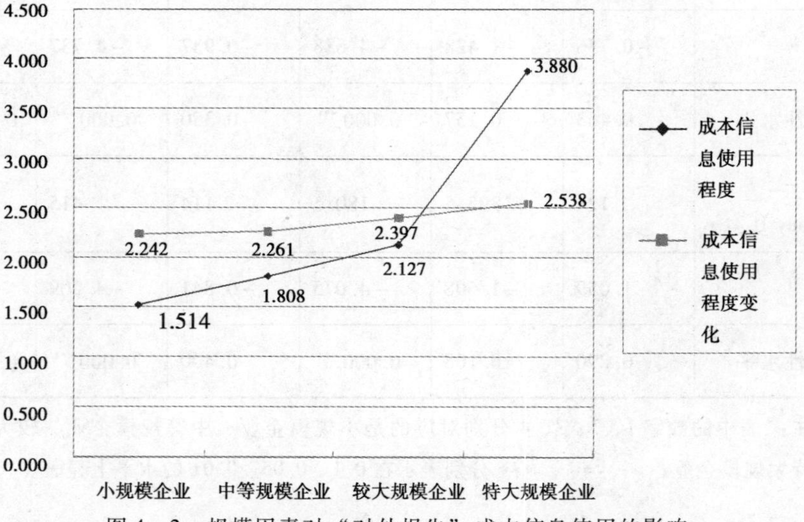

图 4－2　规模因素对“对外报告”成本信息使用的影响

3. 产权结构因素

表 4－29　产权结构因素对“对外报告”中产品成本信息使用程度及其变化的影响

	产品成本信息使用程度			产品成本信息使用程度的变化		
对比产权结构	(1[a]，2)	(1，3)	(2，3)	(1，2)	(1，3)	(2，3)
T 值	2.121	2.556	0.454	1.965	1.635	－0.018
显著性水平	0.037**	0.012**	0.651	0.053*	0.106	0.986
Mann－Whitney U	878	611.5	1022	805	661	952
Z 值	－2.194	－2.331	－0.096	－2.227	－1.677	－0.229
显著性水平	0.028**	0.020**	0.923	0.026**	0.094*	0.819

注：[a] 表中的数字 1、2、3 分别对应的是上市公司、外资企业和民营企业；*、**、*** 分别表示在 0.1、0.05、0.01 的水平上显著。

表 4－29 分析了产权结构对“对外报告”中产品成本信息使用程度及其变化的影响。由表中的检验结果可见，上市公司与其他两类企业之间无论在信息使用程度上，还是在信息使用程度变化上都存在显著性差异。观察图 4－3 可见，上市公司对成本信息的使用显著地高于外资企业以及民营企业；变化程度也要高于其他两类公司。

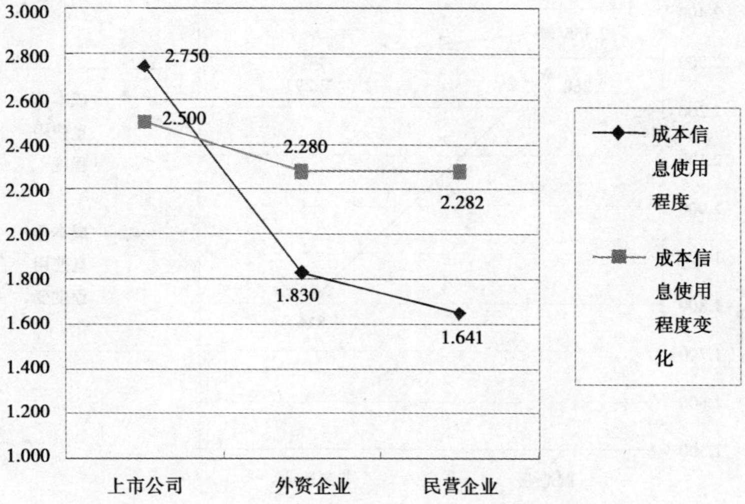

图 4－3　产权结构对“对外报告”中成本信息使用的影响

4. 制造业与否

表 4－30 制造行业与否对“对外报告”中产品成本信息使用程度及其变化的影响

	产品成本信息使用程度	产品成本信息使用程度的变化
对比因素	(1[a], 0)	(1, 0)
T 值	1.513	0.697
显著性水平	0.132	0.486
Mann－Whitney U	4 195	4 357
Z 值	－1.622	－0.682
显著性水平	0.105	0.495

注：[a] 表中的数字 1、0 分别对应的是制造行业和非制造行业；*、**、*** 分别表示在 0.1、0.05、0.01 的水平上显著。

由表 4－30 我们可以发现，制造行业与否对“对外报告”中产品成本信息使用程度及其变化并没有影响。无论是两个独立样本的 t 检验还是两个独立样本的 Mann－Whitney 检验都没有在 0.1 水平上显著的。说明制造行业与否并不是我国企业“对外报告”中是否使用产品成本信息的原因。虽然没有显著性差异，不过观察图 4－4，我们仍然可以发现制造业在成本信息的依赖度上要高于非制造业。

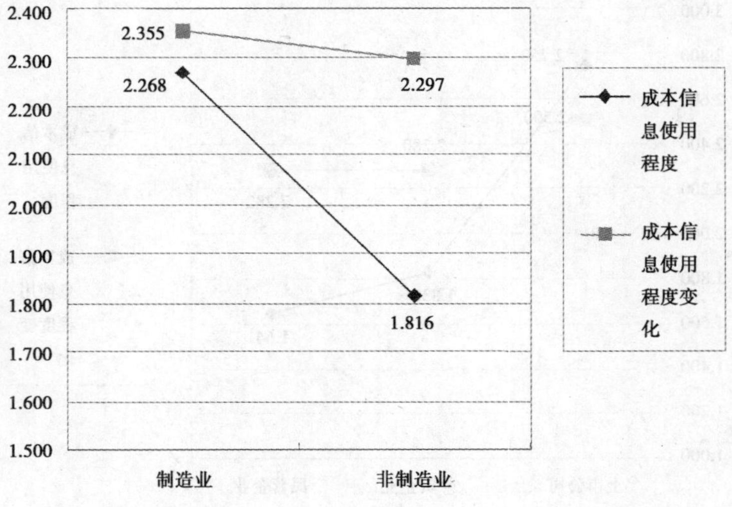

图 4－4 制造业与否对“对外报告”中成本信息使用的影响

5. 高科技行业与否

表 4－31 高科技行业与否对“对外报告”中产品成本信息使用程度及其变化的影响

对比因素	产品成本信息使用程度	产品成本信息使用程度的变化
对比因素	(1[a]，0)	(1，0)
T 值	1.004	0.160
显著性水平	0.319	0.873
Mann – Whitney U	2 106	2 144.5
Z 值	－0.897	－0.099
显著性水平	0.370	0.921

注：[a]表中的数字 1、0 分别对应的是高科技行业和传统行业；*、**、*** 分别表示在 0.1、0.05、0.01 的水平上显著。

由表 4－31 我们可以发现，高科技行业与否对“对外报告”中产品成本信息使用程度及其变化并没有影响。无论是两个独立样本的 t 检验还是两个独立样本的 Mann – Whitney 检验都没有在 0.1 水平上显著的。说明高科技行业与否并不是我国企业“对外报告”中是否使用产品成本信息的原因。虽然没有显著性差异，不过观察图 4－5，我们仍然可以发现高科技行业在产品成本信息的依赖度上要高于传统行业。

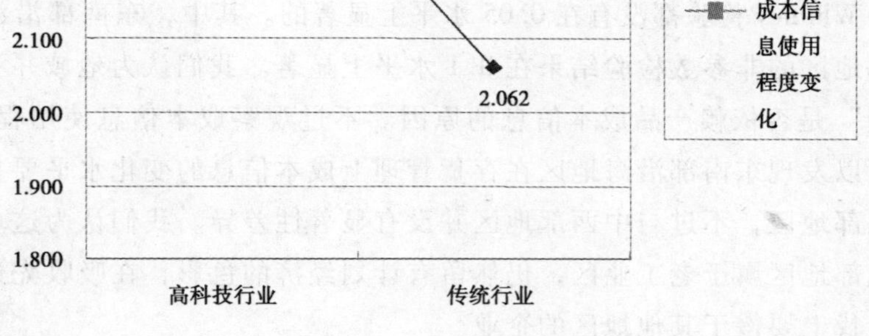

图 4－5 高科技行业与否对“对外报告”中成本信息使用的影响

（三）存货管理

本部分将分析成本信息在“存货管理”中使用程度的影响因素，主要从地区、规模、产权结构、制造行业与否以及高科技行业与否五个方面进行分析。分析的结果将告诉我们“存货管理”中成本信息使用程度以及变化在不同地区之间是否存在差异。在每一部分的分析中，将分别使用 t 检验和非参数检验（Mann – Whitney 检验）分析各种因素的影响情况。

1. 地区因素

表 4 – 32 地区因素对“存货管理”中产品成本信息使用程度及其变化的影响

	产品成本信息使用程度			产品成本信息使用程度的变化		
对比地区	（1[¤]，2）	（1，3）	（2，3）	（1，2）	（1，3）	（2，3）
T 值	1.644	0.687	–0.710	1.939	–0.288	–1.640
显著性水平	0.111	0.493	0.481	0.054*	0.774	0.108
Mann – Whitney U	1 635.5	1 366	221	1 567	1 451.5	188.5
Z 值	–1.650	–0.557	–0.627	–2.065	–0.066	–1.523
显著性水平	0.099*	0.577	0.531	0.039**	0.947	0.128

注：[¤] 表中的数字 1、2、3 分别对应的是东南部沿海地区、东北部地区和中西部地区；*、**、*** 分别表示在 0.1、0.05、0.01 的水平上显著。

由表 4 – 32 我们可以发现，地区因素对“存货管理”中产品成本信息的依赖性并没有显著的影响。无论是两个独立样本的 t 检验还是两个独立样本的 Mann – Whitney 检验都没有在 0.05 水平上显著的。其中，东南部沿海地区与东北部地区的非参数检验结果在 0.1 水平上显著。我们认为地域并不是“存货管理”是否依赖产品成本信息的原因。不过观察成本信息使用程度变化，我们可以发现东南部沿海地区在存货管理上成本信息的变化水平要显著地高于东北部地区，不过与中西部地区并没有显著性差异。我们认为这可能是由于东北部地区属于老工业区，仍然留有计划经济的色彩，在吸收先进管理经验的步伐上要慢于其他地区的企业。

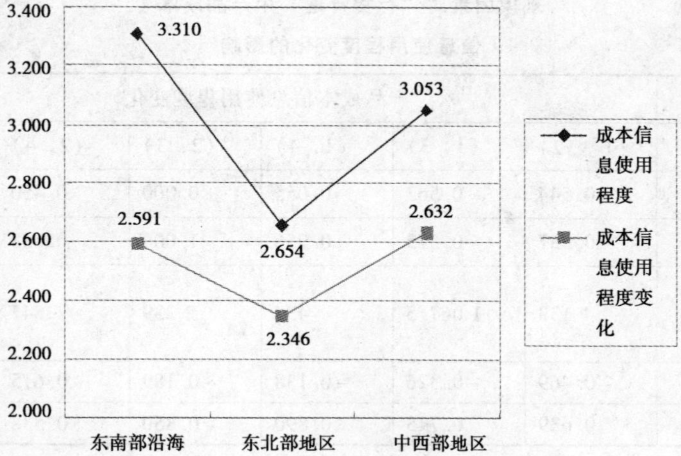

图 4-6 地区因素对“存货管理”中成本信息使用的影响

2. 规模因素

表 4-33 规模因素对“存货管理”中产品成本信息使用程度的影响

	产品成本信息使用程度					
对比规模	(1[a], 2)	(1, 3)	(1, 4)	(2, 3)	(2, 4)	(3, 4)
T 值	0.088	-1.134	-0.319	-1.507	-0.486	0.865
显著性水平	0.930	0.260	0.751	0.134	0.629	0.390
Mann - Whitney U	1 164.5	886	407	2 034.5	923	724
Z 值	-0.026	-1.273	-0.156	-1.540	-0.222	-1.154
显著性水平	0.979	0.203	0.876	0.124	0.824	0.248

注：[a]表中的数字 1、2、3、4 分别对应的是小规模企业、中等规模企业、较大规模企业和特大规模企业；*、**、*** 分别表示在 0.1、0.05、0.01 的水平上显著。

表 4-34 规模因素对“存货管理”中产品成本信息使用程度变化的影响

对比规模	产品成本信息使用程度变化					
	(1ª, 2)	(1, 3)	(1, 4)	(2, 3)	(2, 4)	(3, 4)
T 值	-0.544	-0.563	-0.055	0.000	0.450	0.472
显著性水平	0.587	0.575	0.956	1.000	0.653	0.638
Mann - Whitney U	1 133	1 067.5	434	2 239	847	798.5
Z 值	-0.469	-0.326	-0.138	-0.189	-0.615	-0.480
显著性水平	0.639	0.745	0.890	0.850	0.538	0.631

注：ª 表中的数字 1、2、3、4 分别对应的是小规模企业、中等规模企业、较大规模企业和特大规模企业；*、**、*** 分别表示在 0.1、0.05、0.01 的水平上显著。

由表 4-33 和表 4-34，我们可以发现，规模因素对“存货管理”中产品成本信息使用程度及其变化并没有影响。无论是两个独立样本的 t 检验还是两个独立样本的 Mann - Whitney 检验都没有在 0.1 水平上显著的。说明规模因素并不是我国企业“存货管理”中是否使用产品成本信息的原因。虽然没有显著性差异，不过观察图 4-7，我们仍然可以发现规模越大，成本信息的使用程度要高的趋势；不过在成本信息使用程度的变化上，不同规模的企业之间的差异并不大。

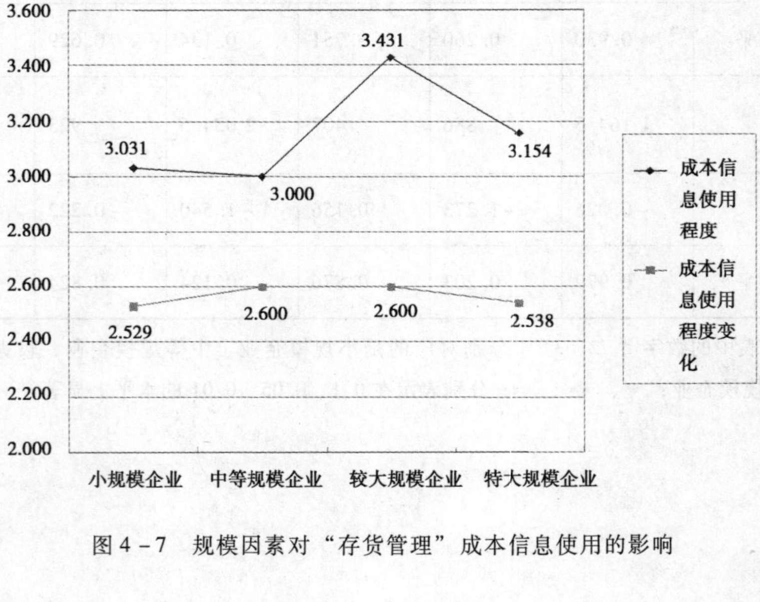

图 4-7 规模因素对“存货管理”成本信息使用的影响

3. 产权结构因素

表 4-35　产权结构因素对“存货管理”中产品成本信息使用程度及其变化的影响

	产品成本信息使用程度			产品成本信息使用程度的变化		
对比产权结构	（1[a]，2）	（1，3）	（2，3）	（1，2）	（1，3）	（2，3）
T值	0.428	0.113	-0.282	0.801	0.425	-0.356
显著性水平	0.669	0.910	0.778	0.425	0.672	0.722
Mann-Whitney U	1 151	856	1 026	1 075	857	1 054.5
Z值	-0.452	-0.020	-0.386	-0.763	-0.463	-0.279
显著性水平	0.651	0.984	0.699	0.445	0.644	0.780

注：[a]表中的数字1、2、3分别对应的是上市公司、外资企业和民营企业；*、**、*** 分别表示在0.1、0.05、0.01的水平上显著。

由表4-35我们可以发现，产权结构对“存货管理”中产品成本信息使用程度及其变化并没有影响。无论是两个独立样本的t检验还是两个独立样本的Mann-Whitney检验都没有在0.1水平上显著的。说明产权结构并不是我国企业“存货管理”中是否使用产品成本信息的原因。虽然没有显著性差异，不过观察图4-8，我们仍然可以发现外资企业无论是在成本信息使用程度上还是在变化水平上，都要低于其他两类公司。由于差异并不是太大，所以我们不具体分析这样结果的原因。不过，我们可以看到国内企业在存货管理上对成本信息的依赖与国外企业无异。

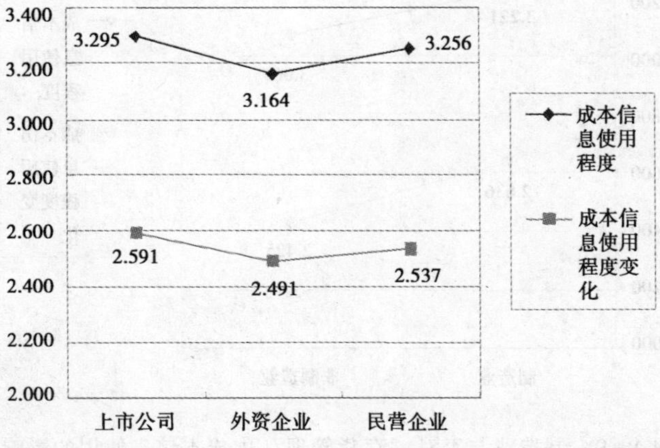

图4-8　产权结构对“存货管理”中成本信息使用的影响

4. 制造业与否

表 4-36 制造行业与否对“存货管理”中产品成本信息使用程度及其变化的影响

	产品成本信息使用程度	产品成本信息使用程度的变化
对比因素	(1[a], 0)	(1, 0)
T 值	0.601	2.403
显著性水平	0.549	0.018**
Mann - Whitney U	4 601.5	3 842.5
Z 值	-0.307	-2.532
显著性水平	0.759	0.011**

注：[a] 表中的数字 1、0 分别对应的是制造行业和非制造行业；*、**、*** 分别表示在 0.1、0.05、0.01 的水平上显著。

由表 4-36 我们可以发现，制造行业与否对“存货管理”中产品成本信息使用程度并没有影响。无论是两个独立样本的 t 检验还是两个独立样本的 Mann - Whitney 检验都没有在 0.1 水平上显著的。说明制造行业与否并不是我国企业“存货管理”中是否使用产品成本信息的原因。虽然没有显著性差异，不过观察图 4-9，我们仍然可以发现制造业在成本信息的依赖度上要高于非制造业。不过观察产品成本信息使用程度变化水平，我们可以发现制造业与非制造业之间存在显著性差异。制造业“存货管理”上对成本信息的使用程度的变化要显著地高于非制造业。

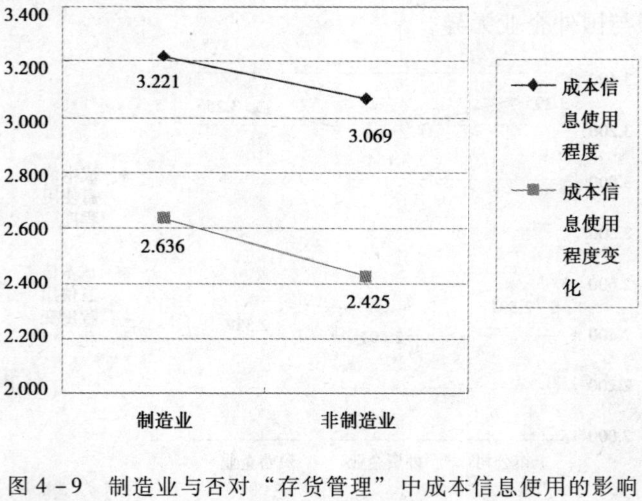

图 4-9 制造业与否对“存货管理”中成本信息使用的影响

5. 高科技行业与否

表 4-37 高科技行业与否对“存货管理”中产品成本信息使用程度及其变化的影响

	产品成本信息使用程度	产品成本信息使用程度的变化
对比因素	(1[a], 0)	(1, 0)
T 值	0.116	1.087
显著性水平	0.908	0.279
Mann-Whitney U	2 216	2 008
Z 值	-0.176	-1.187
显著性水平	0.861	0.235

注：[a] 表中的数字 1、0 分别对应的是高科技行业和传统行业；*、**、*** 分别表示在 0.1、0.05、0.01 的水平上显著。

由表 4-37 我们可以发现，高科技行业与否对“存货管理”中产品成本信息使用程度及其变化并没有影响。无论是两个独立样本的 t 检验还是两个独立样本的 Mann-Whitney 检验都没有在 0.1 水平上显著的。说明高科技行业与否并不是我国企业“存货管理”中是否使用产品成本信息的原因。

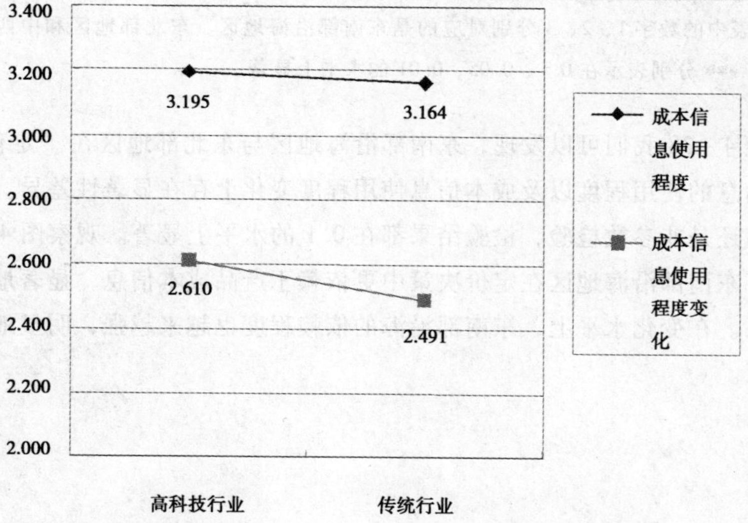

图 4-10 高科技行业与否对“存货管理”中成本信息使用的影响

（四）定价决策

本部分将分析成本信息在“定价决策”中使用程度的影响因素，主要从地区、规模、产权结构、制造行业与否以及高科技行业与否五个方面进行分析。分析的结果将告诉我们“定价决策”中成本信息使用程度以及变化在不同地区之间是否存在差异。在每一部分的分析中，将分别使用 t 检验和非参数检验（Mann – Whitney 检验）分析各种因素的影响情况。

1. 地区因素

表 4 – 38 地区因素对“定价决策”中产品成本信息使用程度及其变化的影响

	产品成本信息使用程度			产品成本信息使用程度的变化		
对比地区	（1[a]，2）	（1，3）	（2，3）	（1，2）	（1，3）	（2，3）
T 值	2.168	1.782	–0.064	1.721	0.369	–0.886
显著性水平	0.031**	0.077*	0.949	0.087*	0.713	0.381
Mann – Whitney U	1 704	1 215	255	1 646.5	1 307.5	204.5
Z 值	–1.815	–1.478	–0.035	–1.862	–0.589	–0.809
显著性水平	0.070*	0.139	0.972	0.063*	0.556	0.418

注：[a] 表中的数字 1、2、3 分别对应的是东南部沿海地区、东北部地区和中西部地区；*、**、*** 分别表示在 0.1、0.05、0.01 的水平上显著。

由表 4 – 38 我们可以发现，东南部沿海地区与东北部地区在“定价决策”中成本信息的使用程度以及成本信息使用程度变化上存在显著性差异。无论是参数检验还是非参数检验，检验结果都在 0.1 的水平上显著。观察图 4 – 11 可以发现，东南部沿海地区在定价决策中更依赖于产品成本信息，显著地高于东北部地区。在变化水平上，东南部沿海的依赖程度也越来越强，明显地高于东北部地区。

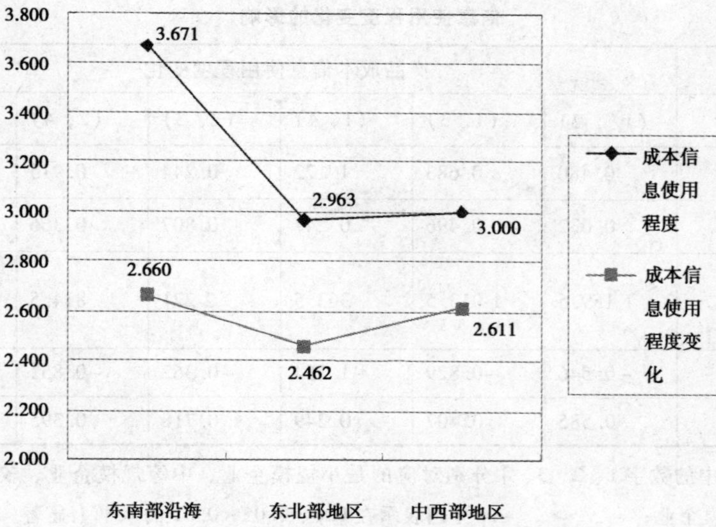

图 4-11 地区因素对“定价决策”中成本信息使用的影响

2. 规模因素

表 4-39 规模因素对“定价决策”中产品成本信息使用程度的影响

	产品成本信息使用程度					
对比规模	(1[a], 2)	(1, 3)	(1, 4)	(2, 3)	(2, 4)	(3, 4)
T 值	1.461	1.020	0.668	-0.434	-0.561	-0.214
显著性水平	0.147	0.310	0.507	0.665	0.576	0.831
Mann-Whitney U	1 015	961.5	384	2 333	900	845
Z 值	-1.604	-1.033	-0.758	-0.631	-0.628	-0.122
显著性水平	0.109	0.301	0.448	0.528	0.530	0.903

注：[a] 表中的数字 1、2、3、4 分别对应的是小规模企业、中等规模企业、较大规模企业和特大规模企业；*、**、*** 分别表示在 0.1、0.05、0.01 的水平上显著。

表 4－40 规模因素对“定价决策”中产品成本信息使用程度变化的影响

	产品成本信息使用程度变化					
对比规模	（1[a]，2）	（1，3）	（1，4）	（2，3）	（2，4）	（3，4）
T 值	0.480	0.683	1.172	0.244	0.915	0.761
显著性水平	0.632	0.496	0.247	0.807	0.366	0.452
Mann－Whitney U	1 159.5	1 013.5	363.5	2 271	814.5	757
Z 值	－0.546	－0.829	－1.154	－0.362	－0.851	－0.594
显著性水平	0.585	0.407	0.249	0.718	0.395	0.553

注：[a]表中的数字 1、2、3、4 分别对应的是小规模企业、中等规模企业、较大规模企业和特大规模企业；*、**、*** 分别表示在 0.1、0.05、0.01 的水平上显著。

由表 4－39 和表 4－40 我们可以发现，规模因素对“定价决策”中产品成本信息使用程度及其变化并没有影响。无论是两个独立样本的 t 检验还是两个独立样本的 Mann－Whitney 检验都没有在 0.1 水平上显著的。说明规模因素并不是我国企业“定价决策”中是否使用产品成本信息的原因。虽然没有显著性差异，不过观察图 4－12，小规模企业在产品成本信息的使用程度上要高于其他企业，同时变化程度也要高于其他类型企业。

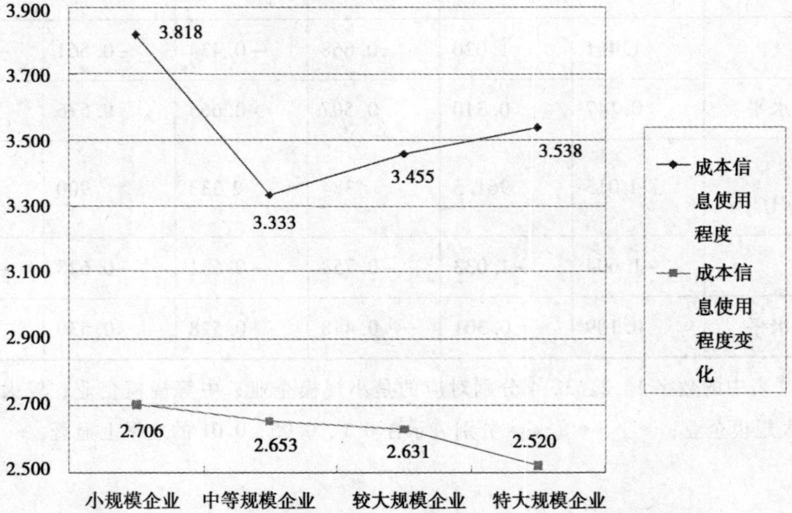

图 4－12 规模因素对“定价决策”成本信息使用的影响

3. 产权结构因素

表 4－41　产权结构因素对"定价决策"中产品成本信息使用程度及其变化的影响

	产品成本信息使用程度			产品成本信息使用程度的变化		
对比产权结构	(1[a], 2)	(1, 3)	(2, 3)	(1, 2)	(1, 3)	(2, 3)
T值	－0.854	－1.986	－1.242	－0.109	0.689	0.854
显著性水平	0.395	0.050**	0.217	0.914	0.493	0.396
Mann－Whitney U	1 117	704	1 003.5	1 146	792.5	1 028.5
Z值	－0.855	－1.888	－1.153	－0.080	－0.740	－0.875
显著性水平	0.393	0.059*	0.249	0.936	0.460	0.382

注：[a]表中的数字 1、2、3 分别对应的是上市公司、外资企业和民营企业；*、**、*** 分别表示在 0.1、0.05、0.01 的水平上显著。

由表 4－41 我们可以发现，上市公司与民营企业在产品成本信息使用程度上存在显著性差异。观察图 4－13 我们可以发现，民营企业定价决策中要更依赖于产品成本信息，而上市公司却很低，要低于其他两者。在产品成本信息使用程度的变化幅度上，不同产权结构之间并不存在显著性的差异。

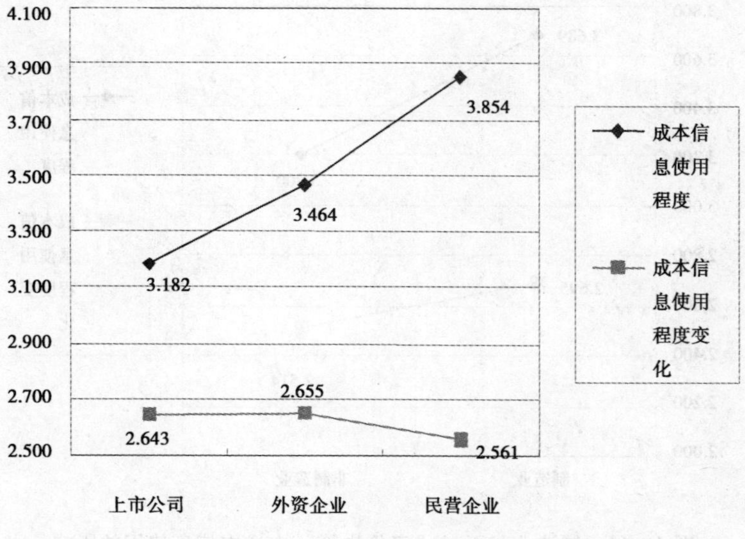

图 4－13　产权结构对"定价决策"中成本信息使用的影响

4. 制造业与否

表 4－42 制造行业与否对"定价决策"中产品成本信息使用程度及其变化的影响

	产品成本信息使用程度	产品成本信息使用程度的变化
对比因素	(1[a], 0)	(1, 0)
T 值	1.968	2.127
显著性水平	0.051*	0.036**
Mann－Whitney U	4 293.5	4 072.5
Z 值	－1.717	－1.945
显著性水平	0.086*	0.052*

注：[a] 表中的数字 1、0 分别对应的是制造行业和非制造行业；*、**、*** 分别表示在 0.1、0.05、0.01 的水平上显著。

由表 4－42 我们可以发现，制造行业与否对"对外报告"中产品成本信息使用程度及其变化都会有影响。无论是两个独立样本的 t 检验还是两个独立样本的 Mann－Whitney 检验都在 0.1 水平上显著的。说明制造行业与否是我国企业"定价决策"中是否使用产品成本信息的原因。观察图 4－14，我们可以发现制造业在成本信息的依赖度上要高于非制造业；并且在过去几年的变化程度上，要高于非制造业。说明制造业越来越依赖于产品成本信息。

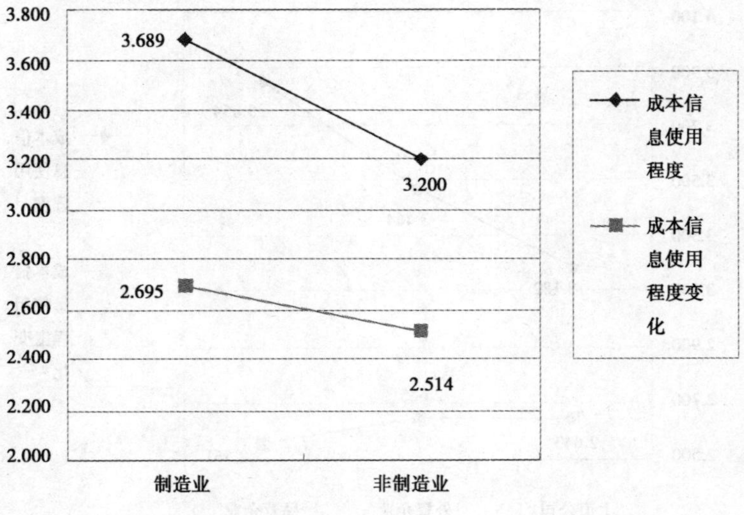

图 4－14 制造业与否对"定价决策"中成本信息使用的影响

5. 高科技行业与否

表 4 - 43 高科技行业与否对“定价决策”中产品成本信息使用程度及其变化的影响

对比因素	产品成本信息使用程度 (1ª, 0)	产品成本信息使用程度的变化 (1, 0)
T 值	0.933	0.876
显著性水平	0.352	0.383
Mann - Whitney U	2 128.5	2 104.5
Z 值	-0.763	-0.841
显著性水平	0.446	0.400

注：ª表中的数字 1、0 分别对应的是高科技行业和传统行业；*、**、*** 分别表示在 0.1、0.05、0.01 的水平上显著。

由表 4 - 43 我们可以发现，高科技行业与否对“对外报告”中产品成本信息使用程度及其变化并没有影响。无论是两个独立样本的 t 检验还是两个独立样本的 Mann - Whitney 检验都没有在 0.1 水平上显著的。说明高科技行业与否并不是我国企业“对外报告”中是否使用产品成本信息的原因。虽然没有显著性差异，不过观察图 4 - 15，我们仍然可以发现高科技行业在成本信息的依赖度上要高于传统行业。

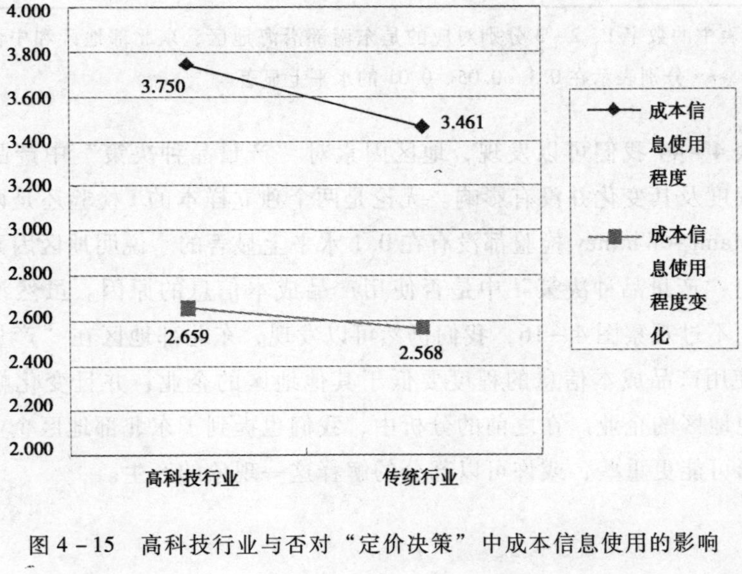

图 4 - 15 高科技行业与否对“定价决策”中成本信息使用的影响

（五）产量品种决策

本部分将分析成本信息在“产量品种决策”中使用程度的影响因素，主要从地区、规模、产权结构、制造行业与否以及高科技行业与否五个方面进行分析。分析的结果将告诉我们“产量品种决策”中成本信息使用程度以及变化在不同地区之间是否存在差异。在每一部分的分析中，将分别使用 t 检验和非参数检验（Mann – Whitney 检验）分析各种因素的影响情况。

1. 地区因素

表 4 – 44　地区因素对“产量品种决策”中产品成本信息使用程度及其变化的影响

	产品成本信息使用程度			产品成本信息使用程度的变化		
对比地区	（1[a]，2）	（1，3）	（2，3）	（1，2）	（1，3）	（2，3）
T 值	0.939	0.100	–0.570	1.394	–0.600	–1.546
显著性水平	0.349	0.921	0.571	0.174	0.549	0.130
Mann – Whitney U	1 705	1 510.5	224	1 609	1 266	177
Z 值	–0.906	–0.097	–0.615	–1.373	–0.559	–1.351
显著性水平	0.365	0.923	0.539	0.170	0.576	0.177

注：[a] 表中的数字 1、2、3 分别对应的是东南部沿海地区、东北部地区和中西部地区；*、**、*** 分别表示在 0.1、0.05、0.01 的水平上显著。

由表 4 – 44 我们可以发现，地区因素对“产量品种决策”中产品成本信息使用程度及其变化并没有影响。无论是两个独立样本的 t 检验还是两个独立样本的 Mann – Whitney 检验都没有在 0.1 水平上显著的。说明地区因素并不是我国企业“产量品种决策”中是否使用产品成本信息的原因。虽然没有显著性差异，不过观察图 4 – 16，我们仍然可以发现，东北部地区在“产量品种决策”中使用产品成本信息的程度要低于其他地区的企业，并且变化幅度也要低于其他地区的企业。在之前的分析中，我们也提到了东北部地区企业计划经济的色彩可能更重些，或许可以部分的解释这一现象的产生。

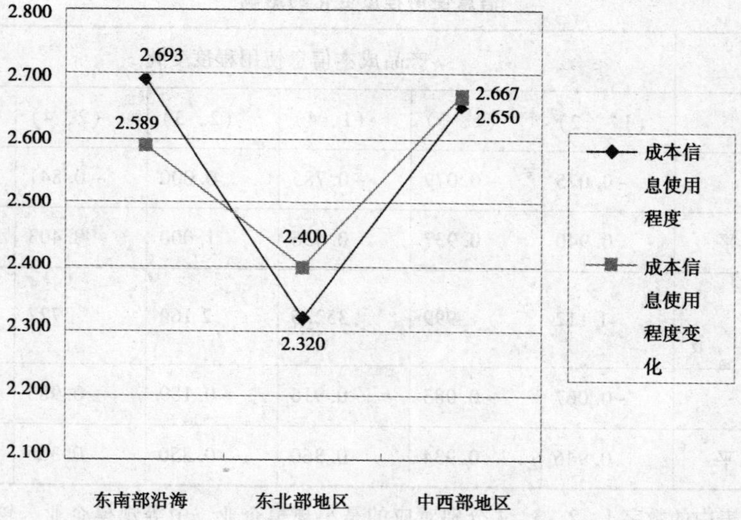

图 4－16 地区因素对“产量品种决策”中成本信息使用的影响

2. 规模因素

表 4－45 规模因素对“产量品种决策”中产品成本信息使用程度的影响

	产品成本信息使用程度					
对比规模	(1[a]，2)	(1，3)	(1，4)	(2，3)	(2，4)	(3，4)
T 值	1.239	－0.087	－0.325	－1.664	－1.742	－0.300
显著性水平	0.218	0.931	0.746	0.098*	0.087*	0.765
Mann－Whitney U	991.5	959	391	1 964.5	765	800
Z 值	－1.136	－0.147	－0.206	－1.643	－1.615	－0.181
显著性水平	0.256	0.883	0.837	0.100*	0.106	0.857

注：[a]表中的数字 1、2、3、4 分别对应的是小规模企业、中等规模企业、较大规模企业和特大规模企业；*、**、*** 分别表示在 0.1、0.05、0.01 的水平上显著。

由表 4－45 我们可以发现，中等规模企业与较大规模企业在“产量品种决策”中对成本信息的依赖上存在显著性差异，中等规模企业在成本信息的依赖程度上要低于其他所有企业。

表 4－46　规模因素对“产量品种决策”中产品成本信息使用程度变化的影响

	产品成本信息使用程度变化					
对比规模	(1[a]，2)	(1，3)	(1，4)	(2，3)	(2，4)	(3，4)
T 值	－0.075	－0.079	－0.785	0.000	－0.841	－0.891
显著性水平	0.940	0.937	0.436	1.000	0.403	0.376
Mann－Whitney U	1 112	999	352.5	2 169	777	684
Z 值	－0.067	－0.083	－0.916	－0.189	－0.983	－1.131
显著性水平	0.946	0.934	0.360	0.850	0.326	0.258

注：[a]表中的数字 1、2、3、4 分别对应的是小规模企业、中等规模企业、较大规模企业和特大规模企业；*、**、*** 分别表示在 0.1、0.05、0.01 的水平上显著。

由表 4－46 我们发现，规模因素对“产量品种决策”中产品成本信息使用程度及其变化并没有影响。无论是两个独立样本的 t 检验还是两个独立样本的 Mann－Whitney 检验都没有在 0.1 水平上显著的。不同规模的企业在过去的 3 年里对成本信息的依赖程度变化间并不存在明显差异（见图 4－17）。

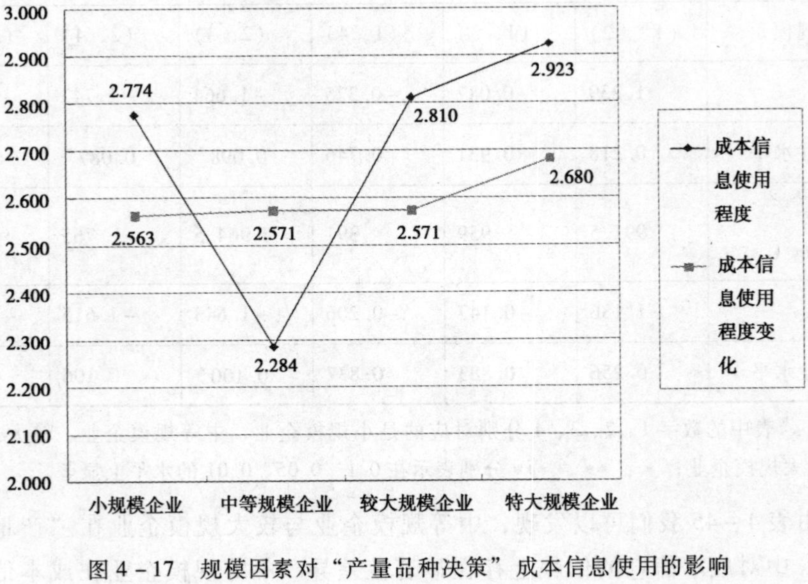

图 4－17　规模因素对“产量品种决策”成本信息使用的影响

3. 产权结构因素

表 4－47　产权结构因素对"产量品种决策"中产品成本信息使用程度及其变化的影响

	产品成本信息使用程度			产品成本信息使用程度的变化		
对比产权结构	(1[a], 2)	(1, 3)	(2, 3)	(1, 2)	(1, 3)	(2, 3)
T 值	－0.656	－0.867	－0.231	0.675	1.008	0.421
显著性水平	0.513	0.389	0.817	0.502	0.317	0.675
Mann－Whitney U	1 112.5	765.5	1 053	1 039	763	1 071.5
Z 值	－0.714	－0.887	－0.156	－0.595	－0.832	－0.306
显著性水平	0.475	0.375	0.876	0.552	0.406	0.760

注：[a]表中的数字 1、2、3 分别对应的是上市公司、外资企业和民营企业；*、**、*** 分别表示在 0.1、0.05、0.01 的水平上显著。

由表 4－47 我们可以发现，产权结构对"产量品种决策"中产品成本信息使用程度的变化并没有影响。无论是两个独立样本的 t 检验还是两个独立样本的 Mann－Whitney 检验都没有在 0.1 水平上显著的。说明产权结构并不是我国企业"产量品种决策"中是否使用产品成本信息的原因（见图 4－18）。

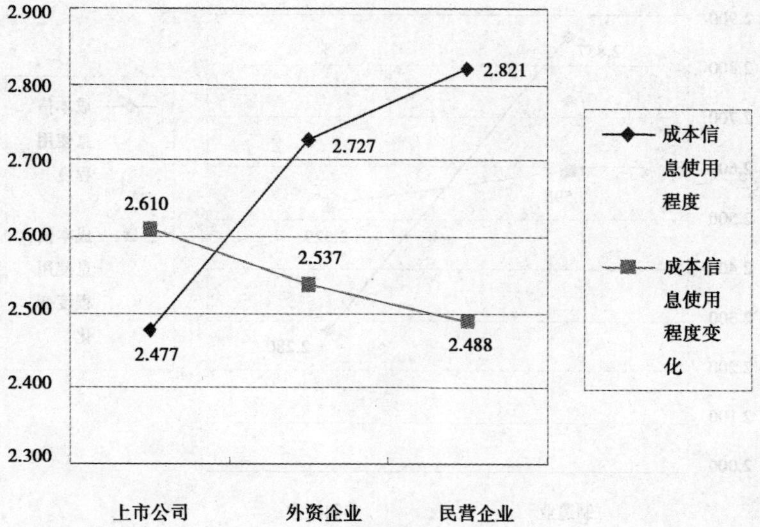

图 4－18　产权结构对"产量品种决策"中成本信息使用的影响

4. 制造业与否

表 4-48　制造行业与否对“产量品种决策”中产品成本信息使用程度及其变化的影响

	产品成本信息使用程度	产品成本信息使用程度的变化
对比因素	(1[a], 0)	(1, 0)
T 值	2.179	0.876
显著性水平	0.031**	0.382
Mann - Whitney U	3 892.5	4 117
Z 值	-2.178	-1.000
显著性水平	0.029**	0.317

注：[a] 表中的数字 1、0 分别对应的是制造行业和非制造行业；*、**、*** 分别表示在 0.1、0.05、0.01 的水平上显著。

由表 4-48 我们可以发现，制造行业与否对“产量品种决策”中产品成本信息使用程度有显著影响。制造行业在产量品种决策中对于产品成本信息的依赖程度要明显地高于非制造业。不过在产品成本信息使用程度变化上，制造业与非制造业并不存在明显的差异（见图 4-19）。

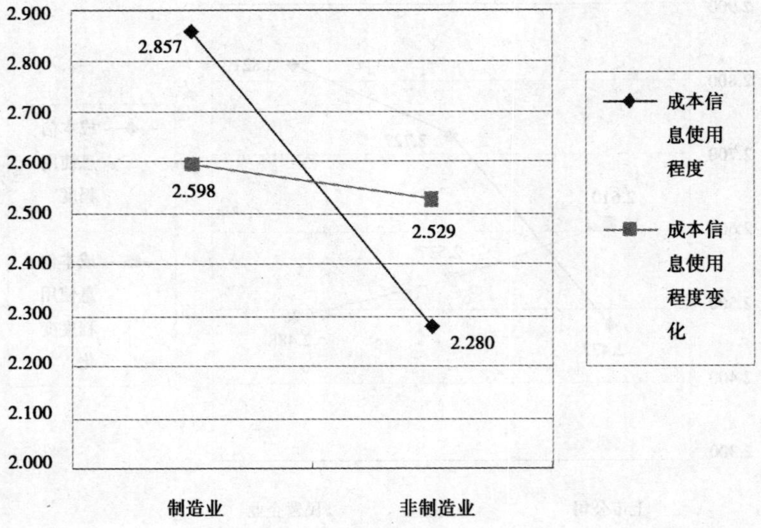

图 4-19　制造业与否对“产量品种决策”中成本信息使用的影响

5. 高科技行业与否

表 4－49　高科技行业与否对“产量品种决策”中产品成本信息使用程度及其变化的影响

	产品成本信息使用程度	产品成本信息使用程度的变化
对比因素	(1[a]，0)	(1，0)
T 值	1.234	1.111
显著性水平	0.221	0.268
Mann－Whitney U	1 955	1 900
Z 值	－1.167	－1.207
显著性水平	0.243	0.227

注：[a] 表中的数字 1、0 分别对应的是高科技行业和传统行业；*、**、*** 分别表示在 0.1、0.05、0.01 的水平上显著。

由表 4－49 我们可以发现，高科技行业与否对于“产量品种结构”中产品成本信息使用程度及其变化并没有影响。无论是两个独立样本的 t 检验还是两个独立样本的 Mann－Whitney 检验都没有在 0.1 水平上显著的。说明高科技行业与否并不是我国企业“对外报告”中是否使用产品成本信息的原因（见图 4－20）。

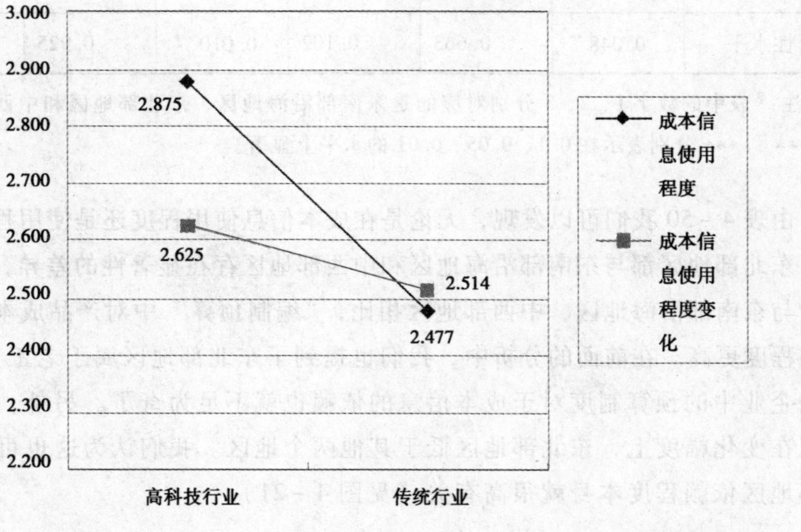

图 4－20　高科技行业与否对“产量品种决策”中成本信息使用的影响

（六）编制预算

本部分将分析成本信息在“编制预算”中使用程度的影响因素，主要从地区、规模、产权结构、制造行业与否以及高科技行业与否五个方面进行分析。分析的结果将告诉我们“编制预算”中成本信息使用程度以及变化在不同地区、不同规模、不同产权结构、不同行业的企业之间是否存在差异。在每一部分的分析中，将分别使用t检验和非参数检验（Mann - Whitney 检验）分析各种因素的影响情况。

1. 地区因素

表4-50　地区因素对“编制预算”中产品成本信息使用程度及其变化的影响

	产品成本信息使用程度			产品成本信息使用程度的变化		
对比地区	（1[¤]，2）	（1，3）	（2，3）	（1，2）	（1，3）	（2，3）
T值	-2.187	0.738	1.755	2.349	-0.222	-2.057
显著性水平	0.035**	0.461	0.089*	0.025**	0.825	0.046**
Mann - Whitney U	1 687	1 503.5	204.5	1 572	1 475.5	186
Z值	-1.979	-0.435	-1.634	-2.563	-0.094	-1.781
显著性水平	0.048**	0.663	0.102	0.010***	0.925	0.075*

注：[¤]表中的数字1、2、3分别对应的是东南部沿海地区、东北部地区和中西部地区；*、**、***分别表示在0.1、0.05、0.01的水平上显著。

由表4-50我们可以发现，无论是在成本信息使用程度还是使用程度变化上，东北部地区都与东南部沿海地区和中西部地区存在显著性的差异，东北部地区与东南部沿海地区、中西部地区相比，“编制预算”中对产品成本信息的依赖程度更高。在前面的分析中，我们也提到了东北部地区属于老工业基地，这些企业中的预算制度对于成本信息的依赖也就不足为奇了。另外，我们也发现在变化幅度上，东北部地区低于其他两个地区。我们认为这也可能与东北部地区依赖程度本身就很高有关（见图4-21）。

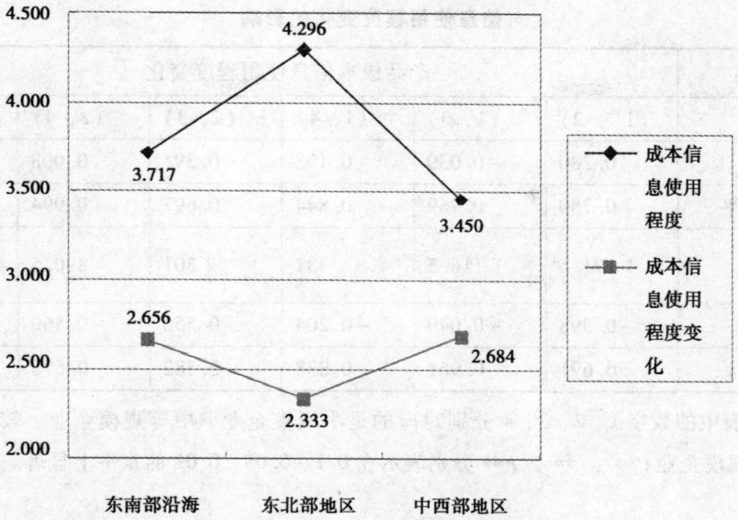

图 4-21 地区因素对“编制预算”中成本信息使用的影响

2. 规模因素

表 4-51 规模因素对“编制预算”中产品成本信息使用程度的影响

	产品成本信息使用程度					
对比规模	(1[a]，2)	(1，3)	(1，4)	(2，3)	(2，4)	(3，4)
T 值	-0.650	-1.701	-2.561	-1.374	-2.550	-1.286
显著性水平	0.517	0.092*	0.013**	0.172	0.013**	0.203
Mann-Whitney U	1 214	913	308	2 163	734	764
Z 值	-0.547	-1.693	-2.229	-1.565	-2.165	-0.955
显著性水平	0.585	0.090*	0.026**	0.118	0.030**	0.340

注：[a] 表中的数字 1、2、3、4 分别对应的是小规模企业、中等规模企业、较大规模企业和特大规模企业；*、**、*** 分别表示在 0.1、0.05、0.01 的水平上显著。

表 4-52 规模因素对“编制预算”中产品成本信息使用程度变化的影响

	产品成本信息使用程度变化					
对比规模	(1[a], 2)	(1, 3)	(1, 4)	(2, 3)	(2, 4)	(3, 4)
T 值	0.280	-0.039	0.198	-0.391	0.008	0.265
显著性水平	0.780	0.969	0.844	0.697	0.994	0.791
Mann-Whitney U	1 191.5	1 116.5	431	2 301	890.5	840.5
Z 值	-0.398	-0.049	-0.204	-0.550	-0.560	-0.189
显著性水平	0.691	0.961	0.838	0.582	0.575	0.850

注：[a]表中的数字 1、2、3、4 分别对应的是小规模企业、中等规模企业、较大规模企业和特大规模企业；*、**、*** 分别表示在 0.1、0.05、0.01 的水平上显著。

由表 4-51 我们可以发现，小规模企业与较大规模企业和特大规模企业之间存在显著性差异；另外，中等规模企业与特大规模企业之间存在显著性的差异。观察图 4-22 我们可以发现，随着企业规模的扩大，企业在“编制预算”中对成本信息的依赖程度逐渐增加。

由表 4-52 我们可以发现，企业规模对于“编制预算”中产品成本信息使用程度的变化并没有影响。无论是两个独立样本的 t 检验还是两个独立样本的 Mann-Whitney 检验都没有在 0.1 水平上显著的。说明企业规模并不是影响我国企业成本信息依赖程度增加的原因。

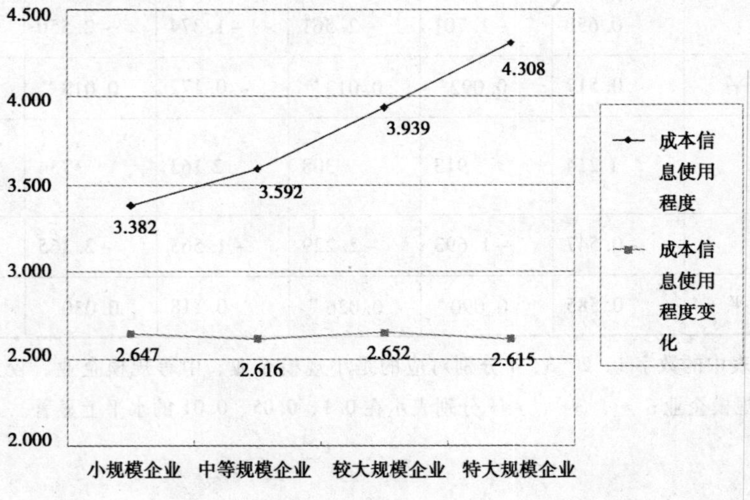

图 4-22 规模因素对“编制预算”成本信息使用的影响

3. 产权结构因素

表 4-53 产权结构因素对"编制预算"中产品成本信息使用程度及其变化的影响

	产品成本信息使用程度			产品成本信息使用程度的变化		
对比产权结构	(1[a], 2)	(1, 3)	(2, 3)	(1, 2)	(1, 3)	(2, 3)
T 值	0.545	0.517	0.075	1.783	0.768	-0.923
显著性水平	0.587	0.607	0.940	0.078*	0.445	0.358
Mann-Whitney U	1 116.5	848.5	1 130	991	808.5	1 039
Z 值	-1.052	-0.533	-0.306	-1.829	-0.842	-0.943
显著性水平	0.293	0.594	0.759	0.067*	0.400	0.345

注：[a] 表中的数字 1、2、3 分别对应的是上市公司、外资企业和民营企业；*、**、*** 分别表示在 0.1、0.05、0.01 的水平上显著。

由表 4-53 我们可以发现，产权结构因素对于"编制预算"中产品成本信息使用程度并没有显著影响。无论是两个独立样本的 t 检验还是两个独立样本的 Mann-Whitney 检验都没有在 0.1 水平上显著的。说明产权结构并不是我国企业"编制预算"中是否使用产品成本信息的原因。不过我们也发现，上市公司与外资企业相比，成本信息的依赖程度提高得更明显。我们认为这也许是和外资企业依赖程度已经很高、提升空间不大有关（见图 4-23）。

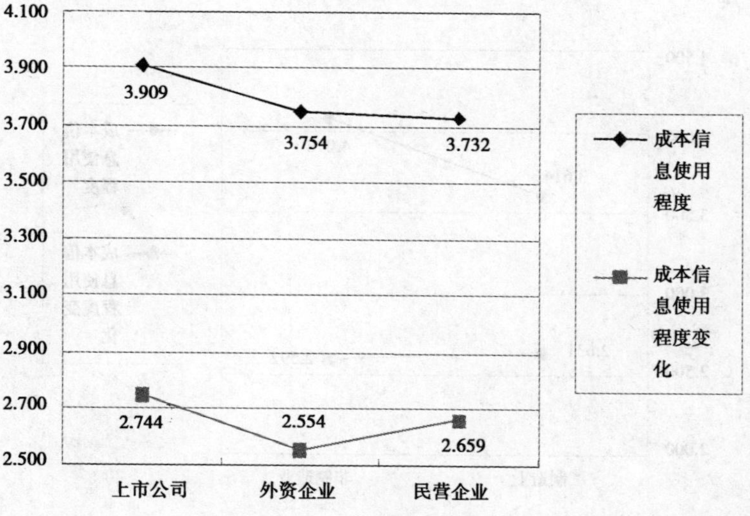

图 4-23 产权结构对"编制预算"中成本信息使用的影响

4. 制造业与否

表 4-54 制造行业与否对“编制预算”中产品成本信息使用程度及其变化的影响

	产品成本信息使用程度	产品成本信息使用程度的变化
对比因素	(1[a], 0)	(1, 0)
T值	-2.184	0.483
显著性水平	0.030**	0.629
Mann-Whitney U	4 095.5	4 845.5
Z值	-2.605	-0.275
显著性水平	0.009***	0.783

注：[a] 表中的数字1、0分别对应的是制造行业和非制造行业；*、**、***分别表示在0.1、0.05、0.01的水平上显著。

由表4-54我们可以发现，制造行业与否对于“编制预算”中产品成本信息使用程度有明显影响，制造行业在“编制预算”中产品成本信息的使用要低于非制造业。另外，我们分析了制造行业对“编制预算”中产品成本信息使用程度变化的影响，发现无论是两个独立样本的t检验还是两个独立样本的Mann-Whitney检验都没有在0.1水平上显著的。制造业与非制造业在过去几年中对于成本信息依赖程度的提高程度比较接近，没有显著性地差异（见图4-24）。

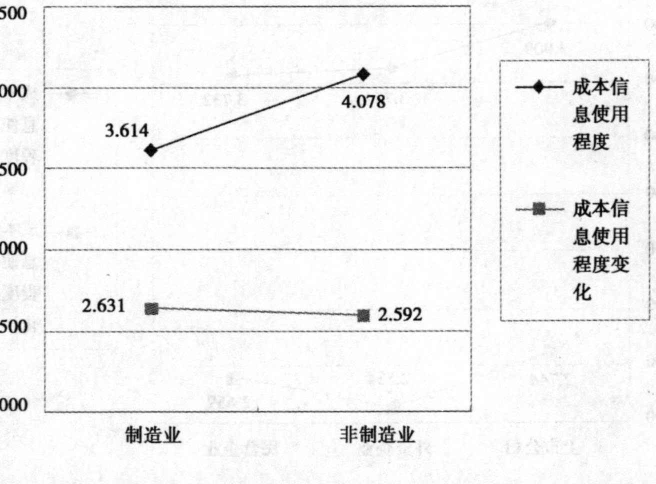

图4-24 制造业与否对“编制预算”中成本信息使用的影响

5. 高科技行业与否

表 4-55 高科技行业与否对“编制预算”中产品成本信息使用程度及其变化的影响

	产品成本信息使用程度	产品成本信息使用程度的变化
对比因素	(1[¤], 0)	(1, 0)
T 值	-1.746	0.297
显著性水平	0.083*	0.767
Mann-Whitney U	1 958.5	2 294.5
Z 值	-1.913	-0.204
显著性水平	0.056*	0.839

注：[¤]表中的数字 1、0 分别对应的是高科技行业和传统行业；*、**、*** 分别表示在 0.1、0.05、0.01 的水平上显著。

由表 4-55 我们可以发现，高科技行业与传统行业“编制预算”中对产品成本信息的依赖程度存在明显差异。高科技行业对产品成本信息的依赖程度要明显地低于传统行业。我们认为这可能与高科技行业的产品成本在企业总成本中的比例没有传统行业高所致。另外，高科技行业与否对“编制预算”中产品成本信息使用程度的变化并没有显著影响。无论是两个独立样本的 t 检验还是两个独立样本的 Mann-Whitney 检验都没有在 0.1 水平上显著的。说明高科技行业与传统行业在成本信息依赖程度变化上并没有显著性的差异（见图 4-25）。

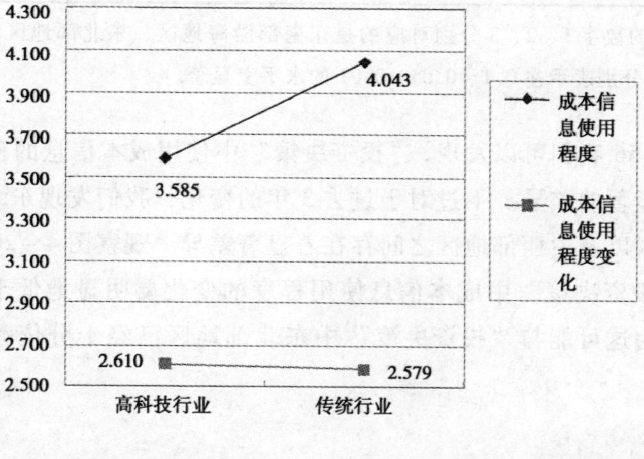

图 4-25 高科技行业与否对“编制预算”中成本信息使用的影响

（七）投资决策

本部分将分析成本信息在“投资决策”中使用程度的影响因素，主要从地区、规模、产权结构、制造行业与否以及高科技行业与否五个方面进行分析。分析的结果将告诉我们“投资决策”中成本信息使用程度以及变化在不同地区、不同规模、不同产权结构、不同行业的企业之间是否存在差异。在每一部分的分析中，将分别使用 t 检验和非参数检验（Mann - Whitney 检验）分析各种因素的影响情况。

1. 地区因素

表 4 - 56 地区因素对“投资决策”中产品成本信息使用程度及其变化的影响

	产品成本信息使用程度			产品成本信息使用程度的变化		
对比地区	（1[a]，2）	（1，3）	（2，3）	（1，2）	（1，3）	（2，3）
T 值	-0.682	-0.338	0.221	2.494	-0.571	-1.981
显著性水平	0.496	0.735	0.827	0.014**	0.569	0.054*
Mann - Whitney U	1 651	1 373	213	1 352	1 301.5	154.5
Z 值	-0.740	-0.323	-0.395	-2.284	-0.738	-2.031
显著性水平	0.459	0.746	0.693	0.022**	0.460	0.042**

注：[a]表中的数字 1、2、3 分别对应的是东南部沿海地区、东北部地区和中西部地区；*、**、*** 分别表示在 0.1、0.05、0.01 的水平上显著。

由表 4 - 56 我们可以发现，“投资决策”中使用成本信息的程度在不同地区并不存在显著的差异。不过对于过去 3 年的变化，我们发现东北部地区与东南部沿海地区以及中西部地区之间存在着显著差异。观察图 4 - 26 我们发现东北部地区“投资决策”中成本信息使用程度的变化要明显地低于其他两个地区。我们认为这可能与“投资决策”中东北部地区已经十分依赖产品成本信息有关。

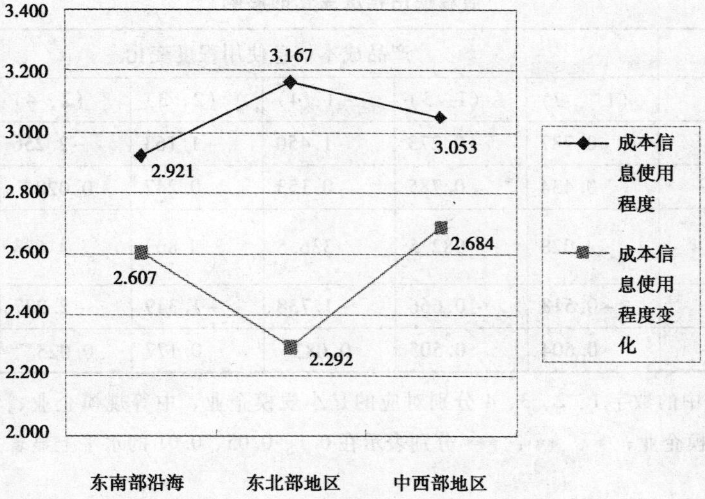

图 4－26　地区因素对“投资决策”中成本信息使用情况的影响

2. 规模因素

表 4－57　规模因素对“投资决策”中产品成本信息使用程度的影响

	产品成本信息使用程度					
对比规模	(1[¤], 2)	(1, 3)	(1, 4)	(2, 3)	(2, 4)	(3, 4)
T 值	－1.058	－1.978	－1.390	－1.300	－0.509	0.514
显著性水平	0.295	0.053 *	0.170	0.196	0.612	0.608
Mann－Whitney U	976	796.5	345	1 883	836.5	754.5
Z 值	－1.109	－1.974	－1.346	－1.277	－0.433	－0.631
显著性水平	0.268	0.048 **	0.178	0.202	0.665	0.528

注：[¤]表中的数字 1、2、3、4 分别对应的是小规模企业、中等规模企业、较大规模企业和特大规模企业；*、**、*** 分别表示在 0.1、0.05、0.01 的水平上显著。

表 4－58　　规模因素对"投资决策"中产品成本信息使用程度变化的影响

	产品成本信息使用程度变化					
对比规模	（1[¤]，2）	（1，3）	（1，4）	（2，3）	（2，4）	（3，4）
T 值	0.787	－0.273	－1.450	－1.163	－2.256	－1.266
显著性水平	0.434	0.785	0.153	0.247	0.028**	0.211
Mann－Whitney U	1 028	982.5	336.5	1 863	638	719.5
Z 值	－0.518	－0.666	－1.738	－1.349	－2.237	－1.264
显著性水平	0.604	0.505	0.082*	0.177	0.025**	0.206

注：[¤]表中的数字 1、2、3、4 分别对应的是小规模企业、中等规模企业、较大规模企业和特大规模企业；*、**、*** 分别表示在 0.1、0.05、0.01 的水平上显著。

由表 4－57 我们可以发现，小规模企业与较大规模企业在"投资决策"中对产品成本信息的使用程度存在显著的差异。观察图 4－27，我们可以发现较大规模企业使用成本信息的程度要明显地高于小规模企业。

由表 4－58 我们可以发现，特大规模企业在"投资决策"中对成本信息使用程度的变化要明显高于小规模企业和中等规模企业。观察图 4－27，我们同样可以发现特大规模企业的增加幅度最大，要明显高于小规模企业和中等规模企业。

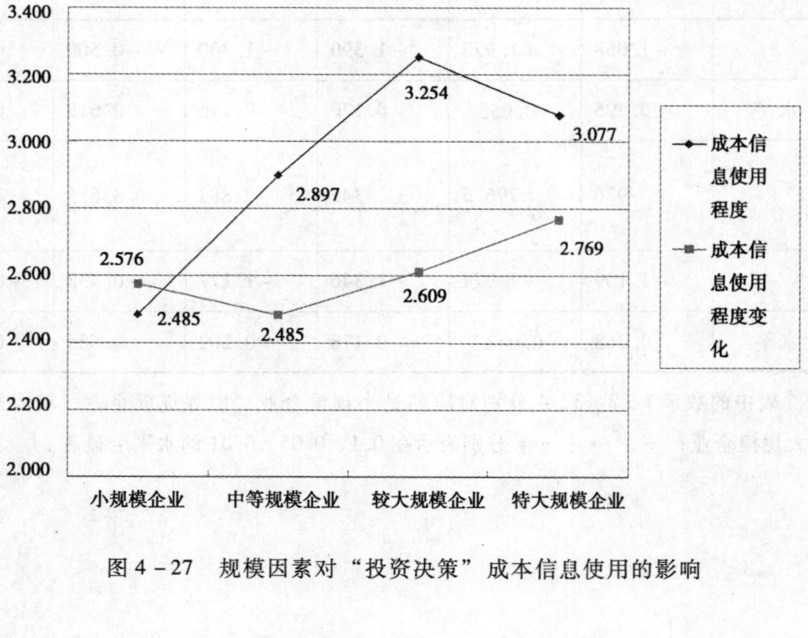

图 4－27　规模因素对"投资决策"成本信息使用的影响

3. 产权结构因素

表 4－59　产权结构因素对“投资决策”中产品成本信息使用程度及其变化的影响

	产品成本信息使用程度			产品成本信息使用程度的变化		
对比产权结构	(1[a]，2)	(1，3)	(2，3)	(1，2)	(1，3)	(2，3)
T 值	1.267	0.920	－0.203	0.860	0.534	－0.272
显著性水平	0.208	0.361	0.839	0.392	0.595	0.786
Mann－Whitney U	984	800.5	1 059	1 023	841	1 026
Z 值	－1.230	－0.772	－0.220	－0.855	－0.445	－0.367
显著性水平	0.219	0.440	0.826	0.393	0.657	0.714

注：[a] 表中的数字 1、2、3 分别对应的是上市公司、外资企业和民营企业；*、**、*** 分别表示在 0.1、0.05、0.01 的水平上显著。

由表 4－59 我们可以发现，产权结构对于“投资决策”中产品成本信息使用程度及其变化并没有影响。无论是两个独立样本的 t 检验还是两个独立样本的 Mann－Whitney 检验都没有在 0.1 水平上显著的。说明制造行业与否并不是我国企业“投资决策”中是否使用产品成本信息的原因（见图 4－28）。

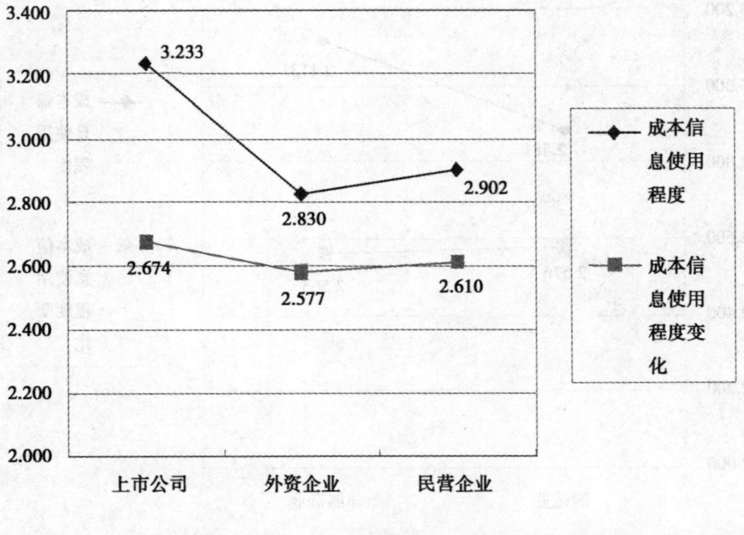

图 4－28　产权结构对“投资决策”中成本信息使用的影响

4. 制造业与否

表 4－60　制造行业与否对“投资决策”中产品成本信息使用程度及其变化的影响

	产品成本信息使用程度	产品成本信息使用程度的变化
对比因素	(1[a], 0)	(1, 0)
T 值	－0.962	0.146
显著性水平	0.337	0.884
Mann－Whitney U	4 127.5	4 425.5
Z 值	－0.955	－0.037
显著性水平	0.340	0.971

注：[a] 表中的数字 1、0 分别对应的是制造行业和非制造行业；*、**、*** 分别表示在 0.1、0.05、0.01 的水平上显著。

由表 4－60 我们可以发现，制造行业与否对于“投资决策”中产品成本信息使用程度及其变化并没有影响。无论是两个独立样本的 t 检验还是两个独立样本的 Mann－Whitney 检验都没有在 0.1 水平上显著的。说明制造行业与否并不是我国企业“投资决策”中是否使用产品成本信息的原因（见图 4－29）。

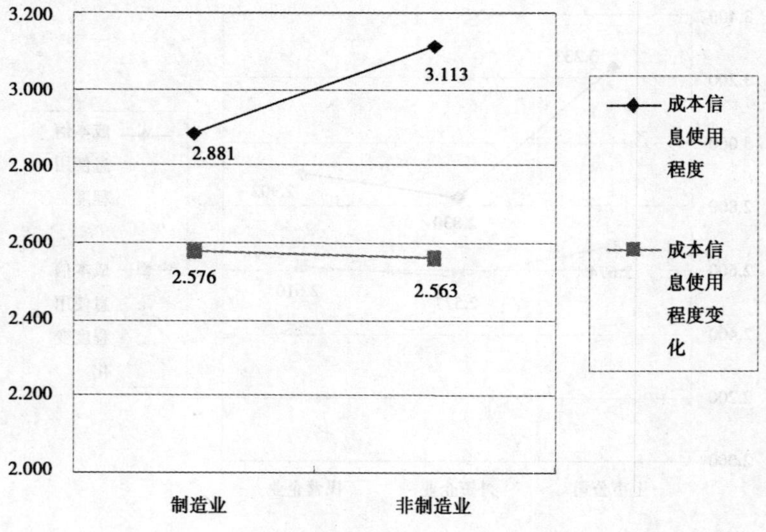

图 4－29　制造业与否对“投资决策”中成本信息使用的影响

5. 高科技行业与否

表 4－61　　高科技行业与否对“投资决策”中产品成本信息使用程度及其变化的影响

	产品成本信息使用程度	产品成本信息使用程度的变化
对比因素	(1[a]，0)	(1，0)
T 值	－0.472	－0.195
显著性水平	0.638	0.846
Mann－Whitney U	2 063.5	2 080.5
Z 值	－0.443	－0.397
显著性水平	0.658	0.691

注：[a] 表中的数字 1、0 分别对应的是高科技行业和传统行业；*、**、*** 分别表示在 0.1、0.05、0.01 的水平上显著。

由表 4－61 我们可以发现，高科技行业与否对于“投资决策”中产品成本信息使用程度及其变化并没有显著影响。无论是两个独立样本的 t 检验还是两个独立样本的 Mann－Whitney 检验都没有在 0.1 水平上显著的。说明高科技行业与否并不是我国企业“投资决策”中是否使用产品成本信息的原因（见图 4－30）。

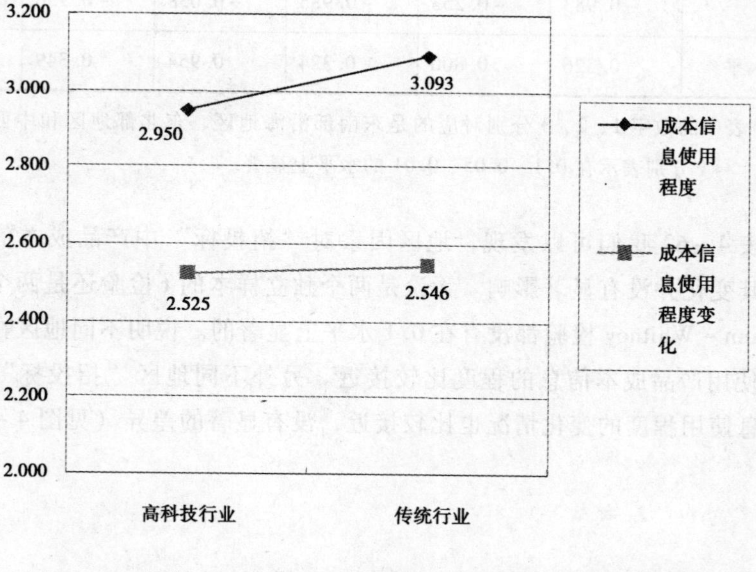

图 4－30　高科技行业与否对“投资决策”中成本信息使用的影响

（八）招投标

本部分将分析成本信息在“招投标”中使用程度的影响因素，主要从地区、规模、产权结构、制造行业与否以及高科技行业与否五个方面进行分析。分析的结果将告诉我们“招投标”中成本信息使用程度以及变化在不同地区、不同规模、不同产权结构、不同行业的企业之间是否存在差异。在每一部分的分析中，将分别使用 t 检验和非参数检验（Mann - Whitney 检验）分析各种因素的影响情况。

1. 地区因素

表 4 - 62　地区因素对“招投标”中产品成本信息使用程度及其变化的影响

	产品成本信息使用程度			产品成本信息使用程度的变化		
对比地区	(1[¤], 2)	(1, 3)	(2, 3)	(1, 2)	(1, 3)	(2, 3)
T 值	-1.009	0.276	1.008	-0.050	-1.271	-0.907
显著性水平	0.315	0.783	0.319	0.960	0.215	0.370
Mann - Whitney U	1 676.5	1 320	187	1 863	1 259.5	207.5
Z 值	-0.983	-0.253	-0.985	-0.058	-0.936	-0.822
显著性水平	0.326	0.800	0.324	0.954	0.349	0.411

注：[¤] 表中的数字 1、2、3 分别对应的是东南部沿海地区、东北部地区和中西部地区；*、**、*** 分别表示在 0.1、0.05、0.01 的水平上显著。

由表 4 - 62 我们可以发现，地区因素对“招投标”中产品成本信息使用程度及其变化并没有显著影响。无论是两个独立样本的 t 检验还是两个独立样本的 Mann - Whitney 检验都没有在 0.1 水平上显著的。说明不同地区在“招投标”中使用产品成本信息的程度比较接近。另外不同地区“招投标”中产品成本信息使用程度的变化情况也比较接近，没有显著的差异（见图 4 - 31）。

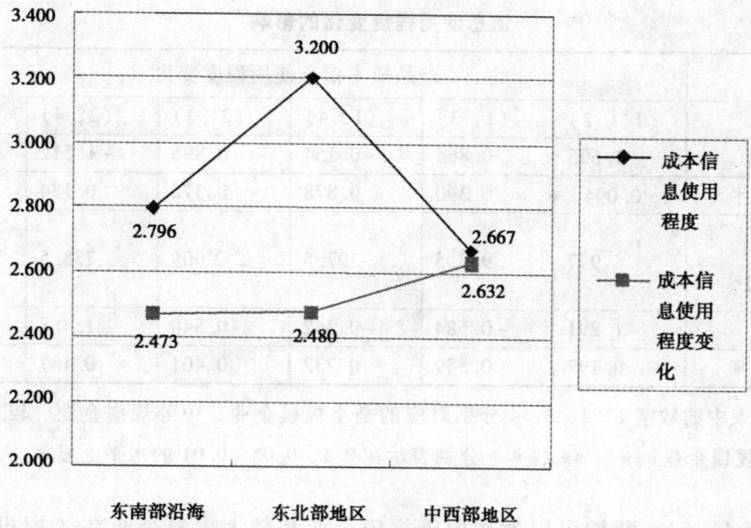

图 4－31 地区因素对“招投标”中成本信息使用的影响

2. 规模因素

表 4－63 规模因素对“招投标”中产品成本信息使用程度的影响

对比规模	产品成本信息使用程度					
	(1[a]，2)	(1，3)	(1，4)	(2，3)	(2，4)	(3，4)
T 值	0.302	－0.891	－0.109	－1.700	－0.464	0.792
显著性水平	0.764	0.377	0.914	0.092*	0.644	0.430
Mann－Whitney U	1 088.5	893.5	397.5	1 831	861	731
Z 值	－0.352	－0.826	－0.302	－1.749	－0.527	－0.721
显著性水平	0.725	0.409	0.762	0.080*	0.598	0.471

注：[a]表中的数字 1、2、3、4 分别对应的是小规模企业、中等规模企业、较大规模企业和特大规模企业；*、**、*** 分别表示在 0.1、0.05、0.01 的水平上显著。

表 4-64　　规模因素对“招投标”中产品成本信息使用程度变化的影响

	产品成本信息使用程度变化					
对比规模	(1[a], 2)	(1, 3)	(1, 4)	(2, 3)	(2, 4)	(3, 4)
T 值	1.695	0.864	-0.154	-0.896	-1.512	-0.874
显著性水平	0.094*	0.390	0.878	0.372	0.134	0.385
Mann-Whitney U	947	943.5	397.5	2 009	738.5	734.5
Z 值	-1.291	-0.584	-0.342	-0.840	-1.488	-0.878
显著性水平	0.197	0.559	0.732	0.401	0.137	0.380

注：[a] 表中的数字 1、2、3、4 分别对应的是小规模企业、中等规模企业、较大规模企业和特大规模企业；*、**、*** 分别表示在 0.1、0.05、0.01 的水平上显著。

由表 4-63，我们可以发现中等规模企业和较大规模企业在“招投标”中使用产品成本信息的程度存在显著性的差异。观察图 4-32，我们可以发现较大规模企业使用产品成本信息的程度要高于中等规模企业。而特大规模企业和小规模企业使用成本信息的程度介于两者之间。

由表 4-64，我们可以发现，规模因素对于“招投标”中产品成本信息使用程度的变化并没有影响。其中，小规模企业与中等规模企业通过了 0.1 水平的 t 检验，但是非参数检验中并没有通过 0.1 的显著性水平。其他两两样本之间的 t 检验和 Mann-Whitney 检验都没有在 0.1 水平上显著。各种规模企业在“招投标”上对产品成本信息使用程度的变化并没有显著的差异。

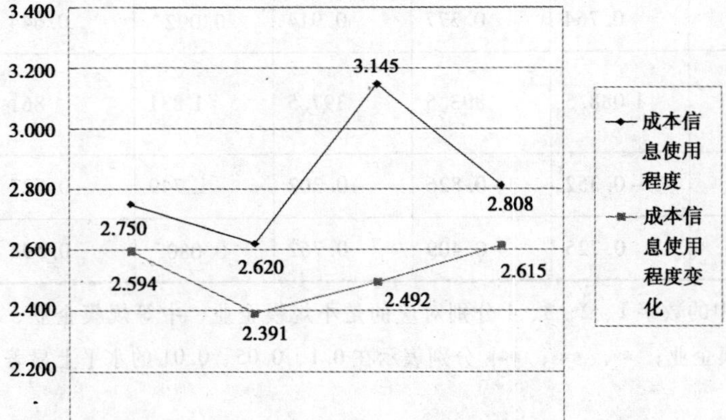

图 4-32　规模因素对“招投标”成本信息使用的影响

3. 产权结构因素

表 4-65 产权结构因素对“招投标”中产品成本信息使用程度及其变化的影响

	产品成本信息使用程度			产品成本信息使用程度的变化		
对比产权结构	(1[a], 2)	(1, 3)	(2, 3)	(1, 2)	(1, 3)	(2, 3)
T 值	1.288	-0.616	-1.795	1.328	-0.106	-1.376
显著性水平	0.201	0.540	0.076*	0.187	0.916	0.172
Mann - Whitney U	953.5	773.5	809	954.5	838	910
Z 值	-1.288	-0.834	-1.900	-1.011	-0.243	-1.200
显著性水平	0.198	0.405	0.057*	0.312	0.808	0.230

注：[a] 表中的数字 1、2、3 分别对应的是上市公司、外资企业和民营企业；*、**、*** 分别表示在 0.1、0.05、0.01 的水平上显著。

由表 4-65 我们可以发现，外资企业与民营企业在产品成本信息的使用程度上存在显著的差异。上市公司对于产品成本信息的使用程度介于两者之间，具体可观察图 4-33。另外，产权结构对于“招投标”中产品成本信息使用程度的变化并没有显著影响。无论是两个独立样本的 t 检验还是两个独立样本的 Mann - Whitney 检验都没有在 0.1 水平上显著。说明不同产权结构下企业“招投标”中使用产品成本信息程度的变化不存在显著差异。

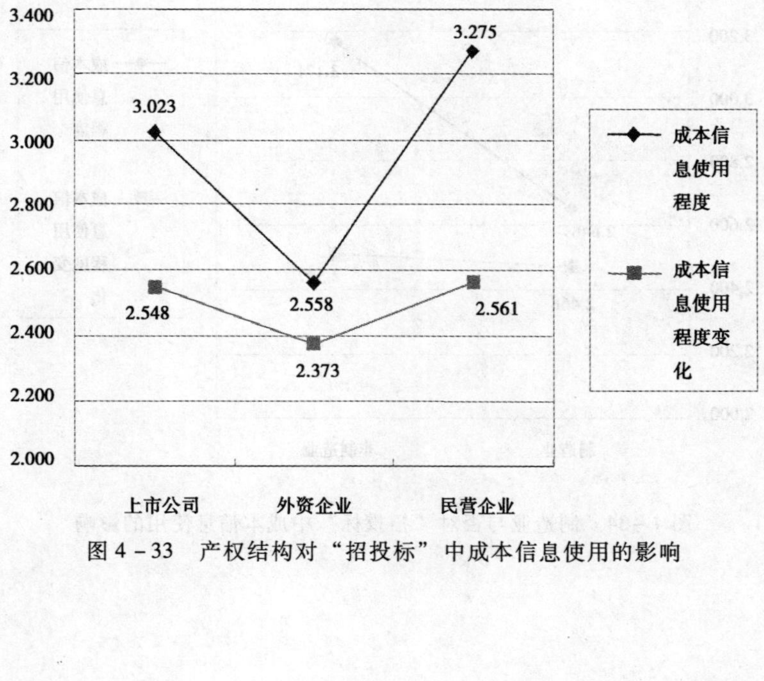

图 4-33 产权结构对“招投标”中成本信息使用的影响

4. 制造业与否

表 4-66 制造行业与否对“招投标”中产品成本信息使用程度及其变化的影响

	产品成本信息使用程度	产品成本信息使用程度的变化
对比因素	（1[a]，0）	（1，0）
T 值	-1.960	-0.433
显著性水平	0.051*	0.666
Mann-Whitney U	3924	4428.5
Z 值	-1.896	-0.286
显著性水平	0.058*	0.775

注：[a]表中的数字 1、0 分别对应的是制造行业和非制造行业；*、**、*** 分别表示在 0.1、0.05、0.01 的水平上显著。

由表 4-66 我们可以发现，制造行业与否对“对外报告”中产品成本信息使用程度有影响。观察图 4-34 可以发现，非制造业招投标中产品成本信息的使用程度更高。但是我们也注意到，两者在过去的变化幅度上并不存在显著性的差异。

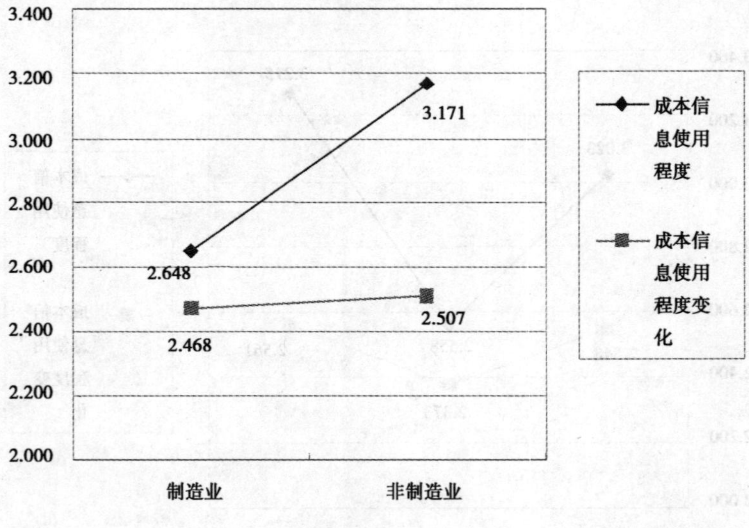

图 4-34 制造业与否对“招投标”中成本信息使用的影响

5. 高科技行业与否

表 4-67 高科技行业与否对"招投标"中产品成本信息使用程度及其变化的影响

	产品成本信息使用程度	产品成本信息使用程度的变化
对比因素	(1[¤], 0)	(1, 0)
T 值	1.087	0.047
显著性水平	0.279	0.963
Mann-Whitney U	1903	2111
Z 值	-1.097	-0.167
显著性水平	0.273	0.868

注:[¤]表中的数字 1、0 分别对应的是高科技行业和传统行业; *、**、*** 分别表示在 0.1、0.05、0.01 的水平上显著。

由表 4-67 我们可以发现,高科技行业与否对于"招投标"中产品成本信息使用程度及其变化并没有影响。无论是两个独立样本的 t 检验还是两个独立样本的 Mann-Whitney 检验都没有在 0.1 水平上显著的。说明高科技行业与否并不是我国企业"招投标"中是否使用产品成本信息的原因。虽然没有显著性差异,通过观察图 4-35,我们仍然可以发现高科技行业在成本信息的依赖度上要低于传统行业。原因在之前的分析中已经多次提到,这里不再赘述。

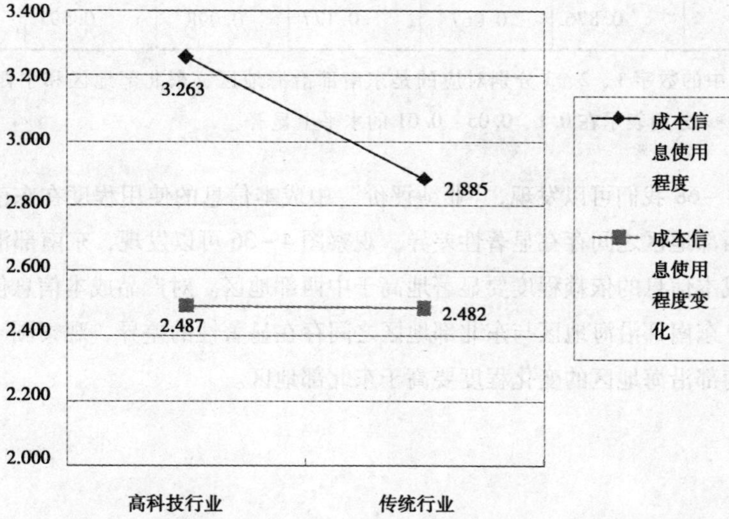

图 4-35 高科技行业与否对"招投标"中成本信息使用的影响

（九）业绩评价

本部分将分析成本信息在“业绩评价”中使用程度的影响因素，主要从地区、规模、产权结构、制造行业与否以及高科技行业与否五个方面进行分析。分析的结果将告诉我们“业绩评价”中成本信息使用程度以及变化在不同地区、不同规模、不同产权结构、不同行业的企业之间是否存在差异。在每一部分的分析中，将分别使用t检验和非参数检验（Mann - Whitney 检验）分析各种因素的影响情况。

1. 地区因素

表4-68　地区因素对“业绩评价”中产品成本信息使用程度及其变化的影响

	产品成本信息使用程度			产品成本信息使用程度的变化		
对比地区	(1[a], 2)	(1, 3)	(2, 3)	(1, 2)	(1, 3)	(2, 3)
T值	0.197	1.756	1.227	1.600	0.536	-0.795
显著性水平	0.844	0.081*	0.226	0.120	0.593	0.431
Mann - Whitney U	2083	1139	200.5	1 692	1 392	220.5
Z值	-0.156	-1.830	-1.350	-1.657	-0.537	-0.706
显著性水平	0.876	0.067*	0.177	0.098*	0.591	0.480

注：[a]表中的数字1、2、3分别对应的是东南部沿海地区、东北部地区和中西部地区；*、**、***分别表示在0.1、0.05、0.01的水平上显著。

由表4-68我们可以发现，“业绩评价”中成本信息的使用程度在东南部沿海地区和中西部地区之间存在显著性差异。观察图4-36可以发现，东南部沿海地区对于产品成本信息的依赖程度要显著地高于中西部地区。对产品成本信息使用的变化上来看，东南部沿海地区与东北部地区之间存在显著性的差异，观察图4-36可以发现东南部沿海地区的变化程度要高于东北部地区。

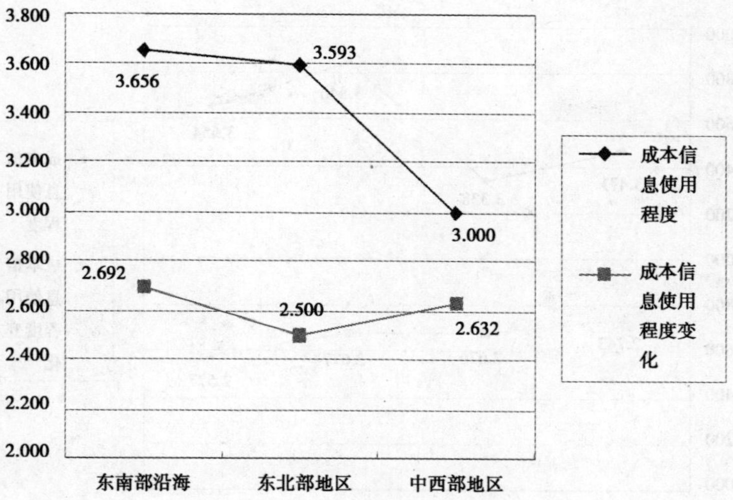

图 4-36 地区因素对“业绩评价”中成本信息使用的影响

2. 规模因素

表 4-69 规模因素对“业绩评价”中产品成本信息使用程度的影响

	产品成本信息使用程度					
对比规模	(1[a], 2)	(1, 3)	(1, 4)	(2, 3)	(2, 4)	(3, 4)
T 值	0.387	-1.198	-0.452	-1.924	-0.854	0.582
显著性水平	0.700	0.234	0.653	0.056*	0.395	0.562
Mann-Whitney U	1208	970	419.5	2018.5	874	782
Z 值	-0.355	-1.097	-0.365	-1.775	-0.744	-0.615
显著性水平	0.723	0.273	0.715	0.076*	0.457	0.538

注：[a]表中的数字 1、2、3、4 分别对应的是小规模企业、中等规模企业、较大规模企业和特大规模企业；*、**、*** 分别表示在 0.1、0.05、0.01 的水平上显著。

由表 4-69 可以发现，中等规模企业和较大规模企业在“业绩评价”中对产品成本信息的使用程度存在显著差异。较大规模企业的使用程度要显著地高于中等规模企业，小规模企业和特大规模企业的使用程度介于两者之间。具体情况详见图 4-37。

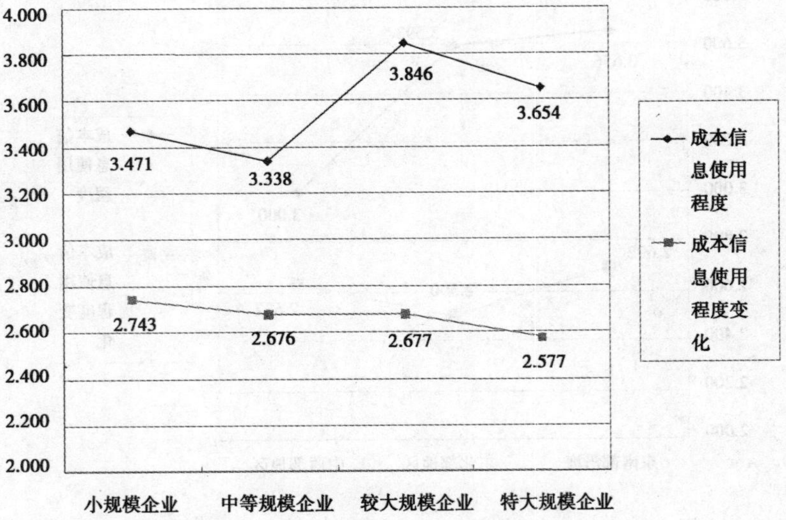

图 4－37 规模因素对“业绩评价”成本信息使用的影响

表 4－70 规模因素对“业绩评价”中产品成本信息使用程度变化的影响

	产品成本信息使用程度变化					
对比规模	（1[a]，2）	（1，3）	（1，4）	（2，3）	（2，4）	（3，4）
T 值	0.670	0.681	1.338	－0.010	0.862	0.897
显著性水平	0.504	0.497	0.187	0.992	0.391	0.372
Mann－Whitney U	1172.5	1062.5	379.5	2287.5	824	760.5
Z 值	－0.596	－0.683	－1.354	－0.108	－0.980	－0.898
显著性水平	0.551	0.495	0.176	0.914	0.327	0.369

注：[a] 表中的数字 1、2、3、4 分别对应的是小规模企业、中等规模企业、较大规模企业和特大规模企业；*、**、*** 分别表示在 0.1、0.05、0.01 的水平上显著。

由表 4－70 我们可以发现，规模因素对于“业绩评价”中产品成本信息使用程度的变化并没有显著影响。无论是两个独立样本的 t 检验还是两个独立样本的 Mann－Whitney 检验都没有在 0.1 水平上显著的。不同规模企业在过去 3 年里的变化程度并不存在显著的差异。

3. 产权结构因素

表 4-71 产权结构因素对“业绩评价”中产品成本信息使用程度及其变化的影响

	产品成本信息使用程度			产品成本信息使用程度的变化		
对比产权结构	(1[a], 2)	(1, 3)	(2, 3)	(1, 2)	(1, 3)	(2, 3)
T值	0.475	0.179	-0.248	1.074	-0.323	-1.346
显著性水平	0.636	0.858	0.805	0.286	0.748	0.182
Mann-Whitney U	1198	868	1072.5	1039	836.5	937
Z值	-0.258	-0.117	-0.383	-1.065	-0.520	-1.556
显著性水平	0.796	0.907	0.702	0.287	0.603	0.120

注：[a]表中的数字1、2、3分别对应的是上市公司、外资企业和民营企业；*、**、***分别表示在0.1、0.05、0.01的水平上显著。

由表4-71我们可以发现，产权结构对于“业绩评价”中产品成本信息使用程度及其变化并没有显著影响。无论是两个独立样本的t检验还是两个独立样本的Mann-Whitney检验都没有在0.1水平上显著的。说明产权结构并不是我国企业“业绩评价”中是否使用产品成本信息的原因（见图4-38）。

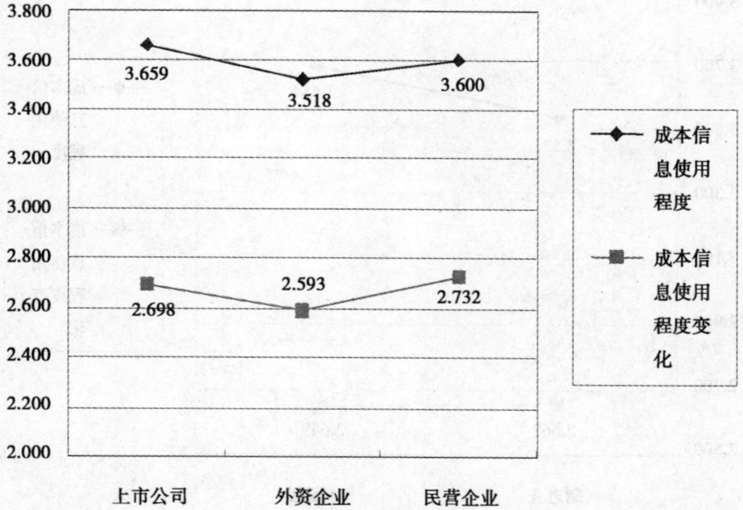

图4-38 产权结构对“业绩评价”中成本信息使用的影响

4. 制造业与否

表 4－72　制造行业与否对"业绩评价"中产品成本信息使用程度及其变化的影响

	产品成本信息使用程度	产品成本信息使用程度的变化
对比因素	(1[a], 0)	(1, 0)
T 值	－0.681	0.182
显著性水平	0.497	0.856
Mann－Whitney U	4610	4724
Z 值	－0.871	－0.259
显著性水平	0.384	0.796

注：[a] 表中的数字 1、0 分别对应的是制造行业和非制造行业；*、**、*** 分别表示在 0.1、0.05、0.01 的水平上显著。

由表 4－72 我们可以发现，制造行业与否对"业绩评价"中产品成本信息使用程度及其变化并没有显著影响。无论是两个独立样本的 t 检验还是两个独立样本的 Mann－Whitney 检验都没有在 0.1 水平上显著的。说明制造行业与否并不是我国企业"业绩评价"中是否使用产品成本信息的原因（见图 4－39）。

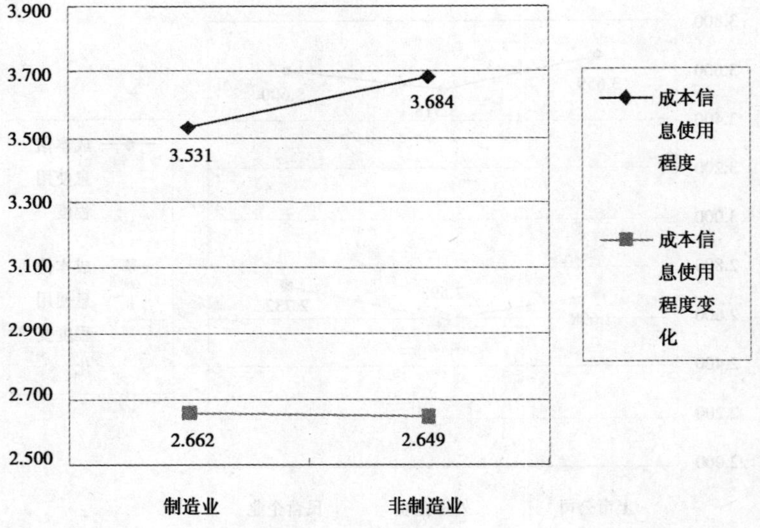

图 4－39　制造业与否对"业绩评价"中成本信息使用的影响

5. 高科技行业与否

表 4－73 高科技行业与否对“业绩评价”中产品成本信息使用程度及其变化的影响

	产品成本信息使用程度	产品成本信息使用程度的变化
对比因素	(1[a], 0)	(1, 0)
T值	－0.161	0.295
显著性水平	0.873	0.769
Mann－Whitney U	2260	2221
Z值	－0.430	－0.295
显著性水平	0.667	0.768

注：[a]表中的数字1、0分别对应的是高科技行业和传统行业；*、**、*** 分别表示在0.1、0.05、0.01的水平上显著。

由表4－73我们可以发现，高科技行业与否对于“业绩评价”中产品成本信息使用程度及其变化并没有显著影响。无论是两个独立样本的t检验还是两个独立样本的Mann－Whitney检验都没有在0.1水平上显著的。说明高科技行业与否并不是我国企业“业绩评价”中是否使用产品成本信息的原因（见图4－40）。

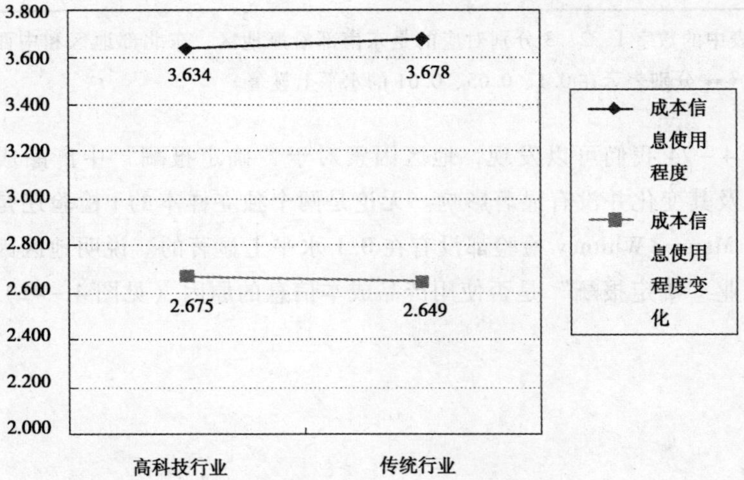

图4－40 高科技行业与否对“业绩评价”中成本信息使用的影响

（十）确定报酬

本部分将分析成本信息在“确定报酬”中使用程度的影响因素，主要从地区、规模、产权结构、制造行业与否以及高科技行业与否五个方面进行分析。分析的结果将告诉我们“确定报酬”中成本信息使用程度以及变化在不同地区、不同规模、不同产权结构、不同行业的企业之间是否存在差异。在每一部分的分析中，将分别使用 t 检验和非参数检验（Mann－Whitney 检验）分析各种因素的影响情况。

1. 地区因素

表 4－74 地区因素对“确定报酬”中产品成本信息使用程度及其变化的影响

	产品成本信息使用程度			产品成本信息使用程度的变化		
对比地区	（1[a]，2）	（1，3）	（2，3）	（1，2）	（1，3）	（2，3）
T 值	－0.060	0.211	0.224	0.162	－0.297	－0.350
显著性水平	0.952	0.833	0.824	0.871	0.767	0.728
Mann－Whitney U	1910	1334.5	217.5	1878	1409	229
Z 值	－0.011	－0.224	－0.196	－0.107	－0.199	－0.233
显著性水平	0.991	0.823	0.845	0.915	0.842	0.816

注：[a]表中的数字 1、2、3 分别对应的是东南部沿海地区、东北部地区和中西部地区；*、**、*** 分别表示在 0.1、0.05、0.01 的水平上显著。

由表 4－74 我们可以发现，地区因素对于“确定报酬”中产品成本信息使用程度及其变化并没有显著影响。无论是两个独立样本的 t 检验还是两个独立样本的 Mann－Whitney 检验都没有在 0.1 水平上显著的。说明地区因素并不是我国企业“确定报酬”是否使用产品成本信息的原因（见图 4－41）。

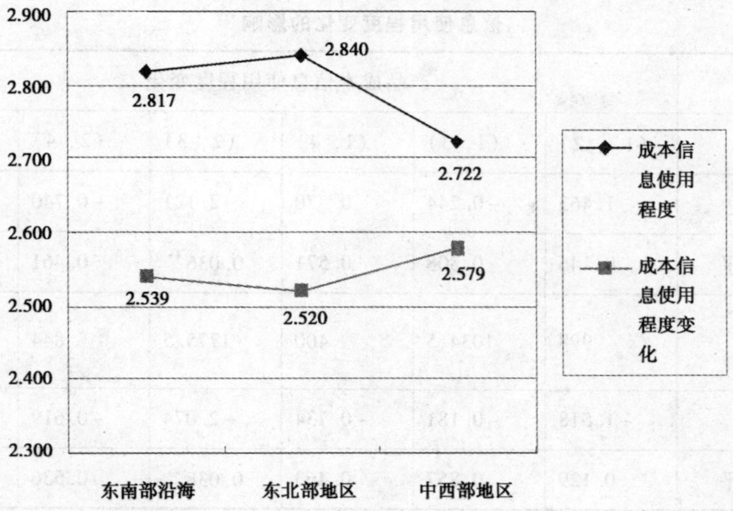

图 4-41 地区因素对“确定报酬”中成本信息使用的影响

2. 规模因素

表 4-75 规模因素对“确定报酬”中产品成本信息使用程度的影响

	产品成本信息使用程度					
对比规模	(1[a], 2)	(1, 3)	(1, 4)	(2, 3)	(2, 4)	(3, 4)
T 值	1.202	0.172	0.184	-1.280	-0.939	0.047
显著性水平	0.232	0.864	0.855	0.203	0.350	0.963
Mann-Whitney U	1007	995.5	414.5	1932.5	807.5	798
Z 值	-1.197	-0.226	-0.233	-1.267	-0.984	-0.077
显著性水平	0.231	0.821	0.816	0.205	0.325	0.938

注：[a] 表中的数字 1、2、3、4 分别对应的是小规模企业、中等规模企业、较大规模企业和特大规模企业；*、**、*** 分别表示在 0.1、0.05、0.01 的水平上显著。

由表 4-75 我们可以发现，规模因素对“确定报酬”中产品成本信息使用程度及其变化并没有显著影响。无论是两个独立样本的 t 检验还是两个独立样本的 Mann-Whitney 检验都没有在 0.1 水平上显著的。说明规模因素并不是我国企业“确定报酬”中是否使用产品成本信息的原因。

表 4－76　　规模因素对“确定报酬”中产品成本信息使用程度变化的影响

	产品成本信息使用程度变化					
对比规模	(1[a]，2)	(1，3)	(1，4)	(2，3)	(2，4)	(3，4)
T 值	1.463	－0.244	0.570	－2.121	－0.740	0.890
显著性水平	0.146	0.808	0.571	0.036**	0.461	0.376
Mann－Whitney U	998	1034.5	400	1775.5	844	713
Z 值	－1.518	－0.181	－0.734	－2.074	－0.619	－1.011
显著性水平	0.129	0.857	0.463	0.038**	0.536	0.312

注：[a] 表中的数字 1、2、3、4 分别对应的是小规模企业、中等规模企业、较大规模企业和特大规模企业；*、**、*** 分别表示在 0.1、0.05、0.01 的水平上显著。

由表 4－76 可以发现，中等规模企业和较大规模企业在过去 3 年中产品成本信息使用程度变化上存在显著性的差异。较大规模企业使用成本信息的增加幅度显著地大于中等规模企业产品成本信息使用程度。小规模企业、特大规模企业的增加幅度与之并不存在显著的差异。具体情况可参见图 4－42。

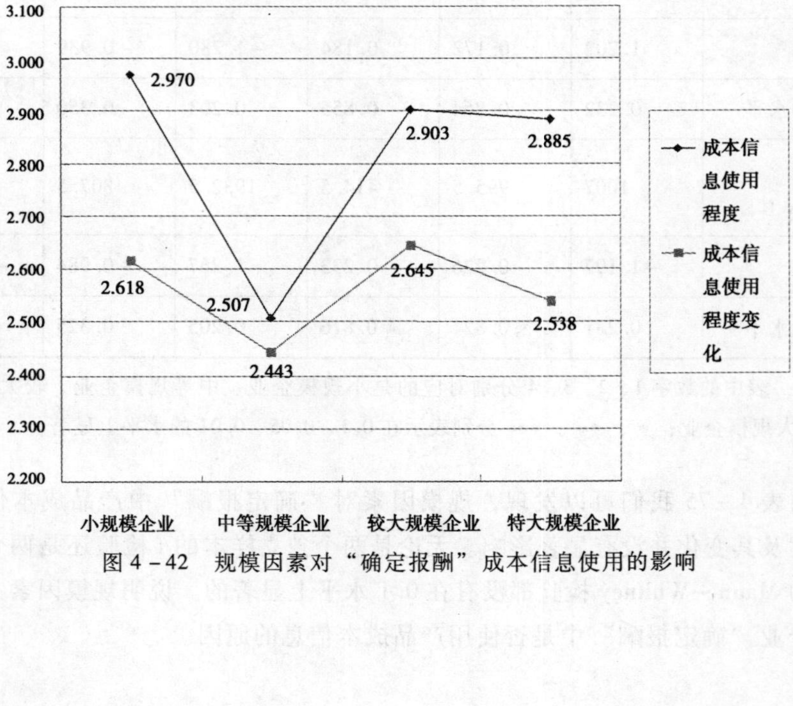

图 4－42　规模因素对“确定报酬”成本信息使用的影响

3. 产权结构因素

表 4-77 产权结构因素对“确定报酬”中产品成本信息使用程度及其变化的影响

	产品成本信息使用程度			产品成本信息使用程度的变化		
对比产权结构	(1[a], 2)	(1, 3)	(2, 3)	(1, 2)	(1, 3)	(2, 3)
T值	-0.484	-0.387	0.034	0.998	0.386	-0.459
显著性水平	0.629	0.700	0.973	0.321	0.700	0.647
Mann-Whitney U	1079.5	814	1011	954.5	835.5	969
Z值	-0.499	-0.420	-0.025	-0.998	-0.054	-0.858
显著性水平	0.618	0.674	0.980	0.318	0.957	0.391

注：[a]表中的数字 1、2、3 分别对应的是上市公司、外资企业和民营企业；*、**、*** 分别表示在 0.1、0.05、0.01 的水平上显著。

由表 4-77 我们可以发现，产权结构因素对“确定报酬”中产品成本信息使用程度及其变化并没有显著影响。无论是两个独立样本的 t 检验还是两个独立样本的 Mann-Whitney 检验都没有在 0.1 水平上显著的。说明产权结构并不是我国企业“确定报酬”中是否使用产品成本信息的原因（见图 4-43）。

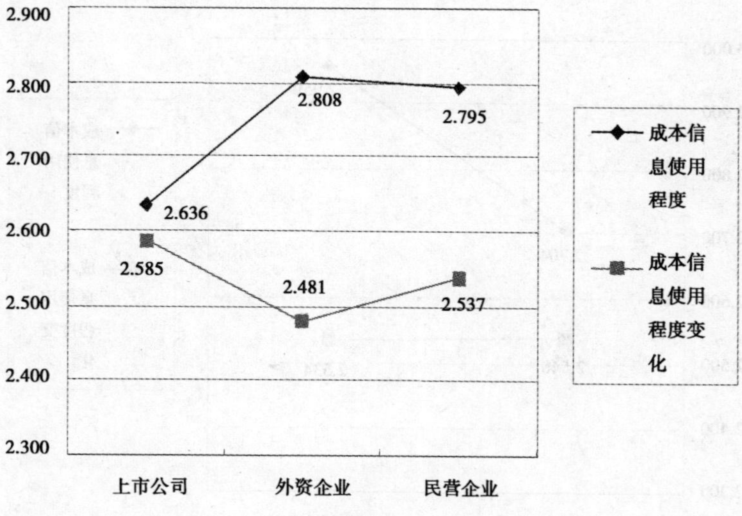

图 4-43 产权结构对“确定报酬”中成本信息使用的影响

4. 制造业与否

表 4－78　制造行业与否对“确定报酬”中产品成本信息使用程度及其变化的影响

	产品成本信息使用程度	产品成本信息使用程度的变化
对比因素	(1[a], 0)	(1, 0)
T 值	－0.978	0.067
显著性水平	0.329	0.946
Mann－Whitney U	4 261.5	4 530
Z 值	－0.970	－0.203
显著性水平	0.332	0.839

注：[a] 表中的数字 1、0 分别对应的是制造行业和非制造行业；*、**、*** 分别表示在 0.1、0.05、0.01 的水平上显著。

由表 4－78 我们可以发现，制造行业与否对“确定报酬”产品成本信息使用程度及其变化并没有显著影响。无论是两个独立样本的 t 检验还是两个独立样本的 Mann－Whitney 检验都没有在 0.1 水平上显著的。说明制造行业与否并不是我国企业“确定报酬”中是否使用产品成本信息的原因（见图 4－44）。

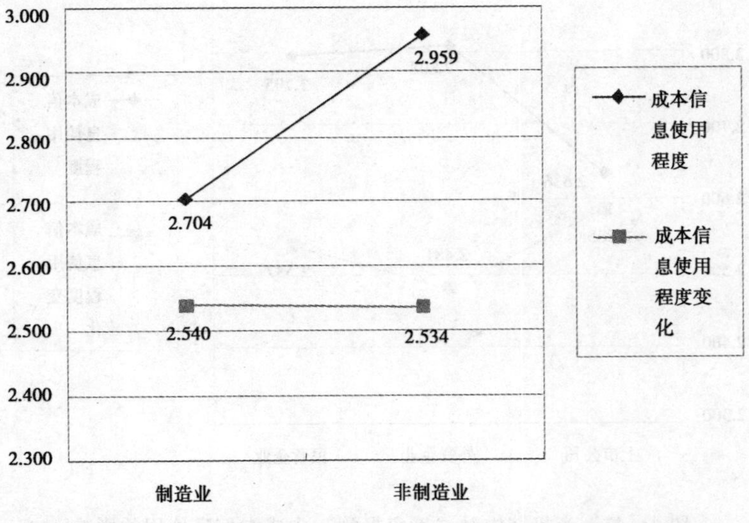

图 4－44　制造业与否对“确定报酬”中成本信息使用的影响

5. 高科技行业与否

表 4-79　　高科技行业与否对"确定报酬"中产品成本信息使用程度及其变化的影响

	产品成本信息使用程度	产品成本信息使用程度的变化
对比因素	(1[a], 0)	(1, 0)
T 值	0.569	1.665
显著性水平	0.571	0.100*
Mann-Whitney U	2126	1922
Z 值	-0.416	-1.461
显著性水平	0.677	0.144

注：[a] 表中的数字 1、0 分别对应的是高科技行业和传统行业；*、**、*** 分别表示在 0.1、0.05、0.01 的水平上显著。

由表 4-79 我们可以发现，高科技行业与否对"确定报酬"产品成本信息使用程度及其变化并没有显著影响。无论是两个独立样本的 t 检验还是两个独立样本的 Mann-Whitney 检验都没有在 0.1 水平上显著的（除去使用程度变化 t 检验在 0.1 水平上显著，但是没有通过非参数检验）。说明高科技行业与否并不是我国企业"确定报酬"是否使用产品成本信息的原因（见图 4-45）。

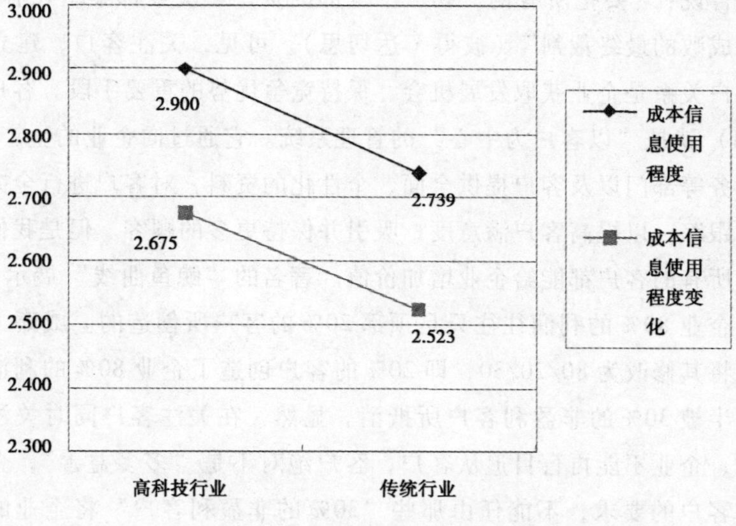

图 4-45　高科技行业与否对确定报酬成本信息使用的影响

第三节

客户盈利能力分析
——个性化时代的发展趋势

客户盈利能力分析是一种创新的管理分析方法，它根据盈利能力不同对客户区别对待。本节通过对我国企业的调查及与美国的一项调查结果的比较发现，客户盈利能力分析在我国企业的应用还不广泛，普及率比美国低。但令人可喜的是，我国有些企业已经接受了这种分析方法，并将它应用于企业管理实践。此外，通过统计分析我们还发现，除客户成本消耗差异外，成本结构、客户战略等因素对我国企业客户成本分配没有明显影响。

一、导言

随着信息技术的快速发展，市场竞争日趋激烈，越来越多的企业开始意识到客户是企业重要的资源，也是市场竞争的焦点。通用汽车公司总裁杰克·史密斯先生曾说："要把所有的一切——全部的资产、决策都集中在客户身上，他们才是成败的最终裁判"（彼得·达切思）。可见，关注客户、建立并维持良好的客户关系是企业获取发展机会、保持竞争优势的重要手段。客户关系管理（CRM）就是"以客户为中心"的管理系统。它通过向企业的生产、销售、市场、服务等部门以及客户提供全面、个性化的资料，对客户进行全方位服务和长时期跟踪，以提高客户满意度，吸引并保持更多的顾客。但是我们必须承认，并非所有的客户都能给企业增加价值。著名的"鲸鱼曲线"展示了80/20法则，即企业80%的利润往往只是顶部20%的客户所创造的。威廉·谢登在此基础上将其修改为80/20/30，即20%的客户创造了企业80%的利润，但是其中的一半被30%的非盈利客户所抵消。显然，在关注客户同时关注企业价值的今天，企业不能再盲目追从客户，客户绝对不是"多多益善"，企业不必满足每一客户的要求，不能任由那些"30%的非盈利客户"将企业的利润吞噬，企业必须区别对待盈利能力不同的客户。而客户盈利能力分析正是能够很好完成这项任务的一个分析工具，正因如此，客户盈利能力分析已经成为美国的第二大成本分析方法（Krumwiede & Shannon，2006）。

所谓“客户盈利能力”，是指客户所能给企业带来的利益。它是客户的终生价值（CLV），等于对一个客户所期望的终生收入减去为该客户发生的终生成本。相对而言，客户收入资料容易获得，它等于销售收入。但客户成本却要复杂得多，它与传统会计中的产品销售成本不同，它是一个全周期成本概念，包括提供成本、获得成本、服务成本和维持成本等与客户有关的所有资源消耗（Ness 等，2001）。企业的最终目标是为了实现盈利，而盈利不仅取决于产品或服务的单一成本，同时还取决于隐藏在背后的许多间接服务（如营销、运输、客户服务等），因此，企业必须详细了解这些业务的成本情况。而当今日新月异的市场和个性化的消费追求，又决定了客户对企业所提供的产品和服务必然存在着差别化要求，导致每个客户消耗的资源不尽相同。因此，将各项成本分配到客户具有信息价值，对企业的定价决策、营销策略决策和客户结构决策等都具有重要意义。

Foster 等人（1996）在“客户盈利能力分析：挑战和新方向”一文中提到，“‘客户盈利能力分析’代表了未来管理会计的一个重要发展方向。然而，当前大多数企业的管理会计关注的仍然是产品和部门，而不是客户”。那么，我国企业的现状如何呢？我们通过调查，获得了我国企业在成本结构与成本消耗及分配方面的最新数据，通过分析并与美国的一项最新调查相比较，可以大致了解我国企业的客户成本管理情况。希望这一调查能够帮助我国企业了解客户成本，促进企业关注客户盈利能力分析。

二、客户成本分析应用情况

本调查利用了各种人际关系，通过各种渠道联系反馈人，共发出问卷 805 份，回收 257 份，回收率 31.93%。除去 36 份数据不完整的调查表外，我们得到 221 个有用样本。在反馈者中有 50 位（占 22.6%）高级财务人员，34 位（占 15.4%）除财务以外的高层管理者，81 位（占 36.7%）中级财务人员。平均来说，完成我们这项调查的人员在他们的公司服务了 8.83 年，因此，问卷的回答者对他们服务的企业情况有充分的了解，这使得他们在回答我们的问题时给出的答案具有较强的说服力。

1. 样本企业的成本结构

表 4－80 显示了样本企业中各价值链环节的成本占总成本的比例。

表 4－80　　样本企业的成本结构（占总成本的比重）

价值链成本	均值	标准差	最小值	最大值
管理成本	14.73%	10.82%	0	80%
研究开发和技术工艺设计成本	9.7%	11.46%	0	80%
生产制造或运行成本	57.31%	28.72%	0	100%
营销配送成本	10.36%	12.00%	0	73%
客户服务成本	7.9%	12.21%	0	85%

从表 4－80 可以看出，平均而言，目前我国企业在生产制造环节的成本最高，占总成本的 57.31%。其他各业务环节的成本占总成本的比例分别是：管理占 14.73%，研发设计占 9.7%，营销配送占 10.36%，客户服务占 7.9%。此外，各环节成本比例的最大值与最小值差别很大，这表明：由于各企业所处环境不同，因而需要关注的重点领域不同。

最近，Chow 等人（2006）对 141 家美国大型制造企业的价值链成本进行了调查，发现样本企业的成本分布平均为：管理成本，8.60%；研发成本，5.00%；设计成本，4.25%；制造成本，59.92%；营销成本，10.79%；运输成本，6.87%；客户服务成本，4.58%。为便于比较，我们对样本中 134 家中国制造企业进行了专门统计，其成本构成如下：管理成本，13.09%；研究开发和技术工艺设计成本，8.64%；生产制造或运行成本，64.26%；营销配送成本，9.14%；客户服务成本，4.86%。可见，中美两国企业的成本构成十分相似。如果将美国企业的"研发成本"与"设计成本"合并，"营销成本"与"运输成本"合并，通过配对样本的 t 检验发现两国间在各成本比例上不存在显著差异，表明中美两国制造业企业的成本结构基本相同。

2. 不同客户的成本消耗差异

表 4－81 针对产品价格、设计成本、制造成本、推销广告联络成本、包装配送成本、售后服务成本、货款占用成本七个方面不同客户之间差异的大小，给出了样本公司的分布情况。如果我们将"没有差异"和"有些差异"归为"差异小"一类，将"差异较大"和"差异很大"归为"差异大"一类，那么我们发现"差异小"企业在样本中的比例分别为：设计成本（84.6%）、制造成本（85.9%）、推销广告联络成本（76.5%）、包装配送成本（79.6%）、售后服务成本（81%）、货款占用成本（74.2%）。也就是说，无论就哪一项成本而言，都有 70% 以上的企业认为其在不同客户之间的消耗差异较小。我们也可以用数字来描绘这一点。假定"没有差异"用 0 表示，"有些差异"用

1 表示，“差异较大”用 3 表示，“差异很大”用 5 表示，那么经过计算平均值，我们得到各项成本在客户间差异程度均值为：设计成本为 0.83，制造成本为 0.78，推销广告联络成本为 1.19，包装配送成本为 1.05，售后服务成本为 1.09，货款占用成本为 1.29，这同样说明不同客户对企业成本的消耗差异较小。

表 4-81　客户差异情况的分布（调查反馈数占样本数的比重）

成本项目	不同客户之间的差异			
	没有	有些	较大	很大
产品设计成本	57%	27.6%	10.9%	4.5%
产品制造成本	53.8%	32.1%	12.2%	1.8%
推销广告联络成本	37.1%	39.4%	19%	4.5%
包装配送成本	44.3%	35.3%	16.3%	4.1%
售后服务成本	38%	43%	14.5%	4.5%
货款占用成本	33.5%	40.7%	20.4%	5.4%

不过也应注意，选择“有些差异”和“差异较大”的企业合在一起也约占四五成，说明随着客户消费追求的不断个性化，在不同客户之间的成本差异日渐明显，并已引起企业的关注。

将表 4-81 中的各项进行横向比较，我们还发现不同客户在“产品设计成本”和“产品制造成本”的差异最小，而在“货款占用成本”上却有 25.8% 的企业选择“差异较大”或“差异很大”，这一比例较大，说明我国企业的不同客户占用本企业资金的差异较大。

3. 各项成本在客户之间的分配情况

表 4-82 列示了企业将各项成本分配到客户的比例情况。

表 4-82　各项成本分配到客户的分布（调查反馈数占样本数的比重）

项　目	成本分配到客户的比例					
	0	低于 10%	低于 25%	低于 50%	低于 75%	90% 以上
产品设计成本	43%	28.1%	10.9%	5.9%	2.7%	9.5%
产品制造成本	40.3%	15.8%	10.4%	10.4%	9.5%	13.6%
推销广告联络成本	41.2%	28.1%	14%	7.2%	2.3%	7.2%
包装配送成本	42.5%	27.6%	11.3%	6.8%	2.7%	9%
售后服务成本	42.1%	31.2%	13.1%	6.3%	1.8%	5.4%
货款占用成本	43.9%	24%	14.9%	6.8%	2.7%	7.7%

如前所述，要进行客户盈利能力分析就必须获得每个客户或每类客户的获得成本、提供成本和服务成本资料（为便于后面与美国进行对比分析，这里将“维持成本”归入“服务成本”中），而一般企业往往仅核算产品的制造成本，其他各成本作为期间费用处理，因此客户会计需要进行额外的分配，将成本分配到某个客户或某类客户上，这样才能获得不同客户的资源消耗信息。我们有理由相信，成本分配到客户的比例越大，企业的客户盈利能力分析就做得越细致。

为便于反馈者理解和容易作答，我们在问卷中并未使用获得成本、提供成本、服务成本等术语，而是采用更为一般人所熟知的产品设计成本、制造成本、推销广告联络成本、包装配送成本、售后服务成本、货款占用成本来代替，这些都是上述三类成本中较有代表性的项目。调查结果显示，大多数企业“没有”或者“很少”将成本分配到客户。从表 4－82 中“0”和“低于10%”这两列的数据可知，即便是那些相关性很强的产品制造成本，仍然有56.1%的企业没有或很少将它们归集至客户。如果我们将50%以上的成本得到合理分配作为成本分配的“良好”标准，那么样本企业中，只有23.1%的企业的产品制造成本、12.2%的企业的产品设计成本、11.7%的企业的包装配送成本、10.4%的企业的货款占用成本、9.5%的企业的营销成本、7.2%的企业的售后服务成本达到我们的标准。虽然这些比率均较低，但平均来看，约有10%的企业较好地将成本分配到了客户，这说明在我国还是有少数企业接受了或正在尝试使用客户成本分析。

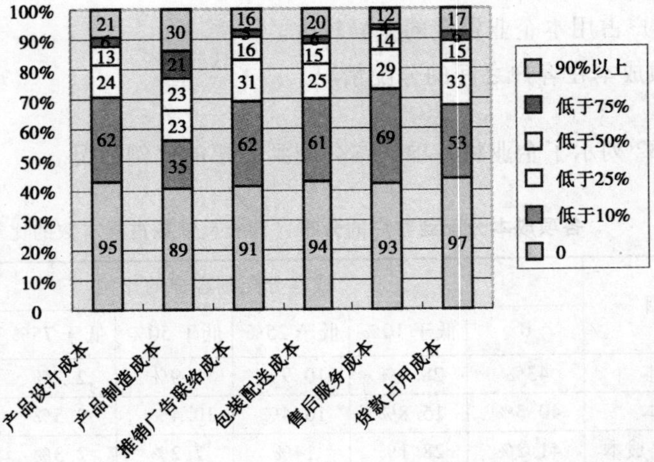

图 4－46 成本分配到客户的样本分布图（中国）

由图4－46的百分比堆积柱形图可以看到，除制造成本这一项外，其他各项成本都有约70%的企业没有或者很少（低于10%）将成本分配到客户，也就是说客户成本分析目前在我国企业的运用还不够广泛，这可能与前面的“企业的不同客户对成本的消耗差异较小”这一调查结论有关。

与Chow等人（2006）的调查结果相比较，可以得到中美各项成本在客户之间分配的对比情况（如图4－47所示）。

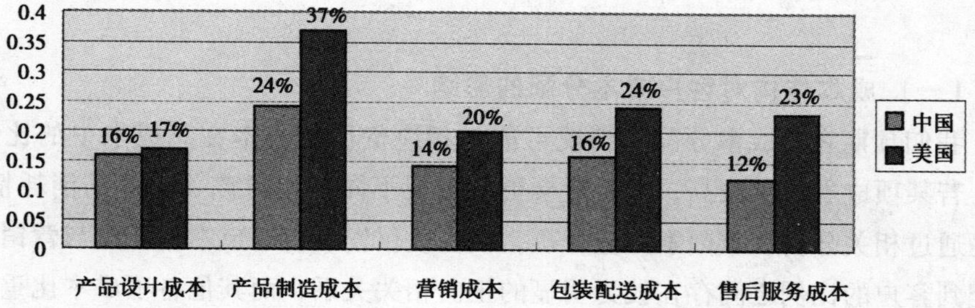

图4－47 中美企业成本分配情况比较图

注：由于中美两项调查的成本项目不尽相同，因此为提高可比性，本图仅列示了可以匹配的产品设计成本、制造成本、营销成本、包装配送成本和售后服务成本等五项成本，而忽略了中方的货款占用成本和美方的管理及研发成本。另外，中美两国虽然在个别成本概念上有些差异（如售后服务和客户服务），但这里假定它们相同，并采取如下方法来消除中美两国之间的统计差异，从而得到图4－47中两国的成本分配平均情况：

取每一比例范围内的中位数作为权重，如“低于10%”取0.05，“低于25%”取0.175，…，“61%—80%”取0.7，…；然后对每一成本项目计算：∑每一比例范围的企业数×相应的权重/企业数。如美国的制造成本可以用（60×0＋4×0.1＋5×0.3＋5×0.5＋9×0.7＋37×0.9）/120＝0.37来表示该项成本的平均分配情况。

由图4－47可以看出：（1）中美企业将成本分配到客户的比例都不太高。相对而言，企业仍倾向于将成本归集分配到产品或生产线上。而在各项成本中，制造成本均是中美两国产品的主要成本，且企业将制造成本分配到客户的比例明显比其他四项成本要高；（2）虽然企业进行成本分析时关注产品多于关注客户，但还是有些企业在使用客户盈利能力分析；（3）无论哪项成本，美国的分配比例均高于中国。通过配对样本的t检验发现，中美两国的t值为－3.723（sig.＝0.0204），这说明在5%的显著性水平下，客户盈利能力分析在美国的运用要比中国明显更为普遍。

三、客户成本分配的影响因素

作业成本分析理论认为，只有当不同客户间的成本消耗存在显著差异时，对其进行成本分配才是必须的（欧阳清、杨雄胜，1999）。那么，哪些因素对企业的客户成本分配产生影响呢？下面从成本结构、客户成本消耗差异和客户战略三个方面进行分析。

（一）成本结构对客户成本分配的影响

我们预期客户成本分配的情况可能与相应价值链成本在总成本中的比例有关。若某项成本比重较高，则企业会更为重视不同客户对该项成本的消耗情况。但是通过相关分析和单因素方差分析，我们仅仅发现营销成本的比重与营销成本分配到客户的比例之间存在较为明显的正向相关关系，而其他各项成本比重与其分配到客户的比例之间没有明显的相关性（见表4-83）。所以从总体上看，各价值链环节成本占总成本的比重与成本分配到客户的比例之间的关联性不强，表明目前中国企业的成本结构并非是进行客户成本分配的决定性影响因素。

表4-83　　各成本项的相关系数及方差分析结果

			成本分配到客户的比例			
			设计成本	制造成本	营销成本	售后服务成本
总成本中业务单元消耗比例	设计	Pearson 相关系数	-0.068			
		方差检验F值	2.075*			
	制造	Pearson 相关系数		0.088		
		方差检验F值		0.892		
	营销	Pearson 相关系数			0.159**	
		方差检验F值			1.891*	
	客户服务	Pearson 相关系数				-0.033
		方差检验F值				1.092

*表示在0.1的水平上显著，**表示在0.05的水平上显著。

进一步通过多重比较（采用LSD法：Least Significant Difference），发现组1与组6、组2与组4、组2与组6、组3与组6（见表4-84）之间的营销成本占总成本的比重存在明显差异（显著性水平 $\alpha=5\%$），而其他组别之间的差异不显著。

表 4－84　　不同成本分配程度下的营销配送成本比重均值比较

组别	营销成本分配程度	样本数	营销成本比例均值	标准差	F统计量（p值）
1	不分配	54	10.64	1.955	1.891（0.098）
2	低于10%	57	7.87	1.161	
3	低于25%	30	10.02	1.821	
4	低于50%	13	15.35	2.692	
5	低于75%	4	10.25	3.771	
6	75%以上	15	17.09	4.678	
合　计		173	10.52	0.924	

（二）成本消耗差异对客户成本分配的影响

虽然价值链成本比重与客户成本分配没有明显关系，但是我们仍可预期：若某项成本在不同客户之间存在较大差异，则企业可能会更为重视不同客户对该项成本的消耗情况，因而将成本分配到客户。我们对各项成本的客户差异程度与成本分配比例的关系进行频数分析发现（见表4－85）：产品设计成本、营销成本、包装成本和资金占用成本向客户分配的程度与这些成本项目的客户差异程度均显著相关，这表明不同客户之间各种成本差异的大小对企业的客户成本分配产生了显著影响。虽然频数分析结果并未表现出严格的递增趋势，但从总体上看，随着客户差异性的增大，企业表现出更为重视这些客户成本的分配问题。

表 4－85　　各项成本的客户差异程度与成本分配比例的频度检验

		成本分配到客户的程度						频数分析	
		0	<10%	<25%	<50%	<75%	>75%	χ^2（p值）	Likelihood Ratio
设计成本客户差异	没有差异	42	27	8	4	2	9	32.5（0.005）	26.49（0.033）
	有些差异	14	25	7	6	1	8		
	差异较大	4	7	7	2	0	4		
	差异很大	3	3	1	1	2	0		

续表

		成本分配到客户的程度						频数分析	
		0	<10%	<25%	<50%	<75%	>75%	χ^2（p值）	Likelihood Ratio
营销成本客户差异	没有差异	24	17	3	3	1	3	41.73（0.000）	38.43（0.001）
	有些差异	27	30	18	3	1	8		
	差异较大	5	13	10	8	1	5		
	差异很大	4	2	0	2	2	0		
包装成本客户差异	没有差异	33	19	3	2	2	4	44.64（0.001）	39.63（0.006）
	有些差异	24	28	10	5	2	9		
	差异较大	4	10	10	5	1	5		
	差异很大	1	2	1	3	1	1		
资金成本客户差异	没有差异	26	10	0	4	2	2	40.34（0.005）	44.87（0.001）
	有些差异	21	33	20	5	1	10		
	差异较大	17	9	10	3	2	3		
	差异很大	4	1	2	3	1	1		

另外，由表4－85还可看出：

（1）产品设计成本和营销成本有些类似，在客户成本差异程度不同的各组样本中，分配到客户的平均比例大体在10%—25%之间。从频数分布上看，在客户之间没有差异的时候，将近一半的企业不会将成本分配到客户；但随着差异的增大，不分配的比例有所缩小，在差异较大时到达一个峰值。不过在差异达到很大时，分配的比例又有所下落，这可能跟样本量变小有一定的关系。

（2）包装配送成本分配到客户的情况随着客户间差异程度的增大而递增，也就是说这部分成本在不同客户间差异越大，分配到客户的比例越高。总的来说，分配的比例大概在10%—35%左右；在没有差异的情况下，不分配的情况超过了一半，然后随着差异比例的增加，不分配的比例有所下降。

（3）货款占用成本分配到客户的比例总体趋势也是随着客户间差异程度的加大而增大，具体来看当货款占用成本在客户间“有些差异”的时候，分配的比例要比“差异较大”的时候稍高一点。这部分成本分配的平均比例大致在10%—15%之间；同样，在客户间成本“没有差异”时，不分配的情况也超过了一半；但随着差异率变小，不分配的情况有所改善。

（三）客户战略对成本分配的影响

客户战略是以客户为中心，强调客户服务，重视客户满意度为企业的战略重点。客户盈利能力分析是具体实施客户战略的一个重要手段，因此我们预期重视客户战略的企业应该更为重视客户成本的分析，因而更多地分配客户成本。

但是我们的调查却发现，无论样本企业是否认为“市场的竞争主要表现客户服务方面”，也无论样本企业是否把“客户为中心，强调客户服务，重视客户满意度”作为战略重点，除了在以客户服务为主要竞争手段时，在“包装成本”和“营销成本”上略有差异外，其他与客户有关的成本项目分配到客户的程度均无显著差异（见表4-86），这表明我国企业重视客户的战略选择与客户成本的分配没有明显关系。其原因可能是因为客户盈利能力分析在我国尚未受到重视，因而应用还不够广泛。许多企业即使实行客户战略，“以客户为中心，强调客户服务，重视客户满意度”，但是他们并未对盈利能力不同的客户区别对待，或许他们认为对所有的客户“都很好”就是客户优先。但是企业并非慈善机构，归根结底企业必须实现盈利，才能在市场激烈竞争中站稳脚跟。如果不能清楚了解客户对自己资源的消耗状况，那么就难以制定合理的营销策略、确定适当的客户结构，也就难以赢得竞争优势，无法实现自己的发展目标。

表4-86　　成本分配的方差分析

		战略1：客户服务		战略2：客户中心	
		F	Sig.	F	Sig.
成本分配到客户的比例	设计成本	1.029	0.408	0.612	0.691
	制造成本	0.712	0.640	0.492	0.782
	营销成本	1.718	0.119	0.308	0.907
	包装成本	1.821	0.098	0.635	0.673
	服务成本	1.258	0.279	0.317	0.902
	资金成本	0.733	0.624	0.576	0.718

四、总结与思考

通过调查，我们对中国企业的成本结构、不同客户的资源消耗差异、成本分配到客户的情况有了大致了解。从调查结果看：（1）企业的不同客户对成本的消耗从总体来说差异还不大。但具体来看，某些企业客户消耗成本的差异还是较大，因而值得关注。（2）大部分企业没有或很少将成本分配到客户，所以总体上看，客户盈利能力分析在我国的运用还不够广泛。（3）在我国已有一定比例的企业正在接受和尝试运用客户成本，以改进客户盈利能力分析，其中影响客户成本分析的主要因素是不同客户消耗资源的差异，在产品设计、营销、包装和资金占用等成本项目上，我们观察到随着客户差异的增加，客户成本分配的比例不断上升。

我们还将我国调查的结果与美国的一项调查进行了比较，发现中美两国的企业将价值链各环节成本分配到客户的比例都不高，企业更倾向于将成本归集到产品或生产线上。但客户盈利能力分析还是在部分企业得到应用，不过相对而言，这种方法在美国的应用更为普遍。

既然当今客户的重要性已经被大家普遍认同，那么为什么大部分企业在进行成本分析时更注重产品而不是客户呢？促使企业运用客户盈利能力分析的因素又有哪些呢？我们研究发现，中国企业的成本结构、不同客户资源消耗的差异对客户盈利能力分析的运用虽有一定影响，但这些影响只表现在部分成本项目上，并且也只表现在部分样本企业上。

更值得关注的是选择客户战略的企业并没有更多运用客户盈利能力分析，这显然会影响客户战略的成功实施。考虑到客户成本分析的实施过程，我们认为可能的原因有：

第一，客户太多。之所以大多数企业将成本分配到产品而很少分配到客户，很重要的一点是因为将成本分配到客户比分配到产品的要求更为苛刻。与一个企业的产品相比，它面临的客户要比产品多得多，甚至一家企业的不同部门对同一位客户的标号都不尽相同（Foster & Gupta，1994），致使将所有的成本归集到每一个客户就更难。这也表明，成本核算体系需要采取某种方法，使其能够更加有效地将成本分配到客户。例如，在企业内部可以对每一客户使用统一编码，以方便成本费用分配、客户成本归集和客户管理。

第二，成本较高。由于客户盈利能力分析需要按客户动因分配成本，采用作业成本法进行核算（Searcy，2004），而客户消耗的多数成本并非为一个成本动因驱动，因而无法从现成的财务会计信息中获得相关数据，所以实行客户成本分析将增加财会部门的数据采集量和核算工作量，再加上很多组织中职能部门的分割，如果没有管理高层的推动，客户盈利能力分析也就不可能成为财务部门的自觉行动。

第三，受到怀疑。客户盈利性分析是作业成本法在客户管理中的典型运用。作业成本法在经历了潮起潮落之后，虽然它的一些理念已被较多企业所接受，如将企业的期间费用（如研发费用、广告费用等）分配至产品，但将成本分配至客户的做法还未得到众多企业的理解和支持，尤其是近年来又出现了否定作业成本法的思潮，在实务界引起思想混乱，误以为客户盈利分析也被否定了。其实根据我们的观察，作业成本法在经过作为“时尚”的宣传高潮之后，目前进入了理性选择阶段，其中的合理成分正在为真正需要的企业所采用。基于客户成本分析法的客户盈利能力分析也是如此。如果企业不同的客户消耗的资源存在显著差异，而这些成本项目在总成本中又不是微不足道，那么自然就需要对不同客户消耗的成本进行核算。

虽然目前客户盈利能力分析在我国的普及程度还不高，但应看到已有部分企业开始接受或正在尝试这种分析方法，因而我们有理由相信，随着时间的推移，会有越来越多的企业管理人员了解、理解并接受它，客户盈利能力分析一定会得到广泛应用，为企业价值最大化作出贡献。

本章参考文献

1. Chow C. W. & R. H. Wang. 2006. Linking Value Chain Costs to Products and Customers: Survey and Evaluation of Large U. S. Manufacturing Firms' Current Practice [J]. *Journal of Applied Business Research*, forthcoming.

2. Foster G. & M. Gupta. Marketing, 1994, Cost Management and Management Accounting [J]. *Journal of Management Accounting Research*, 6: 43 – 77.

3. Foster G. , M. Gupta & L. Sjoblom. Customer Profitability Analysis: Challenges and New Directions. *Journal of Cost Management* [J], 1996, 10 (1): 5 – 17.

4. Krumwiede K. R. & L. C. Shannon. Finding the right mix [J]. *Strategic Finance*, 2006, 87 (10): 37 – 43.

5. Ness, J. A. , M. J. Schrobeck, R. A. Letendre, and W. J. Douglas. The Role of ABM in measuring customer value. *Strategic Finance* [J], 2001, 82 (9): 32 – 37, 82 (10): 44 – 49.

6. O'Connor, N. G. , C. Chow, and A. Wu. 2004. The adoption of "Western" management accounting/controls in China's state – owned enterprises during economic transition. Accounting, Organizations and Society 29: 349 – 375.

7. Searcy D. L. 2004, Using Activity – Based Costing to Assess Channel/Customer Profitability [J]. *Management Accounting Quarterly*, 5 (2): 51 – 60. (本

文摘要发表于《当代财经》2008 年第 10 期)。

8. 彼得·达切思:《企业运营与客户价值》,机械工业出版社 2003 年版。

9. 成刚:《管理十日谈》,上海交通大学出版社 2005 年版。

10. 何瑛:"战略成本管理研究综述",《北京工商大学学报》2004 年第 1 期。

11. [美] 爱德华·布洛克等:《战略成本管理》,人民邮电出版社 2005 年版。

12. [美] 迈克尔·波特:《竞争优势》,华夏出版社 2005 年版。

13. 南京大学会计学系课题组:"中国企业预算管理现状的判断及其评价",《会计研究》2005 年第 4 期。

14. 欧阳清、杨雄胜:《会计大典第四卷:成本会计》,中国财政经济出版社 1999 年版。

15. 夏宽云:《战略成本管理》,立信会计出版社 2000 年版。

16. 张朝宓、熊焰韧:《当代管理会计研究》,北京大学出版社 2006 年版。

第五章

信息共享与会计参与调查

第一节

中国企业信息共享及其影响因素

如何充分利用员工所拥有的信息被视为维持和提升企业竞争优势的一项重要课题。本章采用问卷调查方式对我国企业的信息共享程度及其障碍进行了研究。调查发现，目前我国企业的信息共享程度总体不高，其障碍主要来自个人、组织和文化等方面，其中企业文化和领导无效、员工对公司认同感缺失、人们共享信息的动力不足、沟通渠道不畅、人们的自我保护意识和中庸文化成为制约我国企业员工不愿与他人共享信息的主要障碍。另外，统计分析还发现，考核和沟通机制对我国企业信息共享程度的高低影响尤为突出，考核过松和沟通不畅对其有显著的负面影响。

一、引言

在当今激烈的全球市场竞争中，信息被认为是所有组织中最重要的资源之一，对维持企业竞争优势、业绩增长和价值创造极为重要，并对组织的长期稳定和成功发展起决定作用。而信息又多为组织内的个人所掌握。调查发现，42%的美国经理人员认为组织的信息根植于员工的头脑中（Frappaolo and Wilson－Todd，2000）；企业中所需的有关竞争对手的信息，80%已为企业的员工、供应商或客户所掌握（Tapscott et al.，1998）。但是，个人信息只有转移到组织层面，才能转变为组织的经济利益和竞争优势，只有通过交流和共享，信息的融合和创新才能实现。但是在绝大多数组织里，充分的、全方位的信息共享不可能自发产生。西方研究发现，组织内部的信息转移十分有限且相当困难（Szulanski 2000，1994；Von Hippel，1994），44%的企业高层管理人员认为本企业的信息转移程度“很少”或“极少”（Stimpson，1999）。阻碍信息共享的因素，既有企业文化（Chow et al.，2000；Long and Fahey，2000）、薪酬制度（Hickins 1999；Bonner et al.，2000）以及信息技术的应用（Banker et al.，2002）等宏观层面的因素，又有工作压力（De Zoort and Lord，1997）、监督松紧（Brazel et al.，2004）、组织认同（Putti et al.，1990）和员工评价（Irmer et al.，2002）等微观层面的因素。

由于我国长期实行的是计划经济，市场经济建设和对外开放的时间不长，与西方发达国家相比，目前我国企业内部训练有素的管理人员还较为缺乏，能够从事有效管理决策的人员相对较少，因此能否将员工的信息通过一定渠道传播给其他人员，对于提高企业的管理效率和经济效益尤为重要。同时，在我国企业内部也存在着与西方企业类似的诸多制约因素（如激励不足、沟通不够等），而且由于历史、体制和文化等方面的原因，我国企业可能还要面对更多的挑战。例如，由于长期受计划经济的影响，一些员工至今还习惯于接受来自上级的指令，而不习惯于与他人共享自己的经验；受封建思想的影响，管理者认为从员工那里获得信息及帮助会降低自己在员工心目中的地位和权威（Chow et al.，2000）；受中庸之道传统文化的影响，员工往往报喜不报忧；受企业所有制性质的影响，国有企业的员工对企业绩效往往关注不够（Chow et al.，2007）。

本研究的目的，旨在加深对此问题的了解，包括信息共享程度及障碍和关键影响因素，以引起企业高层管理人员及国内学者对这一问题的重视，并试图提出一些值得继续探讨的方向。

二、文献回顾

西方学者认为，信息共享受到信息、信息拥有者、信息接受者及其相互关系、组织以及环境等因素的影响（Szulanski 1996）。

（一）信息

人们通常将信息分为显性信息和隐性信息两类。前者是指可以被编码的信息，它可通过语言或文字进行交流，在不同个体之间进行传递；后者是指以半意识和无意识的形式储藏在人脑和神经系统中的信息，很难用语言表达或用文字交流，需要通过合作才能传播。由于隐性信息不可编码，组织及其成员难以准确辨别哪些人拥有这些信息，从而组织不可能通过制定正式的制度或者程序来保证隐性信息在组织内得到共享。

（二）信息拥有者和接受者

从信息拥有者角度来看，信息的价值、共享的收益与成本、共享对自己的职业影响等因素会直接影响其对信息共享的态度。若对信息的价值了解不够，人们对信息共享的积极性就会受到抑制（Riege，2005；De Long and Fahey，2000；McAllister，1995；Garfield 2006；Davenport and Prusak，1998）；若信息共享会削弱自己的职业竞争力，信息拥有者就会对共享产生抵触情绪（Garfield，2006；Connelly and Kelloway，2003；Osterloh and Frey，2000）。另外，共享的效果还受人们吸收、理解和掌握信息的能力的影响（Szulanski，1996；Cohen and Levinthal，1990），而这种能力的高低又与接受者本身的信息储备密切相关（Cool et al.，1989）。

（三）信息拥有者与接受者间的关系

Huemer 等人（1998）认为，虽然组织中的权利分配很重要，但信任更重要，因为只有信任，才能相互学习。信息拥有者与接受者之间的私人关系对信息尤其是隐性信息的共享具有重大影响（Marsden，1990；Nonaka，1994；Szulanski，1996），私人关系影响到人们之间交流和沟通的深度（Arrow，1974）。Nonaka（1994）认为隐性信息的共享更需要个体之间接触，不和谐的关系将使信息共享变得困难（Szulanski，1996）。因此，Kramer（1999）将信任视为组织中影响信息共享的关键因素。Andrews 和 Delahaye（2000）通过实证研究发现，在信任缺失情况下，人们很难进行信息共享。当信息来源方被认为不可靠、不可信赖或不专业时，共享会很困难，共享的信息很容易受到别人的挑战和抵制（Walton，1975）；相反，一个专业的、可信赖的信息来源方比其他人更可能影响信息接受方的行为（Perloff，1993）。

（四）组织

从组织层面看，影响信息共享的因素主要有管理体制、考核与激励制度、沟通机会等。有关研究表明，组织内决策权的集中与分散程度对信息共享有显著影响（Tsai，2002；Ives et al.，2000，O'Dell and Grayson，1998；Kwan and Cheung，2006）。在高度集权的组织中，信息的流动往往是单向的、自下而上式的（Ives et al.，2000；O'Dell & Grayson，1998），横向之间因权力有限而缺少信息共享的动力。这是因为在组织中地位和权力低的人，一般愿意向权力和地位高的人传递信息；而权力和地位高的人，更趋向于向相同地位或更高地位的人传递信息（Huber，1982）；并且在传递过程中，人们多是向上传递利好信息，而保留那些可能令接受者不快的负面信息（O'Reilly，1978；Rosen & Tesser，1970；Carter，1972），或那些会使自己受到攻击的信息（Weiss，1999）。在高度集权的企业里，由于部门经理的自主权力受到限制，因此除非上级要求，否则部门之间没有兴趣交换信息（Tsai，2002）。

同时，企业的业绩评价与奖励制度也对信息共享产生影响。Stevens（2000）在对一家大型会计师事务所的调查中发现，那些不被考核信息共享的员工，其工作业绩一般较差。不过，如果评价标准过严，或者考核指标过少，人们往往在重视考核范围内的工作，而忽视考核范围外的工作（如降低隐性信息的共享程度）（Husted and Michailova，2002）。另外，研究还发现，以团队为基础的考核制度更能激发员工共享信息的积极性，有助于改善团队业绩（Pfeffer，1998；Osterloh and Frey，2000；Bartol and Srivastava，2002）。

当然，考核还要与激励相结合。激励不仅影响到员工共享信息的意愿，而且影响共享程度。如果个人不能从中得到好处，那么大多数员工不会主动去与他人分享信息（Bartol & Srivastava，2002）。Gupta & Govindarajan（2000）和Quinn（1996）等人通过实证研究证实了信息共享与激励之间存在着密切关系。

但是，即使员工愿意共享信息，其共享的广度和深度也会受到企业的组织结构、流程设置和沟通渠道等因素的影响（McDermott and O'Dell，2001；Zhou and Fink，2003）。一般来说，组织的职能划分愈正式，业务流程愈要遵循各类规章制度，信息共享尤其是隐性信息的共享就会遇到愈多的障碍，这是因为隐性信息的共享需要频繁互动和直接观察（Nonaka，1994；Brown and Duguid，2000），因此为保证信息供需双方之间拥有足够的时间或空间，以及充分的接触和交流，我们需要在组织内建立一定的沟通渠道和沟通机制。

（五）环境

在企业环境的诸多构成要素中，竞争程度与员工的信息共享意愿尤为密切。当市场竞争激烈，员工感受到来自市场巨大的竞争压力时，他们往往更可能接受“个人利益服从组织利益”的要求（Frambach and Schillewaert，2002）。例如，在计算机和电子等高度竞争的行业中，信息密集型资源的价值及其特性会很快被竞争对手所掌握（Balkin et al.，2000），所以这些行业的员工更乐意与组织内的成员共享信息。而从组织内部来看，上述各因素又都受到组织环境中文化（团队文化、组织文化，甚至国家文化）的影响。文化控制着不同组织以及组织与个人之间的关系（De Long & Fahey，2000），直接影响员工对组织的归属感、使命感和责任感，决定了信息在组织之间、个人之间的分配标准（Staples & Jarvenpaa，2001），为每个员工的思维和行动确定了方向（Nonaka & Takeuchi，1995），并预示了员工在信息共享过程中该做什么和不该做什么（Davenport，1997）。

三、中国企业信息共享的程度

由上可知，影响一个组织内部信息共享的因素多种多样。那么，我国企业的信息共享程度及其障碍类型又如何呢？为此，近期我们对一些企业进行了专项调查。由于研究所需的许多数据（如信息共享程度、员工的认同感等）不能从企业内外的现有资料中获得，我们采用了问卷调查的方式。除了考虑一般的人口分布之外，我们还获取了诸多控制变量（如公司规模、所属行业、地理位置等）的数据。

调查量表在正式调查之前交由南京本地两家大型企业的总会计师试填，然后由南京大学在调查方面较有经验的两位教授进行检测。根据他们的反馈意见，我们做了一些细微的改动（如上市公司的行业划分标准上）。

由于在我国问卷调查时“关系”非常重要（O’Connor et al.，2004），所以本次调查主要是在南京大学商学院会计系、MBA 和 EMBA 的校友中展开。我们将问卷通过信件和电子邮件的方式寄给各位校友，请大家交由本单位的一名中层或高层管理者填写，并采用匿名制度，保证对企业和个人的信息保密。

我们共向校友随机发出 805 份问卷，并在发出问卷的半月后，通过电话和 Email 方式与每位受访者进行联系，询问他们是否收到问卷并作出回答，一个月内回收问卷 257 份。我们删除了 66 家调查信息填写极不完整的公司，27 家年销售额小于 1 亿元人民币且雇员少于 100 人的小公司，最终有效样本数减至 164 个，其中 99 家为制造业，65 家为非制造业企业。对有效样本与被删除样本的职工人数、销售收入、受访者的职位和任职年限分别进行方差分析，其 F 值分别为 0.836（sig. =0.362）、0.001（sig. =0.970）、0（sig. =0.9950）、0.039（sig. =0.844），表明被删除样本与有效样本之间无论是在企业规模上还是在受访者的个人特征上均无显著差异。样本企业涉及建筑、矿产品、食品、纺织、化工、运输、贸易、电子、药品、通信、金融、房地产和服务等多个行业，分布于江苏、上海、浙江、广东、福建、北京、天津、山东、辽宁、陕西、山西、湖南、江西、湖北、河南、安徽等多个省、市。受访者中，有35名高级财务管理人员（21.34%），26名其他高级管理人员（占15.85%），64名中级财务管理人员（39.20%）和39名其他人员（23.78%）。他们中，10.4%的人在现有岗位上工作不到2年，23.1%的人2—4年，24%的人5—9年，26.7%的人10—19年，11.3%的人在20年以上。这些特征表明，从总体上看，受访者应当能够较为全面、准确地了解和掌握本企业的信息共享情况。

在调查中，我们采用如下问题来测量企业的信息共享程度：

在企业里，人们常常知道某些别人不知道的信息，如某台设备真正的生产能力，如何改善其作业流程，避免错误，以及有关客户、供应商和竞争对手的信息等。当然，人们也可能知道某些对企业不利的事情，如员工的偷懒和弄虚作假行为。这里我们关注的是这样一些信息：如果它们能为企业的高层管理者知道，则会有助于他们改进管理，改善业绩。假设你企业有用的信息总量为100%，那么一般情况下你单位同事之间共享的比例约为____%，其中0表示不共享任何信息，100表示共享所有信息。①

调查发现，总体来看我国企业目前的信息共享水平不高，平均共享程度只有57.28%，中位数为60%；而且企业之间的信息共享程度差异较大，共享程度最高的达95%，最低的接近于0；分布也不均匀，11.59%的受访者认为愿意与同事共享的程度小于等于20%，28.05%的人程度小于等于40%，54.88%的人小于等于60%，87.80%的人小于等于80%（见表5-1）。这一调查结果与我们的预期一致，表明与西方发达国家一样，我国企业同样也面临着信息共享的障碍问题。

表5-1　　信息共享程度分布情况

共享程度	0—20%	21%—40%	41%—60%	61%—80%	81%—100%	合计
频数	19	27	44	54	20	164
频率	11.59%	16.46%	26.83%	32.93%	12.20%	100.00%
累积频率	11.59%	28.05%	54.88%	87.80%	100.00%	100.00%

四、我国企业的信息共享障碍

为具体了解我国企业的信息共享障碍，我们在调查表中列出了一个开放式

① 在调查中，我们之所以未将显性信息与隐性信息加以区分，是因为这种区分不仅超出了受访者日常的工作范畴，也容易在调查中引起误解，产生噪音。

的问题：

人们不愿意与他人共享信息的原因很多。假如你刚才回答的共享程度低于100%，请写出影响人们不愿意共享其全部信息的两个最重要原因。

采取这种开放式的问答方式主要基于两点考虑：一是为了避免在回答问题时产生误导；二是由于影响信息共享的因素很多，难以事先将之全都列出，否则问卷过于庞大。

尽管有些受访者特别是一些职位较低的受访者没有回答这一问题，但不少受访者却列出了两个以上的原因，因此164个受访者列出的原因多达477个，人均2.9个。我们将其视为受访者认真对待本次调查的一个征兆。

正如预期的一样，受访者对开放式问题的回答存在很多交叉重叠，因此为减少主观偏差，我们首先对调查结果进行分析和归纳，在列出各种可能原因并形成统一概念的基础上，由研究团队的3名成员分别独立地对调查结果进行分类处理，结果3人的分歧很小，并通过协商消除了分歧，结果如表5－2所示。

表5－2　中国企业信息共享障碍

种　类	例子	频　数	%
信息提供者			
公司认同感缺乏	员工对本企业的忠诚度不高 对公司缺乏归属感 缺乏主人翁意识 对企业不满意	58	35.37%
自我保护	怕得罪人，怕伤害他人，怕影响团结 怕危及自己及部门利益，职业竞争/部门竞争	44	26.83%
怀疑信息的有用性	担心信息无价值	21	12.80%
感觉不受信任	觉得没用，未必会被重视，未必会被采用	20	12.20%
人员素质较低	自信心不足，进取心不够，合作精神不强 文化层次较低，认识能力有限，表达能力不好，难以区分有用信息	14	8.54%
责任心缺失	怕承担责任，缺乏敬业精神	11	6.71%
信息接收者			
动力不足	缺少激励，激励不足	49	29.88%

续表

种　类	例　子	频　数	%
认识不足	重视不够	14	8.54%
能力不足	不具有获取信息的能力 应用信息的能力较差	11	6.71%
组织因素			
沟通渠道不畅	沟通渠道不畅，沟通机会缺乏，沟通方式僵化	47	28.66%
激励机制不足	缺少信息共享的激励机制，信息共享与其责任、收益不对等，激励机制不够完善，没有实质性的激励措施，个人利益与公司利益没有完全融为一体	46	28.05%
文化和领导无效	对信息共享的宣传力度不够，领导对职工不够关心，缺乏信息共享的企业文化，企业的凝聚力不够，人际关系复杂	103	62.80%
环境因素			
中庸文化	事不关己，明哲保身，不在其位不谋其政，不愿多管闲事，怕得罪人，怕惹麻烦，怕激化矛盾	39	23.78%

表5-2列示了本次受访者给出的信息共享障碍及其相应频数和频率。由表5-2可知，在各种因素中，组织因素之一的“文化和领导无效”对我国企业信息共享的影响最为明显，该因素在调查中被提及的次数最多（103），62.8%的受访者都认为低效的企业文化和领导方式等组织因素是阻碍本企业信息共享的主要原因之一，具体表现包括“对信息共享的宣传力度不够”、“领导对职工不够关心”、“缺乏信息共享的企业文化”、“企业的凝聚力不够”和“人际关系复杂”等。

影响信息共享的第二个主要因素是员工对“公司认同感缺失”，频数为58，频率为35.3%，其形式包括“对公司忠诚度不高”、“对公司缺乏归属感”、“缺乏主人翁意识”等；紧随其后的是信息接受者的“动力不足”，有49位（约30%）受访者认为它是阻碍本企业信息共享的主要原因；而“公司认同感缺失”与接受者的“动力不足”这两个因素看起来都与另一被再三提及的组织因素"激励机制不足"密切相关，在调查中该因素出现了46次，频率是28%。另外，"沟通渠道不畅"、信息拥有者的"自我保护意识"、员工明哲保身的"中庸文化"在调查中也被多次提及，成为阻碍我国企业信息共享的重要障碍。

为进一步研究信息共享的影响因素，我们还按共享程度高低，将其划分为高、中、低三种类型，其中共享程度大于等于80%的，为高度共享组；共享程度小于50%的，为低度共享组；两者之间的为中度共享组。三组的样本数分别为47、71和46。三类不同共享程度下的信息共享障碍及其频数、频率以及反映三组之间差异程度的卡方分析结果如表5-3所示。

表5-3 阻碍信息共享的原因

阻碍信息共享的原因	高度共享组 样本数：47		中度共享组 样本数：71		低度共享组 样本数：46		频数分析 (Chi-Square Tests)	
	频数	比例	频数	比例	频数	比例	Value	Sig. (2-sided)
信息提供者								
公司认同感缺乏	20	42.55%	24	33.80%	14	30.43%	1.63	0.44
自我保护	10	21.28%	21	29.58%	13	28.26%	1.06	0.59
怀疑信息的有用性	7	14.89%	7	9.86%	7	15.22%	0.98	0.61
感觉不受信任	6	12.77%	8	11.27%	6	13.04%	0.10	0.95
人员素质较低	8	17.02%	3	4.23%	3	6.52%	6.23**	0.04
责任心缺失	4	8.51%	5	7.04%	2	4.35%	0.67	0.72
信息接收者								
动力不足	8	17.02	24	33.80%	17	36.96%	5.33*	0.07
认识不足	3	6.38%	5	7.04%	6	13.04%	1.68	0.43
能力不足	4	8.51%	3	4.23%	4	8.70%	1.23	0.54
组织因素								
沟通渠道不畅	11	23.40%	25	35.21%	11	23.91%	5.43*	0.07
激励机制不足	8	17.02%	24	23.80%	14	30.43%	4.13	0.13
文化和领导无效	29	61.70%	46	64.79%	28	60.87%	0.44	0.80
环境因素								
中庸文化	10	21.28%	19	26.67%	10	21.74%	0.62	0.74

表5-3中有两点值得关注：

第一，有些信息共享障碍在三组中的分布相近。如与信息拥有者有关的“怀疑信息的有用性”、“感觉不受信任”、“人员素质较低”、“责任心缺失”四个障碍出现的频率都较低，信息接受者的“认识不足”和“能力不足”的频率也相对较低；相反，与组织有关的三个障碍“沟通渠道不畅”、“激励机制不足”和“文化和领导无效”出现的频率却很高，其中“文化和领导无效”这一障碍尤为突出，在三组中的频率均超过60%，显示了它的强大影响；另一出现频率很高的障碍是信息拥有者对“公司认同感缺乏”，它在一定程度上是三个组织因素共同作用的产物。

第二，有些障碍在三组的分布中存在显著差异。从表5-3中的卡方分析结果可以看出，信息拥有者的“人员素质较低”、信息接受者的“动力不足”和组织中的“沟通渠道不畅”三个障碍在高、中、低三组中的频率分布差异较为明显；而且有趣的是，这些障碍在各组出现的频率并非与共享程度成反比。例如，信息拥有者的“人员素质较低”在高度共享组中的频率最高，信息接受者的“动力不足”在低度共享组中的频率最高，组织因素中“沟通渠道不畅”在中度共享组的频率最高。

值得注意的是，上述共享障碍出现的频率高低，不能用以代表信息共享阻力的大小。不过，出现频率高的因素，无论如何都值得我们去关注。

以上分析仅是对每一被提及的障碍因素进行的个别处理。为进一步了解各因素对信息共享程度的影响，我们将所有被提及的因素放在一起进行了回归分析。因变量为共享程度，其值来自被调查者的回答；解释变量是二值变量，以受访者在开放式回答中是否提到表5-2中的各共享障碍事项为依据，提到的记为1，否则为0；除此之外，回归方程中还包括下列控制变量：

企业规模。此变量被列入，是因为公司规模会对评价、沟通和控制产生影响，会对信息共享的有效性产生影响（Connelly & Kelloway, 2003; Riege, 2005）。本次调查中，我们获得了年销售额和职工人数两项指标。根据年销售额（单位：百万人民币），我们将企业分为五类：1（小于1），2（1—4.99），3（5—9.99），4（10—99.99），5（大于或等于100）；同样，根据企业的员工人数，也将企业分为五类：1（小于100），2（100—499），3（500—999），4（1000—4999），5（大于或等于5000）。若这两个规模指标的乘积大于20，我们就将其定义为“大型企业”，赋值为1，否则为0；若乘积大于15而小于20，定义为“中型企业”，赋值为1，否则为0。按此标准，共有19家大型企业，31家中型企业，114家小型企业。

地理位置。由于经济发展程度和市场化程度不同，我国不同地区企业的经营理念和管理实践存在差异，我们将样本企业划分为两个区域，其中124个属于沿海经济发达地区的企业归为一类，赋值为1；其他地区企业为另一类，赋值为0。

行业类别。由于高科技行业面临更快的技术变革和更短的产品生命周期，因而与科技水平低的行业相比，高科技行业的竞争优势主要来源于员工创造和管理信息的能力（Grant，1996），信息共享越充分、有效，企业的竞争力就越强，因此，他们更加重视并且能够获得较高水平的信息共享。我们将样本企业中44家属于通讯、电子、设备、医药行业的高科技企业归为一类，赋值为1；其余的不属于高科技行业的企业归为一类，赋值为0。

市场竞争程度。引入这个变量是因为市场竞争增加了低效公司的破产可能性，市场竞争压力的大小对人们是否愿意共享信息有显著影响（Hansen et al.，1999；McDermott & O' Dell，2001），所以竞争促使企业管理者努力提高企业内的信息共享程度。该变量用调查问卷中的三个问题"总体上看，企业所在的市场产品供不应求"、"本企业没有明显的竞争对手/竞争对手相对较弱"、"市场竞争虽然激励，本企业尚能应付"来度量，由受访者判断，在0—6之间进行选择，取其均值来反映市场竞争程度。

企业自治程度。由于我国市场经济改革的时间尚短，许多公司仍然直接或间接地受到政府的影响，一些公司还受到母公司或控股公司的控制。这些来自外部的约束可能会降低管理者采用适合自身制度的积极性和灵活性。我们要求回答者指出以下方面决策权的来源：组织日常生产经营活动、公司战略的确定和实施。若公司上述事项的决策权来源于公司的管理层，则赋值为1；若公司上述的决策权来源于政府或上级公司，则赋值为0。

公司所有权。国有企业在我国国民经济还占据重要地位。但与私营企业相比，国有企业并非以获利为主要目的，还有诸如维持社会秩序、促进社会财富再分配等社会目标。国有企业对于包括信息共享在内的能够促进企业经济效益的活动关注相对较少。因此，本书在分析中对样本企业是否为国有企业加以区别，国有企业赋值为1，否则为0。

境外上市。与国内股东相比，国外股东由于空间距离远离公司管理一线，因而要求企业要有更为透明和正式的管理流程和制度（Liu and Lu，2002；Xiao et al.，2004）。这些流程和制度对企业内部的信息共享产生潜在影响。因此，如果公司股票在中国境外上市，就赋值为1，否则为0。

工作岗位。根据受访者在企业中的岗位高低确定，属于企业"高级财务人员"或"除财务以外的高层管理者"的赋值为1，否则赋值为0。

工作经验：此变量是每个受访者在公司工作年限以及在目前职位年限的均

值。凡是工作经验年数在10年以上的，我们称之为具有“丰富经验”，赋值为1，否则赋值为0。

回归分析结果如表5-4所示。

表5-4　　回归结果

	非标准化系数	标准误差	标准化系数	T值	显著水平	容忍度
(Constant)	59.277	11.047		5.366	0.000	
工作岗位	3.006	4.135	0.062	0.727	0.469	0.802
工作经验	-1.149	4.525	-0.022	-0.254	0.800	0.814
认识不足	-8.661	7.510	-0.104	-1.153	0.251	0.721
能力不足	4.896	7.746	0.053	0.632	0.528	0.845
中庸文化	1.911	5.337	0.034	0.358	0.721	0.646
竞争程度	0.052	1.885	0.002	0.027	0.978	0.897
地理位置	-0.075	6.530	-0.001	-0.011	0.991	0.897
行业类别	6.923	4.368	0.132	1.585	0.115	0.839
公司所有权	-0.413	5.212	-0.007	-0.079	0.937	0.809
企业规模	3.284	3.066	0.095	1.071	0.286	0.746
自治程度	7.743	4.783	0.139	1.619	0.108⁺	0.789
境外上市	-14.517	6.896	-0.195	-2.105	0.037**	0.685
考核松紧	-5.252	1.340	-0.332	-3.918	0.000***	0.816
激励不足	-5.213	4.179	-0.098	-1.248	0.214	0.955
沟通不畅	-9.927	5.294	-0.153	-1.875	0.063*	0.882
组织环境不佳	1.207	5.107	0.022	0.236	0.814	0.658
缺乏认同	3.933	4.709	0.079	0.835	0.405	0.648

$R^2=0.199$，$\bar{R}^2=0.099$，$F=1.996^{**}$（0.015）

由表5-4可以看出，在上述各项因素中，只有“境外上市”、“考核松紧”和“沟通不畅”对我国企业的信息共享程度存在显著影响，“自治程度”有一定影响。不过，与预期不同的是“境外上市”的系数为负数，表明我国企业境外上市反而会降低内部的信息共享程度。这可能是由于境外上市企业的内部管理较为规范，制度较为健全，流程较为合理，多数信息已被固化成文，因此，不需要员工之间进行更多的自发的信息共享。

五、总结与展望

本文主要研究了目前我国企业内部的信息共享程度、障碍及其影响因素。通过调查我们发现，我国企业目前的信息共享程度还不高，人们的共享意愿受到个人因素、文化因素，特别是组织等因素的影响（如图 5 – 1 所示，其中带有 * 的是对我国企业信息共享程度产生显著影响的障碍因素）。因此，要大幅提高人们的共享意愿，我国企业还有很多工作要做，除了要重视信息共享活动本身，重视员工素质和能力的培养和提高外，更要重视企业内部的组织、制度和文化建设，建立健全与信息共享有关的考核与激励制度、信息沟通渠道和反馈机制，实行扁平化管理，提倡团队协作精神，培养员工的企业认同感，提高员工对组织的归属感和满意度，提高员工信息共享的主动性和积极性；而且要提高共享程度，当前迫切需要在内部考核和沟通平台上做好文章，一要健全信息共享的沟通平台；二要完善信息沟通的考核机制。另外，还要尽可能加强企业的自主经营权，减少政府对企业的干预。

当然，从研究角度看，本书还存在诸多不足：一是未对显性信息和隐性信息加以区分，模糊了两者在共享上的差异；二是每个企业只调查了一名管理人员，使数据的可靠性受到影响。因此，后续的研究路径还很多。在研究内容上，可以研究显性信息与隐性信息的共享差异，因为两者的特性不同，因而共享的条件也不同。如隐性信息的共享往往要求信息拥有者与接受者之间要有更为频繁和亲密的接触和交流，因而对隐性与显性两类不同信息共享的影响因素不尽相同，从而对企业管理提出了挑战。信息共享包括许多主题，有预算松弛，恶性增资，操纵信息，甚至真正影响业绩的一些行为（推迟保养或维修，提前或延期发货，超订单发货，甚至会计造假），均可进行细化研究。在调查方法上，可在每个企业调查多名人员，这样不仅能提高样本信息的可靠性，而且可以扩大有关信息共享活动的范畴。类似地，企业中不同部门之间信息共享的情况也不尽相同。另外，为提高调查资料的可靠性，除了依靠经理人的主观判断之外，还可以采用一些近距离的、面对面的观察方法（Birnberg et al.，1990），以提高研究深度。在调查对象上，也可以针对某些行业进行调查，比较行业之间的共享差异。虽然本书对这一重要课题的研究仅是一个开始，但希望借此报告，能够引起企业高层管理人员及国内学者对这一问题的重视。

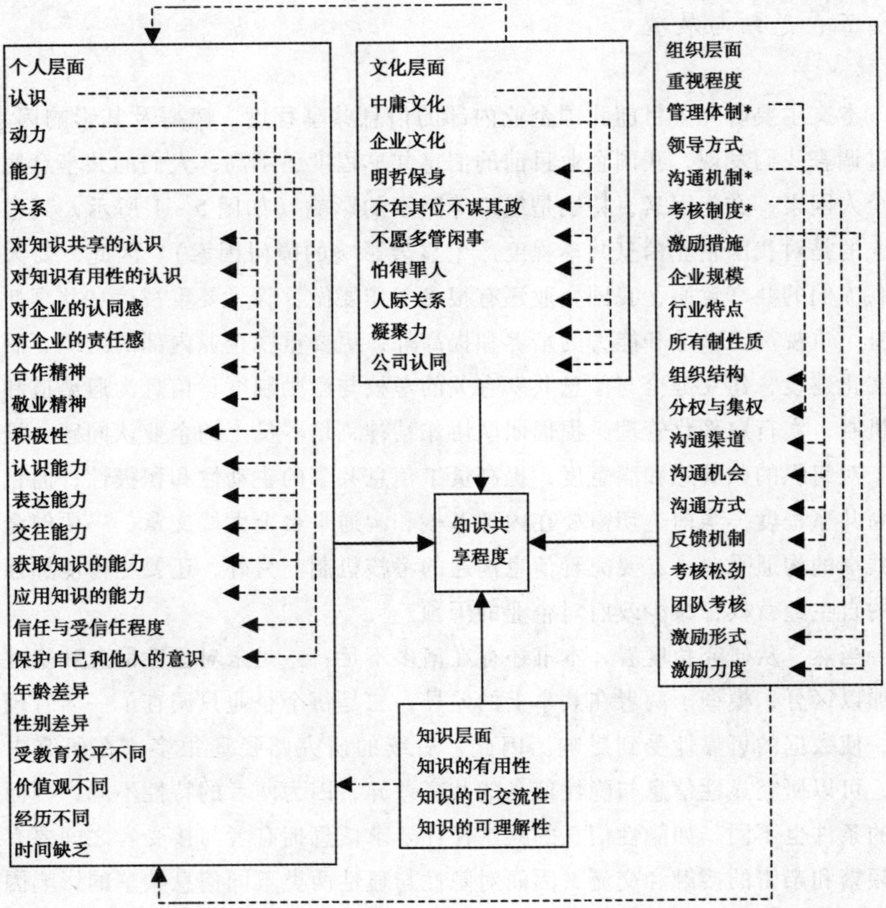

图 5－1 中国企业知识共享障碍图

第二节
会计参与和价值创造
——基于我国企业的调查分析

国外越来越多的文献及企业报告强调会计人员可以并应该广泛参与企业的各项经营活动，从而对企业的价值创造作出重要贡献。我们通过对企业经理人的调查，初步了解了中国会计人员在企业各项价值创造活动中的参与程度及其适合程度。调查发现，我国会计人员在继续做好传统财务工作的同时，业务范围已有很大突破，从传统财务领域扩展到了众多非财务领域，积极投入到企业的各种价值创造活动中，但其参与程度及参与效果仍有较大改进空间。另外，回归分析发现，我国企业的会计参与程度及其适合程度与企业规模显著正相关，与国有股所占比例显著负相关，但与企业所在地区、所属行业、上市与否、受访者个人的职位高低及其工龄长短没有明显关系。

一、引言

在当前愈演愈烈的全球化浪潮中，所有企业都面临着前所未有的机遇和挑战，企业内部的所有部门和人员必须通力协作，在企业价值创造活动中发挥各自的作用，才能帮助企业在竞争中立于不败之地，会计人员当然也不例外。那么，目前我国会计人员在经营管理活动中的参与程度如何呢？他们是否顺应世界潮流积极参与到了企业的价值创造活动中，实现了角色转变呢？他们目前的参与程度又与企业管理者的期望是否符合呢？对于这些问题的回答，可以更好地帮助我国企业经营者挖掘会计人员的价值创造潜能，提高企业的市场竞争力。

二、文献回顾

随着社会经济的发展，会计职能发生了很大的变化，从传统的简单计算、记录生产活动中的所得和所费，发展到现代对经济活动进行规划、组织、控制和评价，并参与到企业重要经济业务的预测、决策和组织实施等活动中，由原先的“分配型会计”、“信息型会计”转变为“管理型会计”。所以，现代会计不仅是管理经济的工具，而且其本身也具有管理职能，是人们从事管理的一种活动（杨纪琬、阎达五，1980）。

1986 年，全美会计师协会（AAA）提出管理会计应当“为管理和决策提供信息，并参与企业的经营管理”。但依据英国财务会计师公会（IFA）的报告，近一个世纪以来管理会计实务经历了四个不同的发展阶段：（1）20 世纪 50 年代之前，管理会计实务强调通过预算和标准成本会计系统进行成本确定和财务控制；（2）至 60 年代中期，管理会计重点转向如何为管理计划和管理控制提供有用信息；（3）80 年代中期开始，管理会计由原来强调计划与控制转向重视减少经营环节中的浪费；（4）90年代中期开始，管理会计进入价值管理阶段，重点是对股东价值、客户价值、组织创新以及业绩创造动因的确认、计量和管理，并更多强调战略性的企业价值创造（潘飞、文东华，2006）。可见，随着社会经济的日益发展和自身职能的不断强化，会计已逐渐成为社会生产力的重要组成部分，成为企业价值的创造者之一（谷芳，2003）。

当前，随着科学技术的快速进步，消费偏好的迅速转变，企业生产的日益柔性化，地域障碍和贸易壁垒的不断消除，各种信息的快速传递，企业间的合作和跨国投资的迅速增加，全球的市场竞争日益加剧，现在即便是仅仅关注国内或区域市场的企业，也不得不在成本以及客户化、灵活性、创新性，特别是管理和决策等方面进行改进。正如 Garg 等人（2003）所说："市场竞争的日益激烈、商业环境的更为不确定，迫使企业管理者必须更加及时、有效地进行决策。"而及时、高效决策的先决条件，是管理者能够及时获得决策所需要的各种信息，包括内部信息和外部信息、财务信息和非财务信息等等。"虽然传统的计量手段在生产领域仍能够发挥作用，但对于当今需要不断提升竞争力的企业来说已显得力不从心，现在的企业管理者更加关注财务之外的其他信息，如客户满意度、内部流程、组织创新等。"（Kaplan，Norton 1992）。随着管理者对于信息需求的变换，会计的角色也随之发生了很大变化。"企业开始要求管理会计师将财务数据放在一个大背景下来考虑，与关键的非财务计量手段相结合，并联系企业的经营业绩和战略规划进行分析"（Burns 等，1999）。美国管理会计师协会（以下简称 IMA）在 1999 年进行的一项调查证实了这一观点。约 20% 的受访者反映在他们任职的企业里，至少有一半的管理会计师的办公地点已从财务部门转移到其他部门；而在较大的公司里这一趋势更为明显，高达 45% 的人反映了这个变化，并预计在不久的将来，会计人员将在会计系统、财务报告、会计政策、短期预算等传统会计活动中逐步减少时间投入，而把精力转移到内部咨询、战略规划、内部管理信息系统的运营、流程优化以及绩效评价和分析。正如 Scapens 等人（2003）所说：真正能为企业创造价值的管理会计师，其工作内容已扩展到包括财务评价、风险评估、战略构想、转变管理思想、系统的设计和执行，以及客户关系管理六个方面。另外，Hassan（2005）调查也发现管理会计师的职能确实正在转变：在一般企业中，许多会计人员认为控制成本、提高盈利能力已变成他们除计量业绩之外的一个关键任务；而在政府和事业单位中，会计人员在战略规划和决策中的支持作用更大。

由此可见，在发达国家中，管理会计师已从传统中的幕后角色，转变为经营活动的参与者和企业价值的创造者。那么，我国的情况又如何呢？本次调查，旨在了解我国企业会计人员的活动范围是否突破传统会计领域而渗透到企业的各项价值创造活动中，并了解他们在这些活动中的参与程度及其适合程度。

三、数据收集

迈克尔·波特（Michael Porter，1985）在《竞争优势》一书中将企业的经营活动分解为内部后勤、生产作业、外部后勤、市场和营销、服务、采购、技术开发、人力资源管理、企业基础设施等九项与战略性相关的价值活动（如图5-2），认为这些相互联系的活动共同作用为企业创造价值。其中，企业基础设施不仅包括企业的地点和办公场所，也包括企业的总体管理、计划、财务、法律支援、质量管理等，还包括企业与政府和公众的公共关系。

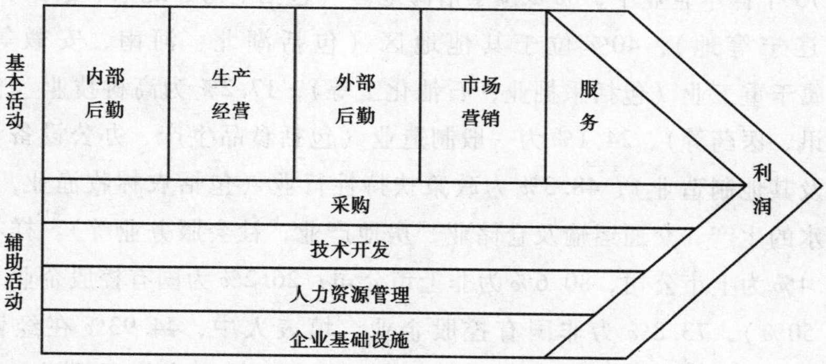

图5-2　波特价值链

为了反映会计人员的工作范围，涵盖企业经营管理的主要活动，我们还参考了Siegel等人（2003）的研究。他们认为，会计人员要成为企业管理的合作者，必须了解有关市场、产品工程、人力资源及其他部门的工作内涵，了解企业经营管理的整个流程，并在关注基层管理的同时，思考战略层面的问题。根据Siegel的这些要求，结合IMA 1999年的调查所涉及的会计人员的关键活动，并参考一些其他有权威性的文献（包括Albrecht、Sack，2000；IFAC，2001、2005；Horngren等，2006），在问卷中我们共列出了31项活动，内容涉及市场、产品、生产、组织、税收、财务、审计、人力资源等多个方面。我们要求受访者根据自己的经验及观察，对其任职企业的会计人员在这31项活动中的参与程度作出评判。

为确保经理人能够正确理解问卷内容，初稿设计出来后，调查表被交给3名有经验的企业经理进行审核。通过沟通，对部分字句做了细微改动。调查内容包括三个部分：一是关于会计人员在企业各项价值创造活动中的参与程度；二是填表人认为本单位会计人员参与各项决策活动的适合程度；三是填表人的特征和企业特征，包括填表人的职位、所在部门、工作年限、任职年数、企业的规模、所在地区和行业等。我们要求填表人应是企业非财务部门的人员，并经常参与公司的决策、预算和考核等活动，期望他们对这些活动的内容较为熟悉。

调查样本通过两种渠道获得：一是由国内的一个 EMBA 班级的学员在上课时匿名填写，回收35份；二是请与作者之一有业务上往来的60家不同企业的经理人填写，回收41份，剔除3份信息严重缺失，获得有效样本38份，合计获得73个样本数据。通过方差分析发现，两种渠道获得的样本在企业特征及个人特征上没有明显差异（其中资产的 $F=1.990$，$p=0.164$；雇员人数的 $F=0.780$，$p=0.381$；利润的 $F=0.004$，$p=0.952$；受访者工作年数的 $F=0.833$，$p=0.365$；与会计人员接触程度的 $F=0.537$，$p=0.466$）。

在73个样本企业中，60%位于沿海地区（包括上海、北京、浙江、江苏、广东、辽宁等地），40%位于其他地区（包括湖北、河南、安徽等地）；10.3%属于重工业（包括采掘业，石油化工等），17.2%为高科技业（包括电子、通讯、医药等）、24.1%为一般制造业（包括食品生产、办公设备、消费日用品及其他制造业）、48.3%为政策扶持性行业（包括农林牧渔业，电力、煤气及水的生产，交通运输及仓储业，房地产业，社会服务业等）。样本企业中，19.4%为上市公司，80.6%为非上市公司；26.2%为国有控股企业（国有股超过50%），73.8%为非国有控股企业。填表人中，44.93%在经营部门（包括采购、生产、销售、研发和技术等部门），55.07%在管理部门（包括人事、企管、计划等部门），其中任职企业高层、中层、基层的比例分别为52.9%、27.1%、20.0%。这些人员在本企业平均已工作7.06年，在目前岗位上平均已任职5.04年，与财务人员的平均接触程度5.22（取值1—7，见表5-5）。基于这些特征，从总体上看，受访者应对其现职企业的整体情况及财务工作情况有相当程度的了解。

表5-5 样本公司及受访者描述性统计

项目	均值	中位数	标准差	最小值	最大值
总资产（万元）	319083.48	6000	800367.58	30	3000000
职工人数（个）	2141.50	130	11667.06	6	90000
利润额（万元）	5200.08	380	13122.19	-1400	70000
国有股比例（%）	24.71	0	40.75	0	100
工作年数（年）	7.06	5	5.95	0.5	26
任职年数（年）	5.04	4	3.51	1	20
接触程度（1—7）	5.22	6	1.40	2	7

四、调查分析

下面我们从参与程度、适合程度和影响因素三个方面对调查结果进行分析。

（一）会计人员的参与程度

如前所述，我们要求受访者对本企业会计人员在过去3年中在企业的有关价值创造活动中的参与程度作出评判。每一项用1—7间的某个数值来反映，1—7分别表示“未参与或很少参加”、“参与但没作用”、“参与但作用很小”、“作用一般”、“作用显著”、“作用重要”、“起决定作用”，N表示“不确定”。

为了使统计分析结果简洁明了，我们将31个业务项目粗略地划分为传统财务活动与非传统财务活动两大类进行统计，结果如表5-6所示。由于归类过程难免带有一定主观性，因此我们也将各明细项目的统计结果同时列示，以便读者尝试其他的分类方式。

表5-6　　会计人员的参与程度

调查项目		均值	频率			
			很少参加	作用不显著	起重要作用	不确定
传统财务活动	平均	4.38	10.30%	32.35%	48.26%	9.96%
	收益预测或分析	4.31	8.20%	39.60%	45.20%	6.80%
	成本预测或分析	4.38	9.60%	38.30%	45.20%	6.90%
	现金流预测或分析	4.54	11.00%	27.40%	56.20%	5.50%
	提供财务报告	4.91	11.00%	20.50%	58.80%	9.60%
	税收筹划	4.85	9.10%	25.80%	65.20%	9.60%
	固定资产投资	4.10	8.20%	39.80%	35.60%	16.40%
	财务考核	4.67	8.20%	24.70%	57.50%	9.60%
	资本结构决策	4.12	11.00%	39.70%	38.40%	10.90%
	内部控制决策	3.68	15.10%	41.10%	30.20%	13.70%
	实施内部控制	4.12	12.30%	34.20%	43.80%	9.60%
	指导内部审计	4.55	9.60%	24.70%	54.80%	11.00%

续表

调查项目		均值	频率			
			很少参加	作用不显著	起重要作用	不确定
非传统财务活动	平均	2.98	31.51%	35.40%	19.99%	13.08%
	研究开发	2.18	47.90%	23.30%	12.30%	16.40%
	产品设计	2.07	49.30%	28.70%	5.50%	16.50%
	产品种类决策	2.41	42.50%	32.90%	10.90%	13.70%
	供应商选择	2.64	39.70%	28.80%	17.90%	13.70%
	市场划分	2.40	46.60%	24.70%	15.00%	13.70%
非传统财务活动	销售渠道选择	2.56	43.80%	26.00%	16.50%	13.70%
	客户服务	2.51	41.10%	27.40%	17.80%	13.70%
	组织结构决策	2.70	32.90%	48.00%	9.60%	9.50%
	组织流程	2.76	34.20%	39.60%	12.30%	13.70%
	人力资源管理	2.87	32.90%	34.20%	17.80%	15.10%
	生产流程	2.38	42.50%	30.10%	9.60%	17.80%
	产品质量	2.34	45.20%	27.40%	10.90%	16.40%
	产品定价	3.06	30.10%	31.50%	24.60%	13.70%
	激励政策制定	4.23	9.60%	38.30%	41.00%	10.90%
	非财务考核	3.45	19.20%	45.30%	23.30%	12.30%
	考核等级划分	4.03	11.00%	43.80%	32.90%	12.30%
	提供绩效考核报告	4.15	9.60%	35.50%	39.70%	15.10%
	解释绩效考核报告	3.92	11.00%	41.10%	34.20%	13.70%
	关键的市场指标预测或分析	3.50	19.20%	49.30%	27.30%	4.10%
	主要的挑战及机遇预测或分析	3.38	21.90%	52.00%	20.60%	5.50%

注：（1）为简化起见，本表将“参与但没作用”、“参与但作用很小”、“作用一般”合并为“作用不显著”一类，将“作用显著”、“作用重要”和“起决定作用”合并为“起重要作用”一类。

（2）计算均值时的指标包括1—7的数值，“不确定”选项未列入其中。

由表5-6可知，当前我国会计人员在传统财务活动中的参与程度平均得分4.38，而非传统财务活动的平均得分则是2.98。虽然相对而言，目前我国会计人员在非财务领域的参与程度还不高，但是即使是在最少参加的产品设计活动中，“很少参与”的频率也不到50%，这表明我国企业的会计人员虽然目前在非传统财务领域的参与程度及发挥的作用还有待提高（平均有48.26%的经理人认为会计人员在传统财务领域“起重要作用”，而在非传统财务领域却只有19.99%)，但能突破传统财务领域、进入非财务领域的行为本身，已是一个良好的发展。对照表5-5中各项目的“均值”与“起重要作用”、“作用不显著”的频率值，我们可以发现它们高度相关，其中“均值”与“起重要作用”的Pearson相关系数达0.963（***），“均值”与“作用不显著”的相关系数为-0.869（***），这意味着会计人员在企业各项活动中的作用大小与其参与程度紧密相关，参与程度愈高，作用愈大。因此，我们应当不断提高我国会计人员在企业各项工作中特别是非传统财务活动中的参与程度，发挥他们的专业优势，为企业决策与管理提供有力的信息支持。另外由表5-6我们还可看到，分别有32.35%及35.40%的受访者认为会计人员在传统财务和非传统财务领域的“作用不明显”，这表明我国目前的会计人员即使是在传统领域，发挥的作用仍有相当大的改进空间。

（二）参与的适合程度

由表5-6可以知道，目前我国会计人员在一些非传统活动中的参与程度还不高（如产品开发、组织设计、营销管理等），发挥的作用还不甚明显（如非财务考核、市场指标预测等），其原因何在？是会计人员的素质或能力不够，还是参与不足所致呢？为了回答这一问题，我们要求企业经理人对上述31项业务，在-3—3之间选一数值，用来反映本企业会计人员参与的适合程度，其中-3表示“完全没有参与”，-2表示“参与太少”，-1表示“参与少了一些”，0表示“正合适”，1表示“参与多了一些”，2表示“参与过多”，3表示“远远超出应该参与的程度”，N表示“不确定”。同样，为使统计结果更加简洁明了，我们将31项业务按表5-5中的列示方法归为传统及非传统两大类型，并将“完全没有参与”、“参与太少”、“参与少了一些”合并为“参与少了”一类，将“参与多了一些”、“参与过多”和“远远超出应该参与的程度”合并为“参与多了”一类，结果如表5-7所示。

表5-7　　会计人员的参与适合程度

调查项目		均值	频率			
			参与少了	正合适	参与多了	不确定
传统财务活动	平均	-0.21	28.64%	46.85%	15.04%	9.44%
	收益预测或分析	-0.35**	38.36%	41.10%	15.07%	5.48%
	成本预测或分析	-0.22	34.30%	42.50%	15.00%	8.20%

续表

	调查项目	均值	频率			
			参与少了	正合适	参与多了	不确定
传统财务活动	现金流预测或分析	-0.30**	31.51%	52.05%	12.33%	4.11%
	提供财务报告	-0.08	13.70%	58.90%	10.96%	16.44%
	税收筹划	0.11	13.70%	56.16%	15.07%	15.07%
	财务考核	0.00	21.92%	52.05%	19.18%	6.85%
	固定资产投资	-0.07	26.03%	43.84%	23.29%	6.85%
	资本结构决策	-0.28*	31.51%	46.58%	15.07%	6.85%
	内部控制决策	-0.70***	50.68%	31.51%	12.33%	5.48%
	实施内部控制	-0.29*	32.88%	38.36%	13.70%	15.07%
	指导内部审计	-0.17	20.55%	52.05%	13.70%	13.70%
非传统财务活动	平均	-0.76	51.62%	25.96%	13.39%	8.80%
	研究开发	-1.00***	60.27%	17.81%	10.96%	10.96%
	产品设计	-1.14***	63.01%	15.07%	12.33%	9.59%
	产品种类决策	-1.06***	63.01%	20.55%	9.59%	6.85%
	供应商选择	-0.85***	56.16%	23.29%	12.33%	8.22%
	市场划分	-0.89***	60.27%	16.44%	12.33%	10.96%
	销售渠道选择	-0.83***	60.27%	17.81%	12.33%	9.59%
	客户服务	-0.99***	60.27%	19.18%	12.33%	8.22%
	组织结构决策	-1.10***	58.90%	24.66%	9.59%	6.85%
	组织流程	-1.03***	60.27%	24.66%	9.59%	5.48%
	人力资源管理	-0.55***	42.47%	27.40%	19.18%	10.96%
	生产流程	-1.06***	63.01%	17.81%	12.33%	6.85%
	产品质量	-1.06***	60.27%	20.55%	12.33%	6.85%
	产品定价	-0.76***	52.05%	28.77%	15.07%	4.11%
	激励政策制定	-0.16	34.25%	39.73%	19.18%	6.85%
	非财务考核	-0.14	31.51%	36.99%	20.55%	10.96%
	考核等级划分	-0.21	35.62%	38.36%	17.81%	8.22%

续表

调查项目		均值	频率			
			参与少了	正合适	参与多了	不确定
非传统财务活动	提供绩效考核报告	-0.41**	30.14%	35.62%	15.07%	19.18%
	解释绩效考核报告	-0.49**	34.25%	35.62%	13.70%	16.44%
	关键的市场指标预测或分析	-0.66***	46.50%	32.90%	12.30%	8.20%
	主要的挑战及机遇预测或分析	-0.76***	56.16%	26.03%	9.59%	8.22%

注：（1）计算均值时的指标包括 -3—3 的数值，“不确定”选项未列入其中。

（2）均值后的 * 号表示经 t 检验后均值是否显著为零，其中 *** 为 1% 水平下显著不为零，** 为 5% 水平下显著不为零，* 为 10% 水平下显著不为零。下同。

从表 5-7 可知，当前我国会计人员在传统财务活动中的参与适合程度平均得分 -0.21，在非传统财务活动中的平均得分为 -0.76。这些数据意味着当前我国会计人员在各类活动中的参与程度与经理人的期望还存在一定距离，且总体表现为参与不足。当然，相对而言，在非传统财务领域与经理人的期望相差更大。从统计分析结果看，在传统财务领域，目前我国会计人员在“成本预测或分析”（-0.22）、“提供财务报告”（-0.08）、“税收筹划”（0.11）、“财务考核”（0）、“固定资产投资”（-0.07）、“指导内部审计”（-0.17）六项上的参与程度与经理人的期望没有显著差异，基本达到经理人的要求；而在“收益预测或分析”（-0.35）、“现金流预测或分析”（-0.30）、“资本结构决策”（-0.28）、“内部控制决策”（-0.70）四项上则仍显著低于经理人的期望。在非传统财务领域，目前的参与适合程度均为负数。从 t 检验结果看，目前在各项非财务活动中，我国会计人员仅在“激励政策制定”（-0.16）、“非财务考核”（-0.14）、“考核等级划分”（-0.21）三项上的参与程度能达到经理人的期望，其余十七项都远未达到经理人要求。

此外，我们亦对参与程度与适合程度进行了相关分析，其 Pearson 相关系数为 0.918，p=0.000，表明经理人对会计人员在各项活动中参与程度的评价与适合程度的评价基本一致。

（三）对会计人员参与及适合程度评价的影响因素

为了解参与程度、适合程度是否受到企业特征和个人特征的影响，我们还对样本数据进行了回归分析。由于样本企业的利润额、总资产和职工人数三个反映企业规模的指标间存在明显的正相关；而工作年数与任职年数两个反映受访者对企业情况了解程度的指标间也存在显著的正相关，因此为避免多重共线性，回归分析时我们只从这两类指标中各取一个常用指标，分别作为企业规模和对企业了解程度的测量变量。回归分析模型如下：

$$Degree = \alpha + \beta_1 \cdot Size + \beta_2 \cdot State + \beta_3 \cdot Listed + \beta_4 \cdot Location + \beta_5 \cdot Industry + \beta_6 \cdot Position + \beta_7 \cdot Years + \beta_8 \cdot Interact + \varepsilon$$

其中，Degree 为财务参与程度（适合程度）；

Size 为企业规模，为企业总资产的自然对数；

State 为产权变量，用企业股本中的国有股比例来衡量；

Listed 为虚拟变量，当公司为上市公司时，令其为 1，否则为 0；

Location 为地理变量，公司位于沿海地区的，令其为 1，否则为 0；

Industry 为行业变量，Industry1 为高科技业，Industry2 为重工业，Industry3 为受扶持业，一般制造业为 0；

Position 为职位变量，高层为 1，中层为 2，基层为 3；

Years 为受访者的工作年限；

Interact 为接触程度，取值 1—7 之间，反映受访者对本企业财务人员工作的了解程度。

回归结果见表 5 - 8。经检验，参与程度和适合程度的回归分析模型均无多重共线性，但是两个模型都达不到10%的显著水平（分别为 $F = 1.605$，$p = 0.146$ 及 $F = 1.631$，$p = 0.138$）。

表 5 - 8　回归分析

变量	参与程度			适合程度		
	合并 模型 1	传统 模型 2	非传统 模型 3	合并 模型 4	传统 模型 5	非传统 模型 6
截距（Intercept）	1.556	1.465	0.699	-1.483	-1.612	-1.469
企业规模（Size）	0.496*	0.481**	0.487*	0.415*	0.414**	0.418
国有股比例（State）	-0.010*	-0.002	-0.014**	-0.018***	-0.014**	-0.020***
上市与否（Listed）	-0.807	-0.637	-0.839	-0.426	-0.378	-0.450
所在地区（Location）	-0.673	-0.159	-0.762	-0.319	-0.196	-0.384
受扶持业（Industry3）	0.715	0.469	0.882	0.151	0.155	0.168
高科技（Industry1）	0.740	0.564	0.829	0.603	0.385	0.754
重工业（Industry2）	0.576	0.655	0.495	0.113	0.156	0.130

续表

变量	参与程度			适合程度		
	合并 模型 1	传统 模型 2	非传统 模型 3	合并 模型 4	传统 模型 5	非传统 模型 6
职位（Position）	-0.252	-0.153	-0.107	0.080	0.119	0.060
工作年限（Year）	-0.025	-0.024	-0.023	0.020	0.030	0.012
接触程度（Touch）	0.206	0.299	0.239	-0.050	-0.021	-0.061
R^2	0.314	0.241	0.324	0.318	0.278	0.324
Adj. R2	0.118	0.025	0.131	0.123	0.072	0.131
F	1.605	1.114	1.680	1.631	1.351	1.680
P	0.146	0.380	0.125	0.138	0.243	0.125

注：* 为 10% 水平下显著，** 为 5% 水平下显著，*** 为 1% 水平下显著。

由表 5-8 可见，在上述两个模型中，企业规模的回归系数显著大于零，表明企业规模愈大，会计人员的参与及适合程度愈高；产权变量的回归系数则显著为负，表明国家在企业中的持股比例愈高，愈削弱了会计人员在各项活动中的参与及适合程度，企业其他特征及所有个人特征的影响都不明显。

另外，我们还从企业规模、产权、区位、职位、工龄、接触程度等方面分别对参与程度和适合程度进行了单因素方差分析，得到与回归分析类似的结论，即样本企业的财务参与程度和适合程度受到企业规模和产权两个因素的显著影响，而与企业是否上市、企业所处地区以及受访者个人特征没有明显关系。

五、总结与建议

通过本次调查我们发现，目前我国会计人员已在一定程度上突破传统财务领域，参与到了企业价值创造的各项非财务活动中。虽然目前在某些价值创造的非财务活动中的参与程度还不高，发挥的作用还不大，但能冲破传统观念束缚，进入价值创造的非财务领域的行为本身就是一个十分可喜的现象。

当然，与西方发达国家及企业相比，我国的会计工作目前仍有很大改进空间，包括提高企业管理者的财务意识、会计人员的参与意识和参与能力、企业组织结构及流程的调整和优化，以及企业中不同专业人员之间的互动及合作。其中会计教育者最能贡献的，应是提高会计人员的参与能力。Siegel 等人

(2003年)曾说:"管理会计师要成为经营合作者,除了要了解企业的现金流和成本外,还必须了解企业的销售、生产、人力资源等各个部门是如何运作及协调的;必须会从战略角度进行规划,其中最重要的是要清楚企业是如何赚钱的以及生产是如何进行的。"美国注册会计师协会(AICPA)也在2006年指出,进入会计行业必须具备"职业能力、个人能力和商业意识"三种能力,即要"拥有支持角色所需的相关技能及批判和战略的观点",具有良好的"沟通能力、倾听能力、表达能力和文字功底",以及能够"理解商业环境,拥有战略及批判的思考能力"。

周齐武等人(2005年)曾就中国管理会计教育现状对会计教育工作者和福建、黑龙江、江苏、陕西、深圳、四川等地上市公司的财务总监或会计主管进行过调查。总体来看,受访者认为目前中国会计专业学生的总体能力一般(均值为3分。调查时赋值为1—5,1为能力得分低,5为能力得分高),其中,在一般常识、会计专业知识与技能、IT技能、终生学习能力、职业道德、团队合作方面的得分较高(均值为3.30);而在组织及商业知识、使用管理会计工具的能力、信息系统的开发技能、书面沟通的技巧、决策能力、管理能力等方面的得分较低(均值低于3.0)。显然,随着会计职能的不断扩展,会计专业学生欠缺这些能力,将直接影响到他们未来在企业价值创造活动中的参与程度和贡献大小。因此,如何提升会计专业学生在这些方面的能力,是我们每一个会计教育工作者都应思考的问题。此外,对工作时间较长的会计人员的后续教育和在职培训,亦是我们应当持续关注的一个焦点。

本次调查在某种意义上与前人的研究目的是一致的,即都希望能够给我国的会计教育提供一些启示。当然,我们的研究也存在一些不足:一是由于样本不是随机获取的,因而无法确认研究结论能否推广到全国的所有企业;二是每家公司仅依赖单个受访者,难以确保其看法能否准确反映企业的实际情况。因此,日后的进一步研究可以考虑从更大的区域和行业范围内随机抽取更多样本,并增加每个样本公司的受访人数。另外,也可考虑采用其他数据收集方法,如访谈、案例研究等;引入其他变量,如组织的集权程度、经理人的财务意识、会计人员的参与意识等。

参考文献:

1. AICPA. 2006. AICPA Core Competency Framework for Entry into the Accounting Profession. Available at: http: //www. aicpa. org/edu/corecomp. htm.

2. Albrecht, W. S., and R. J. Sack. 2000. Accounting Education: Charting the

Course through a Perilous Future. Sarasota, Florida: American Accounting Association.

3. Andrews, K. M. & Delahaye, B. L. 2000. Influences on knowledge processes in organizational learning: The psychological filter. Journal of Management Studies, 37 (6): 2322 - 2380.

4. Balkin, D. B., G. D. Markman, and L. R. Gomez - Mejia. 2000. Is CEO pay in high - technology firms related to innovation? Academy of Management Journal, 43: 1118 - 1129.

5. Banker, R., H. Chang, and Y - C. Kao. 2002. Impact of information technology on public accounting firm productivity. Journal of Information Systems (Fall): 209 - 222.

6. Bartol, K., and A. Srivastava. 2002. Encouraging knowledge sharing: The role of organizational reward systems. Journal of Leadership and Organizational Studies, 9: 64 - 76.

7. Bonner, S., R. Hastie, G. Sprinkle, and S. M. Young. 2000. A review of the effects of financial incentives on performance in laboratory tasks: Implications for management accounting. Journal of Management Accounting Research, 12: 19 - 64.

8. Brazel, J., C. Agoglia, and R. Hatfield. 2004. Electronic versus face - to - face review: The effects of alternative forms of review on auditors' performance. The Accounting Review, 79: 949 - 966.

9. Brown, J., and P. Duguid. 2000. Balancing act: How to capture knowledge without killing it. Harvard Business Review (May - June): 3 - 7.

10. Burns, J., M. Ezzamel, and R. Scapens. 1999. Management accounting change in the UK. Management Accounting (March), 77 (3): 28 - 30.

11. Carter, R. M. 1972. Communications in organizations: A guide to information sources. Detroit: Gale Research.

12. Chow, C. W., J. Deng, and J. Ho. 2000. The openness of knowledge sharing within organizations: A comparative study of the United States and the People's Republic of China. Journal of Management Accounting Research, 12: 65 - 95.

13. Chow, C., R. R. Duh, and J. Xiao. 2007. Current management accounting practice in the People's Republic of China. In Volume 2 of C. S. Chapman, A. G. Hopwood, and M. D. Shields (Eds.), Handbook of Management Accounting Research. Oxford, UK: Elsevier: 941 - 986.

14. Connelly, C. E., and E. K. Kelloway. 2003. Predictors of employees' per-

ceptions of knowledge - sharing culture. Leadership & Organization Development Journal, 24: 294 - 305.

15. Cool, K., I. Dierickx, and D. Jemison. 1989. Business strategy, market structure and the risk - return relationship: A structural approach. Strategic Management Journal, 10: 507 - 522.

16. Davenport, T. 1997. Information ecology. Oxford, UK: Oxford University Press.

17. De Long, D., and L. Fahey. 2000. Diagnosing cultural barriers to knowledge management. Academy of Management Executive, 14: 113 - 127.

18. DeZoort, F., and A. Lord. 1997. A review and synthesis of pressure effects research in accounting. Journal of Accounting Literature, 16: 28 - 85.

19. Frambach, R. T., and N. Schillewaert. 2002. Organizational innovation adoption: A multi - level framework of determinants and opportunities for future research. Journal of Business Research, 55: 163 - 176.

20. Frappaolo, C. and L. Wilson - Todd. 2000. After the Gold Rush: Harvesting Corporate Knowledge Resources. November 14. Available at: http://www.inteligentkm.com/feature/feat1.shtml#Case1.

21. Garfield, S. 2006. Ten reasons why people don't share their knowledge. Knowledge Management Review, 9: 10 - 11.

22. Garg, A., D. Ghosh, J. Hudick, and C. Nowacki. 2003. Roles and practices in management accounting today. Strategic Finance (July), 85 (1): 30 - 35.

23. Grant, R. 1996. Toward a knowledge - based theory of the firm. Strategic Management Journal, 17: 109 - 122.

24. Gupta, A. K., & Govindarajan, V. 2000. Knowledge management's social dimension: Lessons from Nucor Steel. Sloan management Review, 42 (1): 71 - 80.

25. Hansen, J., and C. Thompson. 2002. Knowledge management. LIMRA's MarketFacts, Spring: 14 - 21.

26. Hassan, Y. 2005. The future of the profession. Financial Management (November): 26 - 27.

27. Hickins, M. 1999. Xerox shares its knowledge. Management Review, September: 40 - 45.

28. Horngren, C., S. Datar, and G. Foster. 2006. Cost Accounting: A Managerial Emphasis (12th ed.) Englewood Cliffs, NJ: Prentice Hall.

29. Huber. G. 1982. Organizational information system: Determinants of their

performance and behavior. Management Science, 28 (2): 138 – 155.

30. Huemer, L. 1998. Trust in Business Relations: Economic Logic or Social Interaction? Umea, Sweden: Borea Bokforlag.

31. International Federation of Accountants (IFAC). 2001. A Profession Transforming from Accounting to Management. New York: IFAC Publications.

32. International Federation of Accountants (IFAC): Professional Accountants in Business Committee. 2005. The Roles and Domain of Professional Accountants in Business. (November)

33. Irmer, B., P. Bordia, and D. Abusah. 2002. Evaluation apprehension and perceived benefit in interpersonal and database knowledge sharing. Academy of Management Proceedings: B1 – B6.

34. Ives, W., B. Torrey, and C. Gordon. 2000. Knowledge sharing is a human behavior. In D. Morey et al. (Eds), Knowledge Management. Cambridge, MA: MIT Press.

35. Kaplan, R. and D. Norton. 1992. The balanced scorecard: Measures that drive performance. Harvard Business Review (July/August), 83 (7/8): 172 – 180.

36. Kwan, M. M., and P. Cheung. 2006. The knowledge transfer process: From field studies to technology development. Journal of Database Management, 17: 16 – 32.

37. Long, D., and L. Fahey. 2000. Diagnosing cultural barriers to knowledge management. Academy of Management Executive, 14: 113 – 127.

38. Marsden, P. V. 1990. Network data and measurement. Annual Review of Sociology, 16: 435 – 463.

39. McDermott, R., and C. O' Dell. 2001. Overcoming culture barriers to sharing knowledge. Journal of Knowledge Management, 5: 76 – 85.

40. Nonaka, I. 1994. A dynamic theory of organizational knowledge creation. Organization Science, 5: 14 – 37.

41. O' Connor, N. G., C. Chow, and A. Wu. 2004. The adoption of "Western" management accounting/controls in China's state – owned enterprises during economic transition. Accounting, Organizations and Society, 29: 349 – 375.

42. O' Dell, C., and C. J. Grayson. 1998. If only we knew what we know: Identification and transfer of internal best practices. California Management Review, 40 (Spring): 154 – 174.

43. O' Reilly, C. 1978. The intentional distortion of information in organizational communication: A laboratory and field investigation. Human Relations, 31: 173 - 193.

44. Osterloh, M., and B. Frey. 2000. Motivation, knowledge transfer, and organizational forms. Organization Science, 11 (September - October): 538 - 550.

45. Perloff, R. M. 1993. The Dynamics of Presuasion. Hillsdale, NJ: Erlbaum.

46. Pfeffer, J. 1998. New Directions for Organization Theory. New York: Oxford University Press.

47. Putti, J., S. Aryee, and J. Phua. 1990. Communication relationship satisfaction and organizational commitment. Group and Organization Studies, 15: 44 - 52.

48. Quinn, J. B., Andrson, P. & Finkelstein, S. 1996. Leveraging intelect. Academy of Management Executive, 10: 7 - 27.

49. Riege, A. 2005. Three - dozen knowledge - sharing barriers managers must consider. Journal of Knowledge Management: 18 - 35.

50. Rosen, S. & Tesser, A. 1970. On reluctance to communicate undesirable information: The MUM effect. Sociometry, 33 (3): 253 - 263.

51. Russell, K., G. Siegel, and C. Kulesza. 1999. Counting more, counting less: Transformations in the management accounting profession. Montvale, NJ: Institute of Management Accountant Report (Autumn), 1 (1): 1 - 7.

52. Scapens, R., M. Ezzamel, J. Burns, and G. Baldvinsdottir. 2003. The Future Direction of UK Management Accounting Practice. London: CIMA/Elsevier.

53. Siegel, G., J. Sorensen and S. Richtermeyer. 2003. Becoming a business partner. Strategic Finance (October) 85 (4): 37 - 41.

54. Staples, S. D. & Jarvenpaa, S. L. 2001. Exploring perceptions of organizational ownershipi of information and expertise. Jounal of Management information Systems, 18 (1): 151 - 183.

55. Stevens, L. 2000. Incentives for sharing. Knowledge Management, 3 (10): 54 - 60.

56. Stimpson, J. 1999. In the know. Practical Accountant (June): 34 - 39.

57. Szulanski, G. 1994. Intra - firm Transfer of Best Practice Project: Executive Summary of the Findings (Report). Houston, TX: American Productivity and Quality Center.

58. Szulanski, G. 1996. Exploring internal stickiness: Impediments to the trans-

fer of best practice within the firm. Strategic Management Journal, 17: 27 – 43.

59. Szulanski, G. 2000. The process of knowledge transfer: A diachronic analysis of stickiness. Organizational Behavior and Human Decision Processes, 82 (May): 9 – 27.

60. Tapscott, D., A. Lowy, and D. Ticoll. 1998. Blueprint to the Digital Economy: Creating Wealth in the Era of e – business. New York: McGraw – Hill Professional Publishing.

61. Tsai, W. 2002. Social structure of "Coopetition" within a multiunit organization: Coordination, competition, and intraorganizational knowledge sharing. Organization Science, 13: 179 – 191.

62. Von Hippel, E. 1994. "Sticky information" and the locus of problem solving: Implications for innovation. Management Science, 40: 429 – 439.

63. Walton, R. E. 1975. The diffusion of new work structures: Explaining why success didn't take. Organ. Dynamics, 3 (winter): 3 – 21.

64. Weiss, L. 1999. Collection and connection: The anatomy of knowledge sharing in professional service. Organization Development Jounal, 17 (4): 61 – 72.

65. Zhou, A. Z., and D. Fink. 2003. Knowledge management and intellectual capital: An empirical examination of current practice in Australia. Knowledge Management Research & Practice, 1: 86 – 94.

66. 谷芳："会计职能演变与价值创造"，《中国总会计师》2003 年第 3 期。

67. [美] 迈克尔·波特：陈小悦（译），《竞争优势》，华夏出版社 2004 年版。

68. 南京大学会计学系课题组："中国会计作用：现状与判断——来自企业家阶层的报告"，《会计研究》2000 年第 11 期。

69. 潘飞、文东华："实证管理会计研究现状及中国未来的研究方向——基于价值管理视角"，《会计研究》2006 年第 2 期。

70. 杨纪琬、阎达五："开展我国会计理论研究的几点意见———兼论会计学的科学属性"，《会计研究》1980 年第 1 期。

71. 周齐武、杜荣瑞、王斌、肖泽忠："中国管理会计教育现状分析"，《会计研究》2005 年第 7 期。

第六章

管理会计理论与传播

第一节

管理会计终身成就奖获得者与管理会计发展

20 世纪 50 年代以来，管理会计理论得到了不断的丰富、完善和发展。本章通过对七位“管理会计终身成就奖”获得者学术贡献的回顾和分析，勾勒出管理会计的发展轨迹，并在此基础上对他们的成功经验进行总结，期望能对当今的管理会计研究有所启发。

一、引言

管理会计是一个年轻而又充满活力的学科。正如斯坦福大学著名会计学家查尔斯·亨格伦（Horngren，2004）所说：“自从我进入这个领域，管理会计研究和教育就一直在显著地进步。当然它还有许多路要走，但这正是值得我们所有人倾注心力之所在。”

为表彰杰出贡献者，2001 年美国会计学会管理会计学部（Management Accounting Section of The American Accounting Association）决定设立“管理会计终身成就奖”。2002 年以来，已有来自美国、加拿大和英国的七位学者获此殊荣。本章根据这七位学者的研究成果，将其分为四类，分析其对管理会计学科发展的不同贡献，勾勒管理会计的发展轨迹，总结经验，思考未来，以期对当今的管理会计研究有所启示。

二、管理会计学科的奠基者：从成本会计到管理会计

首位获奖者（2002 年）是美国德克萨斯—奥斯汀（Texas - Austin）大学的威廉·库帕（William W. Cooper）教授[①]，他因推动“成本会计”向“管理会计”转变而闻名。早在 1951 年他就在《经济学季刊》（Quarterly Journal of Economics）发表文章，主张公司理论应与组织内的管理控制相联系，会计应当为管理提供决策支持而不仅仅是数据提供者。作为 1965 年美国会计学会管理会计委员会（Management Accounting Committee of the AAA）的执行主席，他在 1966 年会计学会年会上组织了一系列关于管理会计研究和实践新方法的专题讨论，由此吸引了人们对管理会计领域问题的关注，并形成了当时“新成本会计”教科书“面向决策”的时代特色[②]。

2003 年的获奖者是美国哈佛商学院的罗伯特·安东尼（Robert Anthony）教授[③]，他也是成本会计向管理会计转变的推动者之一。1956 年，他出版了《管理会计：教程与案例》一书，这是全球第一本以“管理会计”命名的教材，该书共印发了十版；他的《管理控制系统：一个分析框架》（1965 年）一书因为最早开辟管理控制研究新领域而成为该领域中被引用最多的经典文献之一（Birnberg，2003）。安东尼教授在 2003 年的颁奖会上总结了管理会计与成本会计的重大差异，认为他所提出的管理控制系统“提出了一个用于控制成本的概念框架”，并且“在这个框架中，人们的反应和动机是首要考虑因素”，从此“组织内会计聚焦的中心从簿记转向了人”。

2004 年的获奖者是美国斯坦福大学的查尔斯·亨格瑞（Charles T. Horngren）教授[④]，他终身从事财务会计和管理会计教育，并长期服务于 CPA 职业教育与考试机构，著有《成本会计》、《管理会计导论》、《会计学》、

---

① 库帕教授是德克萨斯 - 奥斯汀（Texas - Austin）大学工商研究院财务与管理学教授。他在芝加哥大学获得经济学学士学位，拥有俄亥俄州立、哈佛、卡内基—梅隆和西班牙阿里坎特等大学的荣誉学位，获得过多项荣誉和奖项。

② 有关信息来源于 MAS 官方网站。

③ 安东尼是哈佛商学院管理控制系教授。1952 年他在哈佛获得博士学位，并在那里工作一生，1973—1974 年间任美国会计学会主席。

④ 亨格瑞教授在美国马魁特（Marquette）大学获学士学位，哈佛大学获 MBA 学位，芝加哥大学获博士学位。退休前，他是斯坦福大学会计学教授，马魁特大学和帝庞大学的荣誉教授。作为 CPA，他曾在美国会计准则委员会服务 6 年，财务会计准则委员会咨询委员会任职 5 年，美国注册会计师协会理事会任职 3 年，任美国财务会计基金理事 6 年，他还是美国管理会计师协会成员和管理注册管理会计师资格考试协会董事会成员。

《财务会计》、《财务会计导论》等大量广泛流行的教材[①]。他曾精辟地将成本会计向管理会计的发展概括为从寻求"绝对真实（absolute truth）"转向"有条件真实（conditional truth）"，认为"没有一种对所有决策都同等重要的成本分配方法，这就是管理会计的起点，管理会计是为了满足内部的决策需要而分配成本"，"成本会计的这种服务对象的调整是管理会计体系的核心"（Horngren，1975[②]）。

另一位管理会计学科的早期建设者是2007年终身成就奖获得者——美国宾夕法尼亚大学的威廉·费拉拉（William L. Ferrara）教授[③]，他在推动成立美国会计学会管理会计学部（MAS of AAA）过程中发挥了重要作用。1983年，费拉拉教授当选为该学部第一任主席，在其推动下，创办了该学部的学术刊物——《管理会计研究杂志》，并在1989—1991年间任主编。他的研究兴趣集中于财务规划和控制系统以及它们与外部财务报告的结合方面，关注不同的财务决策模型对外部财务报告的影响。20世纪70年代，他发表了大量有关租赁或购买的研究成果，并在其他领域取得众多成果，这些成果被管理会计和财务领域的学者们广泛引用。在颁奖会上，他回忆管理会计发展时说："这个学科，从40年代末我还是大学生开始，到50年后我退休时，它的变化令人难以置信。""当管理会计学科还处在幼年时，财务会计和管理会计的关系非常简单，那时管理会计实际上就是'成本会计'，也就是为存货估值而计算单位产品成本；而当管理会计在学术上发展为用于决策、业绩评价以及规划与控制等更为完善的会计方法时，再加上行为研究，财务会计与管理会计的关系看起来就不那么简单了"，"管理会计似乎是比财务会计更具多样性的学科"（Ferrara，2007）。

在上述诸位获奖者的共同推动下，管理会计的理论体系和方法体系日趋成熟，并实现了从对外提供财务报告向对外提供有用信息的转变。

---

① 如《成本会计》2003年出第11版，2002年《会计学》第5版、《财务会计导论》第8版、《管理会计导论》第12版，2004年《财务会计》第5版。在我国他编写的教材同样有广泛的影响，很多学校使用他主编的（英文版或中译版）教材。

② 参见《高级管理会计》（英文）1982年第2版。

③ 退休前，费拉拉是斯提森大学和宾夕法尼亚大学的会计教授。他在帝庞（DePaul）大学获得学士学位，在密歇根州立大学获得硕士和博士学位，1962年开始从事会计教育和研究。

三、管理会计信息经济分析的先行者：成本效益权衡

在2005年MAS年会上，加拿大哥伦比亚大学的杰瑞·费尔瑟教授[①]获得第四届管理会计终身成就奖，其主要贡献是将信息经济学和代理理论引入了会计领域[②]，除此之外，他在激励和业绩评价领域也颇有建树，因而他“将永远被视为管理会计理论的一位先行革命者和学问家”（Shields，2005）。学界普遍认为，信息经济学的引入对管理会计发展具有划时代意义。

第一，确立了管理会计的核心理念。亨格瑞（Horngren，2004）在概括管理会计的基本原理时指出：“成本—效益分析原则可以帮助我们确定A方案是否比B方案更好。任何会计系统都具有两个使命：一是提供信息，以帮助作出明智的决策；二是促进信息使用者瞄准并努力实现组织的目标。”显然管理会计的这一原则，正是在费尔瑟教授引入信息经济学以后才确立的，就如斯卡彭斯（Scapens，1991）所述，引入信息经济分析的管理会计是“有成本的真实（costly truth）”方法，并认为即使真实能够达到，它也会根据信息成本和收益的变化而改变其状态。这是管理会计从追求“绝对真实”向“有条件真实”转变后的又一个里程碑。

第二，平息了管理会计“理论与实践相脱节”的争议。斯卡蓬斯（Scapens，1991）认为，信息经济学对管理会计研究的一个重要贡献就是它鼓励研究者把信息系统选择与信息系统设计区分开来。以前的研究者专注于系统设计，从而导致管理会计技术方法的日趋复杂化；而信息选择观却引导研究者去关注某些管理会计技术方法的应用情况、成本与收益等问题，尤其是对简单技术与复杂技术的相对优势进行对比。20世纪70年代之前的管理会计研究受到微观经济学中边际分析以及运筹学中有关模型和方法的影响，产生了大量的复杂决策模型及其研究文章，形成了管理会计的一个研究高潮。但是这些技术大多数并没有在实践中得到广泛应用，从而引起管理会计界的第一次反思。这时，许多学者开始通过问卷调查的形式，试图了解各种管理会计技术方法在企

① 费尔瑟教授退休前为（加拿大）不列颠哥伦比亚（British Columbia）大学Sauder商学院会计学教授。他1961年毕业于（加拿大）萨斯喀彻温大学商务系，1967年在美国加利福尼亚大学伯克利分校获得会计学博士学位，此后曾在斯坦福大学任教。

② 1967年，费尔瑟在博士论文“评价用于管理决策的会计信息变化的理论框架”中第一次提出会计要从规范的和先验的范式（normative and a priori models）转向基于信息经济学的观点，开创了会计的一次范式革命，该论文因而获得1967年北美最佳管理论文奖；几年后，他又和Joel Demski在发表于《会计评论》“预算控制系统中的经济动机”的一文中率先将代理理论引入会计领域，从而引导了会计的另一次范式革命，该文在1994年获得AAA会计文献创新成就奖。

业实践中的使用状况及其原因。

第三，带来了管理会计研究重心的转移和方法的转变。费尔瑟（2005）曾说："最初会计领域的信息经济学的定位有点像运筹学，是一种技术方法，重点在于会计系统特征的最优选择。"但是"在20世纪70年代末，会计领域的信息经济学研究发生转折，从纯技术方法转向主流的社会科学方法。我们受到信息经济学领域创新成果的激励，从紧密联系运筹学转向紧密联系数量经济学，从而成为具有经验经济学定位的社会科学方法，这是80年代初以来会计领域信息经济学研究的基本特征。"（2005）这一时期管理会计研究的特点是更加关注特定实践行为的原因解释，而非作出"应该如何"的规范推理，进而形成了一种新的管理会计研究流派，由过去关心决策过程转向关注控制过程（Scapens 1991），研究者开始由过去多采用定量研究转向更多地使用问卷调查、实地/案例研究等方法，并开始采用行为实验去研究某些代理问题。

四、管理会计技术工具的创新者：将研究用于实践

20世纪80年代以来，管理会计理论和实践取得了丰硕成果。正如伊特内尔和拉克尔（Ittner、Larcker，2001）所说："过去二十年，管理会计实践发生了显著变化。相应地，90年代以来的管理会计研究中也出现了类似的发展，预算和财务控制等经验研究正让位于作业成本法、平衡计分卡、战略会计和控制系统、经济价值业绩计量等有关各种'新'技术的研究。"在此过程中，美国哈佛大学的罗伯特·卡普兰（Robert S. Kaplan①）教授功不可没，从《相关性消失》（Johnson、Kaplan，1987），到作业成本法和平衡计分卡，他和他的合作者们发表了众多引领全球管理会计发展潮流的研究成果，这些成果不仅对管理会计实践产生了重大影响，同时也造就了管理会计研究领域生机勃勃的十几年，他因而被授予2006年度管理会计终身成就奖。

对于卡普兰教授的贡献，美国会计学会管理会计学部认为"很少有人能像卡普兰教授一样在横跨管理会计学术和实践的领域中拥有如此深远的影响"。"如果没有20世纪80年代时卡普兰教授号召我们深入研究，我们可能还简单地认为成本会计只是一个机械的核算程序，战略是一个离管理会计很遥

---

① 卡普兰教授在美国麻省理工学院获得电气工程专业学士学位和硕士学位，在康奈尔大学获得运筹学专业博士学位。他曾经是卡内基—梅隆商学院教授（在1977—1983年期间担任主任），1984年他进入哈佛大学任教至今。

远的概念，因而美国高质量的管理会计研究只能停留在组织原理半厘米的深度上。过去20年中卡普兰教授在管理会计研究领域引发的学术讨论，给这一领域带来了活力并引发了我们的思考。”“他的重要贡献之一是常给那些看似已经没有什么研究价值的领域带来了更高层次的活力和争鸣”（Luft，2006）。

在2006年颁奖会上，卡普兰教授发表了题为《管理会计竞争优势》（Kaplan，2006）的演讲，为作业成本法和平衡计分卡在部分企业的应用失败进行辩护。他认为，“在过去四十年里，由于计算技术按照摩尔法则裂变，计算机的计算能力增长超过了1千6百万倍（$=2^{24}$）。现在即使是拥有几千种产品、数万员工和每月数十万笔交易的公司，其详细会计数据也可以廉价地得到”，而“在40年前为这样一家企业构建一个精确的成本和收益统计和分析系统是不可想像的”。“在任何组织里，领导者都面临这样的挑战：如何激发和协调各个分部的努力，使之互相支撑和增强，从而使整体的价值创造超过各个分部自主创造的价值之和。而作业成本法和平衡计分卡就为领导者提供了一种分析工具，以阻止个人和组织走向无序和混乱”。“虽然这两种管理工具的应用成本昂贵，但是事实证明它们创造的价值远超过其成本。”“现在世界各地和各行各业都有很多公司成功应用了作业成本法（ABC）和平衡计分卡（BSC），因此，在考虑未来的研究方向时，我们不应该再去研究‘是否’应用ABC或者BSC，而是应当研究‘如何’应用ABC和BSC，特别是要研究它们怎样可以被更有效、更简便地使用，研究什么样的组织设计会导致其应用成功或失败。”

五、面向组织的管理会计研究流派的发起者：构建“会计的组织观”

英国牛津大学的安东尼·霍普伍德（Anthony Hopwood）教授①因为构建了“会计的组织观”而被授予2008年管理会计终身成就奖。虽然他可能不为大多数中国会计学者熟悉，但相信多数人都知道《会计、组织与社会》杂志，它就是霍普伍德于20世纪70年代创办的。

---

① 霍普伍德教授1965年开始在美国芝加哥大学学习，70年代初获得会计学博士学位回到英国，曾在曼彻斯特大学任教，1975年任伦敦商学院会计系主任，并创建《会计、组织与社会》杂志。他的博士论文主题是业绩会计计量有效性问题的行为研究，在此基础上他发表了一系列有影响的研究成果，包括：

Hopwood，A. G. 1972. An empirical study of the role of accounting data in performance evaluation. Journal of Accounting Research：156 - 182. Hopwood，A. G. 1973. An accounting system and managerial behavior. Hants：Saxon House Hopwood，A. G. 1974. Accounting and Human behaviour. London：Accountancy Age Books.

传统管理理论将业绩视为结果，认为业绩计量指标仅是经营结果的代表，假定业绩计量指标不会影响经营业绩，这一观点被称为业绩评价的“机械论”。20世纪中叶管理学领域出现的人际关系学派挑战这一传统观点，认为业绩评价控制系统对组织成果有影响。“此后有一小批跨学科学者一直在探究这种‘非期望的影响’。Hopwood建立模型将下级感受的‘业绩评价类型’作为预测指标，观察不同的非预期行为结果，如与职位相关的紧张状态和决策的功能失调现象等，认为这些行为可能负向影响长期业绩”（Vagneur、Peiperl, 2000）①。在他的带领下，涌现了“一批关于管理评价中使用不同类型会计信息的前因和后果研究”（Otley、Fakiolas, 2000），虽然这些研究的结论并不一致，但这是“行为会计积累性研究的少数几个领域之一（Vagneur、Peiperl, 2000）”。

当然，将2008年管理会计终身成就奖授予安东尼·霍普伍德教授，也表明管理会计学界对长期处于非主流地位（alternative）的欧洲研究流派的承认。正如《会计组织和社会》杂志与美国会计刊物的文章风格不同一样，欧洲的管理会计研究也与美国不同。英国管理会计学者Hopper等人（2001）认为：“70年代是英国管理会计研究的分水岭，它见证了行为和组织研究方法的到来。”“80年代以前，英国大学的行为会计研究与北美学者和澳洲学者类似，遵循新人际关系学和权变理论。但在80年代早期，英国的研究发生了变化”，“社会学和政治学取代了权变理论和新人际关系”，这可能是因为英国会计系一般设在社会科学学部，而不像美国设在商学院的缘故；同时，“许多著名学者呼吁改变研究方法，提倡案例研究，以观察管理者的行为‘如何’，分析‘为什么’，而不再像过去那样基于规范经济学理论研究‘应该如何’。”所以，在管理会计面临变革挑战时，“英国人总是试图使用各种社会科学理论（如制度理论、劳动过程理论、政治经济学等）加以分析”。在当前管理会计研究热点从经营模式转向战略、组织、监管和业绩评价过程中，英国学者“一直在批评管理会计过分强调以内部为中心，而忽视环境和战略因素”，主张“从更宽的视角来看待管理会计”（Hopper等，2001）。霍普伍德的获奖，可能意味着管理会计界的精英们已经意识到，该学科的未来发展需要在更大程度上的折中和包容各种理论，而不能再像20世纪八九十年代那样“研究者仅仅热衷于

---

① 霍普伍德（1972、1973）运用四个分类变量（预算约束型（Budget - constrained）、利润意识型（Profit - Conscious）、预算利润型（Budget - Profit）、非会计型（Non - Accounting））计量下级感受的本单位预算结果在其上级评价自己的业绩时的重要性，发现“预算约束型”高度重要，他推断在业绩评价中过分强调预算会导致数据操纵、不信任、敌对情绪以及决策的功能失调，认为这些行为对业绩有负面影响。

在自己的学术圈中进行交流”，而在“各学派之间很少相互渗透、相互影响”，这会使“会计学的知识积累速度放慢，甚至受到阻碍”（Lukka，Granlund 2002）。这正如霍普伍德反复强调的，60 年代会计研究创新的本质不是局限于会计本身的研究，而是从更广的制度背景，包括组织和文化方面进行研究（Hopwood，2008）。这一点对于会计应付当前的诸多挑战尤为重要。不过，他也认为在创新思想的成长道路上布满荆棘。他用 60 年代的事例说明，“由于建立了新的概念，所以跨学科研究所形成的新观点在传播和发表时会更加困难”。尽管如此，他还是认为：“历史上，会计研究一直在各种压力下成长，并在不同地方、不同时刻采取不同形式，反复地采用那些新奇的和有争议的方法。”他坚信“会计和会计研究将继续如此”。因为“会计研究的重要目的就是要改变人们的认识，使人们最终真正理解会计和会计实践本身”。

六、启示与思考

我们回顾历史，不仅是为赞叹这些学术大家们在学科发展关键时期的智慧和贡献，更为重要的是希望更加准确地理解今天的管理会计学科，同时感悟管理会计实践和研究的未来发展道路和方向。在此，我们有几点心得与同行们分享：

（一）管理会计的发展有赖于需求与供给双方的共同努力

密歇根州立大学的琼 · L. 罗福特（Luft，1997）指出，长期以来，人们主要从需求角度解释管理会计的发展。她认为，从需求的角度看，管理会计的发展是因为组织所处的竞争环境在不断变化，带来组织结构与战略的改变，从而对管理会计信息提出了不同要求。但她认为，解释管理会计的发展，不仅要从需求角度，也要从供给角度进行研究。供给问题包括能否得到实践需要的成本与效益相匹配的信息供给，创新的实践（技术和工具）本身是否存在，以及管理者能否得到创新的思想供给。这些管理会计终身成就奖获得者的学术道路，让我们清楚地看到了理论供给在推动学科发展上的巨大作用，包括相邻学科理论与方法的发展、会计教育的发展、计量和管理技术和工具的发展、管理会计的研究状况等，都从供给角度推动着管理会计向前发展。

当前，我国经济引起全世界的关注，中国特色的企业管理需要得到具有中国特色、符合中国企业文化的管理会计的支持。尽管我国管理会计学者已经为此做了大量工作，但仍有很大的改进和发展空间，我们需要在供应方面继续努力，调整研究重点，改进研究方法，不断吸收各国、各学科、各流派的研究成果，以加快我国管理会计的发展步伐，更好地为我国的企业实践服务。

（二）管理会计的发展需要我们勇于挑战权威

Birnberg（2003）曾指出，这些获奖者的经历告诉我们："许多我们今天作为共识的问题当年如何在学科中作为创新出现，许多当年被认为是激进创新的事物如何成为本学科被广泛接受的核心共识。"管理会计从历史走来，从附属于财务报告的成本会计，吸收了微观经济学和运筹学的方法和思想，演变成为为不同决策提供不同成本信息的"有条件真实"方法；当蜂拥出现的绝大多数决策方法并未在实践中得到广泛应用而产生"理论与实践脱节"的争议时，它又吸收了信息经济学的精髓，发展为"有成本的真实"方法；当成本结构中非人工的间接成本比重大量增加引起成本信息扭曲时，作业成本法油然而生；当传统管理控制理论将控制分为战略控制、职能控制和运行控制，人们习惯地将会计归属于职能控制时，战略管理会计的出现打破了这种作茧自缚的认识；而组织和行为会计的研究又将人们的视野引向了财务领域之外的新天地……

虽然管理会计的发展史充满了争论和挑战，但正是这种争论和挑战让我们不断修正对管理会计的理解。尽管我们不知道 2009 年的管理会计终身成就奖的获得者是谁，但是我们相信他的贡献一定会引领着本学科的进一步发展和创新。我们认为，所有中国学者都应发扬这种敢于挑战的精神，挑战传统、挑战权威、挑战自我，敢于创新，只有这样，才能为管理会计发展作出我们应有的贡献，才能在管理会计发展史上留下中国人的脚印。

（三）管理会计的发展需要我们博采众长

虽然管理会计学者常因本学科没有核心知识而感到苦恼，但是管理会计的发展告诉我们，管理活动对会计信息的多种需求是本学科生存的客观基础，而不断融合其他学科的理论和方法，不断吸取这些学科的精华和最新成果，正是不断提高会计信息在管理活动中的应用价值的重要途径，这是管理会计生生不息的力量源泉，因而我们能够在管理会计的发展史中寻觅到很多其他学科的踪迹，包括微观经济学、运筹学、决策理论、统计学、信息经济学、组织行为学、信息管理和信息技术理论、战略管理理论、社会学、心理学、哲学等。这一点与财务会计类似。财务会计在其发展过程中同样受到多门学科的影响，其研究起点都具有"很强的跨学科特性"，探索的新领域通常"既是科学又是社会科学的"。如 20 世纪 60 年代会计领域创新研究就使用了"会计学加上社会心理学和组织社会学的观点和方法"（Hopwood，2007）。显然，如果不能延续这种跨学科多领域的研究方式，包括管理会计在内的会计学科的生命就可能停滞不前。因此，管理会计学者必须承担起跨学科研究的重任，不断跟踪其他学科的发展动态和最新成果，取其精华，为我所用，丰富管理会计技术和方法，为管理会计的繁荣和发展贡献力量。

（四）管理会计的发展需要我们贴近实践

管理会计是一门应用性很强的学科，其理论大多来自实践，它们在实践中得到提炼和升华，然后又必须回到实践，在实践中进行检验。只有经过实践检验的理论，其生命之树才能常青。就像卡普兰（Kaplan，2006）所说："管理会计研究和教学要想有所建树，其研究成果必须在现行的组织系统中得到广泛应用，或者至少部分研究成果能够在管理实践中得到成功应用，这样才能使管理会计学科具备一定的竞争力，获得应有的地位。"所以，管理会计研究既要向书本学习，更要向实践学习，在实践中发现问题、解决问题，总结规律，达成共识，再到实践中进行检验，实现管理会计理论的不断完善、丰富和创新。

第二节 创新传播与管理会计创新

变化和发展研究是社会科学中的一个重大主题。许多社会科学和自然科学的学科已经对人类和自然系统的诞生、发展、转换、衰退和衰落提出理论文献和实证的发现，关于管理创新传播的研究在国际上也已经有了相当的发展，但是在我国这个问题似乎还没有得到足够的讨论，我们查阅到有限的几篇关于管理创新传播的文献，也很少有直接针对我国现实的分析。

一、引言

本研究是对中国管理会计领域创新思想和工具实践状况的一次比较系统的调查研究，展示了一幅虽然仍模糊但毕竟有一些形象的现实画图。在观察之余，我们希望进一步的思考，为什么在大洋彼岸提出的各种见解和方法也会在我国的企业实践中得到响应呢？企业采纳或不采纳某些创新工具的行为背后，究竟是什么动力在推动呢？这些思考的意义在于，实践的发展需要从理论上给以解释，从而可以反过来推动实践更顺利地发展。

派蒂格鲁等人（Pettigrew、A. M. et al.，2001[①]）在介绍《进入多元世界的变化与发展专题研究论坛》（简称《变化发展论坛》）的成果时曾指出，管理和组织研究领域的变革理论必须面对学术质量和实践相关性这双重困难。除了这个领域相对年轻以及学科交叉和割裂之外，管理和组织学面对的挑战是用科学的想象力发展知识，同时对实践和政策制定作出贡献。这种挑战已经被证明其艰难性。他们还承认，很长时间以来变革文献被概括其特征为：很少的理论性命题、缺少新资料和新发展的重复表述、很少一点随意的建议、没有证明也没有反驳的重复、很少有经验的观察、仅仅停留在引用前人观点的水平上等等，问题如今仍然存在。由此可见这个领域还存在足够的研究和思考的空间，我们愿在其中做一点基础性工作。

我国学者对管理创新传播研究非常少，有一些文章主要是从信息传播角度探讨的（如韩瑞珠、盛昭瀚，2002[②]；胡振华、刘宇敏，2002[③]；李乾文，2006[④]）。我们只看到两篇明确涉及我国企业管理创新的实践调查，其中一篇，定义管理创新仅包括了组织结构、信息手段和用人制度的创新，对管理方法创新没有涉及（中国企业家调查系统，2001[⑤]）；另一篇虽然试图量化新的管理理念和方法的运用，但是把新方法的运用和良好的效果混为一谈，并且仅把它作为研究业绩的中介变量来考虑。另外，还有一篇提到了创新扩散的影响因素（罗桂芳、陈国宏，2002[⑥]），并将创新扩散理论概括为公式：

技术创新扩散 = 需方内部基础 + 供需方技术梯度 + 供需方动力机制 + 外部条件[⑦]

虽然这个公式看来还不符合可检验的标准，不过这样的概括还是启发我

---

① Pettigrew，A. M.，R. W. Woodman and K. S. Cameron. 2001. Studying organizational change and development：Challenges for future research. Academy of Management Journal，44（4）：697 – 714.

② 韩瑞珠、盛昭瀚："技术扩散现象的稳定性"，《系统工程》2002 年第 20 期，第 12 – 15 页。

③ 胡振华、刘宇敏："非正式交流——创新扩散的重要渠道"，《科技进步与对策》2002 年第 8 期，第 72 – 73 页。

④ 李乾文："管理学理论在中国的传播与创新——以核心竞争力为例"，《科技政策与管理》2006 年第 6 期，第 15 – 19 页。

⑤ 中国企业家调查系统："企业创新：现状、问题及对策——2001 年中国企业经营者成长与发展专题调查报告"，《管理世界》2011 年第 4 期，第 71 – 80 页。

⑥ 罗桂芳、陈国宏："国内企业技术创新扩散的模式分析"，《工业技术经济》2002 年第 122 期，第 64 – 65 页。

⑦ 其中，需方内部基础指的是需方企业的资金有余、资源限制少、新技术对企业的适应性强度高；供需方技术梯度指的是双方技术差距（位势差）；供需方动力机制指的是双方均为理性厂商，双方都能够通过技术传播实现利益最大化；外部条件包括政策激励、信息流畅、技术市场完善等宏观条件。

们，可以从内外因素以及供给需求的层面观察创新扩散动力机制。

下面的讨论我们首先对创新进行概念界定，然后考察一些创新研究的流派，最后提出我们的一些思考。

二、创新及其传播的概念界定

在西方的文献中，有关创新的概念很早就有出现，并且含义很宽泛[①]。达曼坡（Fariborz Damanpour，1991[②]）曾概括说，创新研究者已经区分了创新的“传播（diffusion）”和“采纳（adoption）”，以及“创新行动（innovating）”和“创新性（innovativeness）”等概念。而创新的类型，根据程度可区分为“激进的（radical）”和“渐进的（incremental）”创新；根据对象可区分为“产品（product）”和“过程（process）”创新等。对于我们关注的管理会计创新，可能最重要的概念识别是“管理（administeative）创新”和“技术（technical）创新”。

（一）管理创新和技术创新

达夫特（Daft，R. L. 1978[③]）称管理创新和技术创新为组织创新的“双核模型（dual - core model）”。达曼坡（Fariborz Damanpour，1991）定义技术创新为关于产品、服务和生产处理的技术，它们相关于基本的工作活动，并会涉及产品或过程；而管理创新涉及组织结构和管理过程，它们间接地关联于组织的基本运行，而更直接地关联于运行的管理。由于管理创新不直接相关于企业的利润，所以管理创新一般滞后于技术创新。

通常人们把管理会计的创新归属于“管理创新”的类型，但是也可能有部分管理会计技术工具的创新会直接涉及运行过程，因而具有技术创新的特征。例如戈瑟林（Gosselin M，1997[④]）在分析作业成本法传播规律时，把作

---

① 我们看到的文献中提到，西方著名经济学家约瑟夫·熊彼特于1912年出版的《经济发展理论》首先提出了著名的“创新理论”；最早讨论创新传播的论著是罗杰1961年出版的《创新传播》（Rogers，E. M. 1962（1983 2nd ed.）. Diffusion of innovation. New York：Free Press），百科全书似地讨论了4000多篇他认为与传播创新有关的文献。

② Damanpour，F. 1991. Organizational Innovation：A Meta - Analysis of Effects of Determinants and Moderators. The Academy of Management Journal，34（3）：555 - 590.

③ Daft，R. L. 1978. A dual - core model of organizational innovation. Academy of management journal，21：193 - 210. 参见（Fariborz Damanpour，1991）。

④ Gosselin，M. 1997. The Effect of Strategy and Organizational Structure on the Adoption and Implementation of Activity - Based Costing. Accounting，Organizations and society，22（2）：105 - 122.

为组织创新活动的“作业管理（activity management，AM）”根据对组织产生变动的影响程度分为三个层次：作业分析（activity analysis，AA）、作业成本分析（activity cost analysis，ACA）和作业成本计算（activity - based costing，ABC）①。在此基础上，戈瑟林把 ABC 识别为管理创新，而 AA 和 ACA 属于技术创新。他解释说，因为会计创新通常被划分为管理创新，它会带来新的管理程序、政策和组织结构；而 AA 和 ACA 通常只对产品的生产、劳务的提供方式产生影响。

技术创新和管理创新的适应环境有所不同。以前学者的研究成果发现，低的专业化（professionalism）、高的规范化（formalization）、高的集权化都有利于管理创新，而相反的环境有利于技术创新；而且，专业化和组织的宽松对技术创新比管理创新有更强的影响，而管理强度（intensity）对管理创新有更强的作用（Damanpour，1991）。由此可见笼统地讨论有利创新的环境建设可能不会有多大成效。

（二）创新的采纳与传播

在我国管理创新工具实践的调查和研究中，比较多地看到“使用”、“应用”、“采用”之类的术语，很少区分“采纳”和“传播”。但是在美国组织变革和发展（OCD）研究中，对创新工具的推广过程非常关注，因此产生了“采纳（adoption）”和“传播（diffusion）”的概念区分。

我们看到比较一致的是对“技术创新传播”的定义②，认为技术创新传播是指某项新技术实现首次商品化后，通过市场、非市场渠道在其潜在采用者之间传播、推广和采用此技术的过程，这主要表现为企业之间的传播，但也包括企业内部的传播，即技术创新在企业内部扩大应用范围，从而提高企业的生产率。管理创新的传播过程应该与上述定义的描述大致相同。

从上面的定义中不难看出，创新传播与采纳的概念有某种重合之处，创新传播首先是某项创新采纳范围的扩大。不过创新传播的研究有微观和宏观两个层面，而采纳这个术语的使用有狭义和广义的区分。

---

① 根据戈瑟林的定义，作业分析（AA）为最简单的一级，它识别把资源消耗转变成产出的各个作业过程，判断不增值作业，并不一定要作成本分析，更不必然形成新的成本分配方法；在作业分析的基础上，作业成本分析（ACA）需要解释作业消耗的成本结构，分析成本动因，但未必要引入新的成本分配方法，许多企业在成本动因分析阶段已获得了大部分收益，它们可能更愿意采取行动去降低成本动因的影响而不是根据成本动因分配间接成本；作业成本计算（ABC）是作业管理的最高形式，通过成本计算技术的变化可能得到更精确的产品和过程的成本信息，它建立在作业分析和作业成本分析的基础之上。

② 我国运用类似定义的文献不少，估计有一个相对一致的来源，但是其最初的出处还不清楚。

微观层面的创新传播研究往往把某种创新对组织的影响分为若干阶段，如初创（initiation）—采纳（adoption）—适应性改变（adaptation）—认同（acceptance）—常规化（routinization）—吸收（infusion）六阶段的划分（Anderson，S. W.，1995），或者采纳（adoption）—准备（preparation）—执行（implementation）—常规化（routinization）四阶段的划分（Maurice Gosselin，1997）。在这类研究中，“采纳”仅仅是创新应用传播过程中的一个环节。这类学者不赞成笼统地讨论创新应用（或简单地称其为“采纳”），他们认为影响创新传播不同阶段顺利进展的关键因素是不同的，如果研究者没有区分创新传播的不同阶段，就很可能因此产生混淆不清的不具有可比性的研究结果。

宏观层面的“创新传播”研究者，则主要关注某种新的理念或方法如何从其发生的地方传播到其他领域（包括企业、行业、地区以及国家）去。这时创新传播的过程主要指的是跨越初始创新领域边界的过程，对于在新的范围中传播的深度（是开始接受理念、尝试实践还是常规化运行）则往往有所忽略。因此我们常常在不同文献中看到无法比较的采用率调查信息。

这样看来，在微观创新传播研究中，采纳仅仅是传播过程的一个环节，可以看作狭义的采纳；而宏观传播研究中的跨领域个体的采纳行为则使用了广义的采纳概念，总的看来，创新传播研究者使用“传播”的含义比“采纳”概念更宽泛①。

三、创新传播宏观研究——趋同性与国际比较

（一）各国管理会计趋同性研究

20世纪后期以来，管理领域创新思想和技术层出不穷，与此同时出现的一个与以往年代十分不同的现象，就是任何创新思想和工具一经出现，就会迅速从其发源国传播到世界各国，表现出管理会计实践的全球趋同态势。70年代日本的全面质量管理（TQM）、适时制（JIT）和目标管理，80年代美国的作业成本法和90年代的平衡计分卡等等主题，首先占领各种学术和专业期刊的领地，然后充斥各国的教科书和培训班课堂。管理工具和理念在供应层面的趋同显然影响到实务界的选择，从研究文献很容易发现有关这些创新方法在各国企业中迅速得到响应的报告。

---

① 不过在我们的研究中因为着眼于宏观层面的观察，并且限于调查资料的深度，所以将创新传播理解为更多组织的“采纳”，而基本上不区分传播的微观过程，显然这也将带来本分析的重大局限性。

Markus Granlund 和 Kari Lukka（1998[①]）探讨了这个问题。他们指出，汇聚（convergence）和发散（divergence）对于国际管理研究者是一个普通的难题，人们长期以来认为，由于文化或政府管制等方面的影响，管理会计实践在不同国家之间存在差异；而战略管理理论也主张为了在全球市场上赢得成功，企业应当对竞争中的市场变化采用独一无二的竞争战略，形成独特的核心竞争力。但是人们日益观察到的是创新管理思想和技术的迅速传播，管理模式的广泛趋同。

为了在这样的矛盾冲突中寻求答案，他们从宏观层面提出一个影响管理会计实践汇聚或发散的分析模型（图 6－1），将管理会计实践全球同质化的动因分类为经济和制度两个方面，而制度因素又分为强制力量（coercive pressures）、舆论与惯例的力量（normative pressures）和模仿过程（mimetic processes）。他们对这四个方面的解释概括如下：

经济方面的同构因素包括经济波动的全球化、市场开放和竞争全球化，以及生产和信息技术进步的经济合理性等等。

强制性力量反映的是机构或制度的管制力量，这包括趋同和发散两个方向的推动。在国际层面上，区域协定和超越国家的类政府机构，正在达成和执行各自的规则，这些国际性组织可能并不直接作用于公司管理会计系统，但是作为一种潜在的趋同力量影响着公司实务中各种因素的框架结构，其中财务会计规则的国际化对管理会计实践有重要影响；另一方面，各国的法律和制度也作用于公司实务，尤其是导致各国间的不同，不过作者认为这种作用似乎正在逐渐消退。

规范的力量涉及人类行为中的社会义务（obligation）和适当的社会引导（conduct），例如，管理会计师的职业化教育铸就对职业行为的理解和感悟，各国会计协会也会促进国内及国际间的趋同。作者认为，各国文化和企业文化传统上被视为导致管理会计实务差异的重要因素，但是在宏观层面上，各国文化对管理会计方法的影响正在减弱。他们说，公司文化维持着对管理会计实务的影响力，这种影响超过国家文化的影响，不过今天的公司基本上在相似的全球压力下运行，因此在组织运行的宏观层面上，公司似乎都接受了相似或一致的管理思想。

模仿过程将人类行为的社会化结构与认知相联系，对于社会行为而言，模仿通常是一种有效的战略。模仿过程模型构成了进一步解释管理会计的全球同质化趋势的基础。全球化的咨询业有力支持了模仿过程和管理会计同质化趋势。

---

① Granlund, M. & K. Lukka . 1998. It's a Small World of Management Accounting Practice. Journal of Management Accounting Research, 10: 154－171.

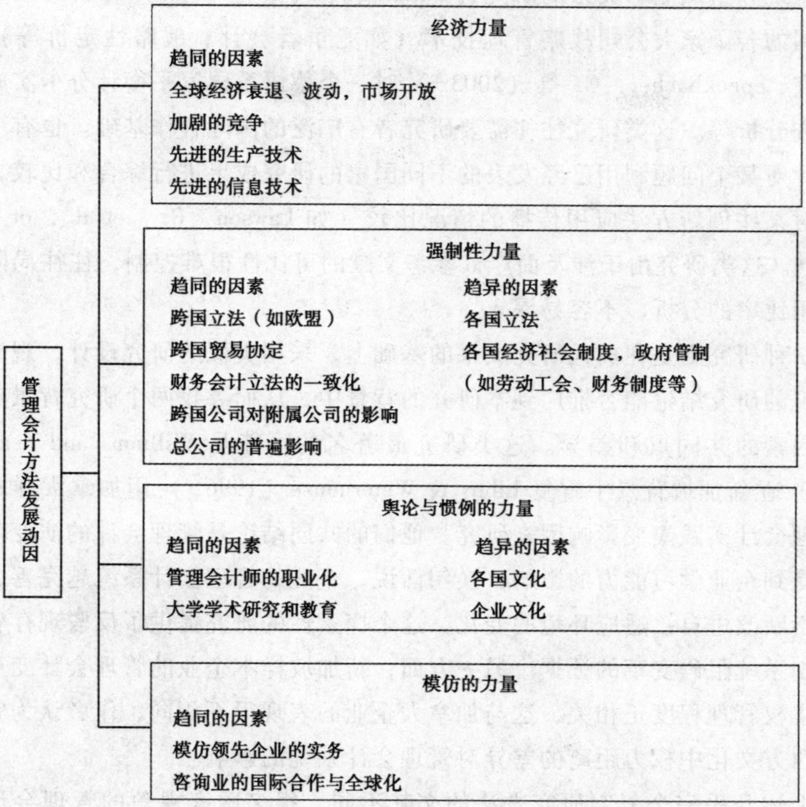

图 6－1 影响管理会计发展趋同或趋异的动因分析

在分析趋同力量超过发散力量的基础上，Granlund 和 Lukka（1998）得到的结论是：我们处于一个管理会计实践的小世界中。

还有更多的学者从世界各国的创新实践比较研究中观察到这种创新传播和趋同性。

（二）各国管理会计实践的比较研究

各国管理会计创新实践的比较研究主要有两种类型。

第一种是同一组研究者共同或分别在不同国家或地区进行同一主题的调查研究，从而作出比较，如 Ittner & Larcker（1997①）借助一家国际管理咨询公司有关战略控制系统的运用及其业绩效果的调查数据（调查涉及加拿大、德国、日本和美国的汽车与计算机工业，共有 249 家企业）进行质量战略、战

① Ittner, C. D. & Larcke, D. F. 1997. Quality Strategy, Strategic Control Systems and Organizational Performance Accounting, Organizations and Society, Vol. 22, No. 3/4 : 293－314.

略控制系统和组织业绩关系的研究，Guilding，C. 等（2000[①]）对新西兰、英国和美国的若干家大公司战略管理技术（如竞争者会计、战略性定价等）的应用研究，Speckbacher，G. 等（2003[②]）对三个德语系国家平衡计分卡实施情况的调查分析等。这类研究往往需要研究者有广泛的国际合作基础。也有一些研究者针对某个问题利用已经发表的不同国家的研究成果进行综合和比较，特别是针对某些创新方法应用传播的情况比较（如 Lawson，R.，et al.，et al.，2006[③]）[④]。这类研究由于涉及面广，参考文献的可比性很难控制，往往局限于某些应用比率的分析，不容易深入。

第二种研究则是在前人研究成果的基础上，采用类似的研究设计，观察在别国发现的研究结论能否推广到本研究的背景中，从而寻找两个研究背景对结论影响因素的共同点和差异。这类研究最著名的可能是 Williams and Seaman（2001[⑤]）在新加坡背景中重复 Libby & Waterhouse（1996[⑥]）用加拿大样本所作的管理会计实践演变影响因素研究。他们的共同结论是管理会计的演变范围和速度受到企业学习能力的影响，换句话说，企业的管理会计系统越完善，它就越能不断改进自己适应环境的变化，这个探索性的研究提供了反驳现存管理会计控制系统阻碍变革的证据。另一方面，新加坡样本企业的管理会计变革与企业的集权管理程度正相关，这与加拿大企业的表现很不相同，作者认为它体现了东西方文化中权力距离的差异对管理会计系统的影响。

与上述几乎完全复制研究方法的文献不同，很多国家视角的管理会计实践研究没有明确提出一个参照物，它们通过文献回顾展示了世界上主流的或比较有影响的观点，然后展开对自己关注的国家地区管理会计实践的实证研究。如 Anderson & Lanen（1999[⑦]）关于印度经济和政治的巨变与公司管理会

---

① Guilding，C.，K. S. Cravens & M. Tayles. 2000. An international comparison of strategic management accounting practices. Management Accounting Research，Vol. 11（1）：113 – 135.

② Speckbacher，G.，Bischof，J. and Pfeiffer，T. 2003. A Descriptive Analysis on the Implementation of Balanced Scorecards in German – speaking Countries. *Management Accounting Research*. Vol. 14：361 – 389.

③ Lawson，R.，Stratton，W.，and Hatch，T. 2006. Scorecarding Goes Global. Strategic Finance，87（9）：35 – 41.

④ 日本学者西村明也曾借助南京大学课题组对中国管理会计现状调查的资料进行过亚洲各国的比较研究。

⑤ Williams，J. J.，and A. E. Seaman. 2001. Predicting change in management accounting systems：national culture and industry effects. Accounting，Organizations and Society，26：443 – 460.

⑥ Libby，T.，& J. H. Waterhouse. 1996. Predicting change in management accounting systems. Journal of Management Accounting Research，Vol. 8：137 – 150.

⑦ Anderson，S. W.，& W. N. Lanen. 1999. Economic transition，strategy and the evolution of management accounting practices：the case of India. Accounting，Organizations and Society，24：379 – 412.

计实践变化关系的研究，O' Connor，N. G. 等（2004①）关于《经济转型中中国国有企业对"西方"管理会计/控制的运用》的文章，以及 Teemu Malmi（1999②）和 Liu & Pan（2007③）关于作业成本法在芬兰和中国传播的研究等。这类文章的经验证据提供了进一步比较研究的基础，他们本身的结论也往往隐含着跨国比较的色彩，多数结果显示了管理会计实践总体趋势存在广泛一致性。

四、创新传播的微观研究——几种不同的视角

这种实践趋同的宏观观察有助于创新认同和进一步传播，具有一定的意义。也就是说，如果某个国家的企业中有一定的比例（例如超过 10%）采纳了某种创新技术，我们就可以认为，这种技术在这个国家得到了相当广泛的传播，或者说这个国家具有与世界同步的创新趋向。这种印象与某个报告采纳率 50% 的国家较为一致。

但是，我们在承认管理会计实践在全球具有同质化趋势时，并不能在任何一个国家观察到任何一种管理会计的技术方法能够应用于一切组织（即使在计划经济时期的中国，政府用评级等行政手段推广某些"先进"管理技术，也无法达到 100% 的推广率）。因此，管理会计实践研究能关注不同组织采纳或不采纳各种管理工具或理念的现象和原因，寻求对管理会计微观层面实践演变的深层解释。

在解释管理会计实践发展（或创新传播）的微观层面研究中有几种视角与观点值得关注。

（一）权变研究与创新有益观

创新传播的主流观点具有赞成创新的倾向，他们明确或者隐晦地认为，创新代表进步的方向，会改善创新采纳者的经济效益，或带来其他有益于采纳者的改变。因此，研究者需要发现在怎样的环境条件下创新会得到采纳和传播，创新在怎样的背景和过程中取得成功，显然，权变理论为研究提供了基础性的

---

① O' Connor，N. G.，C. W. Chow，and A. Wu，2004，The adoption of "Western" management accounting/ controls in China 's state - owned enterprises during economic transition，Accounting，Organizations and Society 29（2）：349 - 375.

② Malmi，T. 1999. Activity - based costing diffusion across organizations：an exploratory empirical analysis of Finnish firms. Accounting，Organizations and Society，24：649 - 672.

③ Liu，L. Y. J.，& Pan F. 2007. The implementation of activity - based costing in China：an innovation action research approach. The British Accounting Review，39：249 - 264.

支撑[①]。

研究创新传播的权变研究关注的影响因素包括生产和信息技术、竞争、组织结构、组织的程序、组织间的关系、战略、教育、行政和社会控制、法律、规制、金融市场、国家和组织的文化等众多方面（chow et al.，1999[②]）。从20世纪70年代的适时制（JIT）、全面质量管理（TQM）、生命周期成本（LCC）、目标成本（TC），到80年代的作业成本法（ABC）、平衡计分卡（BSC）、经济增加值（EVA），在对各种创新工具推广应用的经验研究中，都可以看到大量基于权变理论的成果。从某个公司的实地案例研究，到某些行业或地区的问卷调查甚至档案研究的成果，都可以看到权变理论的影响。众多学者关注管理会计创新的影响因素和适用环境（如 Shields，M. 1995[③]；Covaleski，M. A. et al.，1996[④]；Ittner & Larcher，2002[⑤]；Hoque & James，2000[⑥]；Said，A. A. et al.，2003[⑦] 等），探讨哪些因素能够引导企业获得更大的成功（Anderson、S. W. & S. M. Young，1999[⑧]；Mcgowan、A. S.，& T. P. Klammer，1997[⑨]；Foster、G.，& D. W. Swenson. 1997[⑩] 等），并发现当组织特征与理论预期相匹配时能够获得最好的效果（Ittner et al.，2002[⑪] 等）。

---

① 埃里克·埃博拉汉姆森（Abrahamson，E.，1991）曾介绍罗杰（1961）对4000多篇创新传播文献的回顾，指出创新研究集中在三个问题上：第一，什么过程和背景因素影响创新传播率；第二，早期和较晚的采纳者有哪些特征差异；第三，采纳者的网络结构如何影响采纳者在传播过程中出现的次序。

② Chow，C. W.，M. D. Shields，and A. Wu. 1999. The importance of national culture in the design of and preference for management controls for multi－national operations. Accounting，organizations and society，24（5－6）：441－461.

③ Shields，M. 1995. An empirical analysis of firms' implementation experiences with activity－based costing. Journal of Management Accounting Research，7：148－166.

④ Covaleski，M. A.，Dirsmith，M. W. & Samuel，S. 1996. Managerial accounting research：The contributions of organizational and sociological theories. Journal of Management Accounting Research，Vol. 8：1－35.

⑤ Ittner，C. D. & D. F. Larcher. 2002. Determinants of Performance Measure choices in worker incentive plan. Journal of Labor Economics，Vol. 20，No. 2：58－90.

⑥ Hoque，Z. and W. James. 2000. Linking Balanced Scorecard measures to size and market factors：impact on organizational performance. Journal of Management Accounting Research：1－17.

⑦ Said，A. A.，H. R. Hassab Elnaby.，B. Wier. 2003. An Empirical Investigation of the Performance Consequences of Nonfinancial Measures. Journal of Management Accounting Research，vol. 15：193－223.

⑧ Anderson，S. W. & S. M. Young. 1999. The impact of contextual and process factors on the evaluation of activity－based costing systems. Accounting，Organizations and Society，24（2）：525－559.

⑨ Mcgowan，A. S.，& T. P. Klammer. 1997. Satisfaction with activity－based cost management implementation. Journal of management accounting research，vol. 9：217－237.

⑩ Foster，G.，and D. W. Swenson. 1997. Measuring the success of activity－based cost management and its determinants. Journal of Management Accounting Research，vol. 9：109－141.

⑪ Ittner，C. D.，W. N. Lanen and D. F. Larcker. 2002. The association between ABC and manufacturing performance. Journal of Accounting Research：711－726.

不过，理论上预期的各种影响因素的作用并不总能在实践中完全发现，通常数据只能部分地支持假设，再加上考虑的影响因素总不完备，不同研究者对不同概念的定义和计量也总存在差异，使得权变研究的结果往往缺少可比性与可积累性，因此权变研究一直在受到批评（Gerdin，Jonas & Jan Greve，2004[①]）。

（二）社会因素研究和创新传播质疑

当各种创新思想和工具在全球广泛传播的时候，有一些学者提出了尖锐的批评，他们使用“时尚（fad）”和“流行（fashion）”去描述如“战略计划单元”、“矩阵结构”、“质量循环”、“分权化”、“风险投资”之类的管理技术传播，他们认为时尚和流行对组织有两类伤害：一方面，时尚和流行可能扩散技术上无效的管理技术，实现象征性职能（形象工程，signaling innovativeness）；另一方面，时尚和流行可能鼓励抛弃那些技术有效的传统管理技术，因而损害组织的经济业绩（Abrahamson，E，1991[②]）。

埃博拉汉姆森（1991）指出，主流的创新有益观存在两个基本假定：（1）集团中的组织能够自由和独立地选择采纳某种管理技术；（2）组织相对确定它们的目标和估计将实现该目标的技术有效性程度。因此组织选择能够是理性的，此即效能选择观。但是现实中存在着相反的情况，即反假定存在，因而在不同的情况下可能存在接受或拒绝创新行为的其他解释（见表6－1）。

表6－1　　接受或拒绝创新的四种解释

		聚焦模仿的角度	
		模仿过程不推动传播或抛弃	模仿过程推动传播或抛弃
外部影响角度	集团内组织决定集团内的传播或抛弃	效能选择观	时尚观
	集团外组织决定集团内的传播或抛弃	被动选择观	流行观

第一个反假定是存在集团外的组织（例如规则制定者或者咨询公司）影响集团内组织作出的决定，那么，可能是集团外的组织的兴趣在推动，对集团内的组织而言是技术上无效的管理技术的传播，同时也可能是集团外组织的兴趣在促进抛弃某项有效的管理技术；第二个反假定是组织目标不明确，管理技

① Gerdin，J. and J. Greve. 2004. Forms of contingency fit in management accounting research—a critical review. Accounting，Organizations and Society，29：303－326.

② Abrahamson，E. 1991. Managerial Fads and Fashions：The Diffusion and Rejection of Innovations. The Academy of Management Review，16（3）：586－612.

术的有效性高度不确定，这样的组织不能理性选择，而是在不确定的条件下，组织模仿其他组织。

Abrahamson，E.（1991）从社会影响角度将组织接受或拒绝某项创新的可能原因概括为四种：效能选择观（efficient - choice）、被动选择观（forced - selection）、时尚观（fad）和流行观（fashion）。其中，效能选择观和被动选择观都是在某项创新的有效性确定条件下发生的创新采纳行为，不同之处是效能选择观认为创新采纳行为是企业自主、理性选择的结果，而被动选择观认为它是外部组织影响的结果；相反，时尚观和流行观都认为创新采纳是在某项创新的有效性高度不确定条件下所发生的模仿行为，两者的不同之处在于企业是否拥有采纳的自主决策权，其中时尚观强调创新采纳是企业自主决策的结果，而流行观认为创新采纳是受外部组织影响的结果。显然，后三种观点都与创新有益观不同。

Abrahamson，E.（1991）对创新传播动因的分类影响了管理会计实践研究，Teemu Malmi（1999①）在其分析模型基础上，以作业成本法在芬兰公司中的传播作为研究对象，对创新动因进行了探索性经验研究。

（三）实践发展的需求与供给观

Joan L. Luft（1997②）曾批评卡普兰对管理会计发展的解释过于强调需求。她认为，为了对管理会计实践作出更充分的说明，有更多的问题需要考虑，有更多的解释因素需要检验。罗福特借用历史研究方法论强调，解释管理会计发展需要构建动力理论，不仅从需求的角度，也要从供给的角度去研究。供给问题包括是否能得到实践需要的成本与效益相匹配的信息供给，创新的实践（技术和工具）本身是否存在；管理者能否得到创新的思想供给等；此外，从需求角度解释历史发展，也应该扩展视角，不仅可以从经济有效性的角度，也可以从非经济因素的角度作出解释。

Teemu Malmi（1999）将“创新为什么以及如何在组织间传播”的研究文献，分为三个子类：第一类关注创新在潜在的采纳组织总体中扩散的模式是怎样的（简称“创新扩散研究，diffusion of innovation research”）③；第二类关注什么是组织改革者的决定因素（简称“组织创新者研究，organization innovativeness

① Malmi，T. 1999. Activity - based costing diffusion across organizations：an exploratory empirical analysis of Finnish firms. Accounting，Organizations and Society，24：649 - 672.

② Luft，Joan L. 1997. Long - term change in management accounting：perspectives from historical research. Journal of Management Accounting Research ，vol. 9：163 - 197.

③ 墨尔米概括这种研究的特征为集中于整体层面的创新，试图用描述创新随时间进程而扩散的经验数据去拟合扩散过程的数学模型，扩散率随时间的变化通常遵循用 logistic 曲线方程表述的 S 形模式，经济学、社会学理论对此有各自的解释。它已经超出了本文的讨论范围。

research”），他认为这类研究大多采用差异研究的方法，去解释组织决定采纳创新的原因；第三类关注组织实施创新的过程是怎样的（简称“过程理论研究，process theory research”），他认为这部分研究比前两类更多关注创新的供应情况。在芬兰 ABC 传播研究中引进了供应方面的观察，作为模仿行为出现的条件。

总体上看来，为了对管理会计实践作出更有说服力的解释，近年来主流的学者们延续着基于经济学理论的研究传统，但同时社会学和心理学等学科的理论和方法也在管理会计实践研究中发挥越来越大的作用（Covaleski，M. A.，et al.，1996；Covaleski，M. A.，et al.，2003[①]）。

五、若干思考

（一）对宏观层面管理会计实践研究的思考

在经济全球化的浪潮中，经营活动和资金流动的跨越国界，使得更多的人需要了解自己以往并不熟悉的国家的状况，因此催生了各领域的跨国比较研究。而在美国出版的学术刊物上明确标示国家视角的经验研究，多是美国以外国家的研究成果。我们认为，这些国家视角的研究出现，一方面是因为存在读者对这些国家状况的兴趣；另一方面也可能表明作者希望展示这些国家实践与国际潮流的趋同性。这其实也说明了这些国家的实践研究相对比较稀缺。如果实践研究相对丰富，则研究必然会逐渐深化，不会满足于将所能搜集到的样本堆积在一起作为这个国家的代表。

例如我们现在所做的工作，主题是我国企业管理会计创新实践的调查，显然就因为涉及的内容过于广泛，限制了它的深度。并且由于样本有限，能否代表当前的实践状况，其实是难免被质疑的。这只不过因为目前做这样研究的学者还比较少，所以不得已而为之，如果有很多人不断在进行这样的调查研究，那么显然就可以深入进去。

我们认为，在确认管理会计发展总体趋势一致的同时，其实更值得探讨的是差异。尤其是我国，幅员如此辽阔，发展如此不均衡，只限于在空中俯瞰得到一个总体的模糊印象，显然不能满足那些希望了解中国状况的读者需要（可以预见这类读者的需求在增加之中），更是我们这些以研究中国问题为己任的国内学者所不能满足的。所以我们固然需要宏观视角的管理会计实践研究，更需要微观视角的研究，去深入地发现组织行为的差异和引起这些差异的动因和后果。

---

① Covaleski，M. A.，J. H. Evans III，J. L. Luft & M. D. Shields. 2003. Budgeting Research：Three Theoretical Perspectives and Criteria for Selective integration. Journal of Management Accounting Research，vol. 15：3–49.

（二）关于管理会计实践发展动因的不同视角

根据“中庸”的哲学理念，我们认为，解释管理会计实践演变规律的多种观点是可以结合起来，为我所用的（见图6－1）。

1. 权变研究与社会学研究的相容性

尽管创新传播的社会影响研究是从质疑创新有益观开始的，但我们认为，它们之间并非完全排斥、互不相容。

首先从传播动因上看，在Abrahamson，E.（1991）提出的四种创新传播观中，效能选择观与创新有益观的思想相同，都是指企业能够根据自己的内外环境特征，理性地选择最有效的管理方法，这也是权变研究的立场。因此，如果我们观察到接受创新的企业特征符合理性选择的条件，就可以推测企业行为符合效能选择观；如果不符，则可以推测企业选择创新的行为可能受到其他社会因素的影响。

另外，从传播效果上看，虽然很多人对于受流行或时尚推动而接受创新的行为持否定态度，认为它会损害企业的经济业绩，但是Abrahamson，E.（1991）认为也可能对企业有利。例如，若某项创新能让企业看起来更具创造力，则可能使企业更具吸引力，更容易吸引客户和筹集资金；也可能引导管理者将精力集中到那些被长期忽视的问题和解决方案上，从而有利于企业的长远发展。可见，无论是从动因还是效果角度看，上述两种理论都有相容的可能。

2. 社会影响解释与需求供给解释的相容性

在Abrahamson，E.（1991）提出的社会影响分析框架中，四种解释受到两个角度的不同力量的影响：“决定因素”角度有自主决定和外部决定的不同，“模仿”角度有是否模仿推动的不同。

我们认为效能选择观与需求推动的解释是相当一致的，而被动选择观比较复杂，不过由于我们考虑中国企业可能受到的外力主要来自上级公司，大致可以认为上级公司的（非模仿）采纳决定也是需求推动的。

模仿行为的心理判断是非常困难的，Malmi（1999）识别模仿行为的主要依据是创新的资源供应，加上采纳时间来判断有无可能进行模仿。我们也接受这种思路。因为在信息时代，各种创新思想和方法非常容易通过学术界和咨询界得到广泛传播，也就是说创新思想的供应在采纳者和非采纳者之间并无差异。如果某些组织比其他组织拥有更多的人、财、物资源，那么他们可能因为有足够的资源可以尝试模仿，从而有更多的创新采纳的行为。这种供给推动的分析可能来源于模仿（时尚或流行）观对采纳行为的解释。

目前，我国管理会计的实证研究还不多，有限的研究也往往借助经济学和权变理论的视角观察，较少从社会学、心理学角度思考，本课题在不少方面也表现出这样的局限。今后，我们可能需要尝试借助更多学科的理论与方法，去思考观察到的管理会计现象，并运用更为科学有力的方法，去解释我国不同企业的行为，以及我国企业与其他国家的差异。

（三）对我国管理会计实践研究的思考

在我国会计学术界，财务与会计的研究领域并没有严格区分，更不用说财务会计和管理会计。我国的会计学者人数众多，其中很多人教过管理会计课程，写过管理会计的教材，可以称作管理会计学者。20 世纪末，管理会计的文章也曾在各种会计刊物上风光一时。不过近两年，实证会计研究盛行，人们都去讨论资本市场与会计的关系了，管理会计领域忽然冷清下来，据说达到管理会计文章无处可发的境地，连博士生都不愿意选择管理会计的问题。

这个现象是不是只能在学术刊物的编辑身上找原因呢？还是我们讨论管理会计的思路和方法也面临转变？从一些有关中外管理会计研究比较与评论的文献看，我们在研究主题和内容方面与国外同行的研究热点并不存在很大的差异，但是在研究所依据的理论以及研究方法方面还有不可忽略的距离（葛燕等，2002①；沈洪波等，2007②；张朝宓、熊焰韧，2006③）。如果我国管理会计学者只能承担国外创新工具的宣传者、我国政府政策的解说者和企业经验的记录者，那么恐怕我们的前景确实堪忧。

在对“中国现象”出现世界性关注的历史机遇面前，我国学者必须扩展研究视野，改进研究方法，努力融入国际同行的学术圈，从而展示我们的学术见解和智慧，并对世界会计学科以及管理会计的发展，作出我们应有的贡献。

第三节　北美管理会计实践综述

本节主要以美国管理会计师协会主办的《战略财务》期刊为“窗口”，通

---

① 葛燕、姜继威、张朝宓：“管理会计研究十年回顾”，《财会通讯》2002 年第 7 期。

② 沈洪波、潘飞等：“中国与西方管理会计研究方法的比较与思考”，《中国会计与财务研究》2007 年第 1 期。

③ 张朝宓、熊焰韧：《当代管理会计研究》，北京大学出版社 2006 年版。

过回顾2002年至2006年的管理会计相关文献，试图对北美管理会计实践现状——主要是平衡计分卡、作业成本法、弹性边际成本法以及资源消耗会计的运用和发展现状做一描摹，冀望对国内学者和实务界了解北美管理会计实践近年来的进展有所帮助。

一、引言

近年来，国内研究管理会计的文章大都是在原引进基础上的探讨（杨继良、尹佳音，2005），或者是关于管理会计新技术对于企业取得和保持竞争优势的重要作用方面进行论述（潘飞、文东华，2006），或者是对一些管理会计案例研究（如王平心、靳庆鲁、柯大纲，2000；范松林、李文娟，2004；张蕊、饶斌、吴炜，2006）。但是，海外管理会计实践的现状，尤其是管理会计创新工具，作业成本法和平衡计分卡的发源地——北美地区近年来的管理会计实践的现状，国内鲜有涉及。我们搜索了维普中文科技期刊全文数据库2000年至2006年的国内文献（核心期刊），发现有关管理会计方面共计637篇文章、平衡计分卡224篇、作业成本法255篇①。根据所掌握的资料，只发现朱云、陈工孟（2000）汇报了香港地区应用作业成本法的调查及分析，以及杨继良（2005）对从1998—2004年底国外作业成本法推行情况进行了调查综述。杨继良将ABC的发展轨迹分为从兴起（1988—1994年）到高潮（1995—1999年）再到冷静（2000—2004年）三个阶段。但是我们注意到，该文在ABC的“冷静”阶段中有关北美的实践现状涉及较少，而且没有提及最近两年的状况。此外，在搜集国内文献的过程中发现，从2000年到2006年在较高质量的学术期刊上②发表的以作业成本法为主题的文章要显著多于以平衡计分卡为主题的文章，而且没有发现有关介绍平衡计分卡在国外尤其是北美地区实践状况的文章，因此，平衡计分卡在我国似乎还没有得到足够的重视，平衡计分卡在北美的使用情况知之不详。

我们认为，当我国的学术界从北美引进先进的管理会计工具，并且我国的实务界亦开始尝试这些工具之时，我们有必要了解他们在这些方面的发展历程和实践现状，他们的经验和教训可以用来启发和警醒我们。因此，引发了我们对于考察北美管理会计实践现状的兴趣。

---

① 搜索时间是2006年12月23日，搜索方法是：“题名或关键词”分别等于“管理会计”、“平衡计分卡”、“作业成本法”。

② 暂且以是否是CSSCI收入期刊为标准（当然，这样不是很严谨）。

为此，我们尽可能地对近年来的外国文献，主要是美国管理会计师协会（Institute of Management Accountants，IMA）主办的月刊《战略财务》（Strategic Finance）2002 年 1 月到 2006 年 10 月共 58 期①，做了一番考察。之所以选择《战略财务》，基于下述理由：（1）它侧重于反映北美的管理会计现状，而我国管理会计的理论研究和实践深受北美同行的影响，因此这一地区的现状，不仅为我们所关注，也必然会引起国内同行的兴趣；（2）它是一本面向管理会计实务工作者的期刊，可以较大程度地反映实践现状和关注热点；（3）它是由美国管理会计师协会（IMA）主办，具有一定的专业性和权威性。另外，之所以选择 2002 年至 2006 年区间是因为它大致可以反映近几年来北美管理会计实践的现状。由于管理会计在 20 世纪末曾经历一波高潮，而新世纪伊始，会计学术界和实务界的注意力被若干财务丑闻纠缠，管理会计似被冷落，因而近几年的实践情况如何鲜为人知。因此，我们认为对这一阶段《战略财务》文献的检索有助于了解比较真实的北美管理会计实践，并尝试对管理会计发展的历史趋势作出较为准确的判断。

在梳理文献的过程中，发现了一些有价值的线索：平衡计分卡由最初提出来的业绩评价工具发展成为战略管理工具，在实践中取得了一定的成绩；作业成本法处于高潮过后的冷静阶段，虽然并未取代传统的成本管理方法，但是一些坚持使用的组织仍然取得了成绩；北美管理会计界目前的一个新动向是关于德国弹性边际成本会计（GPK）和资源消耗会计（RCA）的引介，以及它们在北美实务界中的尝试。

我们将在下面着力汇报这些内容，以冀望国内学者和实务工作者可借此了解北美管理会计实践近年来的进展概况，从而对我国管理会计的研究和实践亦有所裨益。

二、平衡计分卡

（一）平衡计分卡的发展大致可以划分为三个阶段（Bible，L.，Kerr，S.，and Zanini，M.，2006）

初始阶段——以 Kaplan 和 Norton 在 1992 年《哈佛商业评论》发表他们的研究结果——《平衡计分卡：驱动业绩的衡量指标》（The Balanced Scorecard：Measures that Drive Performance）为标志，这篇文章引起了巨大的轰动，新一代的业绩评价工具由此诞生。

---

① 截至我们写本书时，在 ProQust 文献库中只能搜索到《战略财务》2006 年 10 月。

发展阶段——随着经验的积累，Kaplan 和 Norton 将平衡计分卡的理念进行了修正和提升，伴随着他们接下来在《哈佛商业评论》上的 3 篇文章以及他们 1996 年的第一本书《平衡计分卡：将战略转化为行动》（The Balanced Scorecard：Translating Strategy into Action）的问世，平衡计分卡从一个单独的业绩评价工具发展成为一个战略绩效管理系统。

而现今是第三阶段——在 2001 年出版的第二本书《聚焦战略的组织》（The Strategy－Focused Organization）中，Kaplan 和 Norton 讨论了平衡计分卡发展进程的最终阶段——成为一个包含一切的战略管理和控制系统。

为了考察近年来平衡计分卡在北美实务中实施的效果，我们注意到先后有两次关于计分卡系统的较大规模的网上在线调查报告（Lawson，R.，Stratton，W.，and Hatch，T.，2003，2006）。

第一篇文章名为《计分卡系统的好处》，副标题为"一项新的北美研究解释了平衡计分卡使用者如何获得好处"。2003 年的在线调查是由 AICPA、CAM－I、CMA Canada、IQPC、Targus Corporation 和 Hyperion 共同发起，针对北美地区，有超过 150 家的服务企业、制造企业和政府组织做了回复。大约三分之二的回复者同意"通过使用计分卡系统组织已经实现了显著的好处"这种表述。在分析过程中，回复者被分为两组：第一组是那些报告说通过计分卡系统已实现了显著好处的组织，第二组是报告说没有实现显著好处的组织。表6－2 是我们根据报告相关内容所做的整理。

表 6－2　　计分卡系统的好处

内容	比　较
促使实施计分卡系统的因素（impetus for scorecard）	将员工的行为和组织目标协调起来以及将战略传达到整个组织是实施计分卡系统的重要目的。第一组将这些列于最优先的原因，而第二组只有 39% 认为这是他们实施计分卡系统的原因。 一个相关发现是第一组的员工接受计分卡系统并将它作为一个有效的管理控制工具来使用，而在第二组中只有很少人接受这一点并使用它。通常，使用这些好处是柔软的，但是在此次调查中的组织报告说它们实现的好处包括在 3 年内管理费用减少了 25% 和在员工满意度上显著提高以及迄今为止最高的销售额和利润
与薪酬的联系（compensation links）	研究表明第一组比第二组在计分卡系统的指标与薪酬奖励系统之间的联系更强

续表

内容	比　较
与战略的联系（strategic ties）	计分卡系统与战略的联系可以是正式的，也可以是非正式的。一个强有力的正式的联系可能是将战略倡议（strategic initiatives）的责任分配给人员（团队、部门等）并且将这些倡议的衡量指标置于计分卡系统之中。 第一组 100% 报告了计分卡系统与战略有一些正式联系，形成鲜明对比的是，第二组有 43% 报告计分卡系统与战略一点联系也没有
普遍的计划（pervasive plans）	除了公司层面，计分卡系统还可以在许多关键职能和业务领域使用，包括经理个人、团队、分部、客户、职能领域、产品或服务职能。 调查结果显示几乎所有的组织都在公司层面实施了计分卡系统，但在其他领域，第一组使用计分卡系统要两倍于第二组。两者实施的方法通常都是先在公司层面实施，然后再推广到其他领域

第二篇文章名为《计分卡走向全球》，这次在线调查是由美国管理会计协会（IMA）以及全球其他专业和咨询组织①共同发起，与前一次不同的是，这是一项全球性的调查。为了与先前的北美调查结果可比，我们只就与北美有关的调查结果进行报告。北美总共收到 135 份回复，其中 74 份回复报告使用计分卡系统（使用率 55%）。这与先前 46% 的回复者使用计分卡系统的调查结果相比，意味着北美地区在使用计分卡系统方面有了一个显著的上升。

（二）计分卡的价值

计分卡是为管理层制定战略和经营控制决策提供信息的众多成本管理工具和技术之一。与其他工具比如战略计划、预算、目标成本会计、经济利润相比，计分卡系统的价值如何？通过给予被调查者一个列有 21 种成本管理工具的清单，作为达到愿景的驱动因素，让他们给每一个工具赋值，调查发现北美

① 包括美国注册会计师协会（AICPA）、荷兰平衡计分卡协会（Balanced Scorecard Netherlands）、CAM－I、加拿大管理会计协会（Society of Management Accountants of Canada，CMA Canada）、管理会计特许协会（Chartered Institute of Management Accountants，CIMA）、CompetitiveScotland. com、德国德勤（Deloitte Germany）、Hyperion Solutions、Van der Leer，以及 Yacsa. com。

的成本管理工具排在前四名的如下：绩效评价、战略计划、计分卡系统、预算。计分卡系统排名第三，可见实务界对其还是广泛认可的。

（三）计分卡系统的好处

表 6 – 3　对“计分卡系统已经给组织带来了显著的好处”表述的同意程度

同意程度	2003 北美调查	2006 北美调查
强烈同意/同意	40%	42%
有点同意	27%	21%
不同意也不反对	n/a*	27%
有点反对/反对/强烈反对	33%	10%

* 注：2006 年调查的问题回答从“强烈同意”到“强烈不同意”共设有 7 个级别，而 2003 年的调查只设有 5 个级别，其中没有包含“不同意也不反对”这一项。

由表 6 – 3 可知，2006 年调查中使用计分卡系统的回复者大约有三分之二同意（至少在某种程度上同意）它给组织带来了显著的好处。这个发现与先前的调查结果非常相似，但是有更多的回复者强烈同意这种表述。在北美的公司中，可以看到报告获得显著好处的百分比有轻微的下降。一个可能的原因是，有更多公司对于计分卡系统还是新手上路，还没有时间来实现这种好处（2006 年调查的北美公司中，有 37% 才使用计分卡系统一年或者还不到一年；而在 2003 年的调查中，这个比例是 22%）。数据显示，在组织使用计分卡系统的时间长度与它从计分卡系统中实现好处之间存在显著的正向关系。

1. 为什么实施计分卡系统

在大多数文献中，计分卡系统的好处被描述为可以将其作为聚焦于关键管理过程和系统与组织战略相协调的一个战略工具。但是，此次调查的结果显示，计分卡系统同时用于策略和战略目标。在北美，实施计分卡系统最常见的五个原因依次是：“使员工行为与战略目标协调”、“需要将战略清晰简洁地沟通给员工”（这两个可看作是战略性目标）、“需要朝着实现组织目标追踪过程”、“使得能够衡量人员、项目和战略”、“需要在组织内不同层级衡量业绩”（这三个可看作是策略性目标）。根据北美研究的报告，没有将平衡计分卡与战略有效结合的组织鲜有从中获益的。

2. 好处的类型

组织可以从计分卡系统的实施中获得许多好处，更多时候，这些好处是

“柔软的”（soft），但是有时候它们也是可以计量的。这些好处包括：（1）组织协调的提高；（2）收入增加；（3）成本减少；（4）沟通加强；（5）衡量业绩的能力；（6）将业绩与薪酬联系的能力；（7）理解指标和战略之间的因果联系；（8）协调员工行为与战略的能力；（9）利用更好的数据来更快作出战略决策的能力。

调查显示，回复者报告好处是“衡量业绩的能力”的最多（46%），接下来是“沟通加强”（45%）和“组织协调的提高”（42%）。那些强烈同意从计分卡系统实现了显著的好处的公司最多报告“组织协调的提高”（95%），“沟通加强”（86%）和“衡量业绩的能力”（81%）作为获得的好处①。

由这两次调查可以看到，计分卡系统自开发以来，目前已在北美地区得到了广泛的运用，虽然结果各异，有成有败，但肯定的评价还是占了上风。这与我们所接触到的近年来的文献大致是相符的。

表6－4是近年来《战略财务》中一些平衡计分卡成功个案的介绍。

表6－4　　　　平衡计分卡成功个案

文献	公司	内容
Brewer，P.（2002）	Dell	Dell计算机公司运用价值动态框架（Value Dynamics Framework，VDF）将其使命分解到驱动战略目标实现的资产层面，从而支持平衡计分卡衡量指标的选择过程。价值动态框架是平衡计分卡的关键，因为它有助于将总括性的战略转化成聚焦战略的、以资产为基础的衡量指标
Gumbus，A.，Lyons，B.，and Bellhouse，D.（2002）	Philips Medical Systems North American（PMSNA）	PMSNA利用平衡计分卡来协调公司愿景，让员工聚焦于自身如何嵌入公司的愿景之中，并教育他们如何驱动业绩
Green，M.，Garrity，J.，Gumbus，A.，and Lyons，B.（2002）	Pitney Bowes Inc.	Pitney Bowes Inc. 利用平衡计分卡帮助公司来改善其核心业务过程

① 这个是全球总体调查的结果，北美地区的结果没有单独报告。

续表

文献	公司	内容
Garg, A., Ghosh D., Hudick, J., and Nowacki, C. (2003)	Futura Industries	Futura Industries 非常注重平衡计分卡的学习、革新和成长维度，这使得它在财务、客户服务和内部经营方面取得成功
Lyons, B., and Gumbus, A. (2004)	Unilever Home and Personal Care – North America (HPC – NA)	Unilever (HPC – NA) 的平衡计分卡为组织的各个层级提供了一种共同语言，而且也给出一个统一的方法来管理公司长期的日常经营……这使得经理能够简洁直接地衡量实现公司战略的进程，使员工与组织的目标保持一致，将日常活动与组织期待的成果相联系
Paladino, R. (2005)	Crown Castle USA Great Lakes Area (CCUSA)	CCUSA 利用平衡计分卡的变革来克服管理、愿景和资源障碍从而获得显著成功①

此外，Kaplan，R. 和 Norton，D.（2005）介绍了一些组织②通过将平衡计分卡的领导和团队提升到战略管理办公室（Office of Strategy Management），让他们执行或协调战略过程的成功经验。Pforsich，H.（2005）也报告了一系列成功的案例③，并指出这些组织在实施 Kaplan 和 Norton 的战略聚焦组织（strategy – focused organization）以下五个原则方面做得很出色：（1）将战略翻译成经营术语；（2）协调组织与战略协调；（3）使战略成为每个人的工作；（4）使战略成为一个持续的过程；（5）通过经理领导动员变革。

但是，我们注意到，对于平衡计分卡并非一片赞词，也有一些负面评价。

Williams，K.（2004）报告称，根据一家商业顾问公司 Hackett Group 和专

① CCUSA 是全球领先的无限共享基础设施的业主和运营商——Crown Castle International（CCI）在美国的经营机构，由于 CCI 在平衡计分卡方面出色的实施和结果，它是唯一一家同时获得平衡计分卡名人奖（Balanced Scorecard Collaborative Hall of Fame Award）和 APQC 最佳实践伙伴奖（APQC's Best Practice Partner Award）的获得者。

② 如 Chrysler，the U. S. Army，Crown Castle，Canadian Blood Services 和 St. Mary's Duluth Clinics。

③ 它们分别是 AT&T Canada，Chemical Bank（现为 J. P. Morgan Chase），CIGNA Property & Casualty，the City of Charlotte，Duke Duke Children's Hospital，Hilton Hotels，Mobile North American Marketing & Refining Division，和 United Parcel Services。

业从事标杆和最佳实践的公司 Answerthink Company 所做的研究显示，尽管有效的平衡计分卡的确能够帮助公司看到并理解它们是怎样运作的以及可以在哪些方面改进，但具有讽刺意味的是，在使用平衡计分卡的公司中只有不到20%的公司已经成熟实施并创造价值。主要原因在于平衡计分卡包含了太多的衡量指标，平均有132个（83个财务和49个非财务指标），这差不多是一个有效的计分卡的9倍之多。Pforsich，H.（2005）也提到，许多平衡计分卡在启用之初都怀抱美好愿望但是不久便销声匿迹，他引用了毕马威的一位咨询经理 Paul McCuun 的数据：尽管有许多成功的案例，但是总体上平衡计分卡的失败率是70%……许多案例显示，平衡计分卡的实施是在愿景、战略、评价指标的制定和真正将实施化为行动的过程中失败的。

我们注意到这些负面的资料与前文两次网上调查的结果有些出入，一个原因可能是调查时间和样本的差异，但可以确信的是，在平衡计分卡的实践中还是有相当一部分的公司取得了成功[①]。给人以信心的调查数据是重要的，但更重要的也许是对那些失败者的关注及其失败原因的分析。

3. 失败的原因

有关失败的原因在许多文献中有所涉及。Pforsich，H.（2005）在文中提到，早在1996年，Kaplan 和 Norton 已指出平衡计分卡成功的主要障碍在于组织未能将其愿景和战略翻译成员工所能理解的语言；1998年，圣地亚哥州立大学的会计学教授 Chee W. Chow 和他的同事基于对医院管理者所做的调查，指出尽管管理者对于将平衡计分卡作为一个战略管理工具很有兴趣，但是在两个方面存在困难：（1）将普通原则翻译成具体行动；（2）使成果和业绩衡量指标具有可操作性。因此，Chow 建议为平衡计分卡的每个目标选择业绩评价指标的时候应该包括组织内部广泛的参与。另外一个障碍是管理层缺乏员工关于战略是否被执行和是否起作用的反馈。相反，那些失败的平衡计分卡可能仅仅提供短期的经营策略方面的反馈。没有战略的反馈，组织无法审视、检验和提高其战略，那么，平衡计分卡也就失去了它作为管理工具的价值。

4. 小结

平衡计分卡自20世纪90年代早期问世以来，它已从一个绩效评价工具演变进化成为一个战略管理工具，已有许多组织报告它们在用平衡计分卡来协调战略和经营，以及评价实现战略目标的进程时取得了成功（Lyons，B. and Gumbus，A.，2004）。直到最近几年，平衡计分卡仍然是学术界和实务界关注

---

① 这个比例至少是20%，最乐观则是60%。

的热点①。虽然，在实践中由于种种原因，某些组织在平衡计分卡上遭到了失败，但是平衡计分卡并没有因此而被完全否定，伴随着失败教训总结的是更多成功经验的分享，平衡计分卡仍然有着顽强的生命力，它在一步步地向前发展着②。

三、成本管理方法——ABC、GPK 和 RCA

（一）ABC 实践现状及分析、评价

在2003年最初两个月，美国管理会计协会（IMA）和安永会计师事务所对全部23034位IMA会员进行了一项调查③，调查显示成本管理在公司中的作用至关重要——有81%的回复者报告成本管理对于组织的总体战略目标是重要的；然而，高达98%的回复者认为存在一些因素（管理费用分配、共享服务、产品更加多样化）使得成本信息被扭曲，甚至38% 的回复者认为成本信息遭到了严重的扭曲（Garg，A.、Ghosh D.、Hudick，J. and Nowacki，C.，2003）。

既然成本管理如此重要，而成本信息却遭到扭曲，那么曾经一度作为传统成本核算与成本管理失去相关性的解决方案的作业成本法（ABC）在北美的实践结果到底如何呢？

1. 失败的案例和分析

根据我们接触的资料，Anderson，B.、Davis C.、Davis，E. and Twomey，M.（2004）提到，尽管ABC得到了广泛的关注，各种类型和规模的组织都已经使用ABC来作为解决问题的一个方法，也衍生出了以作业为基础的管理（ABM）来进行成本控制和以作业为基础的预算（ABB）来为经营制订计划，但仍有许多公司在实行之后却不得不停止，没有取得什么好处。Sharman，P.（2003，2005）分别提到，Bain and Company 报告最近调查表明作业成本法大约被美国60%的组织尝试过，但是只有20%坚持了下来。因此，大部分作业成本法的实施没有被坚持。由制造业国际高级联合会（Consortium of Advanced Manufacturing - International，CAM - I）的RCA兴趣组在2003年对145个高级

① 一个证据是据我们粗略统计《战略财务》2002—2006年第10期涉及平衡计分卡的文章达22篇之多。

② Bain & Company 的研究表明，50%的财富1000强公司已使用平衡计分卡，更多的大大小小的公司在不远的未来也可能实施平衡计分卡（Peter Brewer，2002）。

③ 调查的主要内容是管理会计人员的作用、他们所服务的组织的目标以及为了达到这些目标所使用的工具，调查共收到1995份回复，回复率约为9%。

财务经理所做的调查显示：美国 80% 的组织仍然使用传统成本分配系统，145 家当中只有 30 家使用 ABC。

那么，那些 ABC 系统未能成功的原因是什么呢？

Thomson，J. 和 Gurowka，J.（2005）提到，Robert S. Kaplan 和 Steven R. Anderson 在《哈佛商业评论》2004 年第 11 期指出，一些公司之所以放弃 ABC，是因为 ABC 未能捕捉到它们经营的复杂性，花了很多时间去实施，而且建立和维持的成本太高。Sharman，P.（2003）的文章探讨了 ABC 未能坚持下来的原因：除了 ABC 系统设计本身过于复杂之外，还有：（1）软件没有信息技术的整合；（2）ABC/M/B/P 的应用普遍没有整合进入组织的衡量指标和管理系统；（3）大多数的实施表现较差，最主要的问题在于对 ABC 是什么以及应当如何应用缺乏统一认识。

与此相呼应的是，Thomson，J. 和 Gurowka，J.（2005）分析了 AT&T 成功实施 ABC① 但未能持续应用的原因：（1）ABC 的实施被看作是对特定问题的孤立的、一次性的解决方案，而不是作为一个整体业绩管理解决方案中的一个轮齿（cog）；（2）ABC 的实施不仅在业绩管理体系方面缺少一个整合计划，而且从技术角度看，它在与总分类账和企业资源计划（ERP）的衔接方面也缺乏计划；（3）无论是文化上、组织上，还是方法论、技术上，都没有标准、指南以及最佳实践；（4）在很多情况下，ABC 并不是真正的 ABC，没有注意到闲置的生产能力，或者没有使用真正的作业驱动的方法来分配成本；（5）由于 ABC 不是由最高层发起的变革，一些可能“更紧迫”的业务问题或者倡议取代了战略成本会计。

与当初 ABC 兴起和高潮时的满怀希望和吹捧形成了鲜明的对比，现在有很多质疑，其中亦不乏尖锐的批评。

Thomson，J. 和 Gurowka，J.（2005）说，在使用 ABC 方面，过去 10—15 年中，有许多兜售 ABC 成功经验的案例研究和文章，但是声称 ABC 充其量至多只是一个让人失望的失败则为数更多。Sharman，P. 和 Vikas，K.（2004）甚至抱怨：ABC 在 19 世纪 80 年代后期开始运用，并伴以许多大吹大擂的营销宣传（marketing hoopla），但却没有任何专业机构为它建立标准。因此，它的引介和实施变成了咨询师和软件公司的一种无章可循的、赚钱导向的疯狂喂食（feeding frenzy）。结果则是深深的失望，还有实施之后多数的放弃。

---

① 见“Activity - Based Management at AT&T”，1994，4，*Management Accounting*，它是 *Strategic Finance* 的前身。AT&T 通过在账单处理中心（billing center）实施 ABC，找到了成本动因，合理分配资源，从而降低了发送成本，并显著提高了顾客满意度，因此当初在 AT&T ABC 的实施是成功的。

2. 成功的案例与分析

尽管现实不如期望那么理想，可是，我们仍然注意到有一些成功案例的存在。

比如，Blocher，E.，Wong，B. 和 McKittrick，T.（2002）介绍了 Reichhold 公司在过去 4 年中自下而上[①]实施 ABC 的成功经验：运用 ABC 进行产品成本变化的原因分析以及对于不同产品的全面精准的盈利性分析，从而使得经理人员掌握了更充分的成本信息来决定最佳的产品组合以及最能赢利的生产能力。

另外，Anderson，B.，Davis C.，Davis，E. 和 Twomey，M.（2004）撰文，汇报了与作业成本管理（AMP）[②] 方面取得成功的几家公司——Butch Camp、USSA's Federal Savings Bank、Coca－Cola 的关键作业管理人员的会谈，让他们总结了一些关键的成功因素，我们择其要者列表 6－5。

表 6－5　作业成本管理成功的案例与分析

关键成功因素	说　明
(1) 项目设计和实施之前，需要将这个理念传达给终端使用者	Butch Camp 为了得到经营人员的支持，告诉他们从 AMP 中他们可以获得的价值。USSA's Federal Savings Bank 强调作业信息将如何帮助经理人员达到与其红利计划挂钩的具体的成本和生产目标。Coca－Cola 不仅使得经理人员理解他们将如何使用 AMP 的信息来作决策，还告诉他们为什么要做这样的改变
(2) 要设计出一个系统识别项目来获得持续提高	USSA's Federal Savings Bank 通过运用 Outlook 作为一个过程改进邮箱来吸纳建议，这些建议由一个特别项目小组进行每周一次的审阅并确定优先实施的次序。为了控制项目的范围，一些成功的公司开发出一个引领项目（pilot program）来重点处理某一领域的特定问题
(3) 项目团队全身投入，人员配备恰当，并得到有效增援	USSA's Federal Savings Bank、Coca－Cola 聘请了具有丰富 AMP 经验、工具和技术的外部咨询师，使得实施的时间缩短，并提高了 AMP 的质量。但是光靠咨询师并不能成功，内部团队仍有责任继续发展 AMP 方面的专门技能，将其揉入组织的文化，用新的方式来利用信息

① bottom－up，并非由咨询师推动的自上而下的方法，而是由各制造部门当地的团队来领导 ABC 的实施过程。

② 在这里，ABC、ABM 以及 ABB 都统一称为作业管理项目（activity management programs，AMP）。

续表

关键成功因素	说　明
（4）在产生的价值和维持成本两者之间保持一定的平衡	作业管理系统需要依赖大量的信息，尽管部分信息可以自动从 ERP 或其他系统得到，但是其他一些信息如人员时间的估计却必须手工得到。AMP 要想成功，必须在产生的价值和维持的成本之间保持一定的平衡。一些公司不知应该多久时间更新一次 AMP，这取决于组织特定的情况。USSA 每月更新一次 AMP，而 Greg Behn of CH Guenther & Son，Inc——一家食品生产商和分销商，每年才更新一次 AMP
（5）采用一个强有力的沟通项目（尤其是第一年实施 AMP 之后）	作业管理经理需要用同样一种财务语言来与经营经理一起审阅并理解 AMP 的阶段性结果。这是将作业管理融入日常经营的重要一步

3. ABC 在北美当前实践的调查信息

我们注意到有两次相关的调查。《美国商业学术杂志》（Journal of American Academy of Business）曾在 2003 年 9 月发表了一篇调查报告（Kiani，R. and Sangeladji，M.，2003），调查对象为《财富》1999 年 10 月刊所列的美国 500 强的主计长或经理人员，调查的主要目的包括确定在实践中 ABC/M 模型的有用性，以及理解 ABC/M 模型的特点和在现实环境中的障碍。2000 年共收到 108 份回复（回复率为 21.6%），其中 23 份因数据不全而被剔出，总共有效回复是 85 份。在这 85 份中，41 家公司没有使用 ABC/M，其余 44 家公司在不同水平上使用 ABC/M。调查发现在这 44 家当中有 8 家（18.1%）用 ABC/M 已在 5 年以上，这说明仍然存在一定比例的公司在坚持使用 ABC/M。同时，实施 ABC/M 获得的好处前 4 名依次是：总体盈利能力提高、产品制造成本减少、开发更多盈利性产品、生产后变更设计次数减少。主要障碍前 4 名依次是：管理层支持不够、员工不愿意改变、缺乏能胜任人员、过程设计过于复杂。尽管如此，在比较好处和障碍之后，使用过 ABC/M 的 44 家公司中有 25 家（56.8%）仍愿意将 ABC/M 推荐给其他公司。这表明超过一半的使用者对于 ABC/M 仍然是有信心的。

这可以与 Krumwiede，K. 和 Charles，L.（2006）关于美国管理会计协会对当前公司运用哪些管理会计工具的调查报告相互印证，该调查收集了大约 300 家美国制造业和非制造公司的样本。调查发现，成本会计实践仍由传统的产品和客户盈利能力分析占主导，而 ABC 的得分很低，见表 6-6。

表 6-6　美国当前管理会计工具的调查报告

成本会计实践	总体	制造业	非制造业
产品盈利能力分析	5.18	5.30	4.71
客户盈利能力分析	4.39	4.45	4.18
目标成本会计	3.55	3.63	3.29
闲置生产能力的估计成本会计	2.98	3.03	2.81
ABC/ABM	2.75	2.70	2.87

注：范围是从 1（最低）到 7（最高）。

但是调查还发现，尽管 ABC/M 在使用方面得分相对较低（2.89），但在好处方面却得分很高（4.96）[①] ——在好处和使用之间有着较大的差距，所以作者建议更多的公司应当考虑这一实践。

4. 小结

ABC 推行多年以来，从革命般的兴起到趋之若鹜的高潮，再到今日的冷静与省思，可谓大浪淘沙，也许当初不少公司出于跟风、追随流行，今日遭到失败、不得不放弃，但毕竟还是有一些公司成功实施，并且能够坚持使用[②]，这一方面说明 ABC 不是"万能药"，它的效用不可无限夸大，甚至认为是传统成本核算和管理方法的完全取代[③]；另一方面，ABC 也非一无是处，它有独到的新思想，但它可能更适用于某些组织。比如，Krumwiede，K. 和 Charles，L.（2006）在调查报告的分析中指出：ABC 在以产品聚焦和成本聚焦为战略的公司中得到更多的应用[④]，通常产品聚焦战略的公司非常充分地运用 ABC 来获得更加精准的产品成本分析，而成本聚焦战略的公司大多将 ABC 用于辨认成本动因和非增值作业来帮助减少成本，ABC 在这类公司中最为流行。

① 范围依然是从 1（最低）到 7（最高）。

② 从最近各次调查来看，这个比例保持在 20% 左右。

③ Sharman，P.（2003）提到，Bain and Company 最近的调查报告发现，80% 的组织继续使用老一套的将全部费用分配给产品的完全吸收标准成本法（full - absorption standard costing）、吸收成本法（absorption method）或者完全吸收成本法（full - absorption method）。

④ 他们将公司的战略聚焦分为四种类型：产品聚焦、成本聚焦、客户聚焦、混合聚焦或没有战略。

此外，Thomson，J. 和 Gurowka，J.（2005）在《整理喧杂》（sorting out the clutter）一文中"今日之现实"里较详细地介绍和梳理了现在更流行的一些战略成本管理方法，包括基于分配的 ABC（Allocation - Based ABC）、最佳实践 ABC（Best - Practice ABC）、时间驱动的 ABC（Time - Driven ABC）[①]。我们认为，这说明近几年来 ABC 在北美的实践在不断完善、创新并提高，这可看作 ABC 思想仍然具有生命力的又一证据。

（二）GPK 与 RCA 的推介和尝试

1. 德国成本会计方法的宣传

我们在阅读文献的过程中发现，近些年来美国管理会计协会正在着力推介德国成本会计方法——GPK[②]，这一举措很值得关注。

美国管理会计协会主席 White，L.（2004）专门撰文——《为什么要关注德国的成本管理》，文中提到 GPK 已在德国的制造业和服务业中广泛使用 40 余年，然而却鲜有英文译介，因此 IMA 有这个责任来考察这一管理会计方法，并将其发现告诉给协会会员，使他们更好地为组织服务。此外，美国偏重财务会计而忽视管理会计这一轻重倒置的现实，以及美国多数管理人员对于成本信息不满而德国组织对 GPK 广泛持久使用形成的鲜明对比，也是 IMA 关注 GPK 的一个重要原因。早在 1999 年，IMA 就在《管理会计季刊》（Management Accounting Quarterly）的秋季刊中对该方法进行了译介。自从 2002 年以来，《战略财务》对弹性边际成本法进行大量的推介[③]，并辅以案例[④]。

Krumwiede，K.（2005）述及，在 2004 年 6 月，作者赴奥地利、德国、瑞士 3 个德语系国家对德国成本会计进行调查[⑤]，该项目由 IMA 发起，是它首次对德国成本会计方法进行的研究项目之一，试图通过了解德国成本会计的有益之处，以资美国公司借鉴。研究发现，德语系国家的公司采用传统的高级成本核算方法——Grenzplankostenrechnung，在美国称之为 GPK——弹性边际成

---

① Kaplan 在 Harvard Business Review 2004，Nov. 发表了新作"Time - Driven Activity - Based Costing"；杨继良、尹佳音在《财会通讯》2006 年第 9 期上撰文《作业成本法的新发展——估时作业成本法简介》，对此亦有专门介绍。

② Grenzplankostenrechnung，在美国称之为 GPK，是一种"弹性边际成本会计"。

③ 如《管理会计》（The case for management accounting，2003，10）、《推介德国成本会计》（Bring on German Cost Accounting，2003，12）、《德国经验》（Lessons from German，2004，12）。

④ 见《走入 GPK》（Going for GPK，2005，4）。

⑤ 在 22 天内，作者走访了 15 个德语系城市中的 11 家公司、4 个教授和 3 个咨询师。

本法①。

Friedl，G.、Küpper，H. and Pedell，B.（2005）较为细致地介绍了 GPK 的原理：GPK 是关于边际成本（marginal costing）而非完全成本（full costing），支持短期决策而非长期决策，关于成本中心而非作业或过程的一种方法。

GPK 在 20 世纪六七十年代由实务者 Hans Georg Plaut 和成本会计研究者 Wolfgang Kilger 提出，但他们主要关注可以支持决策的成本会计方法。随后，GPK 成为德语系国家的工业组织中最为重要的成本会计系统。GPK 的盈利能力分析，由四要素组成：成本类型会计（cost - type accounting）、成本中心会计、产品成本会计以及贡献毛利会计。将成本分配给成本中心时，每一成本类型都被分解为固定成本和变动成本。假设成本函数是线性的，单位变动成本随着产量增加保持不变。成本中心是一个相对较小的实体，它的成本和某一作业之间存在一个坚实的并可以量化的关系，通常它包含大概十个左右或者更少的员工。公司通常在制造、材料、管理、销售领域有许多成本中心，每一成本中心通常包含一个或几个成本动因。利用简易的成本函数使得每个成本中心的详细成本计划成为可能。将所有成本中心的数据集中起来，使得弹性的随产出而订的计划得以实现。通过比较成本中心层次上计划的成本和发生的成本可以为出现的问题提供及时的详细信息。利用一些复杂精细的差异分析工具，可以找到差异的原因和程度，而且通过经理的薪酬与他所负责的成本中心的业绩相挂钩，人的行为可以受到有效的影响。

GPK 有两类成本中心：基础成本中心（primary cost center）和最终成本中心（final cost center）。基础成本中心包括那些相对远离制造过程的作业，比如工厂车间的管理。最终成本中心与制造过程紧密联系（由于不可能将基础成本中心的成本直接分配给产品，所以这样的区分是必要的）。因此，基础成本中心的成本由最终成本中心承担，它与产品联系更为紧密。这种逐步的分配使得产品成本的计算要精确得多。在基础成本中心的成本中，只有变动部分才由最终成本中心承担。通过这种分配，基础成本中心不再有变动成本，而每个最终成本中心的成本也可以通过加总得到。在产品成本核算中，只有最终成本中心的变动成本部分由成本对象承担。产品成本核算将直接人工、直接材料以及按照一定的分配率把最终成本中心的变动成本分配给产品。最终，产品成本中只显示每个产品的变动成本部分。当然，考虑到中期或长期目标，固定成本也

① 杨继良、尹佳音在《财会通讯》2005 年第 3 期上介绍了《弹性边际成本法的强盛生命力——德国成本会计概述》。

可以类似地分配给产品，为了保持固定成本和变动成本的区分，固定成本的计算通常与变动成本分开，以变动成本的一定比例分配。GPK 的最后一个要素是贡献毛利会计，通过从产品收入中减去变动成本得到每个产品的贡献毛利，由于是基于贡献毛利而非产品成本，所以它支持许多短期决策。并且，GPK 的结构还使得更为详细的分析成为可能。通过从贡献毛利中减去一些相关的固定成本，可以得到不同层级的贡献毛利。这种层级的贡献毛利分析不但支持短期决策，而且也为长期决策提供了建议。

基于 GPK 这样的原理和结构，它为许多短期管理决策诸如最佳产量计划、制造或购买决策、定价策略、内部转移定价等提供了支持。并且，成本高度透明，有利于对员工的行为产生影响，而且也有利于发现潜在的问题。这些长处是 GPK 之所以在德语系国家流行的主要原因。

关于 GPK 在美国的实践案例，近 5 年来《战略财务》的文献还不多[①]，但 Smith，C.（2005）介绍了 2004 年初 Andress STIHL 的美国子公司 STIHL Inc. 将原先基于 GAAP 的完全吸收成本系统调整为基于 GPK 毛利报告的过程。

我们认为，这表明在美国确有某些公司正使用着 GPK，但目前还处于初步的借鉴与尝试阶段，也会遇到一些困难[②]，至于 GPK 的实践在美国究竟如何，还需要时间检验。不过可以确定的是，IMA 对这种成本会计方法非常关注，并且在着力向美国的实务界推介此方法。

2. 德国的 GPK 与美国的 ABC 相互融合

还有一个可能的趋势是德国的 GPK 与美国的 ABC 相互融合——这要以资源消耗会计（Resource Consumption Accounting，RCA）为代表[③]。

Merwe，A. and Keys，D.（2002）撰文，称资源消耗会计是一个全面整合的成本管理系统，它利用了在过去几十年中管理会计学科发展中最好的东西，如德国成本管理系统 GPK 和美国的 ABC，这种融合为管理会计提供了整合而全面的方法。

Clinton，B. 和 Webber，S.（2004）详细介绍了 RCA 是以德国成本会计方法 GPK 和基于数量的作业成本法（quantity - based activity - based costing）为基础，使用一种全面的管理会计信息系统，使得既有资源又有作业的分析得以整合。它根本上是以资源为基础，将资源成本按一定的因果关系分配给成本

---

① 多数是对 GPK 在德国公司中的实践情况和案例的介绍。

② Kip R Krumwiede（2005）提到在美国推行 GPK 的困难有：不确定收益会大于成本，更少注重管理会计，缺少 GPK 咨询师提供帮助，对于 GPK 还缺乏认识。

③ 杨继良在《财会通讯》2005 年第 3 期《成本会计的新方法——资源消耗会计概述》亦有介绍。

对象，然而，用于成本分配的动因，有时是传统的动因（如人工工时），有时是基于作业的动因。如若不太恰当，RCA 并不一定强行使用以作业为基础的分配，但是它的成本分配需有必要的逻辑。作者指出，美国的成本管理可以获益于将其自身的方法与一些在德国行之有效的实践的整合。并通过一个案例来证实自己的观点：2002 年第一季度，美国 Clopay Plastic Products Company 通过将资源消耗会计引入它的胶卷制造产业进行变革，从而提供了更为准确和详细的信息，实现了公司战略的需要。

Keys，D.（2002）提到利用 RCA 原理可以弥补 ABC 缺乏对控制的关注，从而设计出能对实际结果进行及时评价的衡量指标，获取业绩及其差异的信息来修正行为。

值得一提的是，我们从 White，L.（2004）《为什么要关注德国的成本管理》一文中获知，美国管理会计师协会的芝加哥年会曾以“成本会计师的角力”（The Battle of the Cost Accountants）为主题，3 位世界级的北美成本管理专家共同探讨了 ABC、GPK、RCA 的各自特色。由此可见，北美的管理会计界目前对这三种成本管理方法给予了很大的关注的。

四、总结与讨论

平衡计分卡在北美的发展已从最初的绩效评价工具演化成为战略管理工具，伴随这一过程，虽然有为数不少的组织由于一些原因遭到了失败，但许多组织在协调战略和经营以及评价实现战略目标的进程方面还是取得了成功，对于平衡计分卡似乎多数还是持一种肯定的态度。而北美的成本管理领域似乎有一种“三足鼎立”的迹象，目前讨论较多的是 ABC、GPK 和 RCA。ABC 热潮已过，更多的是冷静的省思甚至批判，但是还是存在一些成功的坚持者，也许 ABC 更适合它们，而非所有的组织。此外，ABC 自身也在发展，衍生出了诸如基于分配的 ABC、最佳实践 ABC、时间驱动的 ABC，也颇为流行，这似乎暗示 ABC 具有顽强的生命力。美国管理会计师协会近年来大力推介 GPK 很值得关注，尽管 GPK 在北美的实践还不甚多，但至少表明这是一个思潮。无论 ABC，还是 GPK，还有一个可能的趋势是它们的融合——RCA，美国的成本管理或许可以获益于将其自身的方法与一些在德国行之有效的实践相整合。当然，这些新近出现的方法和思想，同样也需要实践和时间的考验。

以上即是我们主要基于《战略财务》近 5 年来的文献回顾所得到的关于北美管理会计实践现状的大致印象。然而，如若放宽历史的眼界，将这一现状、截面、时点置于整个管理会计发展历史的长河之中，或许，我们对于当下的现状会有更为深刻的理解与洞察。

回顾20世纪80年代至今，这是一个各种管理会计工具的创新和推广的时代，纷繁而喧闹，其中，鼎鼎大名者，如平衡计分卡和ABC。作为应对“成本会计对成本管理失去相关性”的解决办法的ABC的提出，曾引起了巨大的轰动，起初声称是管理会计的一次革命。然而，在ABC实践多年之后，我们并没有看到传统的成本管理方法被革命、被取代，甚至有些组织在实行了ABC之后又回到了以前的传统的老路上。这不禁使我们联想起20世纪六七十年代曾经风靡一时的将运筹学和管理科学方法应用于成本系统的大量努力，比如有关预算和转移定价等决策问题的线性规划、存货管理的优化模型等，都已成过眼烟云，而简单的技术如本量利分析在实践中却依然顽强地被普遍应用着。

对于上述现象有多种解释，诸如“成本—效益原则”、“行为惯性”（除非有足够的力量引起改变，通常人们更愿意遵循惯例运行），还有“压力传递”（资本市场构成对管理者最本质的行为压力，多数投资者主要通过公开报告的财务会计信息来评价管理者的业绩，用手或者用脚投票来决定管理者的地位和利益，因此，管理者更愿意在内部决策和控制活动中使用与外部市场决策和控制使用相一致的信息）。

除了对这些现象的解释，我们以为，从历史当中，我们还可以得到一些启示：

（1）任何一种管理会计新思想、新方法、新工具的提出或是出于环境和竞争的需要、或是针对传统的弊病与不足。在这个过程的最初阶段，为了扩大新工具的影响，不免“矫枉过正”，但是无论是声称“革命”也好、“颠覆”也罢，传统的方法绝非一无是处，传统的顽强存在即是其具有一定合理性的最好注解。

（2）当高潮逝去，趋于冷清，对于当初的新工具的种种失败，也不应贬低、苛责、放弃，每个新工具、新概念中确实包含有许多适应时代发展、环境变化的创新理念，它们应该会逐渐为实践所接受，不过，它们可能不再像当初那般张扬和高调，而是以某种“改良”或“渐进”的方式融合进组织的现有管理之中。

（3）没有哪一种管理会计工具是“万灵药”，它们需要被实践，在实践中大浪淘沙，并且在实践中逐步演化进展，或是自身的继续修正和提升，或是与其他工具相融合，以更好地服务于实践。此外，一些管理会计工具实践可能更适用于某些特定的组织或者特定的条件和环境。

总之，管理会计实践的历史发展是有波澜和起伏的，但总体上是延续的，而非跳跃的或割裂的。这一观点恰好可以用 Bromwich，M. 和 Bhimani，A. 1989 年曾出版的著作——《管理会计——发展而不是革命》① 来诠释：承认技术和竞争的环境变化要求管理会计作出相应的变化，但是这种变化是原有体系的发展而不是对原有体系的否定和革命。

本章参考文献

1. Anderson，B.，Davis C.，Davis，E.，and Twomey，M. 2004. How to create an activity management program that lasts［J］. Strategic Finance，2：40 –45.

2. Anthony，R. N. 2003. Management Accounting：A Personal History. Journal of Management Accounting Research，15：249 –253.

3. Ashton，D.，T. Hopper & R. T. Scapens （edited）. 1995. Issues in Management Accounting. Prentice Hall（Sec. Ed.）.

4. Beasley，M.，Chen，A.，Nunez，K.，and Wright，L. 2006. Working hand in hand：balanced scorecards and enterprise risk management［J］. Strategic Finance，4：49 –55.

5. Bible，L.，Kerr，S.，and Zanini，M. 2006. The balanced scorecard：here and back［J］. Management Accounting Quarterly，vol 7，No. 4：18 –23.

6. Birnberg，J. G. 2003. Introductory Note to "Management Accounting：A Personal History". Journal of Management Accounting Research，15（1）：247.

7. Blocher，E.，Wong，B.，and McKittrick，T. 2002. Making bottom – up ABC work at Reichhold，Inc.［J］. Strategic Finance，4：51 –55.

8. Brewer，P. 2002. Putting strategy into the balanced scorecard［J］. Strategic Finance，1：44 –52.

9. Brewer，P.，and Eighme，J. 2005. Using six sigma to improve the finance function［J］. Strategic Finance，5：26 –33.

10. Busco，C.，Frigo，M.，Giovannoni，E.，Riccaboni，A.，and Scapens，R.［J］. 2005. Beyond compliance：why integrated governance matters today，Strategic Finance，8：34 –43.

11. Clinton，B.，and Webber，S. RCA at Clopay［J］. 2004. Strategic Finance，10：20 –26.

12. Feltham，G. A. 2005. Information Economics and Management Accounting：

① 引自张朝宓、熊焰韧：《当代管理会计研究》，北京大学出版社 2006 年版。

A Brief Personal Perspective. Journal of Management Accounting Research, 17: 145 -153.

13. Ferrara, W. L. 2007. Worthy of Continued Discussion and Effort - Even after Forty Years of Trying. Journal of Management Accounting Research, 19: 171 - 180.

14. Friedl, G., Küpper, H., and Pedell, B. [J]. 2005. Relevance added: combining ABC with German cost accounting, Strategic Finance, 6: 56 - 61.

15. Frigo, M. The value of strategy maps [J]. 2004. Strategic Finance , 3: 23, 25.

16. Garg, A., Ghosh D., Hudick, J., and Nowacki, C. [J]. 2003. Roles and practices in management accounting today, Strategic Finance, 7: 30 - 35.

17. Green, M., Garrity, J., Gumbus, A., and Lyons, B. 2002. Pitney bowes calls for new metrics [J]. Strategic Finance, 5: 30 - 35.

18. Gumbus, A., Lyons, B., and Bellhouse, D. 2002. Journey to destination [J]. Strategic Finance, 8: 46 - 50.

19. Gumbus, A., and Lyons, B. 2002. The balanced scorecard at Philips electronics [J]., Strategic Finance, 11: 45 - 49.

20. Gumbus, A., and Johnson, S. 2003. The balanced scorecard at future industries [J]. Strategic Finance, 7: 36 - 41.

21. Holmes, L., and Hendricks, A. 2005. Is TOC for you [J]. Strategic Finance, 4: 50 - 53.

22. Hopper, T., D. Otley & B. Scapens. 2001. British Management Accounting Research: Whence and Whither: Opinions and Recollections. British Accounting Review, 33: 263 - 291.

23. Hopwood, A. G. 2007. Whither Accounting Research? The Accounting Review, 82 (5): 1365 - 1374.

24. Horngren, C. T. 1975. "Management Accounting: Where Are We?" in Management Accounting and Control, Beyer Symposium. Madison: University of Wisconsin.

25. Horngren, C. T. 2004. Management Accounting: Some Comments. Journal of Management Accounting Research, 16: 207 - 211.

26. Ittner, C. D. & D. F. Larcker. 2001. Assessing empirical research in managerial accounting: a value - based management perspective. Journal of Accounting and

Economics, 32: 349 -410.

27. Johnson H. T. & R. K. Kaplan. 1987. Relevance lost: the rise and fall of management accounting. 1987 (1st ed.). Boston. MA: Harvard Business School Press.

28. Kaplan, R. S. 2006. The Competitive Advantage of Management Accounting. Journal of Management Accounting Research, 18: 127-135.

29. Kaplan, R., and Norton, D. 2005. The office of strategy management [J]. Strategic Finance, 10: 8, 10, 59-60.

30. Keys, D. 2002. Gaining effective organizational control with RCA [J]. Strategic Finance, 5: 41-47.

31. Kiani, R., and Sangeladji, M. 2003. An empirical study about the use of the ABC/ABM models by some of the Fortune 500 largest industrial corporations in the USA [J]. Journal of American Academy of Business, Sep: 174-182.

32. Krumwiede, K. 2005. Rewards and realities of German cost accounting [J]. Strategic Finance, 4: 26-34.

33. Krumwiede, K., and Charles, L. 2006. Finding the right mix [J]. Strategic Finance, 4: 37-43.

34. Lawson, R., Stratton, W., and Hatch, T. 2006. Scorecarding goes global [J]. Strategic Finance, 3: 34-41.

35. Lawson, R., Stratton, W., and Hatch, T. 2003. The benefits of a scorecard system [J]. CMA Management, June/July: 25-26.

36. Luft, J. L. 1997. Long-term change in management accounting: perspectives from historical research. Journal of Management Accounting Research, 9: 163-197.

37. Luft, J. 2006. The Competitive Advantage of Management Accounting. Journal of Management Accounting Research 18: 125-126.

38. Luft, J. 2007. Lifetime Contribution to Management Accounting Award. Journal of Management Accounting Research, 19: 169.

39. Lukka, K. & M. Granlund. 2002. The fragmented communication structure within the accounting academia: the case of activity-based costing research genres. Accounting, Organizations and Societ, 27: 165-190.

40. Lyons, B., and Gumbus, A. 2004. How Unilever HPC-NA sold its employees on the balanced scorecard [J]. Strategic Finance, 4: 40-44.

41. Merwe, A., and Keys, D. 2002. The case for resource consumption ac-

counting [J]. Strategic Finance, 4: 30 - 36.

42. Otley, D. and A. Fakiolas. 2000. Reliance on accounting performance measures: dead end or new beginning? Accounting, Organizations and Society, 25: 497 - 510.

43. Paladino, R. 2005. Balanced forecasts drive value [J]. Strategic Finance, 1: 36 - 42.

44. Pforsich, H. 2005. Does your scorecard need a workshop [J]. Strategic Finance, 2: 30 - 3.

45. Scapens, R. W. 1991. Management Accounting: A Review of Contemporary Developments (second edition). London, Macmillan World Publishing Corp.

46. Sharman, P. 2003. The case for management accounting [J]. Strategic Finance, 10: 43 - 47.

47. Sharman, P., and Vikas, K. 2004. Lessons from German [J]. Strategic Finance, 12: 28 - 35.

48. Shields, M. D. 2005. Jerry Feltham: Management Accounting Revolutionary. Journal of Management Accounting Research, 17: 143 - 143.

49. Smith, C. 2005. Going for GPK [J]. Strategic Finance, 4: 36 - 39.

50. Thomson, J., and Gurowka, J. 2005. Sorting out the clutter [J]. Strategic Finance, 8: 27 - 33.

51. Vagneur, K. & M. Peiperl. 2000. Reconsidering performance evaluative style. Accounting, Organizations and Society, 25: 511 - 525.

52. White, L. 2004. Why look at German cost management [J]. Strategic Finance, 9: 6, 25.

53. Williams, K. 2004. What constitutes a successful balanced scorecard [J]. Strategic Finance, 11: 19.

54. Wunder, T. 2005. New strategy alignment in multinational corporations [J]. Strategic Finance, 11: 36 - 41.

55. 范松林、文娟："宝钢钢管公司构建价值贡献模型探索"，《会计研究》2004 年第 5 期。

56. 潘飞、东华："实证管理会计研究现状及中国未来的研究方向——基于价值管理视角"，《会计研究》2006 年第 2 期。

57. 王平心、靳庆鲁、柯大刚："作业成本法在中国企业的应用探讨"，《中国会计与财务研究》2000 年第 3 期。

58. 杨继良："国外作业成本法推行情况的调查综述"，《会计研究》2005

年第 7 期。

59. 张朝宓、熊焰韧：《当代管理会计研究》，北京大学出版社 2006 年版。

60. 张蕊、饶斌、吴炜："作业成本法在卷烟制造业成本核算中的应用研究"，《会计研究》2006 年第 7 期。

61. 朱云、陈工孟："作业成本法在香港应用的调查分析"，《会计研究》2000 年第 8 期。

附录：

调 查 表

企业管理会计创新的现状与趋势

——对高层管理人员的一项调查

编号：

接受调查单位名称：____________________所在省________市________

中国的改革开放正处在关键时期，建设创新型国家包括很多方面，管理创新直接影响企业素质和竞争力的提升。本调查由南京大学和美国圣地亚哥州立大学会计学者联合进行，调查对象仅限于中国境内大中型企业的高层管理者和高级财会人员，您对这一领域现状和变化趋势的精辟见解，将有助于我们对中国改革开放进程的理解。因此，您的答复将具有非常重要的意义。对您的理解和支持，我们表示最诚挚的感谢。

我们的调查仅限于研究目的，不寻求敏感的信息，对您提供的资料我们保证严格保密。

我们很愿意将调查获得的研究成果与您分享。如果需要，请留下您的联系方式：

邮政编码____________通讯地址______________（也可不填）

联系人________电话____________电子邮箱__________（也可不填）

一、企业基本情况描述

（一）下面哪一条可以最好地描述您所服务的企业性质（请在序号上打“√”，可以多项选择）

（1）中外合资企业；（2）境外独资公司；（3）大陆上市公司；（4）境外上市公司；（5）全资国有公司；（6）国内一家公司的分公司；（7）民营企业；（8）其他类型的企业

（二）您所在企业的主业属于哪个行业（请只选一项，如果没有可选项，请在 13 项说明）

（1）农林牧渔业；（2）采掘业；（3）制造业；（4）水、电、煤气等生产与供应；(5) 建筑业；(6) 交通运输、仓储业；(7) 信息技术业；(8) 批发和零售贸易； (9) 金融、保险业； (10) 房地产业； (11) 社会服务业；(12) 传播与文化产业；(13) 其他（请说明）__________

如果您所在企业属于制造业，请进一步选择制造品类型：

(1) 食品饮料；(2) 纺织服装；(3) 木材家具；(4) 造纸印刷；(5) 石油、化工、塑料；(6) 电子；(7) 金属、非金属；(8) 机械、设备、仪表；(9) 医药、生物制品；(10) 其他制造业

（三）您所服务的企业 2005 年的年销售额约为__________亿元人民币，共有__________名员工。

（四）请考虑以下描述是否符合您所在企业的竞争形势，用 0—6 之间的某个数字表达符合的程度，0 表示完全不符合，6 表示符合的程度很高。

竞争形势的描述	与本企业环境相符合的程度						
	0	1	2	3	4	5	6
总体上看本企业所在市场供不应求							
本企业没有明显的竞争对手或对手实力较弱							
竞争压力威胁企业生存							
市场竞争虽然激烈，本企业尚能应对							
本企业所在市场的竞争主要表现在价格和成本方面							
本企业所在市场的竞争主要表现在质量和技术方面							
本企业所在市场的竞争主要表现在客户服务方面							
本企业所在市场的竞争主要表现在独特的设计创新方面							

（五）请考虑您所在企业的战略重点，用排序的方法（序号 1—6）表现它们在决策中的重要程度，其中，1 表示最重要，其他依此类推，当出现目标冲突时，序号较大的目标服从序号较小的目标。

战略重点的目标描述	在决策中的重要性程度排序
创新产品，强调技术的先进性、设计的新颖性	
追求质量，避免退货、返工等质量问题	
客户为中心，强调客户服务，重视客户满意度	
降低成本，减少消耗，提高盈利性	
提高市场占有率，扩展新领域和新市场	
人才为中心，吸引、培养、留住人才	

（六）请考虑您所服务的企业以下方面决策权的来源，在适当的位置打“√”。

决策事项	决策权来源				
	政府或组织部门	上级公司	本公司董事会	本公司管理层	基层领导或职代会
本公司高层领导任命及工资福利					
本公司中层领导任命及工资福利					
本公司员工聘任及工资福利					
组织生产经营活动					
组织内业绩评价制度设计和实施					
公司战略的确定和实施					

二、企业的业绩评价

（一）请考虑以下描述是否符合您所在企业的业绩评价指标体系的关系，用0—6之间的某个数字表达符合的程度，0表示完全不符合，6表示符合的程度很高。

业绩评价指标体系的关系描述	与本企业做法相符合的程度						
	0	1	2	3	4	5	6
业绩考核和奖惩主要依据财务业绩决定							
业绩评价很看重有关客户和市场反映方面的指标							
业绩评价很看重内部运行质量、协作和速度的指标							
业绩评价很看重学习和创新方面的指标							
业绩评价很看重制度建设方面的指标							
非财务业绩指标的改善有助于改善企业的财务业绩							
局部单位的业绩改善有助于改善企业整体的业绩							
业绩考核结合使用客观性指标和主观性指标							
企业发展战略是否成功实施可通过业绩指标提供反馈							
企业业绩考核不仅依据内部信息，也通过外部反馈							

（二）请考虑您所在企业业绩评价（考核）的影响，在适当的位置打“√”：

	0	低于10%	低于25%	低于50%	低于75%	低于90%	90%以上
高层领导受考核影响的报酬占收入比重							
中低层领导受考核影响报酬占收入比重							
员工受考核影响的报酬占本人收入比重							
考核完不成目标单位个数在企业中比重							
考核完不成目标的员工人数在企业比重							

（三）请考虑以下描述是否符合您所在企业业绩评价（考核）的作用和效果，用0—6之间的某个数字表达符合的程度，0表示完全不符合，6表示符合的程度很高。

业绩评价的作用和效果	与本企业情况相符合的程度						
	0	1	2	3	4	5	6
业绩评价对降低成本有很明显的作用							
业绩评价对提高盈利能力有很明显的作用							
业绩评价压力太大，造成明显的短期行为							
业绩评价激励员工努力有很明显的作用							
业绩评价帮助下级理解企业战略目标有很明显的作用							
业绩评价目标脱离实际，形同虚设							
业绩评价造成部门和员工之间很多冲突和矛盾							
业绩评价对增加员工满意度和归属感有很明显的作用							
业绩评价对避免关键员工流失有很明显的作用							
业绩评价的压力造成某些弄虚作假行为							
业绩评价对增进部门和员工协调合作有很明显的作用							
业绩评价对激励创新和寻找改进措施有很明显的作用							

三、企业的成本计算和成本管理

（一）请考虑您所在企业（非制造业可不填）主要产品成本中，各成本项目大致所占的比例

成本要素	直接材料	直接人工	制造费用
成本比例（%）			

（二）请考虑您所在企业的总成本中，各业务环节（价值链单元）的大致消耗比例

业务环节	管理	研究开发和技术工艺设计	生产制造或运行	营销配送	客户服务	其他	合计
各项成本占总成本比例							100%

（三）请考虑以下描述是否符合您所在企业产品成本核算方法，用0—6之间的某个数字表达符合的程度，0 表示完全不符合或没有变化，6 表示符合的程度很高或变化很大。

产品成本核算方法的变化	与本企业实践相符合的程度						
	0	1	2	3	4	5	6
为准确反映不同产品的成本耗费，您所在企业在分配制造费用时采用多个分配基础							
在过去 3 年中，您所在企业的制造费用分配基础在数量上有明显增加							
在内部管理决策时，你所在企业将期间费用（如研发费用、财务费用、广告费、仓储费等）分配到产品							
在过去 3 年中，您所在企业明显增加期间费用分配到产品的比重，计算“全成本”，为内部管理决策服务							
您所在企业采用作业成本法计算产品成本							
在过去 3 年您所在企业明显扩大了作业成本计算范围							

（四）据您所知，产品成本信息在您企业的使用情况如何？

成本信息使用	对外报告	存货管理	定价决策	产量品种决策	编制预算	投资决策	招投标	业绩评价	确定报酬
不使用									
偶尔用									
经常使用									
常规性使用									

（五）与 3 年前相比，您所在企业现在的产品成本信息使用情况

成本信息使用	对外报告	存货管理	定价决策	产量品种决策	编制预算	投资决策	招投标	业绩评价	确定报酬
比 3 年前少									
没有变化									
比 3 年前多									

（六）下面的问题包括两部分：第一部分请您考虑企业的不同客户或客户群对收入或成本消耗是否存在差异；第二部分请您指出这些成本在客户之间进行分配的情况（成本分配的信息用来计算客户盈利性或进行某些决策）

项目	不同客户之间的差异				成本分配到客户的比例					
	没有	有一些	差异较大	差异很大	0	低于10%	低于25%	低于50%	低于75%	90%以上
产品价格					—	—	—	—	—	—
产品设计成本										
产品制造成本										
推销广告联络成本										
包装配送成本										
售后服务成本										
货款占用成本										

四、请您考虑两个有关企业中的信息共享

（一）人们常常知道某些别人不知道的信息，例如设备的实际生产能力是什么，如何改善运行，减少错误，以及有关客户、供应商和竞争者的信息。人

们也可能知道某些对企业不利的事情，例如员工的偷懒或弄虚作假行为。假定这里讨论的上述信息如果能为高层管理者获知，会有助于他们改进管理，从而改善组织的业绩。假定对你的企业有价值的这些信息的总量为100%，请你估计一下拥有信息的人们会把信息提供给企业的比例是____%，其中0表示没有信息被共享，100%表示所有的信息得到共享。

（二）有很多原因使得人们不愿意将自己知道的信息与企业共享，如果你刚才回答的共享百分比低于100%，请简单写出人们不能将全部信息共享的两个最主要的原因：

最重要的原因是________________________________

次重要的原因是________________________________

最后，请选择最能描述您目前在企业职位的一项（请在序号上打“✓”）：

（1）高级财务人员；（2）除财务以外的高层管理者；（3）中级财务人员；（4）其他职位

在目前的职位上您已工作______年；在目前的这个企业您已服务了______年

调查问卷结束，非常感谢您的积极而有价值的回答！

调查表具体内容如下：

请考虑您所在企业业绩评价（考核）的影响，在适当的位置打“✓”：

	0	低于10%	低于25%	低于50%	低于75%	低于90%	90%以上
高层领导受考核影响的报酬占收入比重							
中低层领导受考核影响的报酬占收入比重							
员工受考核影响的报酬占本人收入比重							
考核完不成目标单位个数在企业中比重							
考核完不成目标的员工人数在企业比重							